Verfahren zur Perspektivenübernahme

Tagebucheintrag	Gegenüber der Situationsbeschreibung steht die Kommentierung aus ganz persönlicher Sicht im Vordergrund. Sie äußern sich über ein Geschehnis, das Sie erlebt haben, über die Begegnung mit einer Person, die Sie beeindruckt hat, oder über Ihre persönliche Lage und Befindlichkeit.
Brief	Sie berichten einem Ihnen zumeist bekannten, vielleicht vertrauten Adressaten über ein Ereignis, einen Sachverhalt oder eine fremde Position und nehmen dazu Stellung. Der Adressat muss sowohl Ihre Wiedergabe als auch Ihre Beurteilung ohne weitere Informationen nachvollziehen können. In einem öffentlichen Brief nehmen Sie zu einer aktuellen Frage pointiert Stellung. In einem Leserbrief formulieren Sie aus persönlicher Perspektive und auf der Basis eigener Erfahrung Ihre Meinung zu einem Thema, über das in der betreffenden Zeitung berichtet worden ist oder das in der öffentlichen Diskussion steht.
Zeitungsartikel	Vor allem Leitartikel und Kommentar sind von Interesse. Hierbei handelt es sich um Meinungsartikel: Sie beurteilen ein Ereignis, einen Sachverhalt oder eine fremde Position; dabei richten Sie sich an ein weites Publikum, das Sie argumentativ und rhetorisch zu überzeugen versuchen. Besonderes Augenmerk müssen Sie auf die Formulierung von Schlagzeile, Dachzeile (zweite Überschrift unter der Schlagzeile) und Vorspann (kurzer, fett gesetzter Einleitungstext, der das Wesentliche knapp zusammenfasst) richten; hier werden die Deutungsrichtung und Wirkungsabsicht des Textes signalisiert.
Rede	Sie formulieren ein bestimmtes – politisches, soziales, über das Geschlecht begründetes – Interesse einer Person. Die Argumentation ist stärker zielgerichtet als beim Zeitungsartikel, der Einsatz der (auf den mündlichen Vortrag ausgerichteten) Rhetorik ausgeprägter. Sie sollten die Rede auch halten.
Flugblatt	Sie verdichten eine Position, eine Meinung auf wenige eingängige Schlagwörter. Ein Flugblatt zielt auf öffentliche Wirksamkeit ab. Dazu gehört auch eine funktionale Gestaltung.
Plakat	Wie ein Flugblatt, allerdings in einem größeren Format und in der Regel stärker bildorientiert. Es geht um die funktionale Verknüpfung von Text, Bild und Grafik, die der wirkungsvollen öffentlichen Vermittlung einer Botschaft dienen soll.
Interview	In Form des fingierten Interviews können historisch Handelnde, Beteiligte oder Augenzeugen in konzentrierter und leicht verständlicher Form Auskunft über ihre Beweggründe, Erlebnisse und Meinungen geben. Sie müssen dafür sowohl Fragen als auch Antworten entwerfen.
Reportage	Persönlich gefärbter Bericht, der auf eigenen Beobachtungen und Recherchen zu einem Thema beruht. Allgemeine Informationen werden mit konkreten Beispielen, Äußerungen von Handelnden oder Betroffenen und subjektiven Eindrücken verbunden. Dabei können Sie sehr gut auch Fotos einbeziehen.

Arbeitsschritte zur Interpretation von Textquellen

Analyse	**Erschließung des Themas sowie der formalen Aspekte** 1. Um welche **Textart** handelt es sich (Rede, Gesetz, Tagebucheintrag, Vertrag, Urkunde, Biografie, Akte, Zeitungsartikel, Inschrift, Brief usw.)? 2. Wer ist der **Verfasser** der Quelle und was ist über diesen bekannt? 3. Was ist das **Thema** der Quelle? 4. In welchen **historischen Kontext** (Epoche, Ereignis, Prozess, Konflikt) lässt sich die Quelle einordnen? 5. Wer ist der **Adressat** bzw. sind die Adressaten (Volk, Privatperson, Gruppe, Öffentlichkeit, Machthaber, Nachwelt, Institution usw.)? **Erschließung des Inhalts und der verwendeten Darstellungsmittel** 1. Benennen Sie interpretations- und wertungsfrei und nach Sinnabschnitten gegliedert die **zentralen inhaltlichen Aspekte** und **Argumente** der Quelle. 2. Benennen Sie (falls vorhanden) die im Text formulierte **Aussageabsicht** des Verfassers/Redners. 3. Benennen und erläutern Sie (falls vorhanden) die **Schlüsselbegriffe** der Quelle. 4. Welcher **Art von Sprache** bedient sich der Verfasser (sachlich, polemisch, appellativ, argumentativ, manipulierend usw.) und **welche rhetorischen Mittel** (Metaphern, Antithesen, Anaphern, Tautologien usw.) setzt er ein?
Erläuterung	**Deutung der Aussage im historischen Kontext** 1. Welche Rolle muss der **Entstehungszeit der Quelle** zugemessen werden? 2. Welche **Bedeutung** haben die Art der Sprache und die rhetorischen Mittel? 3. Welche **Funktion** hatte der Text (didaktisch, religiös, aufklärend, sozial, rechtlich, propagandistisch)? 4. Wie ist die **Intention** des Verfassers im historischen Kontext zu verstehen? 5. Ist ein **Vergleich** mit anderen textlichen oder bildlichen Quellen möglich und wenn ja, mit welchen?
Beurteilung	**Abgabe eines begründeten Urteils** 1. Handelt es sich um eine **historisch authentische Quelle** und anhand welcher Kriterien lässt sich das beurteilen? 2. Wie verhält es sich mit der **Glaubwürdigkeit des Verfassers**? 3. Ist die **Wiedergabe** des historischen Sachverhalts durch den Text aus heutiger Sicht sachlich angemessen und anhand welcher Kriterien lässt sich das beurteilen? (Sachurteil) 4. Verfassen Sie aus heutiger Sicht ein **begründetes Werturteil** zur Darstellung des geschilderten historischen Sachverhalts.

Sichern

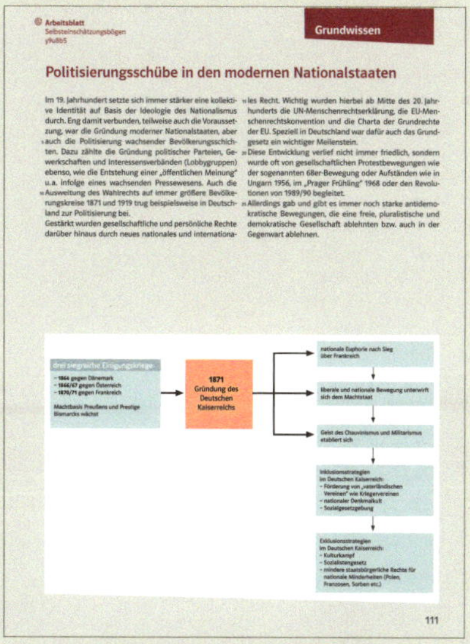

Das wichtigste **Elementarwissen** der Teilkapitel wird am Ende des Halbjahresthemas auf einen Blick dargestellt. **Selbsteinschätzungsbögen** im Onlinebereich laden zur individuellen Überprüfung ein.

Oberstufen-Know-how

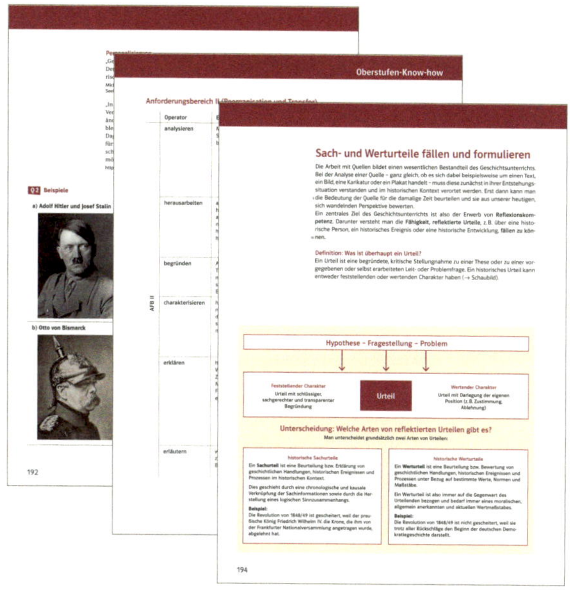

Das Oberstufen-Know-how trainiert anhand praktischer Beispiele die **Reflexionskompetenz**, erläutert die verbindlichen **Operatoren** und liefert Hilfestellungen zur Entschlüsselung von Karikaturen.

Medienkompetenz

Aufgaben zur Medienkompetenz fördern die Arbeit mit digitalen Medien (z. B. strukturierte Internetrecherche oder Podcasts).

Individuelle Förderung

Mit **niveaudifferenzierenden Aufgaben** gelangen alle zum gleichen Ziel. Damit verbunden sind zusätzliche Onlineangebote zu ausgewählten Aufgaben.

Zusatzangebote im Internet

Geschichte und Geschehen-Codes führen Sie zu ergänzenden Materialien im Internet (z. B. Audios, Erklärfilme, etc.).
Geben Sie den Code einfach im Suchfeld auf **http://schueler.klett.de** ein.

Solides, leicht verständliches Basiswissen

In Vorbereitung auf die Jahrgangsstufe und die spätere Abschlussprüfung vermitteln Elemente wie die Grundwissen-Seiten sowie zentrale Eckdaten zu Beginn der Teilkapitel („Zur Orientierung“) ein **fundiertes Wissensgerüst**.

Symbole

○	Aufgaben mit Arbeitshilfen
●	Aufgaben mit Erweiterungsangebot
MK	Aufgaben oder Seiten zum Thema Medienkompetenz
N W D	Fächerübergreifende Elemente für naturwissenschaftliche Fächer (N), Wirtschaft (W) oder Deutsch (D)
D1	kennzeichnet Darstellungsmaterialien wie Historikermeinungen, Statistiken oder Karikaturen der Gegenwart, die nicht als Quellen historisch eingeordnet werden
Q1	kennzeichnet Quellen, die in ihren historischen Kontext eingebettet und problematisiert werden
🌐	Zusatzangebote im Internet

Inhalt

Wege in die westliche Moderne – ein Sieg im Kampf um Grund- und Menschenrechte?

Seit dem ausgehenden 18. Jahrhundert entstanden neue Ideologien wie der Nationalismus, Liberalismus und Sozialismus. Im Vordergrund stand dabei der Wunsch nach einer freiheitlichen Gesellschaftsordnung. Es entstand die Vorstellung einer imaginären „Nation". Nach und nach bildeten sich „moderne", in alle Lebensbereiche hineinwirkende Nationalstaaten heraus. Immer größere Bevölkerungsschichten politisierten sich und forderten geschützte Menschen- und Bürgerrechte. Diese Veränderungen und Forderungen haben auch Deutschland und die Europäische der Gegenwart geprägt.

Der deutsche Reichsadler wird freigelassen: „Meine Herren! – aufgepasst! – ich glaube er beißt!"
Holzstich um 1848 im Zusammenhang mit der Diskussion um die Ausdehnung eines deutschen Staates auf „nationaler" Basis

Vorwissen →

Erinnern Sie sich an:
- die Begriffe Vormärz, 1848er-Revolution, Liberalismus und deutsche Reichsgründung

Schritte des Kompetenzaufbaus

- die zentralen Konfliktlinien um bürgerliche Grundrechte und politische Partizipation in der 1. Hälfte des 19. Jh. erklären

→ Kapitel 1.1–1.4

- die Begriffe Liberalismus und Nationalismus analysieren und erläutern
- die Bedeutung liberaler und nationaler Vorstellungen für die Gegenwart in Deutschland und in der EU erörtern

→ Kapitel 2.1–2.3

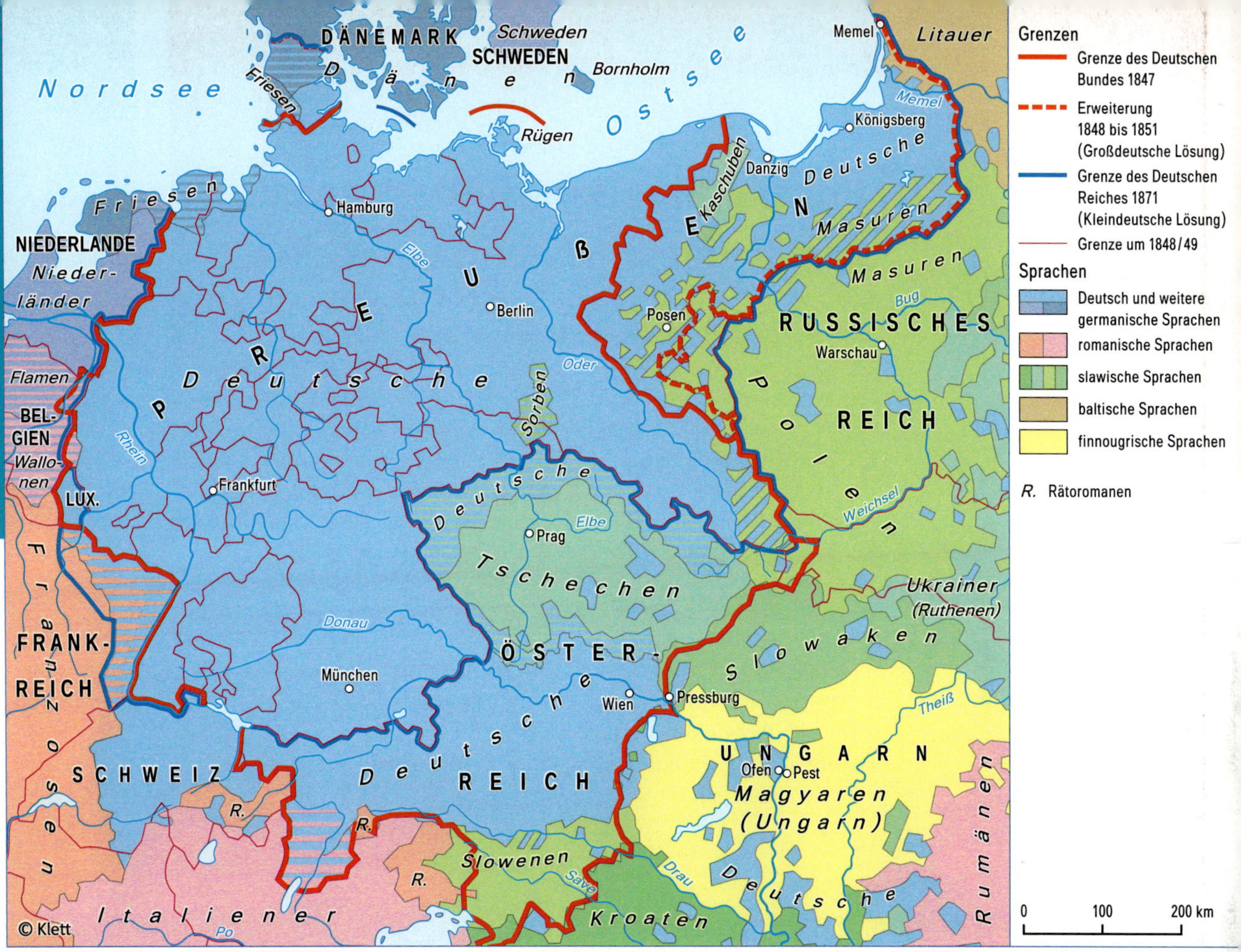

Konkurrierende Vorstellungen eines „deutschen Nationalstaates" Mitte des 19. Jahrhunderts.
Die Einfärbung der Karte stellt die jeweilige relative Mehrheit von Sprachgruppen dar.

Arbeitsvorschläge

1. Erläutern Sie Ihre persönliche Definition der Begriffe „Volk" und „Nation".
2. Erörtern Sie die Problematik von Karten zur sprachlichen oder „nationalen" Bevölkerungsverteilung.
3. Erklären Sie die Aussage der Karikatur.

→ Erreichtes Ziel

- zentrale Etappen im Kampf um Menschen- und Grundrechte benennen und historisch einordnen

→ Kapitel 3.1–3.2

- die Politisierung der deutschen Gesellschaft seit Herausbildung eines deutschen Nationalstaates beschreiben, charakterisieren und beurteilen

→ Kapitel 4.1–5.3

Zusammenhänge liberaler und nationaler Ideen als prägende, kontroverse Elemente der deutschen und europäischen Geschichte der „Moderne" beschreiben, erläutern und bewerten können

Projekt „Spurensuche“ – Familiengeschichte(n) entdecken

Jeder von uns ist Teil der Gesellschaft, in der wir gerade leben, und gleichzeitig auch Teil seiner Familie, deren Geschichte wiederum von den Zeitläuften geprägt wurde. Die Auseinandersetzung mit der Geschichte der eigenen Familie bietet deshalb auch die Möglichkeit, sich mit den jeweiligen Zeitläuften, d.h. den besonderen gesellschaftlichen und politischen Umständen der jeweiligen Zeit bzw. Epoche auseinanderzusetzen.
Persönliche Dokumente, wie zum Beispiel Tagebücher, Briefe, Notizen, Bilder oder Fotografien, bieten die Möglichkeit, einen persönlichen Zugang zur Geschichte von Menschen zu bekommen. Dabei kann man die folgenden Fragen stellen:
- In welcher Zeit haben sie gelebt?
- Was haben sie gedacht und gefühlt, als beispielsweise der Zweite Weltkrieg begann oder endete?
- Wie haben sie gesellschaftliche oder politische Umbruchszeiten persönlich erlebt? Welche Folgen hatten diese Umbrüche oder Zäsuren für das weitere Leben und die eigene Biografie?
- Gibt es vielleicht Auswirkungen, die bis heute die Familie und damit Sie selbst prägen?

Geschichtswissenschaftliche Begriffe erklären

Was versteht man unter *Oral History*?
Oral History oder auch mündliche Geschichte ist eine Methode der Geschichtswissenschaft, bei der Zeitzeugen nach ihren persönlichen Erinnerungen gefragt werden. Die Methode zielt darauf ab, die persönliche Lebensgeschichte einzelner Menschen in den Vordergrund zu stellen, sie über ihre Erfahrungen und Erlebnisse, beispielsweise während des Krieges, berichten zu lassen. In den autobiografischen Zeugnissen spiegelt sich exemplarisch die Lebenswelt von Menschen zu einer bestimmten Zeit an einem bestimmten Ort wider. Dabei darf nicht vergessen werden, dass Erinnerungen niemals objektiv sind, sondern dass sie konstruiert werden. Erinnerungen verändern sich auch unbewusst durch spätere Erlebnisse oder durch später genutzte Medien, die mit diesem Thema zu tun hatten (z.B. Flucht und Vertreibung oder Leben in der DDR). Die Methode der Befragung von Zeitzeugen ist eine wichtige Ergänzung zur rein faktenbasierten Rekonstruktion geschichtlicher Ereignisse, da sie Rückschlüsse darüber zulässt, wie Geschichte rein subjektiv erlebt wurde bzw. wie der Einzelne auf zurückliegende Ereignisse zurückblickt. An was erinnert man sich besonders? Was wird ggf. verdrängt oder ganz im Gegenteil rückblickend verklärt?

Q1 Beispiel: Postkarte eines Sohnes an seine Mutter 1940

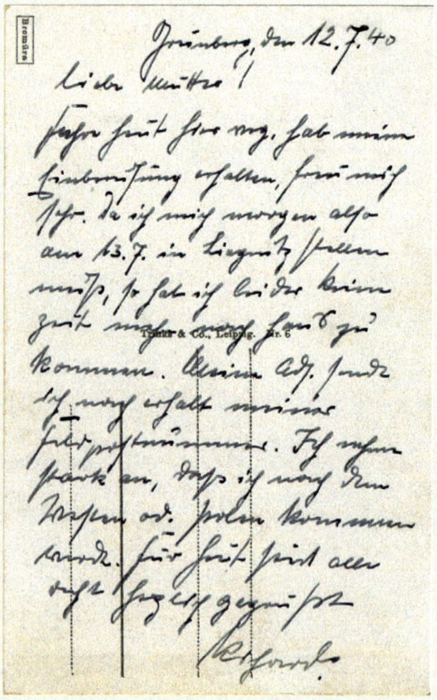
Grünberg, den 12.7.40
Liebe Mutter!

Projekt

Spurensuche: „Ein Bild und seine Geschichte“	
1. Entdecken	– Entdecken Sie Ihre Familiengeschichte. – Suchen Sie gemeinsam mit Ihren Eltern und/oder Großeltern beziehungsweise anderen Verwandten nach historisch relevanten Dokumenten Ihrer Familie (Postkarten, Bilder, Tagebücher, Notizen, Fotos, etc.). – Versuchen Sie etwas über den Kontext dieser Quelle herauszufinden. Wann ist das Bild/Foto entstanden? In welchem Zusammenhang? Was oder wer ist dargestellt? Inwiefern ist der Gegenstand beziehungsweise die Quelle historisch interessant? Befragen Sie dazu Ihre Eltern/Großeltern.
↓	
2. Recherchieren	– Recherchieren Sie im Internet, welche historisch-politischen Ereignisse zu dieser Zeit stattgefunden haben (Erster oder Zweiter Weltkrieg, Nachkriegszeit, Mauerbau, Mauerfall, 9/11, etc.). Finden Sie so viel wie möglich über diese Zeit beziehungsweise Epoche heraus.
↓	
3. Erstellen	– Erstellen Sie eine Präsentation, eine Collage oder ein Poster, in deren Mittelpunkt Ihre persönliche Quelle steht. Sie können mit Ihrer Klasse auch eine kleine Ausstellung als „Gallery Walk“ konzipieren. Präsentieren Sie Ihre Ergebnisse.
↓	
4. Formulieren	– Formulieren Sie ein Fazit: Inwiefern hat dieses historisch-politische Ereignis den weiteren Lebensweg Ihrer Eltern/Großeltern geprägt? Welche Auswirkungen hat das Ereignis ggf. noch heute?
↓	
5. Verschriftlichen	– Verschriftlichen Sie Ihre Familiengeschichte in Form eines Aufsatzes.

Q2 Beispiel: Prägung infolge Einwanderung

Im Zuge der Anwerbeabkommen der Bundesrepublik in den 1960er- und 1970er-Jahren mit Ländern wie Spanien, Griechenland, der Türkei, Marokko oder dem damaligen Jugoslawien kamen etwa 14 Millionen Menschen nach Deutschland, wovon etwa drei Millionen dauerhaft blieben. Viele holten später ihre Familien nach. Ihre Enkel oder Urenkel sind heute Schüler.

MK Ein Thema recherchieren und präsentieren

Informationen zu einem Thema beschaffen und anderen präsentieren – das ist eine Fähigkeit, die Sie in der Schule, aber auch in vielen Berufen brauchen. Doch wie gelangt man an verlässliche Informationen und wie bereitet man sie so auf, dass sie für die Zuhörerinnen und Zuhörer verständlich und interessant sind? Mit den folgenden Tipps sind Sie für Recherchen und Präsentationen gut gerüstet.

Recherchieren: Im Dschungel des Internets helfen klare Suchkriterien mit klaren Schlagwörtern.

Überprüfung von Urheber und Glaubwürdigkeit der Internetinformationen

Internetrecherche – ein kritischer Blick lohnt sich

Für Vorträge, Referate und Präsentationen ist das Internet ein wichtiges Hilfsmittel. Informationen sind rasch verfügbar und Suchmaschinen verzeichnen bei historisch-politischen Themen eine Vielzahl von Treffern. Doch eine Internetrecherche kann schnell unübersichtlich werden: Meist findet man mehr als benötigt und muss dann Informationen auswählen – keine leichte Aufgabe, denn oft wirken auch Werbung, Fake News oder Verschwörungstheorien auf den ersten Blick seriös. Damit die Zahlen und Fakten, die Sie später präsentieren möchten, auch stimmen und ausgewogen sind, ist ein zweiter, kritischer Blick unerlässlich: Übernehmen Sie keine Informationen einfach so, sondern prüfen und hinterfragen Sie Ihre Funde (Methodische Arbeitschritte, Abschnitt 1).

Präsentieren und Vortragen – Tipps und Tricks

Eine gute Präsentation zeichnet sich durch eine konkrete Fragestellung und verständliche Strukturierung aus. Der Vortrag soll den Zuhörern einen Überblick über das Thema bieten und zur Diskussion anregen. Doch neben der inhaltlichen Vorbereitung trägt auch die Art des Vortrags zu einer gelungenen Präsentation bei. Dabei helfen folgende Tipps:

- Üben Sie das freie Sprechen vor einem Spiegel oder mit Hilfe einer Kamera.
- Variieren Sie Ihren Tonfall, damit der Vortrag nicht zu monoton wird.
- Beobachten Sie Ihre Mimik, Gestik und Körperhaltung: Vermeiden Sie eine geschlossene Körperhaltung (z. B. verschränkte Arme, Hände in den Hosentaschen). Stehen Sie ruhig und gerade, aber nicht steif.
- Proben Sie die gesamte Präsentation vorab, damit Sie ggf. Unstimmigkeiten noch beheben können: Funktioniert die Gliederung? Ist alles verständlich? Wie lange dauert der Vortrag (Zeit stoppen!)?

Während der Präsentation:

- Beispiele für einleitende/überleitende Formulierungen: „Beginnen möchte ich mit …", „Ich komme nun zum zweiten Punkt …", „Zusammenfassend möchte ich festhalten, …".
- Wechseln Sie gelegentlich Ihren Standort; so haben Sie alle Zuhörer/innen im Blick und können andersherum von allen gesehen werden.

Feedback einholen

Bitten Sie nach Ihrem Vortrag um eine kritische Bewertung bzw. Rückmeldung. Haben Sie Ihr Publikum erreicht? Wurde das Thema verständlich und vollständig präsentiert? Was hat den Zuhörerinnen und Zuhörern besonders gefallen, was hat sie angesprochen? Was könnte man besser machen?

Methodische Arbeitsschritte

1. Informationen recherchieren →

- Legen Sie Ihre konkrete Fragestellung fest, damit Sie wissen, wonach Sie eigentlich suchen.
- Sie können Ihre Internetrecherche auf bekannten seriösen Seiten beginnen (z.B. Bundeszentrale für politische Bildung, bpb.de). Von dort aus können Sie weiteren Links folgen.
- Wenn Sie mithilfe einer Suchmaschine recherchieren: Überlegen Sie geeignete Suchbegriffe zu Ihrer Forschungsfrage.
- Wählen Sie aus der Trefferliste aus und trennen Sie Wichtiges von Unwichtigem: Welche Informationen brauchen Sie wirklich für Ihre Präsentation?
- Prüfen Sie die Seiten formal: Wer ist der Urheber (Impressum)? Wann wurden die Inhalte veröffentlicht? Aus welcher/n Quellen stammen die Informationen; sind Bilder/Textquellen mit Nachweisen versehen?
- Beurteilen Sie die Seiten inhaltlich: Macht die Seite einen sachlichen, abgewogenen Eindruck? Woher beziehen die Autoren ihre Informationen? (Wird z.B. immer dieselbe Quelle zitiert, deutet das nicht auf wissenschaftliches Arbeiten hin.) Aus welcher Perspektive wird das Thema behandelt? Lässt sich eine deutliche Absicht der/des Verfasser/s erkennen? Werden mehrere, auch kontroverse Sichtweisen auf ein Thema dargestellt, ist das meist ein Zeichen für eine seriöse Darstellung.

2. Präsentation vorbereiten →

- Legen Sie die Leitfrage für Ihre Präsentation/Ihren Vortrag fest.
- Entscheiden Sie anhand Ihrer Fragestellung, welche Informationen und Materialien (Bilder, Tabellen, Grafiken, …) Sie in Ihrer Präsentation verwenden (nicht überfrachten!).
- Untergliedern Sie den Vortrag in Einleitung – Hauptteil – Schluss.
- Ordnen Sie alle Inhalte/Materialien anhand Ihrer Gliederung.
- Wählen Sie einen Einstieg, mit dem Sie die Präsentation/den Vortrag beginnen. Wie wollen Sie das Interesse der Zuhörer wecken und in das Thema einführen: emotional oder provokant (z.B. Bild, Karikatur, Zitat, Zeitungsschlagzeile); Karte zur geografischen Orientierung, …?
- Fertigen Sie einen Ablaufplan mit realistischen Zeitvorgaben an. Planen Sie auch Zeit für den Einsatz technischer Geräte ein (Whiteboard, Laptop, Beamer).
- Hilfreich ist es, Stichworte auf Karteikarten zu notieren; das gibt Sicherheit, dass Sie später beim Vortragen nichts vergessen und nicht abschweifen.
- Behalten Sie den „roten Faden" im Blick: Am Schluss der Präsentation sollten Sie zu Ihrer Eingangsfrage zurückkommen und diese Leitfrage beantworten.

3. Präsentation halten

- Einstieg (wie vorbereitet)
- Nennen Sie Thema und Leitfrage.
- Geben Sie einen kurzen Überblick über Gliederung und Dauer.
- Im Hauptteil führen Sie Ihr Thema aus und tragen Ihre recherchierten Informationen vor.
- Achten Sie auf Anschaulichkeit (Bilder, Tabellen, Grafiken) und erklären Sie komplizierte Zusammenhänge verständlich.
- Zum Schluss beantworten Sie Ihre Leitfrage. Bei kontroversen Themen, die keine eindeutige Antwort zulassen, können Sie eine eigene These formulieren und die Diskussion eröffnen.
- Binden Sie das Publikum ein: Bitten Sie um Fragen, Rückmeldungen, Diskussionsbeiträge.
- Teilen Sie ein Handout mit den wichtigsten Fakten aus.

Tipps:
- Lesen Sie keinen Text ab, sondern formulieren Sie frei anhand Ihrer Stichworte (→ 2.).
- Leiten Sie die Zuhörer/innen mit einleitenden bzw. überleitenden Sätzen durch den Vortrag.
- Sprechen Sie laut, deutlich, nicht zu schnell (Pausen machen).
- Achten Sie auf Ihre Mimik, Gestik und Körperhaltung.
- Beachten Sie das Publikum: Halten Sie Blickkontakt. Gehen Sie auf Reaktionen der Zuhörer ein, indem Sie Erläuterungen einfügen oder Aspekte wiederholen.
- Behalten Sie die Zeit im Auge; überziehen Sie nicht.

Arbeitsvorschläge

1. Überlegen Sie sich in Kleingruppen jeweils ein Thema für einen Vortrag bzw. eine Präsentation. Erarbeiten Sie gemeinsam den Vortrag nach den Methodischen Arbeitsschritten und tragen Sie gemeinsam vor (→ **Methodische Arbeitsschritte**).
2. Dokumentieren Sie die Vorträge mit einer Kamera und analysieren Sie sie nach den folgenden Kriterien: Inhalt, Methodik, Medien/Visualisierung, Rhetorik und Körpersprache.
3. Diskutieren Sie in der Klasse, welche Phasen besonders gut gelungen waren und welche noch verbessert werden könnten.

AFB I: 1 AFB II: 1, 2 AFB III: 1, 3

Ein Expertengespräch führen

Einen in der Schule gelernten Aspekt vertiefen, mehr über ein spezielles Thema erfahren oder verschiedene Standpunkte zu einem Thema kennenlernen und vergleichen – in diesen Fällen kann ein Interview mit „Experten" sinnvoll sein.

Was ist ein Expertengespräch?

Ein Expertengespräch ist eine Befragung einer oder mehrerer Personen zu einem festgelegten Thema. Expertinnen und Experten sind Personen, die auf Grund ihrer beruflichen Tätigkeit über ein Spezialwissen verfügen, zum Beispiel Politiker, Wissenschaftlerinnen, Mitarbeiter von Nichtregierungsorganisationen (NGOs). Durch Experteninterviews können Sie konkrete Informationen zu Ihrem Thema erhalten – eine wichtige Voraussetzung, um auch komplexe Zusammenhänge verstehen und beurteilen zu können.

Tipps zur Planung und Durchführung eines Expertengesprächs

Vorbereitung: Eine sorgfältige Vorbereitung ist für das Gelingen eines Experteninterviews unerlässlich, planen Sie daher für diesen Schritt ausreichend Zeit ein. Überlegen Sie lieber ein paar Fragen mehr als zu wenig. Legen Sie fest, welche Fragen Sie unbedingt stellen wollen und welche Sie notfalls weglassen können. Vermeiden Sie geschlossene Fragen (= Fragen, auf die man mit ja oder nein antwortet) sowie Suggestivfragen (= Fragen, bei denen man dem Gesprächspartner schon die Antwort vorgibt bzw. in den Mund legt). Die Fragen sollten möglichst **offen** gestellt und neutral formuliert sein. Beispiele**:**

Mitschrift bei einer Expertenbefragung. Mindestens eine Person schreibt Aussagen als ganze Passagen oder Notizen mit.

„Glauben Sie, dass die Industrieländer die Armut in Entwicklungsländern mit verschulden?" (Geschlossene Frage – möglichst vermeiden!)

„Finden Sie nicht auch, dass die UN nicht mehr tun könnte, um die Lage der Menschenrechte im 21. Jahrhundert zu verbessern?" (geschlossene oder gar Suggestivfragen möglichst vermeiden)

„Wie beurteilen Sie die Menschenrechtssituation in China?" (Offene Frage – eignet sich gut, um Experten die Möglichkeit zu geben, ihre Sichtweise zu erläutern!)

Durchführung: Tipps zur Gesprächsführung: Sollte eine Antwort kompliziert sein, fragen Sie nach („Wenn ich Sie richtig verstanden habe, ...") oder bitten um Erläuterung anhand eines Beispiels. Auch kritische Fragen sind möglich. Sie sollten aber so formuliert sein, dass die interviewte Person nicht beleidigt wird oder sich in die Ecke gedrängt fühlt. Bleiben Sie flexibel: Weicht das Gesprächs vom geplanten Verlauf ab, können Sie Fragen vorziehen, nach hinten schieben oder weglassen (Priorität beachten!). Achten Sie auf die Zeit. Haben Sie ein Interview von 30 Minuten ausgemacht, wäre es unhöflich, die Gesprächsdauer weit zu überziehen; in diesem Fall kürzen Sie das Gespräch ab. Sollte Zeit übrigbleiben, können Sie auf Ihren Fragenpuffer zurückgreifen und ggf. persönlichere Fragen zur Tätigkeit des Experten stellen, zum Beispiel: *Warum sind Sie Politiker geworden?, Wie sieht Ihr Arbeitsalltag aus?, Was gefällt Ihnen an Ihrer Tätigkeit, was nicht?*

Auswertung und Präsentation: Tipps zur Auswertung: Jedes Expertengespräch muss inhaltlich bewertet werden: Welche Erkenntnisse hat es erbracht? Wie ist die Sichtweise der Expertin/des Experten einzuordnen?
Ein Zitat oder kurzes Statement der interviewten Person kann einen Vortrag einleiten oder am Schluss als Aufhänger für eine Diskussion genommen werden. Das vollständige Gespräch kann aber auch selbst Gegenstand der Präsentation sein. Um Zeit zu sparen, können Sie die wichtigsten Inhalte des Interviews zusammenfassen und nur Teile des Gesprächs als Video oder Tonaufnahme abspielen.

Methodische Arbeitsschritte

1. Vorbereiten

- Welche Leitfrage soll das Gespräch haben? Welche Schwerpunkte sollen gesetzt werden? Arbeiten Sie sich gut in das Thema ein.
- Wer eignet sich als Gesprächspartner/in? Sammeln Sie vorab Informationen über die ausgewählte Person. Fragen Sie ggf. mehrere Experten an, die kontroverse Standpunkte vertreten.
- Legen Sie die äußeren Umstände für das Interview fest: Wann? Wo? Wie lange soll es dauern?
- Nehmen Sie Kontakt zu dem/den Experten auf (Brief, Telefon, E-Mail, soziale Netzwerke, Homepage des Experten). Wer kontaktiert die Person/en?
- Möchten Sie das Interview oder Auszüge daraus veröffentlichen? Wo? In welcher Form?
- Wie wird das Interview dokumentiert (Audio, Video, Notizen)? Wer ist für die technische Ausrüstung zuständig?
- Erstellen Sie Ihren Fragenkatalog. Dabei helfen die Tipps auf Seite 12.

→

2. Durchführen

- Stellen Sie sich und Ihr Anliegen Ihrem Interviewpartner vor: Nennen Sie Ihren Namen und den Ihrer Schule sowie den Grund für die Befragung.
- Bedanken Sie sich dafür, dass sich der/die Interviewpartner/in die Zeit für das Gespräch nimmt.
- Erklären Sie Ihrem Gesprächspartner, wo und wie die Ergebnisse des Interviews veröffentlicht werden sollen, und fragen Sie, ob sie/er damit einverstanden ist.
- Führen Sie nun das Interview, indem Sie Ihre vorbereiteten Fragen stellen. Bei Unklarheiten haken Sie ruhig nach.
- Behalten Sie die Zeit im Blick; bitten Sie Ihren Gesprächspartner ggf. um eine kurze Antwort. Beachten Sie die Tipps auf Seite 12.
- Am Ende bedanken Sie sich für das Gespräch.

→

3. Auswerten und Präsentieren

Auswerten:
- Wurden Ihre Fragen beantwortet? Was ist offen geblieben?
- Welche neuen Informationen haben Sie zum Thema erhalten?
- Welche unterschiedlichen Positionen haben verschiedene Experten zum Thema eingenommen? Welche Sichtweise hat Sie überzeugt/nicht überzeugt?
- Möchten Sie das ganze Interview präsentieren oder Auszüge? Beurteilen Sie, welche Abschnitte am aussagekräftigsten sind.

Präsentieren:
- Wählen Sie eine Präsentationsform: PowerPoint, Wandzeitung, Poster, Podcast, Vortrag, ...
- Bearbeiten Sie das Rohmaterial so, dass Sie es für die geplante Präsentation nutzen können: z. B. Tonaufnahme abtippen (transkribieren), Video schneiden, ...
- Erstellen Sie Ihre Präsentation:
  1. Stellen Sie einleitend Thema und interviewte/n Experten vor.
  2. Interview (oder Auszüge)
  3. Fazit mit Bewertung
- optional: Veröffentlichen Sie Ihre Präsentation (Ausstellung, Schülerzeitung, Schulhomepage, ...).

Arbeitsvorschläge

1. Wählen Sie in der Klasse ein Thema für eine Expertenbefragung. Tragen Sie zusammen, welche Gesprächspartner/innen zu Ihrem Thema in Frage kommen.
2. Bilden Sie „Expertengruppen“: Jede Gruppe plant und führt ein Interview mit einem der Experten (→ **Methodische Arbeitsschritte, Tipps auf S. 12**).
3. Werten Sie Ihr Expertengespräch in der Gruppe aus (→ **Methodische Arbeitsschritte, Abschnitt 3**). Präsentieren Sie dann Ihre Ergebnisse in der Klasse.
4. Diskutieren Sie Ihr Thema in der Klasse; beziehen Sie dabei die Erkenntnisse aus den Expertengesprächen ein. Nehmen Sie Stellung zu den verschiedenen Expertenmeinungen.

AFB I: 1 AFB II: 2 AFB III: 3, 4

1 Demokratische Traditionen in Deutschland

1.1 Freiheitliche Nationalstaaten = bürgerliche Grundrechte und politische Partizipation?

Revolutionen laufen oft nach einem bestimmten Muster ab. Sie sind sich zwar ähnlich, aber nicht gleich. Daher bedarf es immer einer Analyse der Ursachen, der handelnden Personen sowie der Zeit, in welcher sie stattfinden. Dieses Vorgehen ermöglicht die Deutung des Ergebnisses, so auch bei der Französischen Revolution, als zentrales Ereignis für die Entwicklung Europas.

Zur Orientierung

18. Jahrhundert
Zeitalter der Aufklärung: Vernunft, Logik (lat. *ratio*) Grundlage des Denkens und Handelns

1789–1799
Französische Revolution

Ständegesellschaft
Gesellschaftsstruktur aufgrund der Vorstellung, die Menschen seien in drei Gruppen (Stände) zu gliedern: Geistlichkeit (Erster Stand), Adel (Zweiter Stand) und Bürger/selbstständige Bauern (Dritter Stand). Menschen ohne Besitz (Bettler, Soldaten, etc.) wurden nicht berücksichtigt. Vertreter der drei Stände wurden gelegentlich vom König in Entscheidungen über Steuerbewilligungen einbezogen (sog. Generalständeversammlung).

Merkantilismus
Wirtschaftsordnung, in welcher der König wichtige Bereiche reguliert (Schutzzölle auf Importwaren, Verteilung von Monopolen auf wichtige Wirtschaftsbereiche)

Vorabend der Revolution – Überforderung des absolutistischen Staates?

Die französische Gesellschaft hatte sich seit der Herrschaft des „Sonnenkönigs" Ludwig XIV. spürbar verändert. Die **Ständegesellschaft** wurde seit der Einführung des **Merkantilismus** durch neue wichtige, finanzstarke Akteure wie Fernhandelskaufleute oder Betreiber von **Manufakturen** vielfältiger. Diese waren unzufrieden, dem Dritten Stand zugeordnet zu werden und so ihre Interessen nicht durchsetzen zu können, da Erster und Zweiter Stand zusammen eine Stimmenmehrheit besaßen. Unzufriedenheit bestand auch dadurch, dass die Steuerlast fast ganz auf dem Dritten Stand lag. Durch königliche Privilegien waren Adel und Kirche von den meisten Steuern befreit. Die teure Lebensführung des Königs, des Adels und der Kirche sowie die zahlreichen Kriege als außenpolitische Abenteuer wurden somit in erster Linie vom Dritten Stand finanziert.
Zu diesen Kriegen zählte auch die Unterstützung der amerikanischen Unabhängigkeitsbewegung (1775–1783) gegen Großbritannien seit 1778. Ergebnis dieses Krieges war die Gründung der USA, einem Staat mit einer freiheitlichen und liberalen Verfassung. Bereits während des Krieges gelangten viele dieser freiheitlichen Ideen auch nach Frankreich, u.a. über zurückkehrende Soldaten. Dort verstärkten diese die bereits bestehende Ideen der Aufklärung. Diese gesellschaftskritischen Gedanken radikalisierten sich angesichts der zunehmenden sozialen und wirtschaftlichen Probleme des Landes. Das französische Königreich war hoch verschuldet. Wiederholte Missernten führten zu einer drastischen Teuerung der Lebensmittel. Besonders in den Städten mussten Arbeiter oder Handwerker 60–90 % ihres Tageslohns für Brot und Miete ausgeben. Der Unmut unter der Bevölkerung wuchs dadurch spürbar an.

Französische Revolution – Geschichte einer politischen Radikalisierung?

Die Revolution wird rückblickend oft in drei Phasen unterteilt:
Erste Phase: Im Mai 1789 wurde zum ersten Mal seit 1614 wieder eine Generalständeversammlung der drei Stände vom König einberufen. Um aus der Schuldenfalle herauszukommen, sollte diese Steuererhöhungen für den Dritten Stand sowie eine teilweise Abschaffung der Privilegien für den Ersten und Zweiten Stand beschließen. Jedoch wollten diese nicht auf ihre Privilegien verzichten und auch der Dritte Stand wehrte sich gegen weitere Steuererhöhungen. Das Vorhaben des Königs war damit gescheitert, auch weil er grundlegende Staatsreformen gar nicht in Betracht zog.
In dieser Situation erklärten sich am 17. Juni 1789 die Vertreter des Dritten Standes zur Nationalversammlung. Sie begründeten dies damit, dass sie die deutliche Mehrheit der

Material
Grafik Ständegesellschaft
c2t8g5

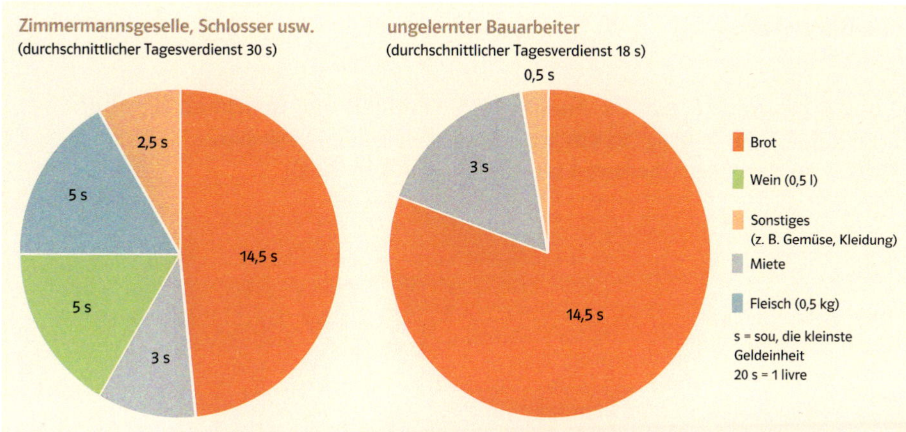

D1 Tägliche Ausgaben von Handwerkern und ungelernten Arbeitern in Paris im Februar 1789

Bevölkerung repräsentierten. Sie schworen im sogenannten Ballhausschwur, sich nicht eher wieder aufzulösen, bis Frankreich eine Verfassung erhalten habe. Auch Teile des Ersten Standes schlossen sich dem wenig später an, nicht zuletzt, um die entstehende Dynamik mit beeinflussen zu können.

Der König ließ die Armee in Paris verstärken, was zu gewalttätigen Protesten führte. Zum Symbol der Revolution wurde später der 14. Juli 1789, an dem aufständische Bürger das verhasste Staatsgefängnis Bastille zur Übergabe zwangen.

Die Nationalversammlung begann neue Gesetze zu erlassen und übernahm die Kontrolle über die Verwaltung. Am 26. August 1789 wurden schließlich die Menschen- und Bürgerrechte für alle „mündigen Bürger", worunter allerdings nur Männer verstanden wurden, feierlich verkündet. Der König musste auf die Gesetzgebung verzichten. 1790 wurde die Kirche der Aufsicht des Staates unterstellt. 1791 wurde eine Verfassung verabschiedet, die zunächst noch den König mit einbezog, obwohl dieser im Juni 1791 mit seiner Frau versuchte ins Ausland zu fliehen, was ihnen aber misslang. Ab Frühjahr 1792 folgte eine Reihe von Kriegen gegen verschiedene Zusammenschlüsse von europäischen Mächten, welche die Folgen der Französischen Revolution rückgängig machen wollten.

Zweite Phase: Die Stimmung heizte sich auf und brachte radikale Revolutionäre an die Spitze der Regierung. Im Januar 1793 wurde das Königspaar als „Feinde der Revolution" zum Tode verurteilt und in der Öffentlichkeit hingerichtet. Der gleichzeitig bestehende Kriegszustand und die ohnehin schwierige wirtschaftliche und soziale Lage bedeuteten aber weiterhin enorme Belastungen für die Menschen. Als neue Regierung waren von den Revolutionären mehrere Ausschüsse gebildet worden, die sie in einem Allgemeinen Wohlfahrtsausschuss zusammenfassten. An deren Spitze stand ein leitendes Direktorium, in dem sich in der zweiten Jahreshälfte 1793 die radikale Fraktion der Jakobiner durchsetzte. Diese ließen sich zur Bekämpfung der Probleme wie den Kriegsbelastungen und den starken Währungsverfall unbeschränkte Vollmachten übertragen, um die nötigen Maßnahmen durchzusetzen. Dafür nutzten sie allerdings auch immer mehr Gewalt. Zehntausende Menschen wurden als Feinde der Revolution angeklagt und hingerichtet. Historiker sprechen von der sogenannten Schreckensherrschaft.

Dritte Phase: 1795 wurde die Jakobiner-Regierung gestürzt und ein gemäßigtes Direktorium als Regierung eingerichtet. Tragende Kraft war nun das gehobene Bürgertum. Die wirtschaftlichen und sozialen Verhältnisse in Frankreich stabilisierten sich etwas. Auch außenpolitisch gab es Erfolge: Dank erfolgreicher Kriege konnte die Revolutionsidee auch in andere Länder getragen werden. Gleichzeitig stieg der junge ehrgeizige Offizier Napoleon Bonaparte im Militär immer weiter auf. Dieser erlangte durch einen Staatsstreich weitreichende Befugnisse als „Erster Konsul". Er führte viele revolutionäre Reformen weiter, ließ sich aber 1804 zum Kaiser krönen und restaurierte damit die Monarchie.

Manufaktur
Produktionsstätten, in denen Handwerker verschiedener Berufe an einem Produkt zusammenarbeiten (Frühform der Fabrik)

Ancien Régime
Bezeichnung für „früherer Staat", verwendet für den absolutistischen Staat des 18. Jahrhunderts

Kokarde als frühes Revolutionssymbol
Die ansteckbare Kokarde entwickelte sich 1789 zu einem Symbol der Revolution, wobei damit zunächst die Einheit von revolutionärem Volk und Monarchie gemeint war. Blau und Rot waren ursprünglich die Farben des Pariser Stadtwappens, Weiß wurde mit der bourbonischen Dynastie verbunden.

A Erklärung der Menschen- und Bürgerrechte

Q1 Erklärung der Menschen- und Bürgerrechte vom 26. August 1789 – Freiheit und Gleichheit für alle?

„Déclaration des droits de l'homme et du citoyen" war allerdings bereits in der Formulierung missverständlich, konnte das Wort „homme" sowohl „Mensch" als auch „Mann" bedeuten. (Bearbeitete Bilddarstellung)

Q2 Einige Auszüge aus dem Code Napoléon (1804), der später Vorbild für das deutsche Bürgerliche Gesetzbuch wurde

Artikel 6: Überall in Frankreich gelten dieselben Gesetze.

Artikel 8: Jedem Franzosen sollen Bürgerrechte gewährt werden.

Artikel 212: Eheleute sind sich zu gegenseitiger Treue, gegenseitigem Beistand und gegenseitiger Unterstützung verpflichtet.

Artikel 213: Der Ehemann muss seine Frau beschützen; die Ehefrau muss sich ihrem Mann unterordnen.

Artikel 214: Die Frau ist verpflichtet, bei ihrem Ehemann zu leben und ihm zu folgen, wohin er zieht; der Mann ist verpflichtet, seine Frau aufzunehmen und ihr, was zum Lebensunterhalt erforderlich ist, nach seinem Vermögen und Stand zu entrichten.

Artikel 215: Eine Frau kann nicht ohne die Erlaubnis ihres Mannes vor Gericht ziehen.

Artikel 375–379: Ein Vater, der mit dem Benehmen seines Kindes unzufrieden ist, kann dieses für den Zeitraum von maximal einem Monat ins Gefängnis schicken.

Artikel 1421: Der Mann allein verwaltet sowohl sein Eigentum als auch das Eigentum seiner Frau.

Code Napoleon, unter: www.legifrance.gouv.fr/codes/texte_lc/LEGITEXT000006070721/2008-02-25/#/ (Zugriff: 22.08.2018). Vereinfachung/Übers. v. der Redaktion.

Arbeitsvorschläge

Arbeitsvorschläge zum darstellenden Teil

1. Benennen Sie auf Basis des Darstellungstextes auf S. 14 f. die wesentlichen Konfliktlagen, die zur Französischen Revolution führten. Beziehen Sie dazu auch die Grafik → D1 mit ein.

MK 2. Informieren Sie sich über weitere wichtige Ereignisse der Französischen Revolution und erstellen Sie dazu ein Fließdiagramm.

A Erklärung der Menschen- und Bürgerrechte

3. Fassen Sie die formulierten Menschen- und Bürgerrechte nach Kategorien zusammen (→ Q1).

○ 4. Beschreiben und deuten Sie die Bildelemente in der Darstellung → Q1, die aus Ihrer Sicht symbolische Bedeutung haben könnten.

5. Diskutieren Sie, inwieweit die in → Q1 formulierten Rechte noch aktuelle Bedeutung besitzen.

6. Beurteilen Sie, ob die Auszüge aus dem Code Civil Napoleons (→ Q2) in Einklang mit den Menschen- und Bürgerrechten standen.

Übergreifende Arbeitsvorschläge

○ 7. Recherchieren Sie die Erklärung der Rechte der Frau und Bürgerin von Olympe de Gouges vom September 1791. Zeigen Sie anhand dieser Erklärung Benachteiligungen von Frauen im revolutionären Frankreich auf.

○ 8. Recherchieren Sie am Beispiel der Person Toussaint Louverture, inwieweit die Menschen- und Bürgerrechte auch für Sklaven in den französischen Kolonien wie Haiti galten. Erstellen Sie ein Kurzporträt zu Toussaint Louverture.

Differenzierung c2t8g5

○ Arbeitshilfen zu den Aufgaben 4, 7 und 8

AFB I: 1, 3, 4, 7 AFB II: 2, 8 AFB III: 4, 5, 6

Verfassungsschaubilder auswerten

In einer Verfassung sind der Aufbau eines Staates, die Machtverteilung zwischen den wichtigsten Institutionen, aber auch die Rechte der Bürgerinnen und Bürger festlegt. Weil in einer Verfassung viele Themen geregelt und ausführlich festgeschrieben sind, ist eine Verfassung meist ein sehr langer Text. Für die Bundesrepublik Deutschland ist dies das „Grundgesetz". Um den Aufbau eines Staates und die verschiedenen Regelungen auf einen Blick sichtbar zu machen, eignen sich Verfassungsschaubilder. Wie man sie richtig „liest", erfahren Sie auf dieser Doppelseite.

Was ist ein Verfassungsschaubild?

Für ein Verfassungsschaubild werden die wichtigsten Informationen über einen Staat und die in ihm geltenden Regeln in eine Grafik „übersetzt". So entsteht eine schematische Abbildung, in der die Grundordnung eines Staates dargestellt ist. Dazu gehören Informationen wie: Wer darf wählen, wer kann gewählt werden? Wer macht Gesetze? Wer regiert? Wer spricht Recht? Welche Rechte haben die Bürgerinnen und Bürger? In einem Verfassungsschaubild sind all diese Informationen knapp und übersichtlich zusammengefasst, damit der Aufbau und die Funktionsweise eines Staates auf einen Blick erkennbar werden.

Wie wertet man Verfassungsschaubilder aus?

Verfassungsschaubilder bestehen aus verschiedenen Elementen, z. B. Kästen, Symbolen, Pfeilen, Beschriftungen/Kurztexten. Häufig werden auch verschiedene Farben verwendet. Wofür stehen diese Elemente?

Kästen zeigen an, welche Gruppen, Personen und Institutionen es in einem Staat gibt, z. B. Wähler, Parlament, Kaiser, Gerichte. Die Beschriftung zeigt an, um wen oder was es sich handelt. Manchmal geben Kurztexte in den Kästen noch detaillierte Informationen, zum Beispiel zu den Aufgaben oder Rechten der Person/Institution.

Symbole werden manchmal verwendet, um das Schaubild anschaulicher zu machen, z. B.:
♛ = König/Kaiser,
§ = Justiz/Rechtsprechung, …

Farben können verschiedene Bereiche eines Staates markieren (z. B. die Gewaltenteilung in Legislative, Exekutive und Judikative) oder verschiedene Akteure/Institutionen (z. B. Wähler, Präsident, Militär, …).

Pfeile und Linien zeigen, in welchem Verhältnis die Personen und Institutionen zueinander stehen. Aus Pfeilen lässt sich ablesen, wer wen anweisen/wem etwas befehlen kann (z. B. [König] befiehlt ⟶ [Militär]) oder wer wen in ein Amt wählen, berufen oder daraus entlassen kann.

Wer diese Bildsprache „lesen" kann, erkennt aus einem Verfassungsschaubild, wie ein Staat aufgebaut ist und wie er funktioniert. So lässt sich auch die Staatsform bestimmen (z. B. Monarchie oder Demokratie). Am Beispiel der französischen Verfassung von 1791 können Sie das gleich ausprobieren.

D1 Die französische Verfassung von 1791

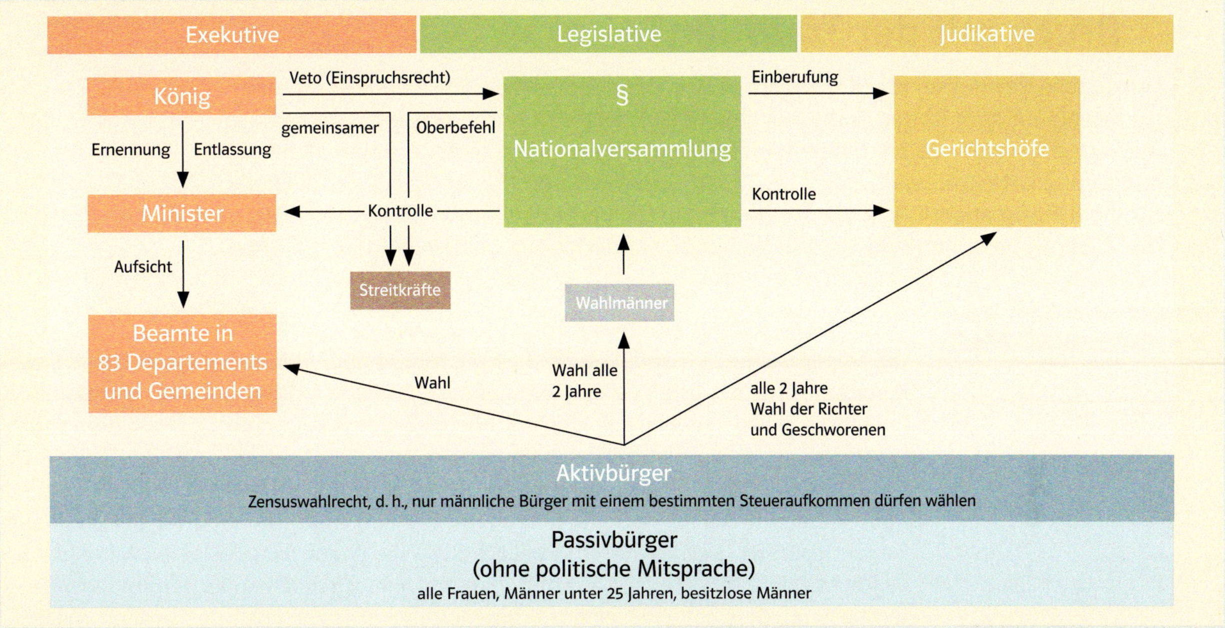

Methodische Arbeitsschritte

1. Thema erfassen →

- Nennen Sie das Thema des Schaubildes. Die Über-/Unterschrift hilft Ihnen dabei.
- Recherchieren Sie, wenn nötig, Zusatzinformationen, z. B.:
  - Wann ist die Verfassung in Kraft getreten?
  - Wie lange war sie gültig?
  - Wer hat sie beraten und beschlossen?

2. Untersuchen →

- Benennen Sie die Bestandteile des Schaubildes (Kästchen, Linien, Pfeile, Figuren oder Zeichen …).
- Untersuchen Sie, wofür die verwendeten Symbole, Farben und Pfeile in dem Schaubild stehen.
- Arbeiten Sie heraus, wer wählen darf und wer nicht, wer gewählt wird und wer nicht.
- Untersuchen Sie, welche Aufgaben und Rechte die einzelnen Institutionen haben und ob bzw. in welcher Beziehung sie zueinander stehen.

3. Deuten

- Erläutern Sie, wie die Macht in dieser Verfassung verteilt ist.
- Begründen Sie, um welche Staatsform es sich handelt.
- Beurteilen Sie, ob alle mit dieser Verfassung zufrieden sein konnten oder ob sie Anlässe für Konflikte bot.

Arbeitsvorschläge

1. Erschließen Sie → D1 mithilfe der Arbeitsschritte.
2. Notieren Sie drei Fragen zur Verfassung, die sich mithilfe des Schaubildes nicht beantworten lassen. Überlegen Sie, woher Sie dazu Informationen bekommen können, und versuchen Sie, Antworten auf die Fragen zu erhalten.
3. Der französische Revolutionär Robespierre stellte in einer Rede am 2. Januar 1792 die Frage: „Gleicht denn die Verfassung, von der man sagt, sie sei die Tochter der Erklärung der Menschen- und Bürgerrechte, wirklich noch ihrer Mutter?" Nehmen Sie Stellung dazu.
4. Stellen Sie die Unterschiede zwischen einer konstitutionellen und einer absoluten Monarchie auf einem Lernplakat dar. Nutzen Sie dazu die Ergebnisse aus Aufgabe 3.

AFB I: 1, 2 AFB II: 1, 2, 4 AFB III: 3

1.2 Vormärz in Deutschland – Bruch mit der Tradition?

Die Französische Revolution brachte zunächst eine Republik hervor. Diese endete mit dem Aufstieg Napoleons zum Kaiser. Zeitweise gelang es Frankreich unter ihm, große Teile Europas unter seine Kontrolle zu bekommen. In Russland erlitten die napoleonischen Armeen jedoch 1812 eine katastrophale Niederlage. Nach einer weiteren Niederlage in der „Völkerschlacht" bei Leipzig endete 1814 die Ära Napoleon. Die vorherige lange französische Besatzung hatte jedoch nicht nur Belastungen bedeutet, sondern neue politische Ideen gefördert.

Neuordnung auf dem Wiener Kongress – Zurück zur „guten alten Zeit"?

Die Siegermächte verhandelten in Wien die Neuordnung der Verhältnisse. Leiter dieses Kongresses war der österreichische Außenminister Fürst Metternich. Viele liberal gesinnte Menschen in den deutschen Fürstentümern hofften darauf, dass sich nach dem Vorbild Frankreichs auch ein deutscher **Nationalstaat** mit einer Verfassung bilden würde. Die Fürsten, die auf dem Wiener Kongress berieten, sahen diese Ideen aber als Bedrohung ihrer eigenen Herrschaft und stellten überwiegend die alte Ordnung vor der Zeit Napoleons wieder her (Restauration). Dabei achteten sie darauf, dass das in der Mitte gelegene Deutschland überwiegend aus mittelgroßen, nur lose miteinander verbundenen Staaten bestand. Dies sollte zu einem Kräftegleichgewicht zwischen den großen Mächten Großbritannien, Russland, Österreich und Frankreich beitragen. So wollten die Fürsten zukünftig verhindern, dass eine Macht die andere angreifen würde. Die Hoffnungen der liberalen Bürger auf einen Nationalstaat wurden jedoch nicht erfüllt. Die Fürsten gingen gestärkt aus dem Kongress hervor.

Aus dem Heiligen Römischen Reich Deutscher Nation wurde der Deutsche Bund. Er war ein Zusammenschluss der 35 Fürstentümer und der vier Freien Städte. Unter der Führungsmacht Österreichs geriet der Deutsche Bund zu einem Garant der Restauration, in dem die monarchische Legitimität und Ordnung aufrechterhalten wurde. Liberale und demokratische Ideen wurden abgeblockt. Im Unterschied zur politischen Ordnung vor der Französischen Revolution wurden die Niederlande nun als Königreich gänzlich unabhängig. Preußen gab polnische Gebiete ab und bekam dafür große Gebiete in Westdeutschland und den Norden Sachsens hinzu. Dadurch gewann Preußen im deutschen Raum erheblich an Gewicht. Österreich verzichtete auf frühere Besitztümer in Süddeutschland und erhielt dafür Gebiete in Norditalien und an der Adriaküste. Russland erhielt große Teile Polens. Frankreich behielt seine Grenzen von 1789.

Wartburgfest – jugendliche Demonstration für den Nationengedanken?

Die von den Ideen der Französischen Revolution geprägten liberal und national gesinnten Menschen waren enttäuscht vom Wiener Kongress. Vor allem die jüngeren, von den Freiheitskriegen 1813–1815 geprägten jungen Bürgerlichen suchten nach Möglichkeiten, dieser Enttäuschung Ausdruck zu verleihen. So versammelten sich am 18. Oktober 1817 mehrere Hundert Studenten – organisiert in Burschenhaften (studentische Zusammenschlüsse) – auf der Wartburg bei Eisenach unter dem Vorwand, des 4. Jahrestags der **Völkerschlacht** zu gedenken. Statt sich der alten Geschehnisse zu erinnern, demonstrierten die Studenten aber für Freiheit, Demokratie und die Schaffung eines Nationalstaats. Dabei tauchte auch eine Fahne auf, welche die Farben Schwarz-Rot-Gold zeigte. Diese Farben erinnerten an das **Lützowsche Freicorps**, in dem Freiwillige gegen die napoleonischen Truppen gekämpft hatten. Das Wartburgfest verlief bis in die Abendstunden friedlich. Doch dann schlug die Stimmung um.

Zur Orientierung

1814/15
Wiener Kongress
1818
Karlsbader Beschlüsse
1830/31
Revolutionsversuche
1832
Hambacher Fest

Nationalstaat
Staatsidee auf idealtypischer Basis einer weitgehenden sprachlich-kulturellen Homogenität und für alle Bürger einheitlichen Rechtsordnung

Völkerschlacht
Der Begriff wurde erstmals kurz nach der Schlacht bei Leipzig 1813 von einem liberal-nationalen Schriftsteller verwendet und setzte sich in der späteren nationalen deutschen Erinnerungskultur durch.

Lützowsches Freikorps
Zusammenschluss von Menschen, die 1813/14 als Freiwilligeneinheit gegen Napoleon kämpften. Sie hatten als Uniformfarben Schwarz-Rot-Gold.

Absolutistisches System
Herrschaftsidee des 17./18. Jhs., demnach der Fürst absolut, ohne Mitsprache von anderen gesellschaftlichen Kräften herrscht

Audio
Podcast Konservatismus
bh8zh9

Die deutschen Fürsten waren alarmiert von den revolutionären und nationalen Forderungen der Studenten. Dieses Gedankengut bedrohte ihre Macht und ihre Art zu regieren. Außerdem stellte es die Aufteilung der deutschen Fürstentümer sowie den Deutschen Bund in Frage.

Karlsbader Beschlüsse – Unterdrückung statt Freiheit?

Als im gleichen Jahr der russische Gesandte August von Kotzebue von einem Studenten ermordet wurde – Kotzebue hatte die Fürsten vor den Ideen der Studenten gewarnt –, einigten die deutschen Fürsten sich bei einem Treffen ins Karlsbad auf gemeinsame Maßnahmen (Karlsbader Beschlüsse). Im Bemühen Härte zu demonstrieren, verschärften sie Pressezensur, Bespitzelung und die Verfolgung von **Demagogen.** Burschenschaften wurden vorerst verboten. Die Fürsten wollten die alte Ordnung aufrechterhalten und ihre Macht sichern. Die Staaten des Deutschen Bundes setzten die Maßnahmen jedoch unterschiedlich um. In Südwestdeutschland (Baden, Württemberg) waren die Fürsten eher liberaler eingestellt. Hier gab es bereits Parlamente mit Abgeordneten und eigenen Verfassungen. In anderen Bundesländern wie Preußen wurden die Karlsbader Beschlüsse dagegen schärfer umgesetzt. Immer mehr Bürger zogen sich aus dem öffentlichen Leben zurück und konzentrierten sich auf wirtschaftliches oder kulturelles Engagement: die so genannte **Biedermeierzeit** begann. Kritik an der Politik des Staates wurde – wenn überhaupt – nur im privaten Kreis geübt. Politische Äußerungen in der Öffentlichkeit gab es nicht mehr. Auch in den Zeitungen und Zeitschriften verschwand die kritische Berichterstattung. An die Stelle von Kritik trat der Gehorsam und das obrigkeitsstaatliche Denken: der Staat in Person des Fürsten lenkt die Geschicke des Landes zum Wohle seiner Untertanen.

Dennoch blieben die liberalen und demokratischen Forderungen des Vormärz bei vielen Bürgern bestehen. Dies zeigte das Hambacher Fest.

Demagogen
Volksaufwiegler, Volksaufhetzer; jemand der durch politische Reden das Volk beeinflusst.

Biedermeierzeit
Ausdruck für eine kulturgeschichtliche Epoche 1815–1848, in der sich viele Menschen auf das privat, unpolitische Leben konzentrierten (z.B. Ausflüge in die Natur, Hausmusik, etc.).
Als entgegengesetzte Bewegung gilt der Vormärz mit liberalpolitischen Forderungen nach Veränderungen von Staat und Gesellschaft.

Juli-Revolution und Hambacher Fest – Ein Sieg der Fürstenherrschaft?

Zum Hambacher Fest kam es, da im Juli 1830 eine erneute Revolution in Frankreich zugunsten liberaler Reformen (z.B. Pressefreiheit) stattfand. Diese Revolution war der Anstoß zur Erhebung der Opposition auch in anderen Teilen Europas, z.B. 1830/31 in Polen und 1830 in Belgien, welches damals noch Teil der Niederlande war. Im Herzogtum Braunschweig, Königreich Hannover und in Hessen kam es zu Unruhen und in deren Folge zu politischen Veränderungen. Verfassungen wurden eingeführt oder Parlamente eingerichtet. Nun wollten die liberalen Kräfte im Deutschen Bund die Gunst der Stunde nutzen: Studenten, Gelehrte und Journalisten suchten eine Möglichkeit, offen ihre Meinung zu vertreten. Am 27. Mai 1832 versammelten sich ca. 30 000 Menschen auf der Schlossruine von Hambach in der bayerischen Pfalz. Redner forderten Versammlungsfreiheit, Pressefreiheit, gleiche und allgemeine Wahlen sowie nationale Einheit.

Die Fürsten des Deutschen Bundes – allen voran Preußen und Österreich – sahen erneut ihre Macht bedroht. Liberale Reformen lehnten sie mehrheitlich ebenso ab wie die Forderung nach einem einheitlichen nationalen Staat. Daher verschärften sie die Karlsbader Beschlüsse von 1819 noch weiter. Die Pressezensur und Bespitzelung wurden intensiviert sowie das Tragen der neuen deutschen Farben oder das Aufstellen von Freiheitsbäumen verboten. Um den Verschärfungen Nachdruck zu verleihen, wurden liberale Personen verfolgt und inhaftiert. Darunter zählten beispielsweise die Initiatoren des Hambacher Festes: der Journalist Philipp Siebenpfeiffer und der Schriftsteller Johann Georg Wirth. Sie wurden verhaftet, angeklagt, zunächst freigesprochen, jedoch erneut wegen Beleidigung von Behörden vor Gericht gebracht. Beide flohen letztlich aus ihrem jeweiligen Gefängnis und gingen ins Ausland.

Nachbau eines, an die Werte der Französischen Revolution erinnernden Freiheitsbaumes vor dem Residenzschloss Rastatt
Foto 2014

A Drängen auf Reformen – wurden die süddeutschen Staaten demokratisch?

D1 Verfassung des Königreichs Württemberg (1819)

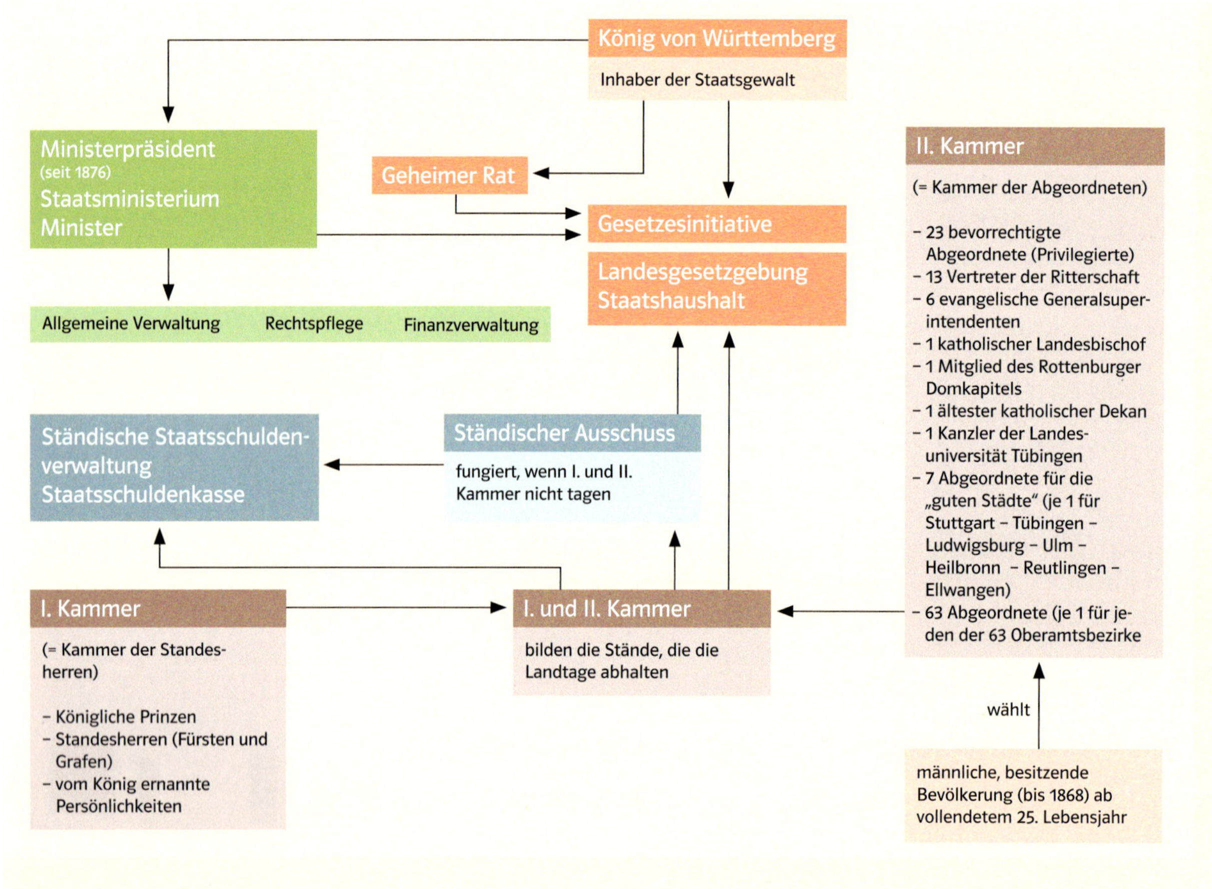

Q1 Forderung nach Pressefreiheit

Der Journalist, Jurist und einer der Initiatoren des Hambacher Festes, Philipp Jakob Siebenpfeiffer (1789–1845), sagte 1832 zur Zensur infolge der Karlsbader Beschlüsse:

Die Presse – nothwendig frei, denn sie ist die Stimme aller, ihr Schweigen ist der Tod der Freiheit. Jede Tyrannei, welche eine Idee morden will, beginnt damit, daß sie die Presse knebelt.

Philipp Jakob Siebenpfeiffer, in: Johann Georg August Wirth (Hrsg.): Das Nationalfest der Deutschen zu Hambach. Nachdr. d. Orig.-Ausg. Christmann, Neustadt a/H. 1832, Meininger, Neustadt a.d.W. 1981, S. 31.

D2 **Verfassung des Großherzogtums Baden (1818)**

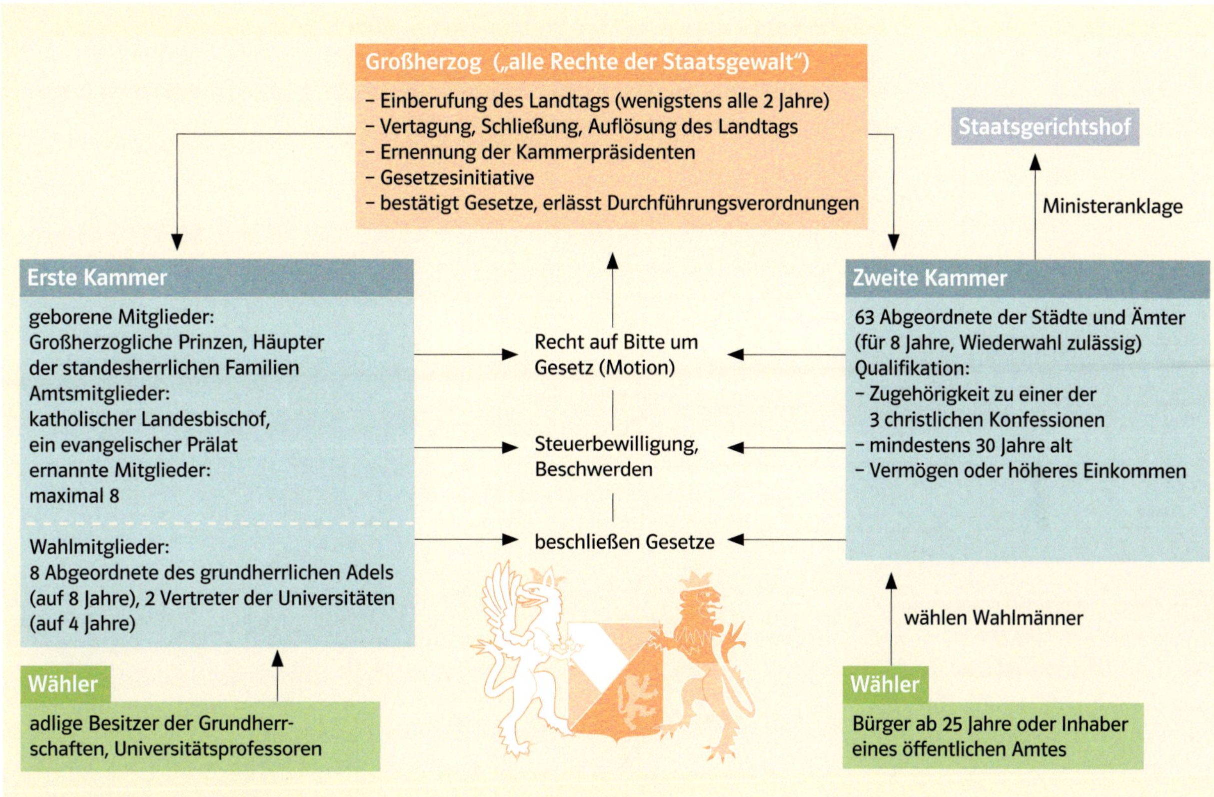

Arbeitsvorschläge

Arbeitsvorschläge zum darstellenden Teil

1. Nennen Sie die wichtigsten Konfliktherde in den deutschen Ländern in den drei Jahrzehnten vor der Revolution 1848/49.

A Drängen auf Reformen – wurden die süddeutschen Staaten demokratisch?

○ 2. Vergleichen Sie die Verfassung des Königreichs Württemberg (→ D1) mit der des Großherzogtums Baden (→ D2) und suchen Sie dabei Unterschiede und Gemeinsamkeiten heraus.

○ 3. Arbeiten Sie anhand → D1 und → D2 den jeweiligen Staatsaufbau heraus und stellen Sie ihn dem heutigen Verfassungsentwurf (→ Online-Bereich) gegenüber.

4. Erläutern Sie mit Hilfe von → Q1, warum die Presse nach Vorstellung der liberalen Opposition wie Philipp Siebenpfeiffer frei sein muss.

Differenzierung bh8zh9

○ Arbeitshilfen zu den Aufgaben 2 und 3

AFB I: 1, 3 AFB II: 2, 4

Politische Gedichte und Lieder untersuchen

Politische Forderungen werden nicht immer in Reden, Zeitungsartikeln oder Interviews veröffentlicht: Im 19. Jahrhundert bekamen Gedichte oder Lieder großen Einfluss auf die Deutschen. Warum das so war, können Sie an dem nachfolgenden Beispiel untersuchen.

Gedichte und Lieder als Botschaften

Im 19. Jahrhundert waren politische Gedichte und Lieder „in aller Munde". Sie haben mehr Menschen beeinflusst als Zeitungen. Vor allem in politisch unruhigen Zeiten entstanden Gedichte und Lieder, in denen die Dichter ihre politische Haltung zum Ausdruck brachten. Die Texte und Lieder wurden auf Flugblättern in hoher Auflage „unters Volk gebracht", aber auch mündlich weitergetragen. Außerdem gründeten sich zahlreiche Gesangvereine; das gemeinsame Singen – u.a. von politischen Liedern – stärkte das Gemeinschaftsgefühl. Das politische Gedicht oder Lied wirkt bis heute nach dem immer gleichen Prinzip: Der Text erinnert oft an wichtige Ereignisse, an Überzeugungen – oder er ruft zu etwas auf. Bei Liedern verstärkt die Melodie den Inhalt oder die Botschaft, indem sie eine bestimmte Stimmung erzeugt.

Q1 Dem deutschen Volk

Georg Herwegh, 1842:

Deutschland, o zerrissen Herz,
Das zu Ende bald geschlagen,
Nur um dich noch will ich klagen
Und in einer Brust von Erz
Schweigend meinen kleinen Schmerz,
Meinen kleinen Jammer tragen,
Vaterland, um dich nur klagen.

Lustig grünt dein Nadelholz,
Lustig rauschen deine Eichen;
In den neununddreißig Reichen[1]
Fehlt ein einzig Körnchen Golds:
Freier Bürger hoher Stolz
Fehlt im Lande sondergleichen,
In den neununddreißig Reichen.

Wenn ein Sänger für dich focht,
Wenn ein Mann ein Schwert geschwungen,
Hast du scheu nur mitgesungen,
Hast du schüchtern mitgepocht;
Und man hat dich unterjocht,
Hat dich in den Staub gezwungen,
Weil du gar so still gesungen.

Ihr beweinet's und bereut's –
Und das nennt ihr deutsche Treue?
Laßt die Tränen, laßt die Reue,
Soll nicht einst der Enkel Teuts[2]
Sterben an der Zwietracht Kreuz,
Kämpf und handle, Volk, aufs neue,
Denn der Teufel ist die Reue!

Tritt in deiner Fürsten Reihn!
Sprich: Die neununddreißig Lappen
Sollen wieder besser klappen[3]
Und ein Heldenpurpur sein;
Ein Reich wie ein Sonnenschein!
Ein Herz, ein Volk und ein Wappen!
Helf uns Gott – so soll es klappen!

Georg Herwegh: Gedichte eines Lebendigen, Bd. 1: Mit einer Dedikation an den Verstorbenen. Verlag d. Literarischen Comptoirs, Zürich 1842, S. 57.

1 Die „neununddreißig Reiche" beziehen sich auf die Zahl der Mitgliedstaaten des Deutschen Bundes zur Zeit der Entstehung des Gedichtes.

2 Mit „Teut" ist ein mythischer Urvater des deutschen Volkes gemeint.

3 „klappen" bedeutet hier „passen"; die 39 Lappen, die „besser klappen" sollen, sind die Staaten des Deutschen Bundes, die eine Einheit bilden sollen.

Zusatzinformationen: Wer war Georg Herwegh?

Georg Herwegh (geb. 1817) war Sohn eines Kochs, besuchte aber ein Gymnasium und studierte Theologie. Das Studium konnte er nicht abschließen: Er wurde wegen „Insubordination" (= Aufsässigkeit) ausgeschlossen. Politisch war er radikaler Anhänger der Nationalbewegung und Kämpfer für eine Revolution. Daher wurden seine Texte verboten oder sehr stark zensiert. Er ging 1839 in die (freiere) Schweiz, dann 1843 ins ebenso freie Paris. Dort lernte er Heinrich Heine und Karl Marx kennen und unterstützte auch deren Ideen. 1848 beteiligte er sich an Revolutionskämpfen in Baden, nach der Niederlage floh er wieder in die Schweiz und kehrte – nach einer Amnestie – 1866 wieder nach Deutschland zurück. Hier wurde er zum Mitbegründer der Sozialdemokratischen Arbeiterpartei, die ein Vorläufer der SPD war. Er starb 1875 in Baden-Baden.

Methodische Arbeitsschritte

1. Beschreiben →

- Nennen Sie mithilfe des Titels das Thema des Gedichts.
- Nennen Sie die Zeit, in der das Gedicht geschrieben oder veröffentlicht wurde.
- Gliedern Sie das Gedicht und geben Sie den Inhalt mit eigenen Worten wieder.

2. Untersuchen →

- Nennen Sie die sprachlichen und gestalterischen Mittel, die der Dichter verwendet.
- Suchen Sie Erklärungen für alle Stellen, die für Sie sprachlich oder inhaltlich schwierig sind.
- Recherchieren Sie Informationen zum Leben des Dichters und zu den politischen Verhältnissen der Zeit, in der das Gedicht entstand.
- Arbeiten Sie den Zusammenhang zwischen dem Leben des Dichters, den politischen Verhältnissen der Zeit und dem Gedicht heraus.

3. Deuten

- Fassen Sie die Botschaft des Gedichts zusammen.
- Erläutern Sie, wie die sprachlichen Mittel diese Botschaft unterstützen.
- Beurteilen Sie, wie das Gedicht von verschiedenen Teilen der Gesellschaft (Bevölkerungsgruppen, Regierung, ...) aufgenommen worden sein könnte.
- Bewerten Sie, welche Bedeutung das Gedicht für das Verständnis der zu untersuchenden Zeit haben kann.

Arbeitsvorschläge

1. Beschreiben Sie das Gedicht → Q1 anhand der Arbeitsschritte (1). Fassen Sie den Inhalt der fünf Strophen zusammen, indem Sie jeder Strophe eine Überschrift geben.
2. Untersuchen Sie das Gedicht anhand der Arbeitsschritte (2).
3. Deuten Sie das Gedicht anhand der Arbeitsschritte (3). Erläutern Sie, wie sich die politische Situation im Aufbau und in der Wortwahl des Gedichts widerspiegelt.
4. Diskutieren Sie, welche besonderen Möglichkeiten Gedichte für die politische Mobilisierung bieten.
5. Finden Sie in Partnerarbeit weitere Beispiele für politische Gedichte oder Lieder und stellen Sie sie in der Klasse vor.

AFB I: 1, 5 AFB II: 2, 3 AFB III: 3, 4

1.3 Die Revolution 1848/49 – eine Revolution des Volkes?

Aufgrund der Missernten und der daraus folgenden Hungersnöte verließen viele Menschen ihre Heimat. Diejenigen, die blieben, litten unter der Not und den politischen Verhältnissen. Es war nur eine Frage der Zeit, wann der Druck für die Herrscher nicht mehr kontrollierbar war.

Zur Orientierung

1848
- Revolution u.a. in Frankreich (Sturz der Monarchie)
- Revolution in dt. Staaten, Wahl einer dt. Nationalversammlung

1849
- Paulskirchenverfassung
- preuß. König lehnt Kaiserkrone ab

Märzminister
Märzminister sind liberale Politiker, die aufgrund der revolutionären Forderungen im März 1848 eingesetzt wurden.

selbständige Männer
In Abgrenzung zu abhängig Beschäftigten (Arbeiter, Tagelöhner) sind es selbständige Unternehmer, Handwerker mit eigenem Betrieb.

Frühjahr 1848 – Auftakt für den großen Umbruch in Europa?

In Frankreich fand im Februar 1848 eine Revolution statt, die mit dem Sturz des Königs und der Ausrufung der Republik endete. Dies war der Zündfunke für ganz Europa: in Italien, Österreich, Ungarn und den deutschen Fürstentümern wurden die politischen und sozialen Verhältnisse angeklagt. Karl Marx und Friedrich Engels fassten ihre Kritik der damaligen Zeit in ihrem „Manifest der Kommunistischen Partei" zusammen. Es kam zu bewaffneten Erhebungen. Als in Wien immer mehr Menschen mit revolutionären Forderungen auf die Straße gingen, musste der „starke Mann" der alten Ordnung Fürst Metternich zurücktreten. Auch im Großherzogtum Baden forderten Revolutionäre unter Führung der Politiker Friedrich Hecker und Gustav Struve grundlegende Veränderungen. Großherzog Leopold von Baden gab den Forderungen nach. So wurden Versammlungsfreiheit, Pressefreiheit und Bürgerrechte eingeführt sowie eine neue Regierung mit so genannten **Märzministern** eingesetzt. In Württemberg verfuhr König Wilhelm I. in ähnlicher Weise.

In Preußen verlief die Zeit stürmischer: Der preußische König Wilhelm IV. stimmte Veränderungen zu, ließ aber die Militärpräsenz in Berlin verstärken. Dabei kam es am 18. März zu einem folgenschweren Zusammenstoß. Vor dem Stadtschloss waren viele Menschen zusammengekommen, um dem König für die demokratischen Zugeständnisse zu danken. Im Hintergrund stand jedoch Militär parat, welches von einigen als Bedrohung empfunden wurde. Sie forderten den Abzug der Truppen. Allerdings begannen die Soldaten den Platz vor dem Schloss zu räumen. Dabei fielen Schüsse und die Menschen begannen Barrikaden gegen das Militär zu errichten, um sich zu verteidigen. Dabei kamen bei diesen Barrikadenkämpfen ca. 200 Menschen ums Leben, bis der König den Abzug aus Berlin anordnete. Um die Wogen zu glätten, verneigte er sich vor den so genannten Märzgefallenen und trug dabei eine Schwarz-Rot-Goldene Armbinde und kündigte eine Verfassung an.

Gustav Struve (1805–1870)
Badischer liberaler Politiker und radikaldemokratischer Revolutionär, Holzstich 1849

Revolution im Deutschen Bund – Mitbestimmung für die ganze Bevölkerung?

In Frankfurt am Main, wo bislang die Bundesversammlung des Deutschen Bundes getagt hatte, sollte nun eine Nationalversammlung eingerichtet werden. Dazu gab es ein so genanntes Vorparlament, welches die Wahlen zur Nationalversammlung vorbereiten und durchführen sollte. Als Versammlungsort wurde die Paulskirche in Frankfurt ausgewählt. Während der Vorbereitungen entstanden erste gravierende Streitfragen: Welche Staatsform sollte der Nationalstaat haben? Eine liberale Demokratie wie in Frankreich oder eine konstitutionelle Monarchie wie in Großbritannien? Wahlberechtigt waren alle volljährigen, **selbstständigen Männer**, was untere soziale Schichten und Frauen ausschloss. Fast alle Abgeordneten kamen daher aus dem Bildungsbürgertum (Juristen, Beamte oder Professoren). Nur vier Abgeordnete waren Handwerker, Arbeiter oder Bauer. Ein Großteil der Bevölkerung war daher nicht vertreten.

Innerhalb des Parlaments schlossen sich Abgeordnete mit ähnlichen Ansichten zu politischen Gruppierungen zusammen. Entsprechend der Sitzordnung entstand diese Einteilung: Als äußerst rechts außen bezeichnete man die konservativen Mitglieder. Sie

Audio
Podcast Revolution 1848
9r2582

D1 Vorstellungen einer klein- und großdeutschen Lösung

wollten eine deutsche Verfassung, die mit den Einzelstaaten abgesprochen werden sollte. Andere „rechte" Abgeordnete betonten Forderungen nach politischer Freiheit, Aufrechterhaltung der öffentlichen Ordnung und ein föderatives Deutschland im Einklang mit den regierenden Fürsten.

Auf der linken Seite saßen die Abgeordneten um Robert Blum, Friedrich Hecker und Gustav Struve. Sie bestanden auf der einzigen Legitimation: der Volkssouveränität und somit der Ausarbeitung einer demokratischen, republikanischen Verfassung.

Innerhalb der Nationalversammlung standen sich unterschiedliche Positionen gegenüber, die miteinander in Einklang gebracht werden mussten. Nach sehr langen Debatten einigte sich eine Mehrheit am 28. März 1849 auf eine Verfassung. Bereits im Dezember 1848 war ein Grundrechtekatalog mit **persönlichen Freiheitsrechten** verabschiedet worden.

Persönliche Freiheitsrechte
gemeint ist die Freiheit des Einzelnen, zum Beispiel in Form des Vereins- und Versammlungsrechts, der Gewerbe- und Niederlassungsfreiheit

Großdeutsch gegen kleindeutsch – wer setzt sich durch?

Vielvölkerstaat (großdeutsch) oder Nationalstaat (kleindeutsch) – wer sollte in Zukunft zur deutschen Nation gehören? Alle Menschen, die in den Ländern des Deutschen Bundes lebten – also auch beispielsweise die tschechisch-, polnisch-, slowenisch- oder italienischsprachige Bevölkerung? Oder sollten nur Gebiete einbezogen werden, in denen die Bevölkerungsmehrheit Deutsch sprach. Damit würde man das Kaiserreich Österreich, aber auch Preußen erheblich beschneiden und nur zu einem kleinen Teil integrieren. Dies stand im Konflikt mit der langen Tradition der Königs- und Kaiserwürde der Dynastie der Habsburger. Hinzu kam die alte Rivalität zwischen der Vormacht Österreich und dem aufstrebenden Preußen. Ein Dilemma, das die Nationalversammlung zu Gunsten der engeren national gefassten Lösung auf Basis eines Erbkaisertums anstatt eines gewählten Staatspräsidenten beantwortete. Die kleindeutsche Lösung ließ nur die Wahl des preußischen Königs zum neuen Staatsoberhaupt zu. Am 3. April 1849 trug eine Delegation der Nationalversammlung König Friedrich Wilhelm die deutsche Kaiserkrone an, die dieser jedoch ablehnte. Er sah die Parlamentarier nicht als berechtigt an, ihm die Kaiserkrone anzubieten, da dies aus seiner Sicht nur die Fürsten der Bundesstaaten gekonnt hätten. Auch andere Herrscher wie die Monarchen von Bayern, Sachsen und Österreich erkannten die Paulskirchenverfassung nicht an.

Friedrich Hecker (1811–1881)
Badischer Politiker und Revolutionär, später US-Politiker

A Neuer revolutionärer Elan im Frühjahr 1848

Q1 Hecker-Lied

Das Hecker-Lied entstand während der Revolution 1848. Es ist dem Freiheitskämpfer Friedrich Hecker gewidmet und seinem Traum eines Nationalstaats.

Wenn die Leute fragen, wenn die Leute fragen,
wenn die Leute fragen: „Lebt der Hecker noch?“
Könnt ihr ihnen sagen, könnt ihr ihnen sagen
Könnt ihr ihnen sagen: „Ja er lebet noch.“

Er hängt an keinem Baum, und er hängt an keinem Strick
Er hängt an seinem Traum von der freien Republik
Er hängt an keinem Baum, und er hängt an keinem Strick
Er hängt an seinem Traum von der freien Republik

An den Darm der Pfaffen[1], an den Darm der Pfaffen
An den Darm der Pfaffen hängt den Edelmann
Lasst ihn dran erschlaffen, lasst ihn dran erschlaffen
Lasst ihn dran erschlaffen, hängt ihn drauf und dran

Ja 33 Jahre währt die Sauerei
Wir sind keine Knechte, wir sind alle frei
Ja 33 Jahre währt die Sauerei
Wir sind keine Knechte, wir sind alle frei

Schmiert die Guillotine[2], Schmiert die Guillotine
Schmiert die Guillotine mit Tyrannenfett!
Reißt die Konkubine[3], Reißt die Konkubine
Reißt die Konkubine aus dem Pfaffenbett!

Ja 33 Jahre währt die Sauerei
Wir sind keine Knechte, wir sind alle frei
Ja 33 Jahre währt die Sauerei
Wir sind keine Knechte, wir sind alle frei

Fürstenblut muss fließen, Fürstenblut muss fließen
Fürstenblut muss fließen, fließen stiefeldick!
Und daraus ersprießen, Und daraus ersprießen
Und daraus ersprieß'n die freie Republik

Ja hunderttausend Jahre währt die Knechtschaft schon
Nieder mit den Hunden von der Reaktion[4]
Ja hunderttausend Jahre währt die Knechtschaft schon
Nieder mit den Hunden von der Reaktion

Revolutionslied der Badischen Revolution von 1848/1849, unter: https://lyricstranslate.com/de/german-folk-das-heckerlied-lyrics.html#ixzz5B4ZpxwlK (Zugriff: 25.04.2018)

1 **Pfaffen**: abwertende Bezeichnung für Priester und Pfarrer
2 **Guillotine**: Hinrichtungsmaschine, mit der während der Franz. Revolution das Königspaar hingerichtet wurde
3 **Konkubine**: bezahlte Geliebte (Mätresse) von Geistlichen und weltlichen Herrschern, Anspielung auf Doppelmoral
4 Bezeichnung für Herrschende, die Veränderungen verhindern wollen

B Machtverhältnisse in der Paulskirche

D2 Kräfteverhältnisse in der Nationalversammlung 1848/49

	Demokratische Linke		Liberale Mitte		Konservative Rechte
Tagungsort	Donnersberghof	Deutscher Hof	Württemberger Hof	Casino	Café Milani
politische Ausrichtung	radikale Demokraten	gemäßigte Demokraten	linkes Zentrum	rechtes Zentrum	gemäßigte Konservative
politische Ziele	Fortführung der Revolution bis zur Errichtung einer demokratischen Republik	parlamentarisch-demokratische Republik, Volkssouveränität, hohes Maß an Gleichheit	parlamentarische Monarchie mit Betonung der Parlamentsrechte, nur aufschiebendes Veto der Krone, individuelle Freiheit vor staatlichem Interesse	parlamentarische Monarchie mit Vetorecht der Krone, Volksvertretung auf Legislative beschränkt	Ausgleich mit den bestehenden Regierungen; Reichsorganisation als Staatenbund
Anzahl der Abgeordneten	ca. 40	ca. 100	ca. 100	ca. 120 – 130	ca. 40

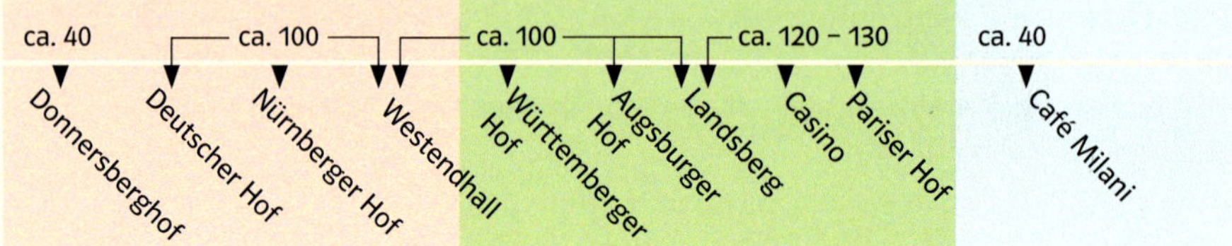

D3 Schaubild der Paulskirchenverfassung

Schematische Darstellung der Verfassung, die die Nationalversammlung ausgearbeitet hatte, die aber nie verwirklicht wurde

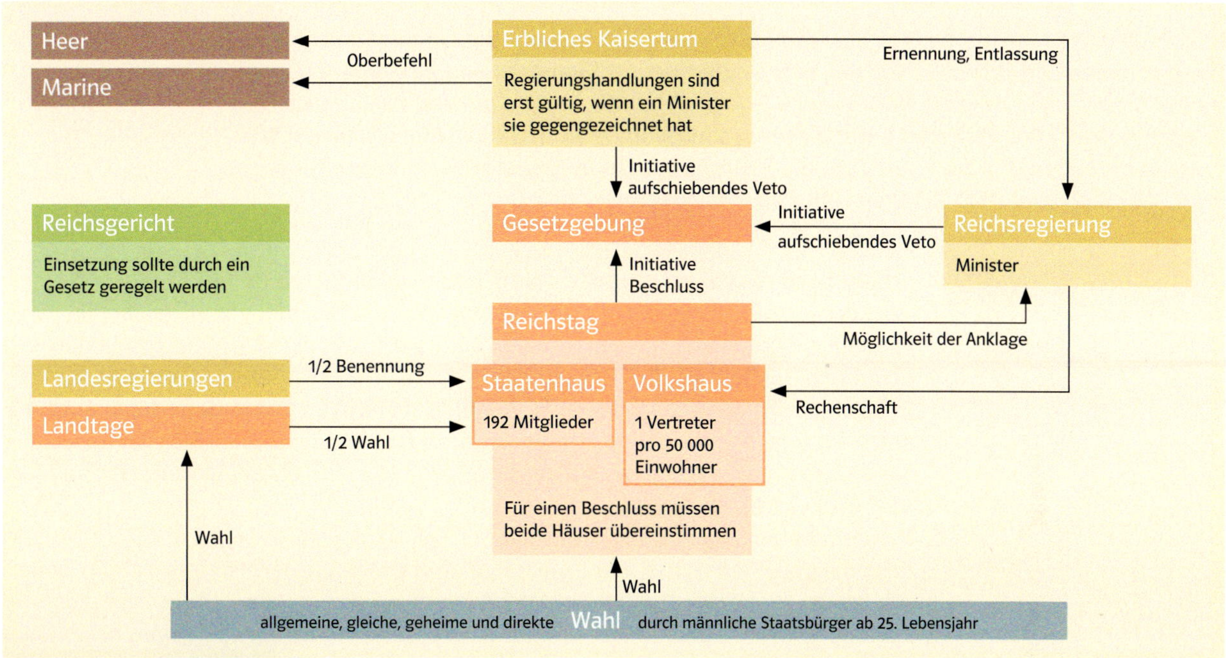

Arbeitsvorschläge

Arbeitsvorschläge zum darstellenden Teil

1. Fassen Sie die Ereignisse des Kapitels in eigenen Worten zusammen.
2. Beschreiben Sie die Varianten eines „deutschen Staates“ auf Basis der Geschichtskarten → D1 und der Informationen aus dem darstellenden Text.

A Neuer revolutionärer Elan im Frühjahr 1848

● 3. Arbeiten Sie die Aussagen bzw. Thesen des Hecker-Liedes heraus (→ Q1).

4. Erläutern Sie die Vision Heckers mit Hilfe des darstellenden Textes.

○ 5. Informieren Sie sich über das Leben Friedrich Heckers. Erstellen Sie einen Kurzlebenslauf unter Einbeziehung seiner politischen Tätigkeiten.

B Machtverhältnisse in der Paulskirche

○ 6. Beschreiben Sie die politischen Machtverhältnisse in der Nationalversammlung von 1848 (→ D2).

7. Erörtern Sie inhaltliche Überschneidungen der Fraktionen und die Möglichkeiten zur parlamentarischen Mehrheitsbildung in der Nationalversammlung anhand der Grafik → D2.
8. Analysieren Sie den demokratischen Charakter der Paulskirchenverfassung von 1849 (→ D3) hinsichtlich der politischen Mitbestimmung der Bevölkerung. Berücksichtigen Sie dabei auch die Frage, welche Bevölkerungsgruppen das Wahlrecht erhielten.
9. Beurteilen Sie die Haltung des preußischen Königs gegenüber der ihm angebotenen Kaiserkrone.

Differenzierung 9r2582

- ○ Arbeitshilfen zu den Aufgaben 5 und 6
- ● Erweiterungsangebot zur Aufgabe 3

AFB I: 1, 2, 6 AFB II: 3, 4, 5, 8 AFB III: 7, 9

1.4 Die Revolution scheitert – war alles vergebens?

Innerhalb eines Jahres arbeitete die Frankfurter Nationalversammlung eine Verfassung aus. Diese sah einen erblichen Kaisertitel, eine Regierung mit Ministern und ein Parlament vor. Da der preußische König die Kaiserwürde jedoch ablehnte, konnte die Verfassung nicht umgesetzt werden. Des Weiteren hatte dieser Lösungsvorschlag den Dualismus (Gegensatz zwischen Preußen und Österreich um die Führungsmacht im Deutschen Bund) weiter angeheizt. War die Revolution 1848 ein völliger Fehlschlag?

Zur Orientierung

1849
- Auflösung der Nationalversammlung
- Niederschlagung des badischen Aufstands

1850
in Preußen Einführung des Drei-Klassen-Wahlrechts

1851/1852
Scheitern der Republik in Frankreich/Aufstieg Napoleon III.

Heinrich von Gagern (1799–1880)
Liberaler deutscher Politiker, Präsident der Frankfurter Nationalversammlung 1848–1849

Scheitern der Revolution – saßen die Fürsten am längeren Hebel?

Trotz der Absage des preußischen Königs zur angebotenen Kaiserkrone gaben die Parlamentarier das Verfassungsprojekt nicht auf. Sie forderten die Mitgliedsstaaten des Deutschen Bundes auf, die ausgearbeitete Verfassung umzusetzen. Allerdings stimmte Preußen der Verfassung aus eigenem Machtkalkül nicht zu und forderte seine Abgeordneten auf, ihre Mandate niederzulegen. Österreich und einige andere Staaten versuchten die Umsetzung zu verzögern. Württemberg nahm als einziger deutscher Staat im März 1849 die Reichsverfassung an.

Da der preußische König die Annahme der Kaiserkrone verweigerte und kein anderer Kandidat gefunden wurde, berief die Nationalversammlung den österreichischen Erzherzog Johann zum provisorischen Staatsoberhaupt (Reichsverweser). Die Spaltung der Abgeordneten wurde aber immer deutlicher: die Linke rief zur Gewalt gegen die Fürsten auf, um die Verfassung durchzusetzen und die soziale Ungerechtigkeit durch die beginnende Industrialisierung zu beenden. Von Gagern trat als Präsident der Nationalversammlung am 10. Mai zurück. Viele Abgeordnete reisten daraufhin aus Frankfurt ab und die Nationalversammlung löste sich auf. Die übrig gebliebenen Parlamentarier zogen sich als so genanntes Rumpfparlament nach Stuttgart zurück. Dort wurde es jedoch am 18. Juni 1849 durch württembergische Truppen endgültig aufgelöst. Letztlich fehlten den Parlamentariern die Mittel, die Durchsetzung der Verfassung zu erzwingen. Neuer Druck hätte allenfalls durch eine breite Protestbewegung größerer Teile der Bevölkerung kommen können. Es kam aber im Mai/Juni nur zu einigen sehr wenigen kleinen Aufständen, u.a. in Sachsen und Westfalen, welche durch das Militär der Fürsten schnell gewaltsam niedergeschlagen wurden.

Doch noch ein regionaler Erfolg der Revolution im Südwesten?

Anders als in Württemberg verbündeten sich wichtige Teile der badischen Truppen mit den Revolutionären. Am 14. Mai 1849 ermöglichte dies den badischen Revolutionären die fürstliche Regierung zum Rücktritt zu zwingen und eine eigene, provisorische republikanische Regierung einzusetzen. Sie wollten nun eine demokratische badische Verfassung erarbeiten und einführen. Allerdings marschierten nun Truppen anderer deutscher Staaten unter Führung Preußens in Baden ein und drängten sehr schnell die badischen Revolutionstruppen zurück. Auch in Baden kam es zu keinem breiteren revolutionären Widerstand. Die wenigen Revolutionstruppen zogen sich in die Festung Rastatt zurück, wo sie am 30. Juni 1849 eingeschlossen und zur Aufgabe gezwungen wurden. Einige Revolutionäre konnten durch einen Tunnel aus der eingeschlossenen Festung entkommen und nach Frankreich oder die Schweiz fliehen. Andere führende Revolutionäre wurden zum Tode verurteilt und hingerichtet.

Material
Schaubild preußische Verfassung vom 31. Januar 1850
3b8p29

1849 – Sieg der Fürsten?

Der Großherzog von Baden konnte nach dem Sieg der Preußen in Rastatt am 18. August 1849 wieder in seine Residenz in Karlsruhe einziehen. Damit war die letzte Bastion der Revolutionäre in Deutschland gefallen. In allen deutschen Staaten wurde die vorrevolutionäre Ordnung wiederhergestellt bzw. neue Verfassungen erlassen, die sich an den Interessen der alten Eliten orientierten.

Ein solches Beispiel war Preußen, wo die 1850 eingeführte Verfassung zwar eine gewisse Gewaltenteilung vorsah, die Volksvertretung jedoch mittels eines **Dreiklassenwahlrechts** gewählt wurde. Dieses sicherte einer kleinen Schicht konservativer Eliten ihre traditionell herausgehobene Stellung.

Dreiklassenwahlrecht
Die Wähler werden gemessen an ihrer Steuerleistung in drei Klassen unterteilt. So konnten beispielsweise in Preußen 4 % der Wähler etwa gleich viel Gewicht erhalten wie die 80 % Geringverdienenden.

In Österreich war bereits im Dezember 1848 die Revolution niedergeschlagen worden. Im Laufe des Jahres 1849 ereilte auch die revolutionären und nationalen Aufstände in Böhmen, Ungarn und Italien ein ähnliches Schicksal. Der Aufstand in Schleswig und Holstein gegen die dänische Oberherrschaft endete mit einem Sieg des dänischen Königreiches.

In Frankreich drehte sich das Rad der Geschichte erneut zugunsten eines neuen Alleinherrschers. Louis Napoléon Bonaparte, Neffe von Napoléon I, gewann die Präsidentenwahl im Dezember 1848 und machte sich danach daran, die gerade erst erlassene Verfassung zu ändern. Mittels eines Staatsstreichs im Dezember 1851 entmachtete er das Parlament und ließ sich 1852 zu Kaiser Napoléon III. ausrufen.

Folgen der 48er-Revolution für Deutschland und Europa

Die Hoffnungen der liberal eingestellten Menschen hatten sich wieder nicht erfüllt. Die sozialen Probleme und gesellschaftlichen Spannungen blieben bestehen. Viele Revolutionäre und Menschen, die für sich aus sozialen Gründen keine Perspektive in ihrer Heimat sahen, wählten enttäuscht die Auswanderung. Nach der gescheiterten Revolution emigrierten allein aus den deutschen Staaten fast eine Millionen Menschen in die Schweiz, nach Frankreich, Großbritannien und in die USA (sog. Forty-Eighters). Darunter befand sich auch Friedrich Hecker. Er trat in die Republikanische Partei der USA ein und unterstützte später den dortigen Präsident Abraham Lincoln. Der aus dem belagerten Rastatt geflohene Revolutionär Carl Schurz prägte später ebenfalls die US-amerikanische Politik, u.a. als US-Innenminister.

Forty-Eighters
Briefmarke der französischen Besatzungszone in Baden mit dem Bild des Revolutionärs Carl Schurz (1949)

Kurzfristig betrachtet war die Revolution ein Fehlschlag. Die langfristigen Folgen sind allerdings bis heute spürbar. Viele republikanisch gesinnte Bürger blieben eine vernehmbare Kraft. Auch der Wunsch nach einem geeinten Nationalstaat blieb in den Köpfen vieler Menschen sowohl in Deutschland als auch ein Italien bestehen. Sowohl die liberale und republikanische Bewegung als auch der Nationalismus bildeten eine wichtige Grundlage für die Herausbildung des italienischen Königreiches ab 1861 beziehungsweise des deutschen Kaiserreiches in den Jahren bis 1871. In beiden neuen Staaten gewann das Parlament im Laufe der Zeit spürbar an Bedeutung. Aber auch der föderale Gedanke auf Basis der alten Fürstentümer blieb lebendig. Selbst der deutsche Sozialismus bezog sich später bei der Gründung der DDR 1949 auf das Erbe des badischen „Volksaufstands", an dem auch Friedrich Engels teilgenommen hatte.

Im Norden endete der Konflikt zwischen der deutschnationalen Bewegung und dem dänischen Nationalstaat, der unter der deutschen Revolutionsbewegung viel Aufmerksamkeit gewonnen hatte, mit einem Vermittlungsvorschlag der Großmächte. Beide Herzogtümer blieben vorerst unter der Herrschaft des dänischen Königs, wurden aber nicht in den dänischen Nationalstaat integriert.

A Erstarken der restaurativen Kräfte

Q1 Preußen geht in Deutschland auf

Am 18. März 1848 kam es in Berlin zu Barrikadenkämpfen mit mehr als 200 Toten. Die preußische Armee zog sich geschlagen zurück. In dieser Situation ließ der Preußische König Friedrich Wilhelm IV. am 21. März 1848 erklären:

An mein Volk und die deutsche Nation.
[...] Deutschland ist von innerer Gährung ergriffen [...]. Rettung aus dieser doppelten dringenden Gefahr kann nur aus der innigsten Vereinigung der deutschen Fürsten und Völker unter einer Leitung hervorgehen.
Ich übernehme heute diese Leitung für die Tage der Gefahr. Mein Volk, das die Gefahr nicht scheut, wird Mich nicht verlassen und Deutschland wird sich Mir mit Vertrauen anschließen. Ich habe heute die alten deutschen Farben angenommen und Mich und Mein Volk unter das ehrwürdige Banner des deutschen Reiches gestellt. Preußen geht fortan in Deutschland auf.
[...] Gleichzeitig [...] wird die deutsche Stände-Versammlung über die Wiedergeburt und Gründung eines neuen Deutschlands berathen, eines einigen, nicht einförmigen Deutschlands, einer Einheit in der Verschiedenheit, einer Einheit mit Freiheit.
Allgemeine Einführung wahrer constitutioneller Verfassungen, mit Verantwortlichkeit der Minister in allen Einzelstaaten, öffentliche und mündliche Rechtspflege, in Strafsachen auf Geschworenengerichte gestützt, gleiche politische und bürgerliche Rechte für alle religiösen Glaubensbekenntnisse und eine wahrhaft volksthümliche, freisinnige Verwaltung werden allein solche höhere und innere Einheit zu bewirken und zu befestigen im Stande sein.

Proklamation Sr. Majestät des Königs von Preußen Friedrich Wilhelm IV. „An mein Volk und die deutsche Nation", v. 21. März 1848, unter: www.documentarchiv.de/nzjh/preussen/1848/friedrich-wilhelmIV-volk-dt-nation_prkla.html (Zugriff: 27.04.2018)

Q2 Friedrich Wilhelm IV. geht auf Distanz

Carl Schurz entkam 1849 als junger Revolutionär kurz vor deren Kapitulation aus der Festung Raststatt. Er emigrierte in die USA, wo er als General im Sezessionskrieg, Senator im Kongress und Innenminister eine glänzende politische Karriere hinlegte. In seinen Erinnerungen beschreibt er Friedrich Wilhelms Verhalten im Jahr 1848:

[...] Eine Zeit lang schien dem preußischen König Friedrich Wilhelm IV. seine Rolle als Führer der nationalen Bewegung, die ihm die Revolution hatte zukommen lassen, zuzusagen. [...] Er ging auf den Straßen spazieren und sprach offen mit dem Volk. Er redete von konstitutionellen Regierungsprinzipien, die selbstverständlich eingeführt werden sollten. [...] Er befahl der Armee, die schwarz-rotgoldene Kokarde zusammen mit der preußischen zu tragen.
Auf dem Potsdamer Exerzierfeld erklärte er den beleidigten Gardeoffizieren, „[...] daß alle von ihm gemachten Zugeständnisse aus seinem eigenen freien Willen und seiner eigenen Überzeugung heraus gemacht worden seien und daß keiner es wagen solle, dies in Frage zu stellen." Aber als die preußische gesetzgebende Versammlung in Berlin zusammentrat und damit begann, Gesetze zu verabschieden, verfassungsmäßige Vorschriften zu entwerfen, und im Geist der Revolution in das politische Tagesgeschäft eingriff, wurde die Gesinnung des Königs allmählich offen für andere Einflüsse. Diese Einflüsse [...] hatten es um so leichter, ihn abzuschirmen, nachdem er seine Residenz von Berlin in sein Schloß nach Potsdam, eine kleine, in erster Linie von Höflingen, Soldaten und anderen Regierungsabhängigen bewohnte Stadt, verlegt hatte. [...]

Carl Schurz: The Reminiscences of Carl Schurz [Die Erinnerungen von Carl Schurz], Bd. 1. Doubleday, Page & Company, New York 1913, S. 133 ff., Übers. Katharina Böhmer.

Q3 Ablehnung der Kaiserkrone

Eine Deputation aus 32 Abgeordneten der Nationalversammlung bot Friedrich Wilhelm IV. am 3. April in Berlin die Kaiserwürde an. Nach ausweichender Antwort erfolgte die endgültige Ablehnung am 28. April 1849. In seinen Briefen an den Botschafter Preußens in London, Christian von Bunsen, nimmt der König Stellung zur Kaiserwürde:

a) Schreiben an Bunsen vom 13. Dezember 1848:

[...] Die Krone, die ein Hohenzoller nehmen dürfte, wenn die Umstände es möglich machen könnten, ist [...] eine, die den Stempel Gottes trägt, die den, dem sie aufgesetzt wird nach der heiligen Oelung, „von Gottes Gnaden" macht, [...]. Die Krone, die die Ottonen, die Hohenstaufen, die Habsburger getragen, kann natürlich ein Hohenzollern tragen [...].
Die aber, die Sie – leider meinen, verunehrt überschwänglich mit ihrem Ludergeruch der Revolution von 1848, der albernsten, dümmsten, schlechtesten –, wenn auch, Gottlob, nicht bösesten dieses Jahrhunderts. Einen solchen imaginären Reif, aus Dreck und Letten gebacken, soll ein legitimer König von Gottes Gnaden und nun gar der König von Preußen sich geben lassen? [...]
Ich sage es Ihnen rund heraus: Soll die tausendjährige Krone deutscher Nation, die 42 Jahr geruht hat, wieder

einmal vergeben werden, so bin ich und meines Gleichen, die sie vergeben werden. Und wehe dem, der sich anmaßt, was ihm nicht zukommt! [...]

b) Schreiben an Bunsen vom 7. Mai 1849:

[...] Ich hingegen habe vom 18. bis 19. März 48 bis heute nichts darin erkannt als den Abfall von Gott. [...] weil diese Patrioten die Revolution, die Souveränität teutscher Nation unwiderruflich dadurch befestigen wollten, dass sie dem Narren, dem Preußenkönig, ein Hundehalsband umschnallten, das ihn unauflöslich an die Volkssouveränität fesselte, der Revolution von 48 leibeigen macht! Daher rührt mein Bescheid an die [...] Deputation der Paulskirche.

„Ich kann Euch weder Ja noch Nein antworten. Man nimmt nur an und schlägt nur aus eine Sache, die geboten werden kann – und Ihr da habt gar nichts zu bieten: Das mach ich mit meines Gleichen ab; jedoch zum Abschied die Wahrheit: Gegen Demokraten helfen nur Soldaten; adieu!"

Leopold v. Ranke: Aus dem Briefwechsel Friedrich Wilhelms IV. mit Bunsen. Duncker & Humblot, Leipzig 1873, S. 233–235 und 270–273.

B Warum scheiterte die Revolution?

Q4 „Rundgemälde von Europa im August MDCCCXLIX"

Federlithographie von Ferdinand Schröder (1818–1857) aus dem Jahr 1849. Ferdinand Schröder gehörte selbst als thüringischer Abgeordneter 1848/49 der Nationalversammlung und 1849 auch dem Stuttgarter Rumpfparlament an.

D1 Rolle des nationalen Gedankenguts

Der deutsche Historiker Otto Dann (1937–2014) analysiert die Gründe des Scheiterns:

[...] Die Bilanz der nationalen Revolutionen in Europa war durchweg negativ. Keiner ist es gelungen, zu einer Staatsgründung zu gelangen. Die drei antinational agierenden östlichen Großmächte konnten sich durchsetzen [...]. Die Nationalbewegungen waren nicht in der Lage, ihnen eine überlegene Macht entgegenzusetzen – vor allem, weil die bürgerlichen Führungsschichten eine revolutionäre Zusammenarbeit mit den Volksschichten scheuten. [...]

Selten war eine nationale Bewegung in einem Volke so verbreitet wie die deutsche des Jahres 1848. Nicht deren Schwäche ist daher für das Scheitern der Revolution verantwortlich zu machen, sondern paradoxerweise ihre fortgeschrittene Entwicklung. Sie war so weit vorangekommen, dass nicht nur eine Schicht die Revolution in die Hand nehmen konnte. Es gab in Deutschland eine Konkurrenz von drei nationalpolitischen Führungsgruppen. Sie sind nacheinander politisch gescheitert, und oft genug standen sie sich gegenseitig im Wege.

Die nationaldemokratische Bewegung, deren Erfolg wesentlich von revolutionären Massenaktionen abhing, erlitt bereits in der badischen Aprilrevolution eine Niederlage. In den Parlamenten blieb sie in der Minderheit. Umso wichtiger wurde ihre außerparlamentarische Organisierung. Sie war stark entwickelt, denn sie umfasste auch die junge Arbeiterbewegung und die beginnende Frauenbewegung. [...]

Das nationalliberale Bürgertum, stark verwurzelt in den kulturnationalen Vereinen, verfügte durch seine Beteiligung an den Märzministerien und seine Dominanz in den Parlamenten über die entscheidenden Positionen in den politischen Institutionen des Revolutionsjahres. Es gelang ihm jedoch nicht, mit seiner Strategie einer Vereinbarung mit den Fürsten weiterführende national-politische Entscheidungen durchzusetzen.

Die deutschen Fürsten dürfen nicht nur auf der Gegenseite der nationalen Bewegung verbucht werden. Auch sie waren von ihr erfasst; im April 1849 erklärten 28 fürstenstaatliche Regierungen, die Reichsverfassung der Paulskirche und die Wahl des preußischen Königs zum deutschen Kaiser anerkennen zu wollen. Doch Friedrich Wilhelm IV. vereitelte die große Chance einer nationalen Staatsbildung auf der Basis der Reichsverfassung, ließ die letzte nationale Volksbewegung niederschlagen [...]

Otto Dann: 1848/49 – Ein Wendepunkt in der deutschen Geschichte? In: Ottfried Dascher/Everhard Kleinertz: Petitionen und Barrikaden, Rheinische Revolutionen 1848/49. Aschendorff, Münster 1998, S. 408 f.

D2 Revolutionäre Komplexität

Der deutsche Historiker Wolfram Siemann (geb. 1946) zu den Herausforderungen von 1848/49:

In Urteilen über die Revolution ist immer noch viel von „Schuld“, „Versagen“, „Illusionen“ oder gar „Verrat“ die Rede. Das unterstellt, es lasse sich in Form monokausaler Zuschreibung ein einzelner Verantwortlicher ausmachen, ein Angelpunkt, ein zentrales Ereignis, von dem der Ausgang der Revolution maßgeblich bestimmt wurde. Angesichts der „Komplexität von 1848“ ist eine solche eindeutige Zuschreibung der Sache nach nicht möglich. Aktionen verliefen gegenläufig und parallel, auf verschiedenen Ebenen, auf unterschiedlichen Schauplätzen, sich steigernd und lähmend, insgesamt aber in einem Wirkungszusammenhang, der das Urteils- und Entscheidungsvermögen aller Beteiligten bei weitem überstieg. Es ließ sich nicht ausmachen, ob sich die jeweils maßgeblichen Handlungsträger in der Provinz, in der Residenz, in den konkurrierenden Parlamentsfraktionen, in der publizistischen Öffentlichkeit oder beim Militär und auf Volksversammlungen befanden.

Es gab außerdem die zweite Komplexität der unterschiedlichen Handlungserwartungen. Die Handelnden von 1848/49 hatten nicht nur ein einziges, klar bestimmbares Ziel vor Augen, mit dem sie dann gescheitert waren. Die Revolution überstieg das Ziel der Reichsverfassung. Sie war erwachsen aus einer Gesellschaft, die im Wesentlichen noch vorindustriell geprägt war, landwirtschaftlich, kleingewerblich, handwerklich, eine Lebenswelt, die erschüttert war durch tiefgreifende Agrar-, Hunger- und Teuerungskrisen. Vor diesem Hintergrund erschienen viele der sozialen Protestbewegungen von 1848 als letzter verzweifelter und vergeblicher Versuch, den Zwängen einer heraufkommenden neuen Lebenswelt zu entgehen, [...]. Wie in den europäischen Nachbarstaaten auch erwuchs ein Strang der Revolution aus einer vorindustriell geprägten Entwicklungskrise. In dieser Eigenschaft wies sie mehr auf das 18. Jahrhundert zurück als auf die Moderne mit ihren Entwicklungstendenzen der Parlamentarisierung, Demokratisierung und Nationbildung.

Mit Hilfe dieser modernen Strukturen entwickelte die Revolution einen zweiten, zukunftweisenden Handlungsstrang, der sie zugleich zur politischen Emanzipationskrise werden ließ. Denn in der Gesellschaft von 1848 reiften Formen heran, die besser geeignet waren, die Probleme der Zukunft zu bewältigen: wirtschaftliche und gewerbliche Interessenverbände, politische Parteien, eine wirkungsvolle Tagespresse, gemeindeutsche Wahlen nach allgemeinem Männerwahlrecht; auf dem Feld der Parteien, Presse, Parlamente und Verbände zeichnete sich eine politische Emanzipation der deutschen Gesellschaft ab, die unter der Vorherrschaft der vorrevolutionären Eliten nicht möglich gewesen war. [...]

Wolfram Siemann: Vom Staatenbund zum Nationalstaat, Bd. 7. Neue Deutsche Geschichte, hrsg. v. Peter Moraw. C. H. Beck, München 1995, S. 389.

Arbeitsvorschläge

A Erstarken der restaurativen Kräfte

1.

a) Erstellen Sie einen Zeitstrahl für die Jahre 1848 bis 1850, in den Sie wesentliche Aussagen und prägnante Verhaltensweisen des preußischen Königs Friedrich Wilhelm IV. einordnen (→ **Q1–Q3**).

b) Charakterisieren Sie die Einstellung des preußischen Königs gegenüber wesentlichen Zielen der Revolution (→ **Q1–Q3**).

c) Nehmen Sie Stellung zum Verhalten des Königs im Revolutionsprozess 1848/49 (→ **Q1–Q3**).

2.

a) Verfassen Sie einen Dialog zwischen dem preußischen König und Heinrich von Gagern, in dem Gagern den König durch die Vorzüge der Verfassung zur Annahme der Kaiserwürde bewegen will (→ **Q1–Q3**).

b) Untersuchen Sie ausgehend von der Paulskirchenverfassung, inwieweit das Grundgesetz auf der Arbeit der Frankfurter Nationalversammlung aufbaut (→ **D3, S. 29**).

B Warum scheiterte die Revolution?

3.

a) Der Kölner Historiker Otto Dann stellte 1998 (→ **D1**) fest: „Die Bilanz der nationalen Revolutionen in Europa war durchweg negativ."
Erläutern Sie diese Aussage anhand der Karikatur „Rundgemälde von Europa im August MDCCCXLIX" (→ **Q4**).

b) Die Gründe für das Scheitern der Revolution werden seit jeher kontrovers diskutiert. Arbeiten Sie die jeweiligen Argumente für das Scheitern aus den Quellen → **Q4** und den Darstellungen → **D1–D2** in einem tabellarischen Vergleich heraus.

Übergreifender Arbeitsvorschlag

MK ○ **4.** Erstellen Sie abschließend und übergreifend eine Mindmap zur Revolution von 1848/49, in der Sie die Ergebnisse der beiden letzten Kapitel zusammenfassen.

Differenzierung 3b8p29

○ Arbeitshilfen zur Aufgabe 4

AFB I: AFB II: 1b, 2a, 3a, 3b AFB III: 1a, 1c, 2b, 4

Pro- und Kontra-Diskussion

Geschichte kann unterschiedlich erzählt und bewertet werden. Um zu einer eigenen Deutung zu kommen, kann es helfen, Argumente für oder gegen eine bestimmte Deutung zu sammeln und abzuwägen. Eine gute Methode für dieses Vorgehen ist die Pro-und-Kontra-Diskussion.

Eine Geschichte – viele Geschichten

Die eine Geschichte, die beschreibt, „wie es damals gewesen ist", gibt es nicht. Geschichtliche Ereignisse oder Personen können unterschiedlich bewertet und eingeordnet werden. Wie die Einschätzung ausfällt, hängt z. B. davon ab, aus welcher Perspektive man ein Thema betrachtet: aus der Sicht der Herrscher oder der Untertanen, von Reichen oder Armen, Frauen oder Männern, ... Auch Historikerinnen und Historiker sind sich nicht immer einig, wie ein historisches Ereignis einzuordnen ist. Je nachdem, welche Schwerpunkte sie in ihrer Forschung setzen, welche Quellen sie verwenden, welche Fachbücher sie lesen und wie sie die Informationen gewichten, kommen sie zu unterschiedlichen – manchmal gegensätzlichen – Einschätzungen. Oft lässt sich nicht sagen, dass die eine Bewertung „richtig", die andere „falsch" sei; meistens gibt es Argumente für beide Positionen. Dann lohnt sich eine Auseinandersetzung, in der die Argumente begründet, diskutiert und abgewogen werden – zum Beispiel in Form einer Pro-und-Kontra-Diskussion.

Pro und kontra diskutieren

Eine Pro-und-Kontra-Diskussion können Sie auch in Ihrer Klasse führen (→ Arbeitsschritte rechts). Was ist dabei wichtig?

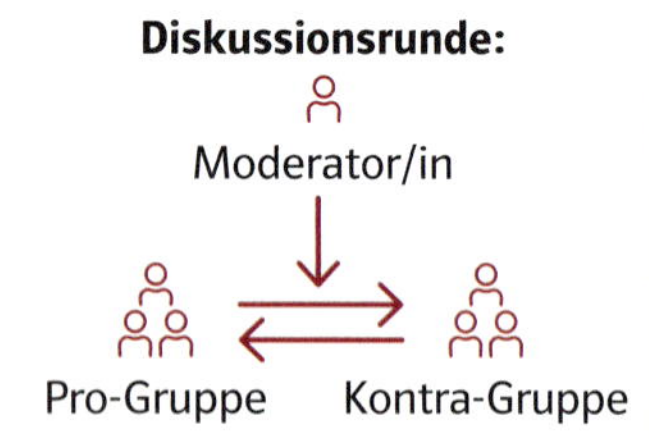

Diskussionsrunden
Die Anzahl der Diskussionsrunden und die Gruppengrößen können Sie an Ihre Klassenstärke anpassen.

Die inhaltliche Vorbereitung

- Wählen Sie als Thema eine **Streitfrage**, zu der man gegensätzliche Positionen (Pro oder Kontra) vertreten kann, z. B. „Ist die Revolution von 1848/49 gescheitert?".
- Die **Materialien** können Verfassertexte oder Quellen aus diesem Schulbuch sein. Darüber hinaus können Sie weitere Informationen recherchieren.
- Überlegen Sie zunächst, was Erfolg und Scheitern bei einer Revolution heißen könnte und woran man Hinweise darauf beim Lesen erkennt. Teilen Sie nun die zu lesenden Abschnitte untereinander auf. Sammeln Sie Ihre **Argumente**.
- Wenn Sie das **Plädoyer** (Ansprache, mit der man für oder gegen etwas eintritt) für Ihre Position formulieren, notieren Sie auch mögliche Argumente der anderen Position, um in der Diskussion darauf reagieren zu können.
- **Die Moderatorin/der Moderator** gesellt sich abwechselnd zu der Pro- und Kontra-Gruppe dazu, um beide Positionen kennenzulernen.

Die Diskussion

- Die Moderatorin/der Moderator **leitet die Diskussion ein**. Während der Plädoyers gewährleistet sie/er, dass die Gruppensprecher ihre Argumente in Ruhe vortragen dürfen.
- In der anschließenden Diskussion achtet die Moderatorin/der Moderator auf einen **fairen Diskussionsablauf** und steuert die Reihenfolge der Beiträge. Für alle gilt: Lassen Sie andere ausreden und achten Sie darauf, niemanden persönlich anzugreifen.
- Bringen Sie **inhaltliche Offenheit** mit: Pochen Sie nicht nur auf Ihre eigene Position, sondern haben Sie ein offenes Ohr für die Argumente der anderen. Hinterfragen Sie anhand der Gegenargumente Ihre eigene Meinung. So kommt eine Diskussion in Gang, an deren Ende vielleicht eine neue, differenzierte Bewertung des Themas steht.

Methodische Arbeitsschritte

1. Vorbereitung →

- Klären Sie die Fragestellung der Pro-und-Kontra-Diskussion.
- Organisieren Sie Diskussionsrunden, jeweils mit Pro-Gruppe, Kontra-Gruppe und Moderatorin/Moderator.
- Verschaffen Sie sich einen Überblick über die Materialien zu Ihrer Frage. Teilen Sie die Materialien unter sich auf.
- Jedes Gruppenmitglied wertet seine Materialien aus und sammelt Pro- und Kontra-Argumente.
- Ordnen Sie alle Argumente nach Wichtigkeit/Überzeugungskraft.
- Formulieren Sie das Plädoyer für Ihre Position. Es sollte höchstens drei Minuten dauern.
- Bestimmen Sie, wer aus der Gruppe das Plädoyer vorträgt.

2. Führen der Diskussion →

- Die Moderatorin/Der Moderator eröffnet die Diskussion: Sie/Er nennt das Thema, weist auf die Gesprächsregeln hin und bittet die Pro- und die Kontra-Gruppe jeweils um ein kurzes Plädoyer.
- Die beiden Gruppensprecher/innen halten ihre Plädoyers.
- Offene Diskussion: Alle Gruppenmitglieder beteiligen sich, unterstützen eigene Argumente und antworten auf Gegenargumente.
- Die/Der Moderator/in steuert die Diskussion und achtet auf die Einhaltung der Gesprächsregeln.
- Vor und nach der Diskussion kann eine Abstimmung unter den Zuhörern zum Thema erfolgen: Stimmen sie pro oder kontra?

3. Auswertung

- Die beiden Gruppen setzen sich zusammen und halten ihren Eindruck von der Diskussion fest.
- Der Moderator fasst seinen Eindruck zusammen.
- Offenes Auswertungsgespräch im Plenum: Wie haben sich Gruppenmitglieder und Moderator/in in ihrer Rolle verhalten? Welche Qualität hatten die Argumente der beiden Seiten – und wurden sie überzeugend vorgetragen?
- Wenn abgestimmt wurde: Wer hat seine Meinung geändert und warum? Wer ist bei seiner Meinung geblieben und warum?

Die Auswertung

- mögliche Fragen für Ihre **Eindrücke von der Diskussionsrunde:**
  Pro-Gruppe/Kontra-Gruppe: Sind die eigenen Argumente bei den Zuhörern angekommen? Wie fanden Sie die Argumente der anderen Gruppe? Wo hat die andere Gruppe Argumente gebracht, die nicht zu widerlegen waren?
  Moderator/in: Sind beide Gruppen gleichberechtigt zu Wort gekommen? Wurden die Gesprächsregeln eingehalten? Wie haben die Gruppen auf Gegenargumente reagiert? Welches Ergebnis hat die Diskussion gebracht?
  Zuhörer/innen: War das Thema der Diskussionsrunde klar? Konnten Sie die gegensätzlichen Positionen der Pro- und der Kontra-Gruppe erkennen? Konnten Sie dem Gesprächsverlauf folgen? Wie haben die verschiedenen Argumente und Gegenargumente Ihre eigene Meinung beeinflusst? Welche Argumente haben Sie besonders überzeugt?
- mögliche Fragen für das **Auswertungsgespräch im Plenum:** Wie beurteilen Sie den Diskussionsverlauf? Zu welchem inhaltlichen Ergebnis hat die Diskussion geführt: Konnte eine Gruppe die andere überzeugen? Haben die Argumente einer oder beider Seiten zu einer Neubewertung des Themas geführt?

Arbeitsvorschläge

1. Beschreiben Sie die Ziele und das Vorgehen bei einer Pro-und-Kontra-Diskussion.
2. Begründen Sie, warum es für beide Gruppen wichtig ist, sich bereits in der Vorbereitung mit den möglichen Argumenten der anderen Seite zu beschäftigen.
3. Erläutern Sie, warum eine Pro-und-Kontra-Diskussion eine gute Praxis-Schulung für eine spätere politische Tätigkeit, etwa in einem Parlament, sein kann.
4. Sammeln Sie Themen, die für eine weitere Pro-und-Kontra-Diskussion geeignet wären.

AFB I: 1 AFB II: 2–4

Stoffgeschichte – $C_8H_{10}N_4O_2$ als Wegbereiter der Revolution?

Die Erschließung der Geschichte kann auf ganz unterschiedlichen Arten erfolgen. Ein möglicher Ansatz ist die Stoffgeschichte, da viele Stoffe nicht nur eine wirtschaftliche, sondern immer wieder auch eine große gesellschaftliche und politische Relevanz gewonnen haben. Dazu gehören Metalle wie Gold, Radium oder Aluminium ebenso wie pflanzliche Stoffe in Gestalt von Holz, Baumwolle, Tee oder Kakao, aber auch der scheinbar „normale" Erdboden. Letzterer wird Ihnen noch in späteren Kapiteln mitunter in den Materialien begegnen.

Abschnitt zu den arabisch-jemenitischen Kaffee-Ausfuhrhäfen Mokka und Dschidda (Gidda) in Johann Hübners Vollständige Geographie, Zweyter Theil, Hamburg 1736

Der Import von Kaffee prägt Europa

Betrachtet ein Historiker beispielsweise das 18. Jahrhundert unter dem Aspekt der Konsumgeschichte, trifft dieser unter anderem auf den Kaffee. Diese aus dem heutigen Äthiopien und dem Jemen kommende Pflanze, beziehungsweise das Getränk, gelangte über das Osmanische Reich im 17. Jahrhundert nach West- und Mitteleuropa. Dort entwickelte sich der Kaffee schließlich zu einem teuren Modegetränk der höheren Gesellschaftsschichten. Europäische Kolonialmächte wie die Niederlande, Frankreich oder England begannen in ihren eroberten Kolonien im großen Stil in Südostasien, der Karibik und in Afrika auf Sklavenplantagen Kaffee als Monokulturen anzubauen. Trafen sich früher Bürger, Handwerker, Gesellen und Bauern in Bier-, Wein- und Branntweinschänken mit ihren eher betäubenden alkoholischen Angeboten, so entwickelte sich das *Café* zu einer beliebten Alternative. Seit dem 19. Jahrhundert entwickelte sich der Kaffee zu einem der wichtigsten Güter des globalen Welthandels.
Was aber hat Kaffee mit seinem $C_8H_{10}N_4O_2$ und das Kaffeehaus mit Politik, ja gar mit aufklärerischen Ideen und revolutionären Prozessen zu tun?

Q1 Der Kaffee revolutioniert das Denken

1934 veröffentlichte der Schriftsteller und Wissenschaftsjournalist Heinrich Eduard Jacob (1889–1967) eine umfassende Kulturgeschichte des Kaffees, die bis heute ein Standardwerk der Kaffeegeschichte geblieben ist.
a) Als Kind seiner Zeit, die vom rasanten wissenschaftlichen Fortschritt der Zweiten Industriellen Revolution geprägt war, schrieb Jacob:

Die Entdeckung des Kaffees kommt in ihrer Wichtigkeit der Auffindung des Fernrohrs gleich oder der des Mikrokops, ohne die es weder ein Wissen vom Größten noch vom Kleinsten gäbe. Denn der Kaffee hat die Fähigkeit und die Tätigkeit unsres Gehirns ungeahnt verschärft und verändert. Bis zur Auffindung des Kaffees musste manches Jahrtausend lang jegliche Arbeit eingestellt werden, wenn der Körper des Arbeiters müde wurde. Die Zäsur des Schlafs, die nun eintrat, veränderte aber den Arbeitskern selbst – der Mann, der sich nach der Schlafunterbrechung der Arbeit aufs Neue widmete, war nicht mehr derselbe Mensch, welcher vorher den Arbeitsprozess begonnen hatte. Jegliche „Differenzialarbeit", jegliche Arbeit, zu der es etwa gedanklicher Feinmessungen bedurfte, war unmöglich (ausgenommen bei Genies der Willenskraft, die es in jedem Jahrhundert gab) vor der Auffindung des Excitans[1]. [...] Das eigentlich analytische Denken, das, im Gegensatz zur Synthetik, das Wahrzeichen unserer Kultur seit Beginn der Neuzeit ist, ist auf die das Denken selbst verallgemeinernde Wirkung des Kaffees zurückzuführen.

Heinrich E. Jacob: Kaffee – Die Biographie eines weltwirtschaftlichen Stoffes. Oekom-Verl., München 2006, S. 36 f.

b) Während in Großbritannien die Kaffeehauskultur nur eine relativ kurze Blüte Ende des 17. Jahrhunderts erlebte, erlangte der Kaffee in der französischen Kulturgeschichte eine dauerhafte Bedeutung. In der Zeit des Rokoko[2] existierten in Paris im Jahr 1720 rund 380 Kaffeehäuser.

Was für eine Gesellschaft war es, die in diesen Kaffeehäusern saß? „Die Kaffeehäuser", sagt eine Broschüre, „werden von ehrbaren Menschen besucht des einen und anderen Geschlechts. Man sieht alle Arten von Charakteren: galante Männer, kokette Frauen, Abbés[3], welche höflich (und die es nicht) sind, Krieger, Provinzler, Nouvellisten[4], Offiziere, Freunde, Prozessparteien[5], Trinker, Spieler von Profession, Parasiten, Abenteurer der Liebe oder der Industrie, junge Reiche, alte Verliebte, Prahlhänse und falsche Heldenväter, Dilettanten, Schriftsteller, kurz, eine Unzahl von Personen: eine Reihe, die kein Ende findet." Die Gesellschaft, die dort verkehrte, war überhaupt keine „Gesellschaft" – denn das Grundprinzip einer solchen fehlte ihr: Homogenität – gerade das aber gab ihr den Reiz. Niemals waren bisher Franzosen in dieser Weise zusammengekommen. Solch ein Café war ein Menschenmeer; und ein Abenteuer, darin zu baden.

Heinrich Eduard Jacob: Kaffee – Die Biographie eines weltwirtschaftlichen Stoffes. Oekom-Verl., München 2006, S. 143.

c) „Der Kaffee ist die Revolution!"

Michelet[6], der Geschichtsschreiber, hat diese Worte nicht geschrieben – aber er schreibt auf sie zu, wenn er für jene *explosion étincelante*, für jenen funkenwerfenden Ausbruch des gesamten geistigen Lebens [...] den Kaffee verantwortlich macht. „Denn nunmehr ist die Schenke entthront, da noch vor einem halben Jahrhundert die Jugend sich zwischen Fässern und Dirnen wälzte. Weniger Alkohollieder des Nachts, weniger Adelige im Rinnstein [...] Der Kaffee, das nüchterne Getränk, mächtige Nahrung des Gehirns, die, anders als die Spirituosen, die Reinheit und die Helligkeit steigert; der Kaffee, der die Wolken der Einbildungskraft und ihre trübe Schwere vertreibt; der die Wirklichkeit der Dinge jäh mit dem Blitz der Wahrheit erleuchtet; der anti-erotische Kaffee, der endlich die Erregung des Geistes an die Stelle des erregten Geschlechts setzt! [...] Der starke Kaffee von San Domingo, den Buffon[7], Diderot[8], Rousseau[9] tranken, verband seine Glut den glühenden Seelen – und die in der Höhle des Procope[10] täglich versammelten Propheten sahen mit durchdringendem Blick auf dem Grunde des schwarzen Getränks das Leuchten des Revolutionsjahres."

Dass geistige Bewegungen die Revolution nie gemacht hätten, wenn sie nicht auf den wirtschaftlichen hergeritten gekommen wären, ist selbstverständlich. Doch die Cafés waren ja grade der Umschlagplatz zwischen Literatur und Wirtschaft, waren die Posthaltestation, wo geistige Unzufriedenheit sich mit der materiellen traf.

Heinrich Eduard Jacob: Kaffee – Die Biographie eines weltwirtschaftlichen Stoffes. Oekom-Verl., München 2006, S. 150 f.

1 **Excitans**: früher Sammelbegriff für Aufputsch- und Dopingmittel

2 **Rokoko**: europäische Kunstepoche (ca. 1730–1780)

3 **Abbé**: Bezeichnung für Mitglieder des niederen Klerus. Dazu zählten auch Kleinadelige, die die niederen kirchlichen Weihen erhalten hatten, aber in Hoffnung auf höhere Ämter oder eine einträgliche Ehe zunächst als Hauslehrer oder Bedienstete in Adelshäusern arbeiteten.

4 **Nouvellisten**: Jacob definiert Nouvellisten als Leute, die „Neuigkeiten" erzählten „– aus Eitelkeits- teils und teils aus Erwerbssinn".

5 **Prozessparteien**: Jemeint sind Parteien eines Gerichtsprozesses. Nicht selten wurde zwischen den Anwälten bzw. den Mandanten eines Rechtsstreits in öffentlichen Lokalen ein ausgleichender Kompromiss verhandelt.

6 **Michelet**: Gemeint ist wahrscheinlich der französische Historiker Jules Michelet (1798–1874).

7 Georges-Louis Leclerc, Comte de Buffon (1707–1788), französischer Naturforscher in der Zeit der Aufklärung

8 Denis Diderot (1713–1784), französischer Schriftsteller und Philosoph, wichtiger Organisator und Autor der Encyclopédie

9 Jean-Jacques Rousseau (1712–1778), Schriftsteller, Philosoph und Naturforscher der Aufklärung

10 **Pariser Café Procope in der 13 Rue de l'Ancienne Comédie**: Gilt als ältestes Kaffeehaus in Paris (1686) und einer der wichtigsten Begegnungsorte französischer Aufklärer und Philosophen im 18. Jahrhundert.

Arbeitsvorschläge

1. Erläutern Sie auf Basis Ihres Vorwissens die chemischen Eigenschaften von Koffein.
2. Beschreiben Sie Ihre persönlichen Erfahrungen mit der Wirkung beim Konsum koffeinhaltiger Genussmittel (Kaffee, Mate, Energy-Drinks, etc.) im Vorfeld von Prüfungs- und Klausurvorbereitungen.
3. Diskutieren Sie die in → **Q1a** angedeutete Bedeutung des Kaffees bzw. des Koffeins für die Menschheitsgeschichte.
4. Beschreiben Sie mittels → **Q1b** die typische Kaffeehausszene im 18. Jahrhundert.
5. Vergleichen Sie auf Basis Ihres Vorwissens die Beschreibung von → **Q1b** mit Ihren Kenntnissen über die absolutistische Ständegesellschaft des 17./18. Jahrhunderts.
6. Diskutieren Sie die Bedeutung des Kaffees für die revolutionären Entwicklungen des 18. Jahrhunderts am Beispiel von → **Q1c**.

AFB I: 2, 4 AFB II: 1 AFB III: 3, 5, 6

2 Nationalismus und Liberalismus

2.1 Liberalismus – Verheißung der Freiheit?

Ab dem ausgehenden 18. Jahrhundert fordern zunächst Philosophen und dann immer breitere Schichten der Bevölkerung eine grundlegende Reform des politischen Systems. „Mehr Freiheit" ist ihr Ziel. Doch was das konkret heißt, darüber gehen die Meinungen auseinander.

Zur Orientierung

1776
Adam Smith: „Wohlstand der Nationen"

1817
Wartburgfest

1867
Gründung der Nationalliberalen

John Stuart Mill (1806–1873)
brit. Ökonom und Politiker

Alexis de Tocqueville (1805–1859)
frz. Politiker, Historiker und Publizist

Der Begriff „Liberalismus"

Unter „Liberalismus" wird eine Fülle von politischen und wirtschaftlichen Anschauungen verstanden, deren zentraler Wert die Freiheit (lat. libertas) ist.
Wichtige Vordenker des Liberalismus waren die Briten Adam Smith und John Stuart Mill, die vor allem wirtschaftliche und staatsorganisatorische Fragen in den Mittelpunkt stellten. Später wurde der Liberalismus sehr unterschiedlich interpretiert, was zu einer Vielfalt von „Liberalismen" führte. In der Konsequenz ist der Begriff heute unscharf, weil unter dieser Bezeichnung Bewegungen existieren, die einander in Einzelfragen scharf widersprechen und die sich wechselseitig die Liberalität absprechen. In gegenwärtigen Debatten wird der Liberalismus zuweilen auf wirtschaftliche Fragen reduziert, was aber zu kurz greift: Beim Liberalismus handelt es sich um ein umfassendes Menschen- und Gesellschaftsbild, das nicht nur Teilaspekte des menschlichen Lebens (wie Wirtschaft, Staat, Kultur etc.) umfasst.

Freiheit und Eigentum

Es lässt sich dennoch ein gemeinsamer Kern des Liberalismus ausmachen: Jeder Mensch ist mit einer unveräußerlichen Würde ausgestattet, er bestimmt über seinen Körper und sein Eigentum selbst und ist in letzter Konsequenz allein seinem Gewissen verantwortlich. Staatliche Gewaltanwendung darf nur unter strengen und allgemeinen Regeln erfolgen, die zudem nicht willkürlich, beispielsweise durch einen Fürsten, erlassen werden dürfen, sondern überprüfbar bleiben müssen. Der Liberalismus bevorzugt den Wettbewerb als Verfahren zur Entdeckung neuen Wissens, aber auch als Entmachtungs- und Kontrollinstrument gegenüber eingefahrenen politischen Strukturen: Politische Macht ist nicht durch sich selbst oder durch Gott legitimiert, sondern muss sich laufend dem Wettbewerb stellen. Hierin liegt auch ein demokratisches Element: Die Demokratie ist das System, in dessen Kern der Wettbewerb um die beste politische Idee liegt.
Schlussendlich tritt der Liberalismus für starke Eigentumsrechte verbunden mit individueller Haftung ein: Jeder darf und soll die Früchte seines Tuns ernten und darf nicht vom Staat durch übermäßige Steuern und Abgaben belastet werden. Er haftet aber auch selbst für seine Misserfolge und darf nicht auf eine Übernahme der eigenen Schulden durch Dritte (bezeichnet als Bail-out) hoffen.
Mit diesen Zielen wurde der frühe Liberalismus in Europa Ende des 18., Anfang des 19. Jahrhunderts zunächst attraktiv auch und gerade für die „kleinen Leute". In einer Situation, in der fürstliche Übergriffigkeit das Leben in allen Bereichen ausbremste, war das „Recht, in Ruhe gelassen zu werden", ein anstrebenswertes Ziel für breite Bevölkerungsschichten. Gleichwohl warnten Kritiker wie Alexis de Tocqueville frühzeitig davor, dass auch Mehrheitsentscheidungen diktatorisch und übergriffig sein können. Der Libe-

Audio
Podcast Liberalismus
vq86ks

ralismus zog daraus die Schlussfolgerung, dass staatliche Macht, ganz egal ob sie monarchisch oder demokratisch ausgeübt wird, durch eine Verfassung begrenzt werden muss.

Ziele des Liberalismus in Deutschland

In Deutschland setzten die Liberalen zu Beginn des 19. Jahrhunderts andere Akzente. Für sie spielte die Wirtschaftspolitik eine nur geringe Rolle. Im Vordergrund standen Freiheitsrechte gegenüber dem Staat, der aber nichtsdestotrotz wohlwollend betrachtet wurde. Dies führte dazu, dass bis heute in Deutschland radikal staatskritischer Liberalismus, anders als beispielsweise in den USA, nur eine Randerscheinung blieb. Am Anfang der liberalen (und nationalen) Bewegung in Deutschland standen Studenten, die sich unter den politischen Zielen „Einheit und Freiheit“ in Vereinen, den sogenannten Burschenschaften, zusammenschlossen. Als Erkennungszeichen wählten sie die Farben „schwarz-rot-gold“. Die erste große öffentliche Kundgebung ihrer Ziele war das Wartburgfest 1817: Offiziell feierte man aus Anlass des 300jährigen Reformationsjubiläums, tatsächlich aber ging es darum, das erste gesamtdeutsche Fest für Demokratie, Meinungsfreiheit und Einheit zu feiern.

Die wesentlichen Ziele der Liberalen in Deutschland waren zunächst die Freiheitsrechte, vor allem die Meinungsfreiheit, die ausdrücklich auch die Freiheit zu Fehlern einschließt. Konservative plädierten dafür, nur den „richtigen“ Meinungen gegenüber Freiheit zuzulassen, nicht aber gegenüber „falschen“. Nach Überzeugung der Liberalen konnte der Staat aber niemals eine „Wahrheit“ festlegen. Neben die Meinungsfreiheit trat der Wunsch nach Vereinigungsfreiheit. Diese zielte weniger auf Freizeitvereine ab, sondern auf Vereine, die politische und gesellschaftliche Probleme lösen sollten. Das dritte von Liberalen geforderte Recht war die Sicherung des Eigentums. Für Liberale war die Ungleichheit des Eigentums kein Problem, vielmehr sahen sie darin den Anstoß für effektiveren Wettbewerb.

All diese Rechte könnten nur in einem Staat verwirklicht werden, der auf **Gewaltenteilung** basiere. Parlament, Regierung und eine unabhängige Justiz sollten sich wechselseitig kontrollieren. Für Deutschland hieß das nach liberaler Auffassung: Neben die monarchische Regierung sollte ein Parlament treten, das die Gesetze beschließt. Der Monarch dürfte nicht mit Verordnungen am Parlament vorbei regieren. Schlussendlich forderten die Liberalen Gleichheit vor dem Gesetz: Jeder sollte ohne Ansehen seiner Person vom Staat gleich behandelt werden. Zur tatsächlichen Sicherstellung dieser Rechte forderten die Liberalen eine Verfassung, in der die Ansprüche der Bürger gegen den Staat und die rechtsstaatliche Staatsorganisation verbindlich garantiert werden sollten.

Klassischer Liberalismus und Neoliberalismus

Nach 1871 legten die Nationalliberalen nach und nach klassische liberale Forderungen ab, wie den Freihandel oder Ablehnung von Monopolen und Kartellen. In Reaktion darauf entstand ab den 1920er-Jahren der Neoliberalismus, der sich wiederum in verschiedene Zweige aufteilt. Bedeutung erlangte vor allem die „Freiburger Schule“ um Walter Eucken und später Ludwig Erhard, die den sogenannten „Ordoliberalismus“ entwickelten: Der Staat solle der Wirtschaft größtmögliche Freiheit lassen, aber einen verbindlichen rechtlichen Rahmen (lat. ordo) schaffen. Innerhalb dessen solle der Staat mit einem Sozialsystem für Ausgleich sorgen („soziale Marktwirtschaft“).

Einen anderen Zweig innerhalb des Neoliberalismus bilden die Österreichische Schule unter Friedrich von Hayek und die Chicagoer Schule. Nach ihr soll der Staat sich aus der Wirtschaft völlig heraushalten und den Markt sich selbst überlassen.

Gewaltenteilung
In der Aufklärungszeit wurde das Konzept entwickelt, dass im Staat die Macht („Gewalt“) auf verschiedene Institutionen und damit Menschen aufgeteilt werden muss. Drei „Staatsgewalten“ sollten sich wechselseitig kontrollieren: die Legislative macht die Gesetze, die Exekutive regiert mit ihrer Beamtenschaft und führt die Gesetze der Legislative aus. Die Judikative, die Rechtsprechung, überprüft die korrekte Ausführung.

Checks and balances
(engl. „Überprüfung und Ausgleich“): System der wechselseitigen Kontrolle und des Ausgleichs zwischen den Staatsgewalten, das der langfristigen Sicherung der Gewaltenteilung dient. Entwickelt in den USA wird dieser Begriff heute auch für Gewaltenteilungssysteme in anderen Staaten oder auch in der Wirtschaft angewendet.

Friedrich von Hayek (1899–1992)
österreichischer Ökonom und Sozialphilosoph

A Liberalismus in Deutschland

Q1 Der Wohlstand der Nationen

Adam Smith (1723–1790) lebte in Schottland und war von Beruf Zollbeamter. Mit seinem Hauptwerk „Vom Wohlstand der Nationen", verfasst 1776, gilt er als der Begründer einer Wirtschaftslehre, die davon ausgeht, dass größtmögliche Freiheit auch den größtmöglichen Wohlstand gewährleistet. Weil die Freiheit das wichtigste Prinzip seiner Anschauung ist, nennt man seine Lehre auch „Liberalismus" von lat. libertas = dt. Freiheit.

Da nun aber der Zweck jeder Kapitalanlage Gewinnerzielung ist, so wenden sich die Kapitalien den rentabelsten Anlagen zu, d.h. denjenigen, in denen die höchsten Gewinne erzielt werden. Indirekt aber wird auf diese Weise auch die Produktivität der Volkswirtschaft am besten gefördert. Jeder glaubt nur sein eigenes Interesse im Auge zu haben, tatsächlich aber erfährt so indirekt auch das Gesamtwohl der Volkswirtschaft die beste Förderung. [...] Verfolgt er nämlich sein eigenes Interesse, so fördert er damit indirekt das Gesamtwohl viel nachhaltiger, als wenn die Verfolgung des Gesamtinteresses unmittelbar sein Ziel gewesen wäre. Ich habe nie viel Gutes von denen gesehen, die angeblich für das allgemein Beste tätig waren.

Welche Kapitalanlage wirklich die vorteilhafteste ist, das kann jeder einzelne besser beurteilen als etwa der Staat oder eine sonst übergeordnete Instanz. Jeder kluge Familienvater befolgt den Grundsatz, niemals etwas zu Hause anzufertigen, was er billiger kaufen kann. Dem Schneider fällt es nicht ein, sich die Schuhe selbst zu machen, sondern er kauft sie vom Schuhmacher; dem Schuhmacher andererseits fällt es nicht ein, sich die Kleider selbst herzustellen, sondern er gibt sie beim Schneider in Auftrag. Alle sehen den Vorteil darin, ihre Arbeitskraft ganz in der Weise zu betätigen, in der sie etwas vor ihrem Nachbarn voraushaben und sich mit einem Teil des Ertrages oder, was dasselbe ist, mit dem Preis dafür das zu kaufen, was sie darüber hinaus brauchen. Was aber in der Wirtschaftsführung eines Familienhaushaltes klug ist, das kann auch im Ganzen einer großen Volkswirtschaft kaum Torheit sein. Wenn uns nämlich ein anderes Land mit einer Ware billiger versorgen kann, als wir sie selbst herzustellen imstande sind, so ist es vorteilhafter, dass wir dem betreffenden Lande diese Ware gegen [...] Produkte unseres eigenen Gewerbefleißes, in denen wir vor dem Auslande etwas voraushaben, abkaufen. Die natürlichen Produktionsvorteile, die ein Land hinsichtlich bestimmter Waren vor einem anderen Land voraus hat, sind mitunter so groß, dass es, wie alle Welt weiß, vergeblich sein würde, dagegen ankämpfen zu wollen. [...] Die Regelung dieser Austauschverhältnisse aber muss dem freien Spiel der wirtschaftlichen Kräfte überlassen bleiben. Es ist zwar möglich, dass durch wirtschaftspolitische Maßnahmen, vor allem durch Einfuhrverbote und hohe Zölle auf fremdländische Waren, sich im Lande selbst eine Industrie entwickelt oder schneller entwickelt, als es ohne solche staatlichen Maßnahmen der Fall gewesen wäre; es ist sogar möglich, dass die betreffende Ware nach gewisser Zeit im Inland ebenso billig hergestellt werden kann, aber daraus folgt keineswegs, dass die Gesamtsumme der gewerblichen Produktion oder des Volkseinkommens des betreffenden Landes durch solche Eingriffe vermehrt werden kann. [...] Jede künstliche wirtschaftspolitische Maßnahme lenkt die produktiven Kräfte der Arbeit und auch die Kapitalien in eine falsche Richtung. Das natürliche Bestreben jedes Menschen, seine Lage zu verbessern, ist, wenn es sich mit Freiheit und Sicherheit geltend machen darf, ein so mächtiges Prinzip, dass es nicht nur allein und ohne alle Hilfe die Gesellschaft zum Wohlstand und Reichtum führt, sondern auch hundert unverschämte Hindernisse überwindet, mit denen die Torheit menschlicher Gesetze es nur allzu oft zu hemmen suchte.

Adam Smith: Der Reichtum der Nationen. In: Wilhelm Treue/Karl-Heinz Manegold (Hrsg.): Quellen zur Geschichte der industriellen Revolution, Bd. 77. Musterschmidt, Göttingen 1979, S. 763–765. Übers. v. Franz Stöpel.

Q2 Fahne der Urburschenschaft zur Zeit des Wartburgfestes 1817

Q3 Ein Deutschland ist und soll sein

Auf dem Wartburgfest der Burschenschaften wurden am 18. Oktober 1817 Beschlüsse gefasst, die fortan den Kompass der liberalen und nationalen Bewegung in Deutschland bilden sollten. Diese Beschlüsse sind, teilweise wörtlich, in spätere Verfassungen wie die Frankfurter Paulskirchenverfassung (1848), die Weimarer Reichsverfassung (1919) und unser heutiges Grundgesetz (1949) eingeflossen.

1. Ein Deutschland ist, und ein Deutschland soll sein und bleiben.

5. Die Lehre von der Spaltung Deutschlands in Norddeutschland und Süddeutschland ist irrig, falsch.

6. Die Lehre von der Spaltung Deutschlands in das katholische und das protestantische Deutschland ist irrig, falsch, unglückselig.

7. Alle Deutsche sind Brüder und sollen Freunde sein.

8. Ein Krieg zwischen deutschen Staaten [...] würde der größte Frevel sein, der gedacht werden kann.

11. Wie die deutschen Staaten im Kriege zu allgemeiner Sicherheit zusammenstehen sollen, so müssen sie auch im Frieden zur allgemeinen Förderung des deutschen Volkstums in einem Sinne handeln. Es muss der freieste Verkehr zwischen ihnen stattfinden. [...] Das Verbot oder die Erschwerung des Auswanderns von einem deutschen Lande ins andere, Mauten, Zölle und Handelssperren zwischen deutschen Ländern, Verschiedenheiten in Maß, Gewicht, Münze: alle diese Dinge [...] sind in sich selbst verderblich, quälen den Einzelnen und bringen ihn zu Verlust und Schaden.

15. Die Fürstenwürde ist das Erhabendste auf Erden und darum auf das Heiligste zu ehren und zu achten.

16. Der Wille des Fürsten ist nicht das Gesetz des Volkes, sondern das Gesetz des Volkes muss der Wille des Fürsten sein.

19. Freiheit und Gleichheit ist das Höchste, wonach wir zu streben haben. Aber es gibt keine Freiheit als in dem Gesetz und durch das Gesetz, und keine Gleichheit als mit dem Gesetz und vor dem Gesetz. Wo kein Gesetz ist, da ist keine Freiheit, sondern Willkür.

20. Gesetze sind keine Verordnungen und Vorschriften. Gesetze müssen von denen ausgehen oder angenommen werden, welche nach denselben leben sollen. Alle Gesetze haben die Freiheit der Person und die Sicherheit des Eigentums zum Gegenstande. Ein freier Mann kann nur gerichtet werden nach Satzungen, die er selbst als richtig und notwendig anerkannt hat. Wo der Mensch zur Befolgung solcher Vorschriften, die von anderen kommen, genötigt wird, da herrscht die Gewalt. Gehorsam gegen die Gesetze ist des freien Mannes Ehre; Unterwürfigkeit unter Vorschriften ist das Zeichen einer versklavten Seele.

28. Das erste und heiligste Menschenrecht, unverlierbar und unveräußerlich, ist die persönliche Freiheit. Die Leibeigenschaft ist das Ungerechteste und Verabscheuungswürdigste, ein Greuel vor Gott und jedem guten Menschen.

31. Das Recht, in freier Rede und Schrift seine Meinung über öffentliche Angelegenheiten zu äußern, ist ein unveräußerliches Recht jedes Staatsbürgers, das ihm unter allen Umständen zustehen muss. Dieses Recht muss das Wahlrecht des Bürgers ergänzen, wenn er die reelle Freiheit behalten soll.

34. Wo eine gute Verfassung besteht, wenn gute Gesetze vorhanden sind und die Gerichte öffentlich und frei: so kann die polizeiliche Gewalt, die so teuer und so gefährlich ist für die Freiheit, weil sie so leicht gemißbraucht werden kann und ihrer Natur nach zu Mißbräuchen reizt, in ihre wahren Grenzen zurückgewiesen werden.

Herman Haupt: Quellen und Darstellungen zur Geschichte der Burschenschaft und der deutschen Einheitsbewegung, Bd. IV. Carl Winters Universitätsbuchhandlung, Heidelberg 1913, S. 117–129.

Q4 Wartburgfest am 18. Oktober 1817

Studenten mit schwarz-rot-goldenen Fahnen ziehen auf die Wartburg in der Nähe der thüringischen Stadt Eisenach zum Wartburgfest, zu dem die Jenaer Urburschenschaft alle deutschen Studenten eingeladen hat.

Zeichnung Mitte 19. Jahrhundert

Q5 Protest gegen Polizei

Der Afroamerikaner George Floyd wurde am 20. Mai 2020 in der US-amerikanischen Stadt Minneapolis von einem Polizisten getötet, der daraufhin wegen Totschlags in schwerem Fall verurteilt wurde. In Folge seines Todes gab es weltweite Demonstrationen gegen Polizeigewalt und gegen Rassismus.

Q6 Freiheit – gehasst von den Tyrannen

Carl von Rotteck (1775–1840) war Staatswissenschaftler an der Universität Freiburg. Sein mehrere Bände umfassendes „Staats-Lexikon" war das Standardwerk des frühen Liberalismus in Deutschland. Zum Thema „Freiheit" führt er aus:

Freiheit! Schmeichelndes, doch vieldeutiges Wort, gehaßt von den Tyrannen, den Knechten unverständlich. [...] Unter Freiheit verstehen wir theils das Vermögen der Selbstbestimmung, theils das Vermögen, solchen selbsteigenen Willen auch zu vollziehen, d.h. das Selbstgewollte auch wirklich zu tun. Ersteres ist Hauptcharakter der inneren, letzteres der äußeren Freiheit. [...] Jenes Wesen ist äußerlich frei, dessen Handlungen durch keine von außen wirkende Kraft gehemmt werden. [...] Alles, was ich thun oder lassen kann, ohne dadurch mit der Anerkennung einer gleichmäßigen Befugnis aller andern in Widerspruch zu gerathen, ist mir rechtlich erlaubt; was ich entgegen ohne solchen Widerspruch nicht thun oder lassen kann, ist mir rechtlich nicht erlaubt. [...] Der Staat hat die Freiheit seiner Angehörigen als ein ihnen in allen Sphären der menschlichen Thätigkeit schon schlechthin als Personen zukommendes Recht anzuerkennen und braucht also nicht erst ihnen dieselbe zu verleihen oder gar nur einzelne Bruchstücke derselben zu gewähren. [...]

Carl von Rotteck/Karl Th. Welcker (Hrsg.): Das Staats-Lexikon. Enzyclopädie der sämmtlichen Staatswissenschaften für alle Stände, Bd. 5. 3. Aufl., Brockhaus, Leipzig 1861, S. 640–642.

B Wahlrecht und Populismus

D1 Besitzlose von Neid und Egoismus geleitet?

Der Münchner Historiker Thomas Nipperdey (1927–1992) beschreibt die Haltung der Liberalen zur Frage des Wahlrechts:

Die Frage des Wahlrechts ist zu einer der Schicksalsfragen des Liberalismus geworden. Die Liberalen wollten gemäß dem modernen Prinzip der Repräsentation natürlich nicht nach Ständen wählen. Die frühen Liberalen waren aber – wie selbstverständlich – gegen das allgemeine Wahlrecht. Die Masse des Volkes galt ihnen – noch – als ungebildet und urteilslos, ohne Blick für das Wohl des Ganzen. Die Unselbständigen galten als abhängig, die Besitzlosen als von Neid und Egoismus geleitet; erst Selbständigkeit und Besitz machte frei, erst Bildung fähig, verantwortlich für das Wohl des Ganzen einzutreten. [...] Die Geschichte ist über solcherlei Ansichten hinweggegangen. Sie gelten uns leicht als pure Ideologie, als Klassenangst besitzender Bürger vor den aufsteigenden Massen. [...] Aber solche Urteile sind historisch nicht ganz gerecht. Noch war die Idee eines Volkes selbständiger Eigentümer nicht unrealistisch, und ein Teil der Liberalen hat ernsthaft auf den Zusammenhang verbesserter Volksbildung und erweitertem Wahlrecht gesetzt. Vor allem aber: die Sorgen der Liberalen waren nicht grundlos; Napoleon III. hat seine cäsaristische Herrschaft auf das allgemeine Wahlrecht gegründet, und in Deutschland war es Bismarck, der es als Kampfmittel gegen die Liberalen eingeführt hat.

Thomas Nipperdey: Deutsche Geschichte 1800–1866. C. H. Beck, München 2013, S. 293 f.

C Liberalismus als Klientelpolitik?

D2 Verfall des Liberalismus?

*Die Historiker Lothar Gall (*1936) und Thomas Nipperdey (1927–1992) waren sich uneinig in der Bewertung der Geschichte des Liberalismus im 19. Jahrhundert.*

a) Lothar Gall ist der Auffassung, dass der Liberalismus Klientelpolitik (nur für bestimmte Menschengruppen, aber nicht für alle) betreibt:

Überall wurde der Raum für die bürgerlich-liberale Bewegung zwischen den wiederaufstrebenden Konservativen und der langsam, aber stetig an Boden gewinnenden sozialistischen Linken zusätzlich enger. Fatal aber wurde die Lage der liberalen Parteien von dem Augenblick an, in dem unter dem Eindruck der wirtschaftlichen Entwicklung nach dem großen Einbruch der Jahre 1873/74 immer weitere Kreise zu der Meinung gelangten, die liberale Reformpolitik sei im Kern Klassenpolitik, und ein nicht unerheblicher Teil eben dieser Klasse, des Bürgertums, ihnen den Rücken zu kehren begann, weil er sie seinerseits für eine mangelhafte Wahrnehmung der eigenen Interessen verantwortlich machte.

Lothar Gall: Europa auf dem Weg in die Moderne 1850–1890. Oldenbourg, München 1989, S. 69 f.

b) Thomas Nipperdey hält entgegen:

Die Liberalen waren [...] jedenfalls in ihrer Mehrheit nicht Anhänger eines dezidierten Wirtschaftsliberalismus. Sie waren nicht einmal Repräsentanten des entstehenden neuen Wirtschaftsbürgertums, so sehr diese Gruppe, das rheinische Unternehmertum etwa, selbstverständlich zum Liberalismus gehörte. [...] Das Ideal der Liberalen war eine Gesellschaft vieler kleiner Selbständiger, (Grund-)Eigentümer, Handwerker und Bauern, eine annähernd klassenlose Bürgergesellschaft, in der Talent und Leistung wie Herkunft und Erbe zum Ausgleich kamen. Das wirkliche Volk, das war die breite mittlere Schicht der Selbständigen, der Mittelklassen.

Thomas Nipperdey: Deutsche Geschichte 1800–1866. C. H. Beck, München 2013, S. 299 f.

Arbeitsvorschläge

Arbeitsvorschläge zum darstellenden Teil

MK **1.** Erstellen Sie ein Mindmap über Formen des Liberalismus.

2. Erläutern Sie Ihre Assoziationen mit dem Begriff „Liberalismus". Machen Sie in einer Kleingruppe ein Brainstorming.

A Liberalismus in Deutschland

3. Begründen Sie, warum nach Ansicht der Liberalen Freiheit und Eigentum so eng miteinander verknüpft sind (→ Q1).

4. Arbeiten Sie aus den Beschlüssen des Wartburgfestes die Eigenart des Liberalismus in Deutschland heraus (→ Q3).

5. Belegen Sie, inwiefern Ziele des Wartburgfestes Einzug in unser heutiges Grundgesetz (insb. Art. 1–20) gehalten haben.

○ **6.** Recherchieren Sie die Entwicklung der deutschen Fahne im 19. und 20. Jahrhundert, beginnend mit der Fahne der Urburschenschaft (→ Q2). Arbeiten Sie heraus, welche Farbkombination mit welchen politischen Systemen verbunden ist.

○ **7.** Recherchieren Sie aktuelle Beispiele des „Missbrauchs der polizeilichen Gewalt in verschiedenen Staaten" und entwickeln Sie Lösungen für dieses Problem (→ Q5).

8. Diskutieren Sie anhand eines aktuellen Beispiels die These Rottecks (→ Q6), dass Freiheit natürlicherweise vorhanden ist und nicht erst von einem Staat gewährt werden muss.

9. Erörtern Sie: Darf der Staat „Fake News" verbieten?

B Wahlrecht und Populismus

○ **10.** Recherchieren Sie die Entwicklung des Wahlrechts in Deutschland und erläutern Sie, warum sich in Deutschland ein allgemeines Wahlrecht durchgesetzt hat (→ D1).

11.

○ **a)** Überprüfen Sie die Sorge, dass das allgemeine Wahlrecht eine „cäsaristische Herrschaft" – heute würde man vielleicht sagen: Populismus – unterstützt, und entwickeln Sie Lösungen, diesem Problem zu begegnen.

b) Ergänzen Sie Ihre Prüfung um die Frage von Volksabstimmungen.

C Liberalismus als Klientelpolitik?

12. Vergleichen Sie die Ansichten Galls und Nipperdeys (→ D2).

○ **13.** Beurteilen Sie die These, dass der Liberalismus dem Verfall zur Klientelpartei „der Besserverdienenden" preisgegeben sei.

Differenzierung vq86ks

○ Arbeitshilfen zu den Aufgaben 6, 7, 10, 11a und 13

AFB I: 1 AFB II: 1, 2, 3, 4, 5, 6, 7, 10, 11a, 12, 13 AFB III: 7, 8, 9, 11b, 13

2.2 Nationalismus – Probleme im Alleingang besser lösen?

Dass Menschen gleicher Sprache und Kultur ein überregionales Zusammengehörigkeitsgefühl entwickeln, ist zu allen Zeiten auf der ganzen Welt zu beobachten. Doch erst seit dem ausgehenden 18. und vor allem im 19. Jahrhundert hatte dieser Prozess spürbare politische Folgen. Bis dahin findet sich die wechselhafte Verwendung der Begriffe „Nation" und „Volk", die auch Stände und Institutionen bezeichnen konnten, die nicht zwingend mit der kulturellen Identitätsbildung zu tun hatten. Zwar gab es da bereits Vorstellungen davon, was ein Begriff wie „deutsch" bedeutete, dennoch bargen diese Vorstellungen kaum politisches Veränderungspotential. Dies lag daran, dass sich Staaten bis zur Französischen Revolution auf die politische Ausstrahlungskraft ihrer jeweiligen Herrscher, legitimiert durch das Gottesgnadentum, beriefen. Erst als diese nachließ, konnte ein Konzept wie das der Nation an ihre Stelle treten und einen weitgehenden Geltungsanspruch entwickeln.

Zur Orientierung

Anfang 19. Jh.
Französisch-napoleonische Expansion forciert Gründung frühnationaler Bewegungen

1820er- bis 1840er-Jahre
Wechselseitige Beeinflussung nationaler und liberaler Bewegungen in Europa

1848–1852
Schleswig-Holstein-Konflikt

Nationale Bewegungen, Nationalstaaten und Nationalismus

Im 19. Jahrhundert ist bei allen Unterschieden im Detail in vielen europäischen Staaten eine ähnliche Entwicklung zu beobachten. Zu Beginn formierten sich nationale Bewegungen, die das Ziel der Ablösung der absolutistischen Herrschaft und die Bildung von Nationalstaaten hatten. Dahinter steckte der Gedanke, dass alle Menschen gleicher Sprache und Kultur ein Volk, eine Nation bilden und diese das Recht habe, sich selbstbestimmt in einem Staat zu organisieren, dem deswegen so genannten Nationalstaat. Da die nationalen Bewegungen ihre Ziele nur durch Ablösung der jeweiligen Fürsten erreichen konnten, waren sie oft auch demokratische und liberale Bewegungen – das Hambacher Fest 1832 beispielsweise war entschieden national und demokratisch-liberal. Die frühen nationalen Bewegungen hatten zudem oft kein Problem mit einer internationalen Vernetzung bis hin zur Verbrüderung: Man war sich einig, dass man in Frankreich, in Polen, in Deutschland für die gleiche Sache kämpfte und fühlte sich mit den nationalen Bewegungen der anderen Länder verbunden.
Die von den nationalen Bewegungen eingeleiteten Anstöße konnten dann Identitätsbildungsprozesse in Gang setzen, in denen der Wert „Nation" zum wichtigsten politischen Wert wurde, der andere Werte wie Freiheit oder Demokratie verdrängen und sich auch aggressiv nach außen richten konnte. Ab diesem Punkt ist es sinnvoll, von Nationalismus zu sprechen: Danach versteht sich der Mensch nicht als Individuum oder als Weltbürger, sondern in erster Linie als Teil seiner Nation, was ihm Lebenssinn vermittelt. Daher konnte Nationalismus mit verschiedenen politischen Grundanschauungen einhergehen. Diese Veränderung trat im Laufe des 19. Jahrhunderts in den meisten europäischen Gebieten ein. Gleichzeitig aber lag in dieser Entwicklung weder theoretisch noch praktisch eine Notwendigkeit: In allen europäischen Ländern fanden sich im gesamten 19. Jahrhundert nationalliberale Kräfte, die die Verbindung nationaler und liberaler Ziele aus der Frühzeit der nationalen Bewegungen fortsetzen wollten.

Warum im 19. Jahrhundert?

Der Wiener Kongress (1815) hatte die alten Staaten mit ihren absolutistischen Monarchen wiederherzustellen versucht (Restauration). Dies rief Unzufriedenheit hervor: Die mit einer enormen Zahl von Kriegsfreiwilligen geführten Kriege gegen Napoleon waren als „Befreiungskriege" empfunden worden. Zunächst ging es darum, dass man sich von der nationalen Fremdherrschaft der Franzosen befreien wollte. Und darüber hinaus war die Anschauung weit verbreitet, dass man dort, wo die jeweiligen Monarchen gegen Napoleon versagt hatten, sein eigenes Leben eingesetzt hatte. In dieser Situation war es nicht vermittelbar, dass es nun so weitergehen solle, wie es vor der Französischen Revolution gewesen war.

Das Vertrauen in die Monarchen der deutschen Kleinstaaten war dahin, ein Kaiser als mögliche Identifikationsfigur fehlte. Die beginnende Industrialisierung sorgte zudem für gesellschaftliche Verwerfungsprozesse: Familien- und Dorfgemeinschaften zerbrachen, der starke Geltungsanspruch der Kirchen war gebrochen und in den Städten entstand eine oft am Existenzminimum lebende Arbeiterschaft. In dieser Situation erwies sich der nationale Gedanke zunehmend als erfolgreicher Kitt zum Zusammenhalt der Gesellschaft.

Walhalla
Die monumentale Gedenkstätte liegt an der Donau in der Nähe von Regensburg. Erbaut wurde sie im Auftrag des bay. Königs Ludwig I. 1842 und wurde nach der Halle der Gefallenen „Walhall" in der germanisch-nordischen Mythologie benannt.

Ausgewählte Kultur als kleinster gemeinsamer Nenner?

Als in der ersten Hilfe des 19. Jahrhunderts immer deutlicher wurde, dass das Ziel der Nationalstaatsbildung vorläufig nicht erreichbar war, trat für die nationalen Bewegungen die Etablierung bzw. Sicherung der nationalen Kultur in den Vordergrund. Die Kultur sollte als Bindeglied fungieren, wo staatliche Bindungen (noch) nicht existierten.

In vielen Ländern wurden Sammlungen von Volksliedern und Märchen mit dem Ziel der nationalen Selbstvergewisserung angelegt, so beispielsweise in Deutschland die Märchen der Gebrüder Grimm, die als Professoren eng mit der frühen nationalen Bewegung verbunden waren. Ebenso entstanden europaweit zahlreiche Denkmäler sowie Monumentalbauten wie die Walhalla und man vollendete den Bau des Kölner Doms.

Auch die Geschichte diente zur nationalen Selbstvergewisserung. Es entstanden Quellensammlungen der nationalen Geschichte. Geschichtsschreibung wurde gezielt unternommen, um nationale Ansprüche gegen die bestehende Herrschaftsordnung oder gegen die Ansprüche anderer Nationalstaaten zu legitimieren.

Im Unterschied zur Staatsnation als dem politischen Zusammenschluss aller Staatsbürger (Staatsangehörigkeit ist gleich Nationalität) entstand der Begriff der Kulturnation, die objektiv vorgegeben sei durch Sprache und Kultur (Staatsangehörigkeit und Nationalität können auseinanderfallen). Bereits in den frühen nationalen Bewegungen kam die Forderung auf, dass Staats- und Kulturnation identisch sein müssen. Das allerdings führte insbesondere in ethnisch-kulturellen Mischgebieten wie dem Elsass, Teilen Polens, im Habsburgerreich oder auf dem Balkan zu Problemen.

Außenpolitische Aggressivität als Folge der Nationalbewegung?

Während in der früheren Phase der nationalen Bewegung die inneren Fragen der Einheit, Freiheit und Kultur tragend waren, gewann die Außenpolitik zunehmend an Gewicht. Neben die nur unbefriedigend gelöste Frage der klein- oder großdeutschen Lösung zur Schaffung des deutschen Nationalstaats trat zunächst die Frage der nationalen Minderheiten, wie beispielsweise der Polen in Preußen. Schnell aber kamen weitere Konflikte dazu: Als in Frankreich in den 1840er-Jahren von der Öffentlichkeit die Eroberung der Rheingrenze gefordert wurde, begann sich die nationale Bewegung in Deutschland gegen einen äußeren Feind, also Frankreich, zu richten. Lieder wie „die Wacht am Rhein" oder Nikolaus Beckers „Sie sollen ihn nicht haben, den freien deutschen Rhein" erlangten große Popularität.

Der Konflikt mit Dänemark um Schleswig-Holstein ab 1848 lenkte dann den Blick der deutschen Nationalbewegung immer weiter nach außen. Man fühlte sich durch äußere Feinde bedroht; Nervosität und Misstrauen prägten zunehmend das Denken und Handeln der Nationalbewegungen in ganz Europa.

A Das Hambacher Fest als Grundlage für die deutsche Nation?

Q1 Das schwarze Gespenst hüben und drüben

„Das schwarze Gespenst/als ein Mittel, die Völker militärfromm zu machen, und in ihnen die Steuerzahl Lust zu erwecken". Holzstich nach Zeichnung von Wilhelm Scholz (1824–1893), abgedruckt in der Zeitschrift Kladderadatsch am 20. Juni 1869. Otto von Bismarck (links) war zu dieser Zeit Ministerpräsident in Preußen, Napoleon III. (rechts) war Kaiser der Franzosen.

Q2 Liberale und nationale Ideen

Philipp Jakob Siebenpfeiffer (1789–1845) war ein deutscher Journalist und Initiator des Hambacher Festes, einer politischen Großkundgebung 1832. Auf diesem hält er am 27. Mai 1832 folgende Rede:

[...] Vaterland – Freiheit – ja! ein freies deutsches Vaterland – dies der Sinn des heutigen Festes.

[...]

Es wird kommen der Tag, der Tag des edelsten Siegstolzes, wo der Deutsche vom Alpengebirg und der Nordsee, vom Rhein, der Donau und Elbe den Bruder im Bruder umarmt, wo die Zollstöcke[1] und die Schlagbäume, wo alle Hoheitszeichen der Trennung und Hemmung und Bedrückung verschwinden, sammt den Constitutiönchen[2], die man etlichen mürrischen Kindern der großen Familie als Spielzeug verlieh; wo freie Straßen und freie Ströme den freien Umschwung aller Nationalkräfte und Säfte bezeugen; [...] wo jeder Stamm, im Innern frei und selbstständig, zu bürgerlicher Freiheit sich entwickelt, und ein starkes, selbstgewobenes Bruderband alle umschließt zu politischer Einheit und Kraft; [...]

[...]; wo die erhabene Germania dasteht, auf dem erzenen Sockel der Freiheit und des Rechts, in der einen Hand die Fackel der Aufklärung, welche civilisirend hinausleuchtet in die fernsten Winkel der Erde. [...] Seit das Joch abgeschüttelt des fremden Eroberers, erwartete das deutsche Volk, lammfromm, von seinen Fürsten die verheißene Wiedergeburt; es sieht sich getäuscht, darum schüttelt es zürnend die Locken und drohet dem Meineid.

Die Natur der Herrschenden ist Unterdrückung, der Völker Streben ist Freiheit. Das deutsche Volk, wenn die Fürsten nicht ihren Wolkenthron verlassen und Bürger werden, wird in einem Moment erhabener Begeisterung allein vollenden das Werk, wovor der siechkranke Dünkel erschrickt. [...]

Dies der Gedanke des heutigen Festes, des herrlichsten, bedeutungsvollsten, das seit Jahrhunderten in Deutschland gefeiert ward, der Gedanke der Wiedergeburt des Vaterlandes.

O lasset auch uns aller Spaltungen vergessen; lasset uns nur eine Farbe tragen, damit sie uns stündlich erinnere, was wir sollen und wollen, die Farbe des deutschen Vaterlands; auf ein Gesetz nur lasset im Geist uns schwören, auf das heilige Gesetz deutscher Freiheit; auf ein Ziel nur lasset uns blicken, auf das leuchtende Ziel deutscher Nationaleinheit, wozu wir heute den Grundstein legen – ein freies deutsches Vaterland.

Es lebe das freie, das einige Deutschland!

Hoch leben die Polen, der Deutschen Verbündete!

Hoch leben die Franken, der Deutschen Brüder, die unsere Nationalität und Selbständigkeit achten!
Hoch lebe jedes Volk, das seine Ketten bricht und mit uns den Bund der Freiheit schwört!
Vaterland – Volkshoheit – Völkerbund hoch!

Johann Georg August Wirth: Das Nationalfest der Deutschen zu Hambach. Christmann, Neustadt a.H. 1832, S. 33–41.

1 **Zollstöcke**: Gemeint ist, dass mit der Teilung Deutschlands in zahlreiche Fürstentümer auch Zollschranken bestanden und bei jedem Grenzübertritt Zölle zu entrichten waren.

2 **Constitution**: Verfassung

Q3 Briefmarkendarstellung des Hambacher Festes 1982 und 2007

B Wie soll er sein, der Nationalstaat – Staatsnation oder Kulturnation?

Q4 Staat und Volk

Der Jenaer Historiker Heinrich Luden (1778–1847) schrieb 1814 in einem Aufsatz:

Überall, wo Menschen mit einiger Bildung zusammenleben, da leben sie in einem Staate; und überall zeigt sich bei jedem Menschen in Sprache, Geist und Art eine gewisse Eigentümlichkeit, die ihn von allen andern Menschen gesondert, die er aber mit einer gewissen Anzahl gemein hat: mit diesen macht er ein Volk aus. [...] Staat und Volk nämlich fallen, im historischen Zusammenhang des Lebens, bald dergestalt zusammen, dass das Volk in einem bürgerlichen Vereine nach eigenen Gesetzen lebt oder einen besonderen Staat ausmacht; bald aber sind sie getrennt und die Kreise schneiden sich auf mannigfache Weise; sei es, dass ein Staat mehrere Völker umfasst, sei es endlich, dass Völkerteile, in bürgerlicher Rücksicht, hierin geworfen sind und dorthin. Aber immer und überall streben Staat und Volk, man möchte sagen, mit liebevoller Sehnsucht zueinander, um sich einander zu halten oder zu gewinnen, wie wenn sie beide nur in Einheit gedeihen könnten! Sind Staat und Volk eins: so ist der höchste Wunsch und das heiligste Streben der Menschen, diese Einheit zu bewahren. [...] Ruhiges Gedeihen aber, fester Friede, kräftige Bildung und allgemeines Glück wird nur da gefunden, wo die Einheit von Volk und Staat erreicht ist.

Hartwig Brandt (Hrsg.): Restauration und Frühliberalismus 1814–1840. Wissenschaftliche Buchgesellschaft, Darmstadt 1979, S. 96f.

Q5 Staatsnation und Kulturnation

Friedrich Meinecke (1862–1954) war ein deutscher Historiker und Universitätsprofessor in Straßburg, Freiburg und Berlin. Er entwickelte 1908 eine weit verbreitete Unterscheidung zwischen Kultur- und Staatsnation.

Was sondert innerhalb des universalen Rahmens der Menschheitsgeschichte einzelne Nationen voneinander ab? [...] Erste Voraussetzung dafür, dass eine Nation sich entwickelt, ist, dass sie eine feste territoriale Grundlage, ein „Vaterland" gewinnt. Zwar gibt es auch territorial verstreute Völker, aber festeren Zusammenhalt und reicheren Inhalt haben erfahrungsgemäß nur solche zu gewinnen und zu bewahren verstanden, die längere Zeit hindurch einmal ein Vaterland besessen haben. Fragt man nun, von welchen reicheren Wurzeln aus dieser reichere Inhalt erwächst, so wird man zwei große Gruppen bilden müssen. Man wird die Nationen einteilen können in Kulturnationen und Staatsnationen, in solche, die vorzugsweise auf einem gemeinsam erlebten Kulturbesitz beruhen und solche, die vorzugsweise auf der vereinigenden Kraft einer gemeinsamen politischen Geschichte und Verfassung beruhen. Gemeinsprache, gemeinsame Literatur und gemeinsame Religion sind die wichtigsten und wirksamsten Kulturgüter, die eine Kulturnation schaffen und zusammenhalten. [...] Innerhalb einer Staatsnation können – wie das Beispiel der Schweiz zeigt – die Angehörigen verschiedener Kulturnationen leben; und wieder die Kulturnation kann in sich – wie das Beispiel der großen deutschen Nation zeigte – mehrere Staatsnationen entstehen sehen.

Friedrich Meinecke: Weltbürgertum und Nationalstaat. 5. Aufl., Oldenbourg, München 1918, S. 1–3.

C Historikerkontroversen um Nationalismus und Liberalismus

Q6 Antiliberaler Nationalismus?

a) Hans Kohn (1891–1971) war Philosoph und Historiker. Er lehrte an mehreren amerikanischen Universitäten. Seine Arbeiten zum Nationalismus begründeten die akademische Nationalismusforschung.

Nationalismus ist undenkbar ohne die Voraussetzung der Idee der Volkssouveränität, ohne eine grundsätzliche Überprüfung der Stellung von Herrscher und Beherrschten. Das Auftreten des Dritten Standes lenkte die Aufmerksamkeit von den Fürstenhöfen und deren Zivilisation auf das Leben, die Sprache und das Geistesschaffen des Volkes. Dieser neue Stand fühlte sich durch Traditionen weniger gebunden als Adel und Klerus. Bei seiner Konstituierung nahm er für sich in Anspruch, der Vertreter des gesamten Volkes und nicht nur eines einzelnen Standes und seiner Interessen zu sein. Dort, wo im Verlaufe des achtzehnten Jahrhunderts der Dritte Stand zu Kräften gelangte – wie in Großbritannien, Frankreich und den Vereinigten Staaten – drückte sich der Nationalismus vorwiegend, jedoch nicht ausschließlich, in Veränderungen des politischen und wirtschaftlichen Gefüges aus. Dort hingegen, wo sich der Dritte Stand noch zu Beginn des neunzehnten Jahrhunderts in einem schwachen Anfangsstadium befand, etwa in Deutschland, Italien und den slawischen Ländern, fand der Nationalismus seinen stärksten Ausdruck auf kulturellem Gebiet. Bei diesen Völkern richtete sich der Nationalgedanke in seinem Anfangsstadium weniger auf einen Nationalstaat als vielmehr auf den Volksgeist und seine Offenbarungen in Literatur, Märchen, Sagen und Sprichwörtern, in der Muttersprache und in der Geschichte. Als im Laufe des neunzehnten Jahrhunderts der Dritte Stand an Bedeutung zunahm, wandelte sich dieser kulturelle Nationalismus sehr bald in das Verlangen nach der Gestaltung eines Nationalstaats. [...]

Es haben sich zwei große Hauptgruppen der Begriffe „Nation" und „Vaterland" herausgebildet. Der eine Begriff beruhte auf der rationalen und universalen Vorstellung von der politischen Freiheit und von den Menschenrechten und wies in die Zukunft, nach der Gesellschaft freier Menschen. Der andere Nationalbegriff beruhte auf Geschichte, auf Denkmälern und Gräbern und griff sogar auf das Mysterium der vorgeschichtlichen Vergangenheit zurück. Er betonte die Vergangenheit, die Unterschiedlichkeit und die Eigenständigkeit der Nationen. Diese zwei Vorstellungen vom Nationalismus sind die beiden Pole geworden, zwischen denen sich das neue Zeitalter abspielen sollte. [...]

Der deutsche romantische Nationalismus, der seinen ersten Ausdruck im Kampfe gegen Napoleons französische Vorherrschaft fand, wandte sich auch gegen den Geist der Aufklärung, den er als einen westlichen, oberflächlichen Ungeist verwarf und dem er ein idealisiertes und angeblich eigenständiges völkisches Erbe entgegenstellte. [...] Romantische nationalistische Bestrebungen in vielen Völkern lehnten den Liberalismus, Individualismus und Kapitalismus ab, den sie als „fremd", „westlich" oder „überholt" betrachteten. [...] Aus den Wirren des Jahres 1848 ging auf dem europäischen Kontinent, in Frankreich wie in Deutschland, in Italien, unter den Völkern des Habsburger Reichs und auf dem Balkan ein militanter Nationalismus als Sieger hervor, der die kollektive Macht stärker betonte als die individuelle Freiheit und das nationale Interesse stärker als die Brüderlichkeit der Völker.

Hans Kohn: Die Idee des Nationalismus. Ursprung und Geschichte bis zur Französischen Revolution. S. Fischer, Frankfurt/M. 1962, S. 9 f. und 551–553.

b) Der Historiker Thomas Nipperdey (1927–1992) war Professor für Geschichtswissenschaft in München. Seine „Deutsche Geschichte 1806–1918" gilt als Standardwerk. Er entgegnet Kohn:

Das romantische Ideal der Kulturnation und die liberale Vorstellung von der Staatsnation wachsen zusammen, die kulturell-historische Gemeinsamkeit der Nation verweist die Mehrheit derer, die in dieser Vorstellung leben, mit der Zeit wie selbstverständlich auf die politische Einheit der Nation in einem Staat: Sprach- und Kulturgemeinschaft, Volk, soll mit dem Staat identisch werden. Für die Liberalen wird die Idee von 1789, dass die Nation das eigentlich politische Subjekt ist, der Staat Nationalstaat sein muss, wiederum zur Selbstverständlichkeit. ... Nationalismus und Liberalismus gehen in Deutschland nicht nur Hand in Hand, sondern sie sind eigentlich identisch. Dass es vornationale Liberale gibt (wie Kant) und konservative Nationale, und dass es zwischen den großen Zielen, zwischen Einheit und Freiheit, Spannungen und Konflikte geben kann, ist demgegenüber sekundär. Liberalismus und Nationalismus geht es um Autonomie und Selbstbestimmung, sie wenden sich gegen den dynastisch-partikularen Obrigkeitsstaat.

Thomas Nipperdey: Deutsche Geschichte 1800–1866. Bürgerwelt und starker Staat. C. H. Beck, München 2013, S. 307 f.

Arbeitsvorschläge

Arbeitsvorschläge zum darstellenden Teil

1. Erstellen Sie anhand vom VT eine Mindmap zum Thema „Nationalismus im 19. Jahrhundert".

○ **2.** Arbeiten Sie die Aussage der Karikatur (→ Q1) heraus und ordnen Sie sie in die passende Phase des Nationalismus ein.

A Das Hambacher Fest als Grundlage für die deutsche Nation?

3.
a) Geben Sie die Rede Siebenpfeiffers (→ Q2) in eigenen Worten wieder.
b) Analysieren Sie die Rede auf ihre rhetorischen Stilelemente.
c) Ordnen Sie die Rede in den historischen Zusammenhang ein.

4. Vergleichen Sie die Briefmarken mit Bildern zum Hambacher Fest, die die Bundesrepublik Deutschland 1982 und 2007 herausgegeben hat (→ Q3), und überprüfen Sie, welche Darstellung dem Fest eher gerecht wird.

B Wie soll er sein, der Nationalstaat – Staatsnation oder Kulturnation?

5. Arbeiten Sie die Kernaussagen von Luden (→ Q4) und Meinecke (→ Q5) heraus.

6. Erläutern Sie die Unterscheidungen Ludens und Meineckes.

7. Erörtern Sie Konsequenzen und Probleme des Konzepts der Kulturnation:
Zeigen Sie …
a) am Beispiel sprachlich-kultureller Mischgebiete wie beispielsweise dem Elsass oder dem Balkan auf, welche Konsequenzen die Forderung nach der Identität von Staats- und Kulturnation hat, und
b) am Beispiel der Schweiz, wie ein Staat mit verschiedenen Sprachen und Kulturen funktionieren kann.

8. Diskutieren Sie in einer Lerngruppe, ob die Unterscheidung von Staats- und Kulturnation für die Gegenwart Bedeutung hat.

C Historikerkontroversen um Nationalismus und Liberalismus

9. Geben Sie die Positionen von Kohn und Nipperdey (→ Q6) wieder!

10. Diskutieren Sie die Auseinandersetzung Kohns und Nipperdeys, ob nationale und liberale Positionen Gegensätze bilden, a) für das 19. Jahrhundert und b) für die Gegenwart.

Übergreifender Arbeitsvorschlag

○ **11.** Untersuchen Sie Denkmäler und Großbauten des 19. Jahrhunderts aus Ihrer Stadt/Ihrer Gegend auf ihre nationalen Implikationen.

Differenzierung q6z2pn

○ Arbeitshilfen zu den Aufgaben 2 und 11

AFB I: 1, 3a, 4, 7, 10   AFB II: 1, 2, 3b, 3c, 4, 5, 6, 11   AFB III: 5, 8, 9, 10, 11

2.3 Homogener Volksstaat oder gar kein Staat? Nationale und liberale Bewegungen heute

**Die Grundwerte des Liberalismus werden heute parteiübergreifend von den meisten Menschen geteilt: Dass der Staat nur als liberaler Rechtsstaat mit freiheitlich-demokratischer Grundordnung und entsprechenden Grundrechten existieren soll. Das Grundgesetz formuliert diesen Anspruch insbesondere in den Artikeln 1 und 20.
Das Bundesverfassungsgericht wacht in Deutschland über deren Einhaltung.**

Zur Orientierung

1990
Dt. Wiedervereinigung
1990er-Jahre
Entstehung der „Neuen Rechten"
ab 2015
Zunahme von Rechtspopulismus u.a. in Deutschland

Ohne Staat leben – die Privateigentumsanarchie

Gleichwohl gibt es Menschen, die jeden Staat verdächtigen, Grundrechte einzuschränken. Zur Unterscheidung vom gängigen Liberalismus-Begriff nennen sie sich „klassisch Liberale" oder auch „Libertäre". Ihre Behauptung: Sobald ein Staat existiert, wird er, schon allein um sich zu finanzieren, in die Grundrechte eingreifen müssen. Als Monopolist für Schutzdienstleistungen aller Art erbringe er für das unter Gewaltandrohung eingenommene Geld zudem eine schlechte Leistung. Hinzu komme, dass er eine Politikerkaste hervorbringe, die nur am eigenen Wohl Interesse habe. Die Lösung aus Sicht der Libertären: Überhaupt kein Staat. Jeder Bürger soll das, was er an Dienstleistungen haben möchte, selbst in dem Umfang buchen und bezahlen, wie er es benötigt.

Die „Neue Rechte"

Seit den 1990er-Jahren gibt es in Deutschland das Phänomen einer intellektuellen „Neuen Rechten", die gemäßigte und radikalere Formen hat und die stark heterogen ist. Einer der Wortführer des radikaleren Teils der „Neuen Rechten" ist der Verleger Götz Kubitschek, der in seinem Landgut Schnellroda in Sachsen-Anhalt Schulungen durchführt. Er gilt als geistiger Vater hinter Personen wie dem AfD-Politiker Björn Höcke und der **Identitären Bewegung**. Bei dieser handelt es sich um eine Bewegung, die insbesondere junge Menschen anspricht und dadurch aufgefallen ist, dass sie ihre Ziele mit spektakulären Aktionen, wie man sie bisher nur von der politischen Linken kannte, in die Öffentlichkeit trägt. So besetzte 2016 die Identitäre Bewegung beispielsweise das Brandenburger Tor in Berlin und hisste dort Plakate gegen die von ihnen damals scharf abgelehnte Flüchtlingspolitik der Regierung Merkel. Zu den Hauptthemen der Neuen Rechten gehört die Kritik des Liberalismus: Er entwurzele die Menschen, indem er auf weltweite Vereinheitlichung aus sei. Dem stellt die Neue Rechte den Gedanken des „Ethnopluralismus" gegenüber: Jedes Volk habe seine eigenen Gesetze und Kultur, diese seien primäre Identitätsstifter und sollten daher ihre „relative Homogenität" wahren.

Identitäre Bewegung
Die Identitäre Bewegung (IB) ging ursprünglich von Frankreich aus und hat sich zu einer Bewegung der sogenannten „Neuen Rechten" in ganz Europa entwickelt.

Linker Nationalismus?

Die politische Linke gibt sich seit Jahrzehnten betont international und lehnt Nationalismus ab. Dennoch gibt es auch von einigen Linken antisemitische und antiamerikanische Äußerungen sowie Forderungen nach nationalen Alleingängen in Feldern der Umwelt- und Sozialpolitik. Es ist umstritten, ob hierin auch Elemente eines linken Nationalismus zu erkennen sind.

D1 **„Sichere Grenzen – sichere Zukunft“**

Identitäre besetzen 2016 kurzzeitig das Brandenburger Tor

D2 **Auseinandersetzung über die Neue Rechte**

*Götz Kubitschek (*1970) und der Münchner Soziologe Armin Nassehi (*1960) führten 2014 einen Briefwechsel, in dem sie sich respektvoll, aber in der Sache mit sehr unterschiedlicher Meinung austauschten.*

a) Kubitschek schreibt:

Es ist fast billig, zu sagen, dass auch uns manches gut erzogene Migrantenkind sympathischer ist und näher steht als jene anmaßenden, deutschen Rotzlöffel, denen noch nie eine äußere oder innere Not Beine machte. Dennoch sind diese Rotzlöffel Teil unseres Volkes, und wenn der seit Jahrzehnten abwesende Ernstfall im Großen oder im Kleinen den sozialen, staatlich finanzierten Reparaturbetrieb zum Erliegen bringt, wird sich jeder sofort daran erinnern, wer „Wir“ ist und wer „Nicht-Wir“. Die Abgrenzung des Ichs und des Wirs von etwas Fremden ist schlicht eine Konstante. [...] Die Gruppenexistenz des „Wir“ im nationalen und damit auch ethnisch gebundenen Sinn ist unhintergehbar, davon bin ich überzeugt. Sie spielt derzeit vielleicht eine untergeordnete Rolle, im intellektuellen Milieu sowieso; die Zuschreibung, Deutscher zu sein, entfaltet aber sofort ihre Dynamik, wo der Ernstfall auch nur vorbeistreicht (Fußball, Auslandseinsätze, Exportüberschuss).

b) Nassehi entgegnet:

Die historische Relativität der nationalen Zurechnungsmöglichkeiten ist offenkundig. Daraus also ein so starkes Argument zu machen, kann ich nicht nachvollziehen. [...] Was uns unterscheidet, und zwar radikal unterscheidet, das ist der Glaube daran, [...] dass das Grundproblem moderner Gesellschaftlichkeit an mangelnder Homogenität seines Personals bestehe und umgekehrt eine höhere Varietät nicht sogar eine bessere Anpassungsfähigkeit für die beschleunigten Zeitläufe gewährleisten könnte – und hier spreche ich nicht von einem naiven Multikulti, sondern davon, dass unsere Gesellschaft auch ohne Migration pluralistischer und unübersichtlicher ist, als wir es imaginieren.

Armin Nassehi: Die letzte Stunde der Wahrheit, Bd. 1: Warum rechts und links keine Alternativen mehr sind und Gesellschaft ganz anders beschrieben werden muss. Murmann Verlag, Hamburg 2015, Anhang.

Arbeitsvorschläge

1. Recherchieren Sie im Internet zum Konzept des Ethnopluralismus. Vergleichen Sie verschiedene Quellen – einerseits Urheber dieses Konzepts, wie die Identitäre Bewegung, andererseits Kritiker sowie Behörden, wie z. B. das Bundesamt für Verfassungsschutz.
2. Beschreiben Sie die Standpunkte von Kubitschek und Nassehi (→ D 2), arbeiten Sie präzise heraus, wo die Differenz zwischen beiden liegt.
3. ○ Mit der „Corona-Krise“ ab 2020 hatten wir zwischenzeitlich eine gesellschaftliche Krise von erheblichem Ausmaß. Überprüfen Sie die Argumentation Kubitscheks und Nassehis vor dem Hintergrund dieser Krise.

Differenzierung
4c8h67

○ Arbeitshilfen zur Aufgabe 3

AFB I: 2 AFB II: 1 AFB III: 3

Sozialstudie Neo-Nationalismus in der EU – eine Gefahr für den Fortbestand der Europäischen Union?

Um sich diesem Thema zu nähern, bietet sich das Durchführen einer Sozialstudie an. Doch was ist eine Sozialstudie? Bei einer Sozialstudie handelt sich darum, ein Problem oder eine Fragstellung aus dem politischen oder gesellschaftlichen Bereich näher zu beleuchten. Dabei werden unterschiedliche Quellen und Darstellungen (wissenschaftliche Abhandlungen, Zeitungsartikel, allgemeine Texte usw.) untersucht. Im Vordergrund steht das wissenschaftliche Arbeiten: das heißt, man formuliert eine These und versucht diese dann zu beweisen. Um diese These zu belegen, sollte das erworbene Wissen auch aus anderen Fächern wie Deutsch und Global Studies einbezogen werden:

- Aus dem Fach Deutsch bringen Sie Fähigkeiten aus dem Spektrum Deutung/Interpretation von Texten mit ein sowie die 5 Schritt-Lesemethode.
- Aus dem Bereich Global Studies ist es wichtig zu wissen, was unter Interkulturalität verstanden wird.
- Im Fach GGK ist der Begriff Nationalismus im Bereich Vormärz/ Deutsches Kaiserreich eingeführt und thematisiert worden.

Durchführung der Sozialstudie

Arbeitsauftrag 1

Um Ihr Vorwissen zu aktivieren, diskutieren Sie – ausgehend von Ihrem individuellen Standpunkt – im Plenum den Begriff Nationalismus. Versuchen Sie dabei eine allgemeingültige Definition zu erstellen. Im Anschluss daran überprüfen Sie mit Hilfe des Textes Q1 und Q2, ob Ihre Definition den wissenschaftlichen Kriterien genügt, oder ob Sie Verbesserungen an Ihrer Version vornehmen müssen.

Arbeitsauftrag 2

Informieren Sie sich über den gemeinsamen Grundwertekatalog sowie über die gemeinsamen politischen Normen der EU bzw. ihrer Mitgliedsländer.

Arbeitsauftrag 3

Leiten Sie aus den Ergebnissen des Arbeitsauftrags 2 die Errungenschaften der EU für die Bürger und Bürgerinnen der Europäischen Union ab. Versuchen Sie dabei konkrete Beispiele zu finden, die Sie in Ihrem Alltag betreffen.

Arbeitsauftrag 4

Lesen Sie die Texte Q4–Q5 und Q7.

Suchen Sie dabei nach Gründen, warum die hier zitierten Personen vor einem Neo-Nationalismus warnen. Stellen Sie Gründe für diesen Neo-Nationalismus zusammen, die beschreiben, warum es zu diesem Phänomen kommt.

Beschreiben Sie, welchen Einfluss Parteien und Politiker auf dieses Phänomen haben!

Arbeitsauftrag 5

Stellen Sie Ihre bisherigen Erkenntnisse nach der Beschäftigung mit dem Thema zusammen.

Besprechen Sie die Ergebnisse mit Ihrem Sitz-Nachbarn. Welche Gemeinsamkeiten oder Unterschiede bei Ihren Erkenntnissen stellen Sie fest? Können Sie Handlungsoptionen für sich ableiten?

Arbeitsauftrag 6

Um die Diskussion und die Ergebnisse gemeinsam zu besprechen, wird die so genannte Fish-Bowl Methode von Ihrer Lehrkraft eingesetzt. Diese fungiert dabei als Moderator. Ein oder mehrere Personen können als Protokollanten bestimmt werden.

Recherchetipps für die Arbeitsvorschläge 2 und 4 sowie Hinweise zur Fish-Bowl-Methode finden Sie unter dem Onlinecode: **u5ac3k**

Projekt

Wie ist eine Sozialstudie aufgebaut?	
1. Problemstellung	Immer wieder werden wir in den Nachrichten mit teils unverständlichen Aktionen unterschiedlicher Politiker oder Teile der Gesellschaft konfrontiert. Dabei spielt der in vielen Staaten aufgekommene Neo-Nationalismus oft eine große Rolle. Woher kommt dieses doch scheinbar überwundene Phänomen des (Neo-)Nationalismus und stellt er eine Gefahr für die Werte und Errungenschaften der EU dar, so dass am Ende unser alltägliches Leben verändert wird?
↓	
2. Fragestellungen	1. Was versteht man unter dem Begriff Nationalismus bzw. Neo-Nationalismus? 2. Welche Werte (Grundwerte) und Normen teilen die Staaten der EU miteinander? 3. Worin bestehen die Errungenschaften der EU für unser alltägliches Zusammenleben in Europa? 4. Welche Rolle spielen Politiker und Parteien bei der Ausbreitung des Neo-Nationalismus? 5. Worin könnte die Gefahr bestehen, wenn sich der Neo-Nationalismus weiterhin in der EU verbreitet?
↓	
3. Datensammlung und Interpretation der Daten	Um die fünf Leitfragen beantworten zu können, muss man – die Grundlagen des Themas erforschen, – sich eine gute, valide Datenbasis aufbauen und – diese entsprechend den Leitfragen auswerten. Daraus lassen sich dann Erkenntnisse und mögliche Handlungsoptionen ableiten. Hierzu dienen die Arbeitsblätter, Quellen und Hilfestellungen im weiteren Verlauf der Sozialstudie.
↓	
4. Verallgemeinerung des Ergebnisses	Nachdem die Erkenntnisse und konkrete Handlungsoptionen abgeleitet sind, gilt es aus diesen eine Verallgemeinerung abzuleiten, die für dieses Thema eine allgemeingültige Aussage ermöglicht, so dass nach Möglichkeit eine weitere Beschäftigung mit dem Thema möglich ist oder gar ein neues Thema aus dem Ergebnis entsteht.

Q1 Nationalismus – wo der Spaß anfängt und wo er aufhört

In der Sendung Respekt des Bayerischen Rundfunks wurde 2019 der Begriff Nation wie folgt erklärt:

- Der Begriff „Nation“ verbreitete sich in Europa nach der Französischen Revolution 1789.
- Die Vorstellung einer „Nation“ mit einem einheitlichen Staatsvolk sollte helfen, die Ständegesellschaft zu überwinden und das Gemeinschaftsgefühl der Bürger*innen im Sinne von „Freiheit, Gleichheit und Brüderlichkeit“ zu stärken.
- Die Ideologie des „Nationalismus“ verbreitete sich erst Ende des 19. Jahrhunderts. Zuvor entstanden in Europa Nationen, deren Staatsvolk sich durch vermeintlich einheitliche ethnische oder kulturelle Zugehörigkeit definierte.
- Zu Beginn war Nationalismus oftmals eine aufklärerische Ideologie, die gleiche Rechte für alle Menschen in der jeweiligen Nation bzw. im jeweiligen Staat forderte. Mit der Ausbreitung des Nationalismus als Massenideologie Ende des 19. Jahrhunderts verstärkte sich jedoch die Vorstellung der Überlegenheit der „eigenen“ Nation gegenüber anderen Nationen.
- Nationalismus geht seitdem einher mit der Feindseligkeit gegenüber anderen Nationen und mit der Abwertung von Menschen, die (angeblich) nicht zur „eigenen“ Nation gehören.

Nationalismus und Patriotismus: Was ist der Unterschied? Patriotismus kann sich auf ein Land beziehen, das man liebt oder auf eine Gruppe von Menschen, denen man sich verbunden fühlt. Patriotismus kann aber auch auf bestimmten Eigenschaften eines Landes oder einer Gesellschaft gründen, zum Beispiel auf das deutsche Grundgesetz (Verfassungs-Patriotismus). Nationalismus dagegen heißt immer bis ins Extrem übersteigerte Verbundenheit zu einer Nation. Zudem heißt Nationalismus immer auch, dass man die eigene Nation über andere Nationen und deren Einwohner*innen stellt. Und spätestens hier wird es problematisch.

Ohne Nationalismus keine Nation?

Nicht jeder Staat ist auch eine Nation. Zum Beispiel ein Vielvölkerstaat wie die ehemalige Sowjetunion oder die Volksrepublik China: Hier leben Menschen mit unterschiedlicher Religion, Ethnie, Sprache und Kultur zusammen. Sie fühlen sich aber nicht als Mitglieder einer Nation. Man könnte das in etwa vergleichen mit einer WG und einer Familie: In einer Familie ist das Zugehörigkeitsgefühl in der Regel viel stärker, die Mitglieder bilden einen engeren Verbund. Politikforscherin Marion Detjen bringt es so auf den Punkt: „Nationalismus ist eine politische Ideologie, die den Nationalstaat mit den Angehörigen des Staates identifiziert und so eine Einheit konstruiert von Staat, Staatsgewalt, Staatsbürgern und Territorium. [...] Das ist gedacht als geschlossene Einheit, die in dieser Einheit komplett bewahrt werden muss.“

Nationalismus als Mittel zum Zweck

Wem nützt die künstlich geschaffene Einheit „Nation“ und damit auch die Ideologie des Nationalismus? Vielen Bürger*innen gibt der Glaube an „ihre“ Nation ein Gefühl von Zugehörigkeit und stiftet einen Teil ihrer Identität. Regierungen fördern das Nationalgefühl, wenn sie das konstruktive Miteinander ihrer Bürger*innen fördern möchten, also etwa für mehr Frieden im Land sorgen oder aber auch unbeliebte Reformen durchführen wollen.

„Zum Beispiel nach dem Zweiten Weltkrieg war Nationalismus in gewisser Weise sinnvoll, um die ganzen Deutschen eben, die in den Ostgebieten ohne eine Staatsangehörigkeit waren [...] um die dann einzuschließen in diesen Verbund der Deutschen. Da hatte der Nationalismus eine Funktion. Aber zu den meisten Zeiten ist der Nationalismus eher schädlich und hilft uns nicht, konkrete Probleme, die wir haben, zu lösen.“

Politiker*innen können das Nationalgefühl der Bürger*innen jedoch auch nutzen, um gegen vermeintliche „Feinde“ von außen mobil zu machen. Etwa, um damit abzulenken von eigenen Fehlern, von Korruption oder Misswirtschaft [...] oder um damit einen Eroberungsfeldzug gegen andere Nationen anzuzetteln. Immer ist Nationalismus jedoch ein Konstrukt. Denn so unterschiedlich die Nationalitäten sind, so unterschiedlich sind auch die Menschen in den jeweiligen Nationen selbst. Nationalisten richten ihre Feindseligkeit sehr oft gegen Menschen, die in derselben Nation leben, aber in den Augen der Nationalisten nicht „dazugehören“.

Was tun?

Nationalismus ist eine Ideologie, die den Menschen eine vermeintliche Sicherheit verspricht. Doch die Probleme unserer Zeit sind einfach viel zu groß, als dass man sie mit nationalen Alleingängen lösen könnte. Es bräuchte bei allen die Fähigkeit, an einem Strang zu ziehen, egal welcher Herkunft oder Ethnie man ist, denn letztlich bewohnen wir alle den gleichen Planeten. Nationalismus ist somit eine Ideologie, die nicht mehr zeitgemäß ist in Zeiten größter Mobilität und Vernetzung. Vielmehr geht es um gemeinsame Ansätze, um drängende Probleme zu lösen.

Monika von Aufschnaiter: Nationalismus. Bayerischer Rundfunk v. 16.10.2019. Unter: www.br.de/extra/respekt/nationalismus-patriotismus-nation-106.html (Zugriff: 16.09.2020)

Q2 Nationalismus

Begriffserklärung der Bundeszentrale für politische Bildung (2020):

In dem Begriff „Nationalismus“ steckt das Wort „Nation“. Das bedeutet „politische Gemeinschaft“. Manchmal behaupten Menschen, dass „unser Staat“ und „unsere Nation“ viel besser seien als alle anderen. Sie meinen, dass sie selbst besser und bedeutender seien, dass sie eine bessere Kultur und Sprache als die anderen Staaten hätten. Oft wird dabei auf andere Völker herabgesehen, die Menschen anderer Nationen und ihre Kultur werden verachtet. Mit solchen übersteigerten Einschätzungen erhebt man sich über alle anderen Menschen und setzt sich damit an die oberste Stelle.

Gefahren des Nationalismus

Eine solche Weltanschauung, die die eigene Nation überhöht und andere Nationen abwertet, wird mit „Nationalismus“ bezeichnet. Oft treten Nationalisten aggressiv und drohend auf, denn sie haben nur die eigenen Interessen im Sinn und diese dürfen nicht in Frage gestellt werden. Ein stark übersteigerter Nationalismus kann zu einer Gefahr für andere Staaten und Völker werden, wie es der Nationalsozialismus gezeigt hat.

Gerd Schneider/Christiane Toyka-Seid: Das junge Politik-Lexikon von www.hanisauland.de, Bonn: Bundeszentrale für politische Bildung 2021. Auch unter: www.bpb.de/nachschlagen/lexika/das-junge-politik-lexikon/320839/nationalismus (Zugriff: 08.02.2021)

Q3 Emanuel Jean-Michel Macron (geb. 1977)

französischer Politiker
2017 zum Staatspräsidenten gewählt

Q4 Nationalismus in Frankreich – Rückfall in die 1930er-Jahre?

Die österreichische Zeitung Der Standard berichtete am 1. November 2018 über eine Rede des damaligen französischen Staatspräsidenten Emmanuel Macron:

Frankreichs Präsident zeigt sich betroffen von Ähnlichkeiten zwischen heute und Zeit zwischen Weltkriegen

Der französische Präsident Emmanuel Macron hat Europa wegen des Erstarkens nationalistischer Bewegungen vor einem Rückfall in die 1930er-Jahre gewarnt. Er sei „betroffen von den Ähnlichkeiten zwischen der Zeit, in der wir leben, und der zwischen den beiden Weltkriegen“, sagte Macron in einem am Donnerstag veröffentlichten Interview mit der Zeitung „Ouest-France“.
Den Nationalismus bezeichnete er als „Lepra“ für Europa. Die Spaltung Europas durch Angst, die Rückkehr des Nationalismus und die Auswirkungen der wirtschaftlichen Krise zeigten „fast systematisch alles, was Europa zwischen dem Ende des Ersten Weltkrieges und der Krise 1929 gekennzeichnet hat“, sagte Macron. Er riet den Menschen, einen „klaren Kopf zu bewahren und zu wissen, wie sie zurückschlagen können“.
Macron, der in den kommenden Tagen anlässlich des 100. Jahrestages des Endes des Ersten Weltkrieges Nord- und Ostfrankreich besuchen wird, hat zuletzt andere EU-Mitglieder beschuldigt, die Werte des Bündnisses aufzugeben. Dabei hob er insbesondere die nationalistischen Regierungen in Polen und Ungarn sowie die rechtspopulistische Regierung in Italien hervor.
Macron warnte in dem Interview zugleich davor, dass Europa seine Unabhängigkeit verlieren werde, falls es „von ausländischen Mächten herumgeschubst wird“. Er wolle aus der Geschichte lernen und ein „souveräneres und multilaterales Europa“ fördern, sagte Macron.
Dabei warnte er davor, sich bei Sicherheitsfragen zu sehr auf die USA zu verlassen. Zudem spiele China eine immer größere Rolle bei wesentlicher Infrastruktur, Russland versuche zu manipulieren, und Finanzinteressen und Märkte spielten manchmal größere Rollen als Staaten, sagte Macron. (APA, 1.11.2018)

APA: Nationalismus sei Lepra: Macron warnt vor Rückfall in 1930er-Jahre, APA-Meldung v. 01.11.2018, auch unter: www.derstandard.de/story/2000090477123/macron-warnt-europa-vor-rueckfall-in-die-1930er-jahre (Zugriff: 05.01.2021)

Q5 Die Neo-Nationalisten halten internationale Bündnisse für die Ursache neuer Übel

Die Süddeutsche Zeitung berichtete am 11. November 2016:

Die Vorstellung, dass in einer durch Technologie und Kommunikation kleiner werdenden Welt gemeinsame Probleme nur durch gemeinsames Handeln anzugehen, gar zu lösen sind, ist ein Kennzeichen der Moderne. In Europa haben die Erfahrungen mit dem verheerenden Nationalismus im ersten Teil des 20. Jahrhunderts zur Gründung der Europäischen Gemeinschaft geführt, aus der die EU geworden ist. [...].

In Europa haben sich die Nationalstaaten keineswegs in der EU aufgelöst. Die sehr verschiedenen Identitäten blieben erhalten, was man auch an den Konflikten innerhalb der EU sieht. Deutschland hat dabei eine Sonderrolle gespielt, weil seine Einbindung in Bündnisse in den ersten Nachkriegsjahrzehnten auch mit der Re-Zivilisierung eines Landes zu tun hatte, das sich durch die Monstrosität seiner Verbrechen, durch Angriffskrieg und Völkermord, außerhalb jeder wertebegründeten Ordnung gestellt hatte.

In diesem Sinne ist das europäische Gefühl für jene Deutschen, die auch heute noch Verantwortung für deutsche Untaten in der jüngeren Geschichte empfinden, Teil eines aufgeklärten Patriotismus. Den wiederum muss man sich wahrlich nicht von der neuen Rechten korrumpieren lassen.

Durchsetzen, Gesicht bewahren, Zurückpöbeln

Die Neo-Nationalisten, egal ob in den USA, in Frankreich oder Deutschland, verstehen EU oder Nato nicht mehr als Konsequenzen aus alten Übeln. Nein, sie halten diese Bündnisse für die Ursache neuer Übel. So unterschiedlich die Länder sind, aus denen Trump, Orbán oder Le Pen kommen, so ähnlich ist deren Verächtlichmachung zwischen- oder überstaatlicher Institutionen. Sie beackern mit der Verhöhnung fruchtbaren Boden. Viele Leute reden pauschalisierend vom „Superstaat in Brüssel" oder von den „lächerlichen UN". Europas Retronationalisten halten, widersprüchlich wie ihr Denken häufig ist, die EU gleichzeitig für einen aufgeblasenen Popanz und für eine Bedrohung. [...]

Kurt Kister: Die schwarze Kunst der Populisten, SZ.de v. 11.11.2016, unter: www.sueddeutsche.de/politik/nationalismus-schwarze-kuenstler-1.3244887-0, (Zugriff: 05.01.2021)

Q6 Viktor Orbán (geb. 1963)

ungarischer Politiker

1998–2002 und seit 2010 (Stand 2020) ungarischer Ministerpräsident

Q7 Renaissance des Nationalismus in Ungarn

Der Journalist Keno Verseck (geb. 1967) schrieb am 1. Juni 2012 für die Deutsche Welle (Auslandsrundfunk der Bundesrepublik Deutschland):

Ein rechtsradikaler Dichter wird in Ungarn zur Schullektüre, seine Asche soll feierlich in seinem Heimatort im Nachbarland Rumänien bestattet werden – gegen den Willen der rumänischen Regierung.

József Nyírő[1] wurde 1889 im siebenbürgischen Szeklerland geboren, damals noch Teil Ungarns. Er war nicht einfach ein Blut-und-Boden-Dichter, sondern einer der führenden Kulturideologen während der Schreckensherrschaft der ungarischen Pfeilkreuzler[2] von Oktober 1944 bis März 1945, als zehntausende ungarische Juden auf Todesmärsche geschickt oder massakriert wurden. Als Symbol verwendete diese nationalsozialistische Partei in Ungarn das Pfeilkreuz, das an das Hakenkreuz der Nazis in Deutschland angelehnt war.

Im Pfeilkreuzler-Parlament diente Nyírő als Abgeordneter Siebenbürgens. Bis zur letzten Minute blieb er dem faschistischen Regime unter Pfeilkreuzler-Führer Ferenc Szálasi[3] treu. Nach 1945 wurde er von Ungarn und Rumänien als Kriegsverbrecher gesucht, doch er konnte zunächst nach Deutschland und 1950 in Francos Spanien fliehen. Heute gehören seine Werke zur Pflichtlektüre an den Schulen Ungarns.

Rumäniens Regierung hat die Wiederbestattungs-Zeremonie zu seinen Ehren verboten. Der rumänische Premier Victor Ponta[4] erklärte, er wolle verhindern, dass die Grabstätte von Nyírő zu einem Pilgerort für Rechtsextreme werde.

Anstelle der Begräbniszeremonie fand am Pfingstsonntag im Geburtsort des Dichters eine ökumenische Andacht statt. Neben dem ungarischen Kulturstaatssekretär Géza Scöcs war auch der Parlamentspräsident aus Budapest, László Kövér[5], anwesend. Er verkündete, das Begräbnis werde irgendwann sowieso stattfinden, auch gegen den Willen der „unzivilisierten, hysterischen, paranoiden, barbarischen" rumänischen Regierung. Das Volk werde „siegreich" sein, „das einen Sohn hat, dessen Asche man fürchtet", fügte er hinzu.

Asche des Dichters nach Rumänien geschmuggelt

Inzwischen hat der ungarische Kulturstaatssekretär Géza Szöcs in der Online-Publikation index.hu zugegeben, dass die Urne mit der Asche des faschistischen Dichters nach Rumänien geschmuggelt worden sei. Er sagte, es sei trotz der konspirativen Aktion „nichts Illegales geschehen", er wisse jedoch nicht, wo sich die Asche jetzt befinde.

Nyírös geplante Neubestattung ist Teil einer völkisch-nationalistischen Renaissance in Ungarn, die vor allem Rechtsextreme seit Jahren erfolgreich forcieren. Inzwischen wird sie auch von Regierungschef Viktor Orbán und seiner rechtsnational-konservativen Partei Bund Junger Demokraten (Fidesz) immer stärker gefördert. Dabei loten Viktor Orbán und seine Partei vor allem das Verhältnis zu jenen Nachbarländern Ungarns neu aus, in denen bedeutende ungarische Minderheiten leben, wie in der Slowakei, in Serbien und Rumänien. Nachdem es in den vergangenen zwei Jahrzehnten unter großen Mühen gelungen war, das Verhältnis zwischen Ungarn und seinen Nachbarn zu entspannen und zugleich mehr Minderheitenrechte zu sichern, befinden sich Orbán und seine Partei Fidesz nun auf einem neo-revisionistischen Kurs. [...]

Faschistische Ideologen werden salonfähig

Ob im Gesetz zum „Tag des nationalen Zusammenhaltes" am 4. Juni, an dem der „Trianon-Tragödie"[6] gedacht wird, ob in der neuen Verfassung[7], die Anfang 2012 in Kraft trat, oder im umstrittenen Mediengesetz[8] – überall werden die Ungarn auf ihre „heilige Pflicht" eingeschworen, zur geistigen und seelischen Einheit aller Ungarn, zum Erhalt der Nationalkultur und der gemeinsamen Sprache beizutragen.

Parallel zu diesem „Revisionismus light" wird in Ungarn neuerdings auch wieder die Persönlichkeit von Miklós Horthy[9] salonfähig gemacht. Horthy regierte Ungarn von 1920 bis 1944 als Reichsverweser[10], errichtete ein autoritäres, ultrakonservativ-klerikales Regime und verkörpert den ungarischen Revisionismus. Der notorische Antisemit war mitverantwortlich für die Deportation von mehr als 400.000 ungarischen Juden im Frühjahr und Sommer 1944, die anschließend in Auschwitz ermordet wurden. Jetzt sollen in Ungarn Gedenktafeln und Statuen an ihn erinnern.

Nationalismus schadet ungarischen Minderheiten

Parlamentspräsident Köver beschimpft die rumänische Regierung als „barbarisch". Der Erfolg der völkisch-nationalistischen und neo-revisionistischen Linie Ungarns ist aber zweifelhaft. Ungarn ist in der EU isoliert wie kein anderes Land und gilt als stabilitätsgefährdend für Mittel- und Südosteuropa.

Mehr noch: Orbán und seine Partei haben die politischen Vertretungen der ungarischen Minderheiten in den Nachbarländern womöglich dauerhaft geschwächt. [...] Doch möglicherweise könnte genau das ein zynisches Kalkül von Orbán und seiner Partei sein: dass möglichst viele enttäuschte Angehörige der ungarischen Minderheit aus den Nachbarländern nach Ungarn ziehen. Orbáns Partei könnte sich so langfristig eine stabile Wählerschaft sichern. Und Ungarn würde sein gravierendes demographisches Problem lösen – auch ohne die Zuwanderung anderer Nationalitäten.

Keno Verseck: Renaissance des Nationalismus in Ungarn. Deutsche Welle v. 1.6.2012. Unter: www.dw.com/de/renaissance-des-nationalismus-in-ungarn/a-15991685 (Zugriff: 26.08.2020)

1 József Nyírő (1889–1953): völkischer ungarischer Schriftsteller und Politiker; 2010 wurden seine Schriften von der Regierung Viktor Orbán zur Pflichtlektüre in der Schule bestimmt.

2 **Pfeilkreuzler (oder Hungaristen)**: 1935–1945 faschistische, antisemitische Partei in Ungarn, errichtete mit Unterstützung des Deutschen Reiches 1944/45 eine faschistische Diktatur in Ungarn

3 Ferenc Szálasi (1897–1946): ungarischer Offizier, faschistischer Politiker und Diktator (1944–1945)

4 Victor-Paul Ponta (geb. 1972): sozialdemokratischer Politiker und Ministerpräsident Rumäniens (2012–2015)

5 László Kövér (geb. 1959): ungarischer Politiker und Diplomat, seit 1990 Parlamentsabgeordneter, ab 2010 Parlamentspräsident (Stand 2020)

6 **„Trianon-Tragödie"**: Gemeint ist der Friedensvertrag von Trianon (1920) nach dem Ersten Weltkrieg, durch den Ungarn zwei Drittel seines Territoriums verlor und seit dem große ungarische Minderheiten in Nachbarländern leben (Rumänien, Slowakei, Serbien, etc.).

7 Die neue ungarische Verfassung von 2012, die zuvor nicht öffentlich diskutiert wurde, schrieb ein ungarisch-ethnisches Verständnis des Staates fest und definiert seitdem die „ungarische Nation" als christliche Gemeinschaft.

8 **Mediengesetz**: Das 2010 erlassene Gesetz erlaubt es dem Staat, Fernseh- und Radiosender, Zeitungen und Online-Portale mit hohen Geldstrafen zu belegen, wenn deren Inhalte gegen (vage formulierte) staatliche Vorschriften verstoßen.

9 Miklós Horthy (1868–1957): österreichisch-ungarischer Offizier, ungarischer Politiker, regierte Ungarn 1920–1944 autoritär

10 **Reichsverweser**: Bezeichnung für den Stellvertreter für einen König, wenn es keine Einigung über einen rechtmäßig anerkannten Monarchen gab. Dies war in Ungarn seit dem Ersten Weltkrieg der Fall.

3 Eine ständige Herausforderung – Menschen- und Grundrechte

3.1 Entstehung der Idee der Menschenrechte

Das Konzept der Menschenrechte und Grundrechte hat sich in den letzten Jahrhunderten entwickelt und unterliegt einer Veränderung durch die Einflüsse der Zeit. Dies hat sich bis heute nicht geändert. Die Gewährung von Menschenrechten ist nach wie vor keine Selbstverständlichkeit, sei es auf nationaler oder internationaler Ebene.

Zur Orientierung

1776
Bill of Rights

1849
Grundrechte des deutschen Volkes

1949
Grundrechte im Grundgesetz

Menschenrechte
Menschenrechte liegen in der Natur des Menschen begründet und werden aus der unantastbaren Menschenwürde abgeleitet. Sie stellen individuelle Freiheits- und Autonomierechte dar. Diese gelten für alle Menschen (universell) ab der Geburt. Sie sind nicht verhandelbar (unveräußerlich) und nicht gegeneinander austauschbar (unteilbar).

Cesare Beccaria (1738–1794)
italienischer Rechtsphilosoph

Erste Ansätze von universalen Menschenrechten

Schon in der Antike führte das Nachdenken über das Wesen des Menschen dazu, dass man zwei unterschiedliche Rechtsarten unterschied. Die Rechte, die im Menschen durch die Natur begründet liegen, also nicht von anderen verliehen werden, bezeichnete man als natürliches Recht. Die Rechte, die durch Menschen gemacht werden, hingegen als positives Recht. Das natürliche Recht kann also nicht durch Menschen verändert werden, es wird als gegeben angesehen. Im Christentum galt dann Gott als Quelle dieser Rechte. Die Auseinandersetzung um die Rechte des Herrschers führte im England des Mittelalters zur Begrenzung dieser Rechte. In der Magna Charta Libertatum von 1215 heißt es in Artikel 39: „kein freier Mann soll verhaftet, gefangen gesetzt, seiner Güter beraubt, geächtet, verbannt oder sonst angegriffen werden; noch werden wir [der König] ihm anders etwas zufügen, oder ihn ins Gefängnis werfen lassen, als durch das gesetzliche Urteil von Seinesgleichen oder durch das Landesgesetz." Diese Grundsätze galten aber nur in der Beziehung zwischen dem König und seinem Adel. Für die breite Masse der Bevölkerung waren diese Rechte ohne Bedeutung.

Mit der Entstehung des modernen Staates in Europa ab dem 16. Jahrhundert konzentrierte sich die philosophische Diskussion auf die Definition der Staatsräson und der Staatssouveränität. Die Philosophie der Aufklärung beschritt den Weg zu einer Definition des Verhältnisses zwischen Staat und Individuum aus dem Geist der Vernunft. Zusammen mit der Staatswirklichkeit des Absolutismus führte dies dazu, dass man versuchte, die Idee des Herrschaftsverhältnisses auszudifferenzieren. Entweder indem man eine legitime Herrschaft nur dann annehmen konnte, wenn die Zustimmung der Beherrschten vorausgesetzt werden konnte (John Locke und Jean-Jacques Rousseau), oder die Herrschaftsgewalt dadurch gezähmt wird, dass die Staatsgewalt strikt in drei voneinander unabhängige Bereiche geteilt wird (Charles Montesquieu). Einen anderen Ansatz wählte Mitte des 18. Jahrhunderts der Strafrechtsreformer und Philosoph Cesare Beccaria, der aus Vernunftgründen die Sinnhaftigkeit von Strafen prüft und so zu einer Ablehnung der Todesstrafe führt.

Es ist die Philosophie der Aufklärung, die die schon in der Magna Charta angeführten Rechte auf Leben, Freiheit und Eigentum für alle Menschen fordert. Da gleichzeitig der Gebrauch der Vernunft Freiräume benötigt, müssen dem Staat Schranken aufgewiesen werden.

Unabhängigkeitserklärung und Verfassung der USA

Die Ablösung der nordamerikanischen Kolonien vom Vereinigten Königreich wurde nicht nur militärisch und wirtschaftlich, sondern auch publizistisch geführt. Die Unabhängigkeitserklärung von 1776 lieferte die Rechtfertigung für diese Trennung. In der Begründung werden die jedem Menschen zustehenden Rechte und ihre Missachtung durch die englische Kolonialmacht als Rechtfertigungsgrund angeführt. Sie beruhen auf der „Bill of Rights", die die ehemalige Kolonie Virginia, im Zuge ihrer Unabhängigkeitserklärung, als Vorreiter wenige Monate vorher erlassen hatte. In der Präambel der deutschen Version heißt es: „Wir halten diese Wahrheiten für ausgemacht, daß alle Menschen gleich erschaffen worden, daß sie von ihrem Schöpfer mit gewissen unveräußerlichen Rechten begabt worden, worunter sind Leben, Freyheit und das Bestreben nach Glückseligkeit."

In der Verfassung von 1788 finden sich keine **Menschenrechte** und **Grundrechte**. Stattdessen wird der Staatsaufbau definiert. Da aber mit der Verfassung doch gleichzeitig Freiheitsansprüche gegenüber dem neuen Staat formuliert werden sollten, wurden der Verfassung konkrete Rechte in den zeitgleich entstandenen Verfassungszusätzen (Amendements) beigefügt. Diese ersten 10 Verfassungszusätze gelten auch als „Bill of Rights". Zu den wichtigsten Rechten gehören die Religions- sowie Meinungsfreiheit, die Presse- und die Versammlungsfreiheit (1. Zusatz). Es findet sich aber auch das Recht Waffen zu tragen (2. Zusatz) sowie generell der Schutz vor staatlicher Willkür (3. bis 9. Zusatz).

Diese Grundrechte sind Forderungen der Bürger gegen ihren Staat in der Form von Freiheitsrechten. Sie sind damit Abwehrrechte gegen staatliches Handeln. Sie gehen von der Idee aus, dass der Staat ein notwendiges Übel sei und deswegen möglichst hohe Hürden gegen staatliche Eingriffe in das Leben der Menschen errichtet werden sollten.

John Locke (1632–1704)
Englischer Philosoph

Grundrechte
Grundrechte bestimmen die Stellung des Bürgers gegenüber der gesellschaftlichen Organisationsform Staat. Sie stellen in erster Linie Abwehrrechte gegenüber staatlichem Handeln dar. Anders als die universellen Menschenrechte gelten diese Grundrechte nur innerhalb des Ordnungsbereichs des jeweiligen Staates und können auf die jeweiligen Staatsangehörigen begrenzt werden.

Menschenrechtserklärung in der Französischen Revolution

In den Kämpfen um die amerikanische Unabhängigkeit waren die Kontakte zwischen Frankreich und Nordamerika sehr intensiv, sodass auch ein Austausch von Ideen stattfand.

Die zentrale Losung der Französischen Revolution, die dann auch aus dem Land in die Welt getragen werden sollte, war Freiheit, Gleichheit und Brüderlichkeit. Diese Ideale fungierten gleichsam als Leitbild für die Erklärung der Menschenrechte und Bürgerrechte, die noch in der ersten Phase der Revolution 1789 beschlossen wurde. Die Grundsätze finden sich in den ersten zwei Artikeln:

Artikel 1:
Die Menschen werden frei und gleich an Rechten geboren und bleiben es. Gesellschaftliche Unterschiede dürfen nur im allgemeinen Nutzen begründet sein.

Artikel 2:
Der Zweck jeder politischen Vereinigung ist die Erhaltung der natürlichen und unantastbaren Menschenrechte. Diese sind das Recht auf Freiheit, das Recht auf Eigentum, das Recht auf Sicherheit und das Recht auf Widerstand gegen Unterdrückung.

→ Kapitel 1.1, S. 16

Dies soll die Rechte, die in der Natur des Menschen liegen, garantieren. Darüber hinaus werden aber auch solche Rechte definiert, die den Menschen als Bürger auszeichnen. Deswegen unterscheidet man zwischen Menschen- und Bürgerrechten. Letztere regeln die Stellung des Bürgers im Hinblick auf den Staat, hier auch die politische Partizipation.

Widersprüchlichkeiten zwischen Theorie und gelebter Wirklichkeit?

Die auf dem Papier festgehaltenen Rechte stehen aber teilweise in Kontrast zu der gelebten Wirklichkeit. Die Gleichheit der Menschen war ein unlösbares Problem in Zusammenhang mit der noch praktizierten Sklaverei. Obschon die Zeitgenossen dieses Problem sahen und in einigen **Neuengland-Staaten** hierzu auch richtungsweisende Schritte unternommen wurden, dauerte es bis zu ihrer endgültigen Abschaffung noch bis ins Jahr 1865. Die unterschiedlichen Haltungen zur Sklaverei waren auch ein Grund für den amerikanischen Bürgerkrieg. Das damit einhergehende Problem der Rassentrennung und der Diskriminierung großer Teile der Bevölkerung blieb den USA bis ins 20. Jahrhundert erhalten. Jenseits der formalen Rechte dauert die Diskriminierung bis heute an.

Neuengland-Staaten
Im Zuge der Erkundung und Kolonisierung Nordamerikas wurde der Nordosten als „New-England" bezeichnet. Diese Region umfasst im Wesentlichen die heutigen US-Bundesstaaten Connecticut, New Hampshire, Maine, Massachusetts, Rhode Island und Vermont.

Leibeigenschaft
Die Leibeigenschaft bedeutet, dass in der Regel der Grundeigentümer über die Bauern auf seinem Gut verfügen kann. Dies schließt nicht nur die Arbeitskraft ein, sondern auch das Recht zu heiraten oder das Gut zu verlassen. In vielen Fällen wurde Leibeigenschaft mit Sklaverei gleichgesetzt.

Eine in Europa vorkommende Form von eingeschränkten Rechten ist die **Leibeigenschaft**. Menschen, zumal Bauern, standen in der Abhängigkeit ihres Grundherrn und waren verpflichtet für diesen Arbeiten zu erledigen. Diese Form der eingeschränkten Rechte blieb im 19. Jahrhundert unterschiedlich lang erhalten. In Russland wurde die Leibeigenschaft erst 1862 abgeschafft.

Die französischen Revolutionäre wollten die Ideale der Revolution und damit die Menschenrechte auch in andere Länder tragen. Gleichzeitig wurden aber in der Phase des Terrors die fundamentalen Rechte der politischen Gegner suspendiert. Es wurde mit der Guillotine eine „humane" Tötungsmaschine entworfen, die aber dafür tausendfach zum Einsatz kam.

Aus heutiger Sicht war ein weiteres Problem, dass die Grundrechte sich vor allem an Vermögen besitzende Bürger männlichen Geschlechtes richteten. Frauen und viele Besitzlose waren dadurch ausgeschlossen. Dies galt auch für die Sklaven in den Kolonien. Der Begriff des Bürgers schloss nicht alle Menschen ein.

Stagnation im 19. Jahrhundert?

Nach den Napoleonischen Kriegen versuchten die etablierten Herrscherhäuser die alte Ordnung in ihren wesentlichen Grundzügen wiederherzustellen. Im Wiener Kongress wurden die wesentlichen demokratischen Teilhaberechte zurückgefahren. In Mitteleuropa markierten im weiteren Verlauf die Karlsbader Beschlüsse von 1819 das ausdrückliche Ende der Presse- und der Wissenschaftsfreiheit, darüberhinausgehend aber auch drastische Einschränkungen der Meinungsfreiheit und der Versammlungsfreiheit.

Nach dem Scheitern der Revolution von 1848/49 wurden die neuerlichen Anläufe zur Einrichtung bürgerlicher Grundrechte abrupt beendet. Was die Abschaffung der Grundrechte des Deutschen Volkes 1851, nur zwei Jahre nach ihrer Verabschiedung, verdeutlicht.

Q1 Grundrechte des deutschen Volkes
Von der Frankfurter Nationalversammlung beschlossenes und am 27. Dezember 1848 verkündetes Gesetz. Der Text ist umrandet mit einer allegorischen Darstellung der Germania zwischen der „Freiheit" und der „Gleichheit". Farblithographie von Adolph Schroedter (1805–1875) 1849

Grundrechte – Schutz des Einzelnen vor dem Staat?

... das Beispiel Grundrechte des Deutschen Volkes von 1848/49

Im Verlauf der Revolution von 1848 wurde nicht nur der Versuch unternommen einen einheitlichen Staat in Deutschland zu schaffen, sondern diesen auch mit einer tragfähigen Verfassung auszustatten. Im Vorfeld der Ausarbeitung einer Verfassung wurden die Grundrechte des Deutschen Volkes beschlossen und 1849 offiziell verkündet. Hier findet sich das Ziel eines geeinten Deutschlands, mit einer einheitlichen Staatsbürgerschaft und entsprechender Freizügigkeit der Staatsbürger in allen Teilstaaten. Wichtige Punkte dieser Grundrechte sind: Die Gleichheit aller Menschen vor dem Gesetz, bei gleichzeitiger Abschaffung des Adelsstands. Die Unverletzlichkeit der Person und der Abschaffung der Todesstrafe in Friedenszeiten. Schutz des Eigentums, Freiheit für Wissenschaft und Lehre, des Glaubens und der Presse und das Recht auf Gründung von Vereinen. Der Schutz des Eigentums und die Etablierung der Rechtsprechung als unabhängige Gewalt sind ebenfalls zentrale Inhalte dieser Grundrechte.

Diese Grundrechte wurden Teil der späteren Verfassung (Paulskirchenverfassung). Sie wurden jedoch im weiteren Verlauf nicht von allen deutschen Teilstaaten anerkannt und nach der Wiederbegründung des Deutschen Bundes 1851 generell aufgehoben.

Einschränkend muss festgehalten werden, dass sich die politischen Rechte nur an die Bürger männlichen Geschlechtes ab 25 Jahren richteten.

... Grundrechte in der Weimarer Reichsverfassung 1919

Nach dem verlorenen Weltkrieg 1918 und dem Ende des Kaiserreiches wurde in Weimar eine Verfassung für die ausgerufene Republik erarbeitet. In ihr finden sich die zentralen Grundrechte von 1848/49 wieder. Jedoch stehen sie in der Sachlogik erst nach den Bestimmungen zu den politischen Organisationsformen der Republik. Hier eröffnet Artikel 48, Absatz 2 der Verfassung die Möglichkeit der Suspendierung der Grundrechte: *„Der Reichspräsident kann, wenn im Deutschen Reich die öffentliche Sicherheit und Ordnung erheblich gestört oder gefährdet wird, die zur Wiederherstellung der öffentlichen Sicherheit und Ordnung nötigen Maßnahmen treffen, erforderlichenfalls mit Hilfe der bewaffneten Macht einschreiten. Zu diesem Zwecke darf er vorübergehend die in den Artikeln 114, 115, 117, 118, 123, 124 und 153 festgesetzten Grundrechte ganz oder zum Teil außer Kraft setzen."*

Im Rahmen der fortschreitenden Krise der Weimarer Republik wurde hiervon dann auch Gebrauch gemacht. Die Notverordnungen bereiteten damit geradezu den Boden für die massiven Grundrechtsverletzungen im Nationalsozialismus.

... Grundrechte im Grundgesetz der Bundesrepublik Deutschland 1949

Die Erfahrungen der massiven Menschenrechtsverletzungen im Dritten Reich und die politischen Instabilitäten der Weimarer Republik führten zu einer starken Betonung der Grundrechte im Grundgesetz für die Bundesrepublik Deutschland. Noch vor den Bestimmungen zu der staatlichen Organisationsform stehen die Grundrechte. Diese dürfen in ihrem Wesensinhalt auch nicht durch eine verfassungsändernde Mehrheitsentscheidung verändert werden. Als leitender Anspruch gilt der in Artikel 1 festgehaltene Anspruch, dass die Menschenwürde unantastbar ist. Hier zeigt auch die Rechtsprechung des Bundesverfassungsgerichts, dass dieser Grundsatz für die Beurteilung staatlichen Handelns unabdingbar ist. Man spricht deshalb auch von einer Schrankenwirkung des Artikel 1.

Die Grundrechte in ihren einzelnen Formulierungen stehen in der Tradition der Grundrechte von 1848. Anders als in der Weimarer Reichsverfassung ist jedoch bewusst keine formale Möglichkeit der Suspension vorgesehen, wenngleich im Detail Einschränkungen der Grundrechte, z. B. in Ausnahmesituationen, möglich sind.

Eingangsschild zum Bundesverfassungsgericht in Karlsruhe

Das 1949 gegründete Gericht war das erste Verfassungsgericht im deutschen Nationalstaat mit weitreichenden Kompetenzen nationales Recht zu überprüfen.

A Entwicklung der Menschenrechte

D1 Der Gedanke universaler Menschenrechte verbreitet sich

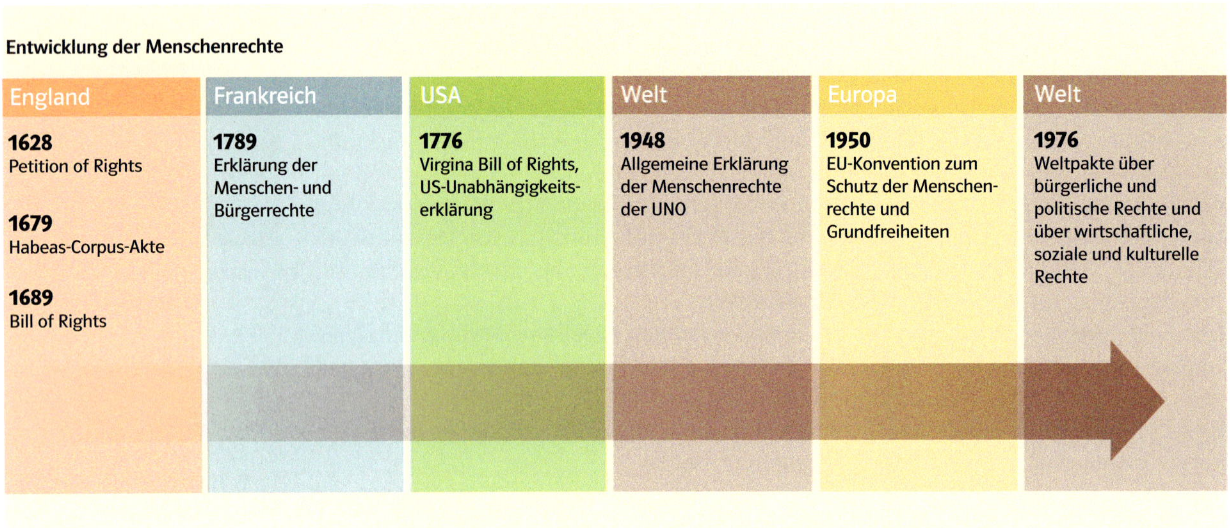

D2 Welche Menschenrechte gibt es?

Prof. Michael Krennerich, Politikwissenschaftler an der Universität Erlangen mit Schwerpunkt Menschenrechtspolitik, unterteilt Menschenrechte in unterschiedliche Kategorien:

Gemeinhin werden drei „Generationen“ von Menschenrechten unterschieden. Rechte der ersten „Generation“ bezeichnen die klassischen bürgerlichen und politischen Freiheits- und Beteiligungsrechte. Dazu gehören das Recht auf Leben, die Verbote der Folter, der Sklaverei und der Zwangsarbeit, sodann u.a. die Rechte auf persönliche Freiheit und Sicherheit, Gedanken-, Religions-, Meinungs-, Versammlungs-, Vereinigungsfreiheit sowie justizbezogene Rechte (Gleichheit vor dem Gesetz, Unschuldsvermutung, faires Verfahren etc.). Die nationalen und internationalen Schutzsysteme für bürgerlich-politische Rechte sind bislang am stärksten ausgebaut.

Rechte der zweiten „Generation“ umfassen die lange Zeit vernachlässigten wirtschaftlichen, sozialen und kulturellen Menschenrechte, wie die Rechte auf und in Arbeit, auf soziale Sicherheit, Ernährung, Wohnen, Wasser, Gesundheit und Bildung. Seit den 1990er Jahren wurden der Inhalt und die Verletzungstatbestände dieser Rechte erheblich konkretisiert. Inzwischen werden sie weithin politisch eingefordert und gelten ihrem Wesen nach auch als einklagbar. Entsprechende rechtliche Durchsetzungsmechanismen auf nationaler und internationaler Ebene sind indes noch zu stärken.

Rechte der dritten „Generation“ sind jüngeren Datums und bezeichnen allgemeine, noch kaum in Vertragswerken konkretisierte Rechte wie etwa die Rechte auf Entwicklung, Frieden oder saubere Umwelt.

Michael Krennerich: Zehn Fragen zu Menschenrechten (12.10.2009), www.bpb.de/internationales/weltweit/menschenrechte/38627/zehn-fragen?p=all (Zugriff: 05.10.2020).

B Todesstrafe – Mit Menschenrechten vereinbar?

Q2 Plädoyer gegen die Todesstrafe

Der italienische Rechtsphilosoph Cesare Beccaria argumentiert gegen die Todesstrafe (1764):

Der Tod eines Bürgers kann nur aus zwei Beweggründen für notwendig gehalten werden. Der erste ist dann gegeben, wenn er auch unter dem Entzug der Freiheit noch derartige Beziehungen und eine so große Macht hat, daß die Sicherheit der Nation davon betroffen ist und die Tatsache, daß er lebt, eine gefährliche Umwälzung der bestehenden Regierungsform hervorrufen könnte. Der Tod eines Bürgers wird somit dann notwendig, wenn die Nation ihre Freiheit wiedererlangt oder verliert, oder in einer Zeit der Anarchie, in welcher Unordnung für das Gesetz steht. Doch während der ungestörten Herrschaft des Gesetzes, unter einer Regierungsform, welche die einmütige Zustimmung der Nation hat und nach außen wie nach innen durch die Macht und durch die Meinung, welch letztere vielleicht wirksamer als die Macht selber ist, geschützt wird, wo die Befehlsgewalt nur beim wirklichen Souverän ruht, wo die Reichtümer Genuß und nicht Autorität gewähren, sehe ich keine Notwendigkeit, einen Bürger zu vernichten, es sei denn, sein Tod wäre der rechte und einzige Zügel, um die anderen von der Begehung des Verbrechens abzuhalten: und dies ist der zweite Beweggrund, aus dem die Todesstrafe für gerecht und notwendig gehalten werden kann.

Wenn die Erfahrung aller Jahrhunderte, in denen der Scharfrichter die zur Tat entschlossenen Menschen niemals von Angriffen auf die Gesellschaft abgehalten hat, [...] die Menschen nicht hat überzeugen können, denen die Sprache der Vernunft immer verdächtig und die der Herrschaft eindrucksvoll ist, so genügt es, bei der Natur des Menschen sich Rat zu holen, um die Wahrheit meiner Behauptung einzusehen.

Nicht die Heftigkeit der Strafe hat die größere Wirkung auf das menschliche Gemüt, sondern ihre Dauer; denn unsere Empfindsamkeit wird leichter und nachhaltiger durch kleine doch wiederholte Eindrücke bewegt als durch eine starke doch vorübergehende Bewegung. Der Macht der Gewohnheit unterliegen alle empfindenden Wesen, und wie der Mensch mit ihrer Hilfe spricht und geht und für seine Bedürfnisse sorgt, so prägen sich die moralischen Ideen nur durch dauernde und wiederholte Erschütterungen ein. Nicht das schreckliche aber vorübergehende Schauspiel des Todes eines Verbrechers, sondern das lange und fortwährende Beispiel eines der Freiheit beraubten Menschen, der, zum dienstbaren Tier geworden, durch seine Arbeit die von ihm beleidigte Gesellschaft entschädigt, hält am stärksten vom Verbrechen ab. Die wirksame, weil sehr oft wiederholte Anwendung auf uns selbst: auch ich werde ebenso lange in eine so elende Lage versetzt sein, wenn ich ähnliche Missetaten begehe, ist weitaus mächtiger als der Gedanke an den Tod, den die Menschen stets in undeutlicher Ferne sehen.

Cesare Beccaria: Über Verbrechen und Strafen. Insel Verlag, Frankfurt/M., 1988, S. 124 f. Übers. v. Wilhelm Alff.

D3 Ein Plädoyer für die Todesstrafe

Der US-amerikanische Ökonom Gary S. Becker argumentiert für die Todesstrafe (2006):

Die europäischen Regierungen sind strikt gegen die Todesstrafe, und manche Europäer betrachten den Einsatz der Todesstrafe in den USA als barbarisch. Zahlreiche europäische Intellektuelle argumentieren gar, dass Strafe generell keine abschreckende Wirkung auf Kriminelle hat. In den letzten 20 Jahren erlebte Europa nach Jahrzehnten der Milde einen drastischen Anstieg der Verbrechensraten. Diese Zahlen sind in Amerika teilweise aufgrund härterer Strafen gefallen. Dazu gehört auch die Todesstrafe. Ich bin für die Hinrichtung von als Mörder verurteilten Personen, weil – und nur weil – ich glaube, dass damit andere abgeschreckt werden, zum Mörder zu werden. Wäre ich davon nicht überzeugt, würde ich mich gegen die Todesstrafe aussprechen, denn Rache oder andere Motive sollten nicht als Grundlage staatlicher Politik dienen.

„Todesstrafe hat eine abschreckende Wirkung":

Die empirische Forschung über die Todesstrafe nahm in den USA mit einer bahnbrechenden Studie Isaac Ehrlichs ihren Ausgang, die 1975 veröffentlicht wurde. Die vorhandenen Daten sind ziemlich begrenzt, doch auch sie geben Grund zur Annahme, dass die Todesstrafe eine abschreckende Wirkung hat. Die meisten Menschen, vor allem Mörder, fürchten den Tod, besonders wenn er rasch und mit einiger Gewissheit nach der Verübung eines Mordes eintritt. Schopenhauer schrieb zum Selbstmord: „Wenn es dahin gekommen ist, dass die Schrecknisse des Lebens die Schrecknisse des Todes überwiegen, wird der Mensch seinem Leben ein Ende setzen. Aber die Schrecknisse des Todes leisten erheblichen Widerstand".

Die Gegner der Todesstrafe behaupten oft, der Staat hätte kein moralisches Recht, jemandem das Leben zu nehmen, auch nicht einem noch so abscheulichen Mörder. Da ich an die abschreckende Wirkung der Todesstrafe glaube, ist das jedoch eine absolut falsche Schlussfolgerung. Um den Grund dafür zu verstehen, nehmen wir an, dass für jeden hingerichteten Mörder drei Morde verhindert werden können, wobei es sich dabei um eine viel kleinere Zahl handelt als in den Abhandlungen Ehrlichs. Daraus folgt, dass für jeden nicht hingerichteten Mörder drei unschuldige Opfer ihr Leben lassen müssten. Die Rettung dreier unschuldiger Leben für jede hingerichtete Person scheint ein durchaus interessanter Gegenwert zu sein, und selbst wenn pro Hinrichtung zwei Leben gerettet werden, erscheint das als überzeugendes Kosten-Nutzen-Verhältnis. Selbst wenn pro Hinrichtung nur ein Leben gerettet werden könnte, wäre das noch immer ein erstrebenswerter Gegenwert.

Gary S. Becker: Warum ich für die Todesstrafe bin. © Project Syndicate. In: WELT Online v. 23.10.2006. Unter: www.welt.de/politik/article89354/Warum-ich-fuer-die-Todesstrafe-bin.html (Zugriff: 05.01.2021)

D4 Todesurteile und Hinrichtungen 2019

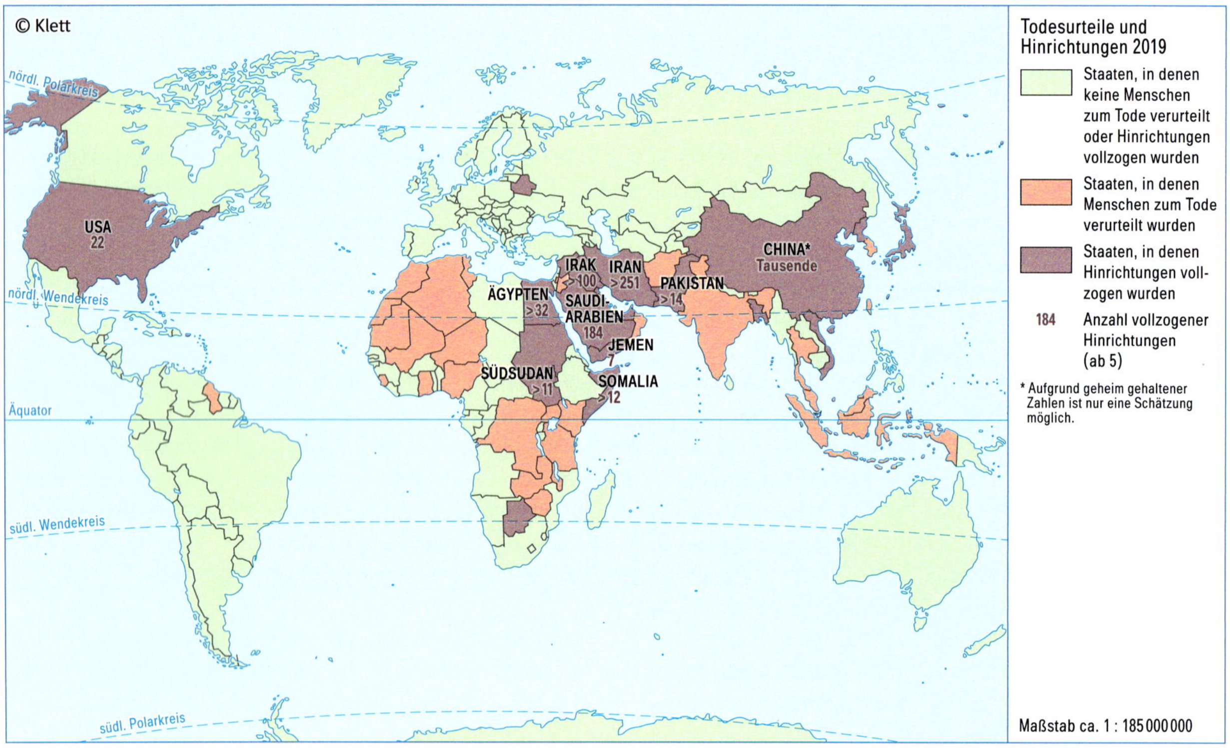

Arbeitsvorschläge

A Entwicklung der Menschenrechte

1. Erläutern Sie, warum der Autor von → D 2 von „3 Generationen" von Menschenrechten spricht? Gehen Sie dabei auf die Unterschiede der jeweiligen Generationen ein.
2. Überlegen Sie Beispiele für Menschenrechte der dritten Generation.
3. Welche Probleme wird es bei der Konkretisierung der „dritten Generation" geben? Begründen Sie, warum die dritte Generation schwer durchsetzbar sein wird.
4. Beurteilen Sie, inwieweit es zu Spannungen in der Umsetzung der Menschenrechte der dritten Generation und den Merkmalen von Menschenrechten kommen kann.

B Todesstrafe – Mit Menschenrechten vereinbar?

5.
   - ○ a) Recherchieren Sie, wann in Deutschland die letzten Todesurteile verhängt und vollstreckt wurden.
   - b) Analysieren Sie → D 4 hinsichtlich der aktuellen Situation in der Welt.
6.
   - a) Arbeiten Sie die Argumentationslinien der beiden Autoren Cesare Beccaria (→ Q 2) und Gary S. Becker (→ D 3) heraus.
   - b) Vergleichen Sie die Ergebnisse (Schlussfolgerungen) der beiden Autoren.
7. Diskutieren Sie die Sinnhaftigkeit der Todesstrafe unter Berücksichtigung der Menschenrechte (Recht auf Leben).

Differenzierung
77n6ue

○ Arbeitshilfen zur Aufgabe 5a

AFB II: 1, 2, 5, 6 AFB III: 3, 4, 7

3.2 Der Umgang mit den Menschen- und Grundrechten im 20. Jahrhundert

Das Ringen um die Menschen- und Grundrechte hatte keinen linearen Verlauf. Immer wieder kam es zu massiven Missachtungen und Verletzungen von Menschenrechten, besonders in Kriegszeiten. Das Ignorieren oder sogar Negieren von Menschenrechten nahm in totalitären Staaten strukturelle Formen an. Gleichzeitig jedoch sind diese Verletzungen der Ansporn gewesen, die Verankerung der Menschen- und Grundrechte international zu sichern und diese weiterzuentwickeln.

Zur Orientierung

2. Hälfte 19. Jh.
zunehmender Konflikt um gleiche Rechte für Frauen (Wahlrecht, Arbeit, etc.)

1919/20
Durchsetzung des Frauenwahlrechts in Deutschland und USA

1948
Allgemeine Erklärung der Menschenrechte der UNO

1953
Europäische Menschenrechtskonvention

1998
Internationaler Strafgerichtshof

Missachtung der Menschen- und Grundrechte in den totalitären Staaten des 20. Jahrhunderts

Die Tragödie des 20. Jahrhunderts ist, dass nicht nur in den großen Kriegen, sondern auch im staatlichen Handeln Menschenrechte im großen Stil missachtet wurden. Unrühmlicher Höhepunkt ist die Rassenideologie des Nationalsozialismus und der sich daraus entwickelnde Völkermord an den europäischen Juden sowie den Sinti und Roma. Im Nationalsozialismus wurden die Weichen für die späteren Verbrechen gegen die Menschlichkeit schon unmittelbar nach der Machterlangung im Frühjahr 1933 gelegt. Der Brand des Reichstages brachte die willkommene Gelegenheit zu einer grundlegenden Aussetzung der Grundrechte in Deutschland. Mit der „Lex van der Lubbe“, mit der der vermeintliche Brandstifter zum Tode verurteilt werden konnte, obwohl Brandstiftung zu dem Zeitpunkt der Tat nicht mit der Todesstrafe belegt war, wurde von dem ehernen Grundsatz: „Keine Strafe ohne Gesetz“ abgewichen. Die nationalsozialistischen Machthaber brachten dadurch zum Ausdruck, dass sie gewillt waren die rechtlichen Regelungen ihrem Handeln zu unterwerfen. Es sollte damit dem staatlichen Handeln der Schein einer juristischen Grundlage gegeben werden. Gleichzeitig sorgte dies für eine Unberechenbarkeit des staatlichen Handelns, was als Willkür empfunden werden konnte.
Aber auch andere totalitäre Staaten stellten die Durchsetzung ihrer Ideologien über die Achtung der Menschenrechte. Stellvertretend seien genannt die Sowjetunion unter Stalin, China unter Mao. Aber auch der Schießbefehl an der innerdeutschen Grenze in der DDR fällt unter diese Rubrik.

Dürfen Frauen wählen? Der Kampf der Suffragetten

Seit Ende des 19. Jahrhunderts protestierten Frauen des Bürgertums in Großbritannien und Amerika vermehrt für das Frauenwahlrecht.
Richtungsweisend war hier zu Beginn Emmeline Pankhurst, die Gründerin von „Women's Social und Political Union“ in Großbritannien. Sie machte durch Rauchen in der Öffentlichkeit, was nur Männern vorbehalten war, Demonstrationen sowie Hungerstreiks friedlich auf sich aufmerksam. Ihre Tochter Christabel folgte ihren Fußspuren und war eine der führenden Suffragetten im Kampf um das Frauenwahlrecht. Der Begriff „Suffragette“ leitet sich vom englischen suffrage (dt. Wahlrecht) ab.

D1 Die Durchsetzung des Frauenwahlrechts in ausgewählten Staaten auf Landesebene

Im 19. Jahrhundert wurde beispielsweise auf lokaler Ebene in der kolumbianischen Stadt Vélez sowie in einigen wenigen US-Bundesstaaten bereits das Frauenwahlrecht eingeführt.

sehr frühe Phase	frühe Phase	späte Phase	sehr späte Phase
1902 Australien	**1918** Deutschland, Polen, Österreich, Aserbaidschan	**1928** Großbritannien	**1952** Griechenland
1906 Finnland	**1919** Niederlande	**1930** Türkei	**1955** Äthiopien
1913 Norwegen	**1920** Albanien	**1931** Spanien	**1963** Iran
1915 Dänemark, Island	**1921** Schweden	**1932** Brasilien, Thailand	**1971** Schweiz
	1924 Mongolei	**1944** Frankreich, Bulgarien	**1974** Portugal
		1945 Ungarn	**1984** Liechtenstein
		1946 Italien	
		1947 Argentinien, Japan	
		1948 Belgien, Chile	

Nachdem ein Gesetzesentwurf 1905 zum Scheitern gebracht wurde, der das Frauenwahlrecht beinhaltete, radikalisierte sich die Bewegung zunehmend. Schließlich kam es am 18.11.1910 vor dem britischen Unterhaus zu blutigen Auseinandersetzungen, wobei 80 bewaffnete Frauen verhaftet wurden. Bei der Durchsetzung des Frauenwahlrechts half der kriegsbedingte Arbeitskräftemangel sowohl in den USA als auch in Großbritannien. Dies stärkte die Position der Frauen, was zur Akzeptanz des Frauenwahlrechts führte. Zwischen 1919 und 1920 wurde dies dann in den USA sowie ab 1928 in Großbritannien eingeführt.

Dieser Kampf wurde auch in Deutschland geführt. 1900 stand besonders die SPD für das Wahlrecht ein. Jedoch war der Kampf nicht so einfach, denn auch unter den Frauenbewegungen wurde Unterschiedliches gefordert. Einige forderten ein eingeschränktes Wahlrecht, andere bereits das allgemeine Frauenwahlrecht. Erst 1918 wurde in Deutschland mit der Weimarer Republik das Frauenwahlrecht eingeführt.

Mögliche Weiterentwicklungen der Grundrechte

Von ihrer Intention her sind Grundrechte Freiheitsrechte und stellen damit ein Abwehrrecht gegenüber staatlichem Handeln dar. Vermehrt wird aber auch diskutiert, inwieweit in den Grundrechten auch Ansprüche an den Staat festgeschrieben werden sollen. Markantestes Beispiel ist das Recht auf Arbeit, welches z. B. in der italienischen Verfassung garantiert wird. Auch die Verfassung der DDR kannte ein Recht auf Arbeit, allerdings hieß es dort: „Das Recht auf Arbeit und die Pflicht zur Arbeit bilden eine Einheit". In der Realität wurde dann unter Umständen gegen die Freiheit der Berufswahl verstoßen (DDR) oder es wird doch Arbeitslosigkeit in Kauf genommen (Italien).

Für die Nicht-Industrieländer sind die wohl am häufigsten diskutierten Ansprüche die auf Zugang zu Trinkwasser, Gesundheitsleistungen und Bildung.

Die **Nürnberger Prozesse** wurden unter anderem gegen führende Repräsentanten des Deutschen Reiches zur Zeit des Nationalsozialismus, wie z. B. Hermann Göring oder Rudolf Heß geführt. Sie fanden vor dem Internationalen Militärgerichtshof vor einem nationalen US-amerikanischen Militärtribunal im Justizpalast Nürnberg zwischen dem 20. November 1945 und dem 14. April 1949 statt.

Institutionalisierung und Weiterentwicklung der Menschenrechte

Nach den Schrecken des 2. Weltkrieges versuchte die Internationale Staatengemeinschaft die Menschenrechte und die Grundfreiheiten durch gemeinsame Institutionen zu schützen.
Eine dieser Institutionen, die den Weltfrieden und die Menschenrechte schützen soll, ist die UNO, die 1948 die „Allgemeine Erklärung der Menschenrechte" verkündete. Diese gibt erstmals eine international akzeptierte Definition der Menschenrechte, deren Anwendung in den Kolonien aber sehr unterschiedlich gehandhabt wurden. Die insgesamt 30 Artikel dieser Erklärung beinhalten Freiheitsrechte wie auch wirtschaftliche und soziale Rechte. Die Einhaltung der Menschenrechte wird durch den 1998 gegründeten „Internationalen Strafgerichtshof" (IStGH) in Den Haag" überwacht, der über Individuen und nicht über Staaten urteilt. Der IStGH wird derzeit von 123 Vertragsstaaten unterstützt und wurde durch die **Nürnberger Prozesse** inspiriert. Länder wie China, die Vereinigten Staaten von Amerika, Russland, die Türkei und Israel haben das Statut des IStGH entweder nicht unterzeichnet oder ihre Unterschrift zurückgezogen. Dies schränkt den Spielraum und die Akzeptanz des Gerichts erheblich ein.
Eine weitere Konvention wurde durch den Europarat ausgearbeitet: Die Europäische Menschenrechtskonvention (EMRK), die am 4. November 1950 in Rom unterzeichnet wurde. In Kraft trat diese dann fast 3 Jahre später am 3. September 1953. Sie besteht aus 15 Artikeln, die unter anderem auch die Verpflichtung zur Achtung der Menschenrechte, Recht auf Leben sowie ein Verbot von Sklaverei beinhalten. Ein wichtiger Punkt, der auf die Schrecken des Nationalsozialismus zurückzuführen ist, ist das Verbot von Folter, Zwangsarbeit und der Grundsatz „keine Strafe ohne Gesetz". Eine Ratifizierung gehört mittlerweile zur festen Beitrittsbedingung für alle Staaten, die dem Europarat angehören wollen. Die Umsetzung dieser Konvention überwacht der Europäische Gerichtshof für Menschenrechte (EGMR) mit Sitz in Straßburg.
Die Rechtsprechung des „Europäischen Gerichtshof für Menschenrechte" beruft sich auf die Europäische Menschenrechtskonvention und „überprüft" auf dieser Basis alle Staaten, die diese unterzeichnet haben. Die europäischen Staaten unterstehen diesem Gericht, und jeder Staat, der von der EU als solcher anerkannt wurde, kann den EGMR bei Menschenrechtsverletzungen durch europäische Staaten anrufen. Die für den Bürger wohl wichtigste Bedeutung liegt jedoch in der Möglichkeit der Individualbeschwerde. Nach Artikel 34 kann jede natürliche Person, nichtstaatliche Organisation oder Personengruppe den Europäischen Gerichtshof für Menschenrechte mit einer Beschwerde befassen, wenn zuvor der nationale Rechtsweg ausgeschöpft wurde.

Menschenrechte – ein westliches Konstrukt?

Menschenrechte sind universal, unteilbar und sollen für jeden Menschen gleichermaßen gelten. Dieser universelle Anspruch der Menschenrechte wird aber immer mehr in Frage gestellt, je weiter diese ausgeweitet werden. Die Frage ist, ob nur die klassischen Menschenreche, wie die Freiheits- und Persönlichkeitsrechte universellen Bestand haben, oder auch die sozialen-, wirtschaftlichen- und politischen Menschenrechte. Menschen mit unterschiedlichen historisch-kulturellen Prägungen nehmen eine Behandlung durch einen Staat oder Arbeitgeber sehr unterschiedlich wahr. Wo ein Europäer bereits zum Boykott aufruft, wird dieses Verhalten in anderen Ländern dieser Erde akzeptiert. Ein weiterer Punkt ist, dass der Westen die Verbreitung der Demokratisierung nutzen wollte, um auch die Menschenrechte in weiten Teilen der Welt zu verankern. Er stieß dabei immer wieder auf Ablehnung in „nicht-westlichen Ländern", die dies als eine Art Kolonialismus ansahen. Es stellt sich hier die Frage, ob Menschenrechte nicht im Kontext nationaler und regionaler Besonderheiten betrachtet werden müssen, denn unterschiedliche historische, religiöse und kulturelle Hintergründe dürfen dabei nicht außer Acht gelassen werden. Ebenso stellt sich die Frage, ob die Überwachung von Menschenrechten durch

D2 „Ein Hoch auf die Menschenrechte"

Cartoon vom 03.03.2020

einen Strafgerichtshof nicht der staatlichen Souveränität widerspricht und die Verknüpfung von Menschenrechten mit Wirtschaftshilfe dem Recht auf Entwicklung entgegensteht.

Besonderes Augenmerk darf auf die Grenzpolitik der EU geworfen werden, die seit Langem kritisch hinterfragt wird. Auf der einen Seite wird auf eine Grenzsicherung bestanden, die die EU-Außenländer durchführen müssen. Als Folge dieser Sicherung gibt es häufig menschenunwürdige Verhältnisse in Auffanglagern wie Moria, aber auch viele tote Geflüchtete im Mittelmeer, die in der Hoffnung auf eine bessere, sichere Zukunft ihr Leben aufs Spiel gesetzt haben und dabei umgekommen sind. Ein besonderer Dorn im Auge von Menschenrechtsorganisationen sind die sogenannten „Push-Back-Aktionen" der EU-Behörde Frontex und der jeweiligen Mitgliedsstaaten. Hierbei werden Flüchtlingsboote vor Erreichen der eigenen Hoheitsgewässer abgefangen und in Richtung der Herkunftsländer zurückgedrängt. Grundsätzlich wird die Situation noch dadurch verschlimmert, dass sich die Mitgliedsstaaten der EU uneinig sind, wie mit der Situation der Flüchtlinge umgegangen werden soll. Eine Frage, die immer wieder aufgeworfen wird, ist, ob dies als Versagen des Menschenrechtsanspruchs der EU gelten kann.

Ein weiterer Kritikpunkt ist die Aufrechterhaltung von Handelsbeziehungen zu Staaten, die die Menschenrechte nicht achten. Hier findet man ein Vorgehen, dass nicht einheitlich ist. In einigen Fällen, wie Russland oder Belarus, werden Sanktionen diskutiert und verhängt, in anderen Fällen, z.B. Saudi-Arabien wird dies nicht getan. Es drängt sich der Eindruck auf, dass außenpolitische Beziehungen und der Handelsaustausch den Vorrang vor der Durchsetzung von Menschenrechten haben.

A Können Einschränkungen von Grundrechten legitim sein?

D3 Grundrechtseinschränkungen in der Pandemie

Der Journalist Michael Hanfeld sieht in der pandemiebedingten Schließung einer Bahnhofsbuchhandlung einen Angriff auf die Grundrechte:

Das Ordnungsamt Leipzig hat die Bahnhofsbuchhandlung für einen Tag dicht gemacht. Für 24 Stunden wurde damit die Pressefreiheit ausgesetzt. Das wirft ein Licht darauf, was in der Corona-Krise einfach so unter den Tisch fällt.

Das Ordnungsamt Leipzig hat am Montag verfügt, dass die Bahnhofsbuchhandlung Ludwig schließen musste. Mehr als siebentausend Titel an nationalen und internationalen Zeitungen und Zeitschriften konnten in der Buchhandlung, welche die größte ihrer Art in Deutschland sein dürfte, nicht mehr verkauft werden.

Sie wurde geschlossen, obwohl der Verkauf von Zeitungen und Zeitschriften auch in der Corona-Krise weiterhin erlaubt ist. Vierundzwanzig Stunden später zog das Ordnungsamt das Verbot teilweise zurück. Nun dürfen Pressetitel verkauft werden, Bücher aber nicht.

So hat das Leipziger Ordnungsamt gerade noch einmal halbwegs die Kurve gekriegt. Für 24 Stunden aber hatte es die Pressefreiheit nach Artikel 5 Grundgesetz ausgesetzt. Denn zu dieser zählt auch, dass man Presseerzeugnisse kaufen kann.

Aus gutem Grund: Die „Grundversorgung" mit unabhängiger Information ist für die Demokratie konstitutiv. Sie wird nicht nur auf elektronischen und digitalen Wegen geleistet und nicht nur vom öffentlich-rechtlichen Rundfunk. Sie entsteht aus der Vielfalt der Darstellungsweisen und Meinungen, und diese wiederum fußt auf der Gesamtheit der Medien in diesem Land.

Die zeitweilige Schließung der Buchhandlung Ludwig ist ein fatales Signal. Sie wirft ein Schlaglicht auf eine Entwicklung, die sich gerade in rasender Geschwindigkeit in vielen Lebensbereichen vollzieht und für die Politik neben der alles überformenden Gesundheitsvorsorge eine vorrangige Aufgabe darstellt: Freiheitsrechte werden ohne großes Federlesen suspendiert. Zahllose Existenzen, die darauf gründen, Leistungen den Menschen im freien Wettbewerb und selbständig anzubieten, auch solche, die man heute „systemkritisch" nennt, kommen unter die Räder. Wer sich außerhalb gesicherter Pfade bewegt und nicht vom Staat und nicht von öffentlichem Geld bezahlt wird, ist draußen.

Michael Hanfeld: Folgen der Corona-Krise. Freiheitsrechte und Pandemie-Profiteure. FAZ.net v. 24.03.2020. Unter: www.faz.net/aktuell/feuilleton/folgen-der-corona-krise-freiheitsrechte-und-pandemie-profiteure-16694591.html?service=printPreview (Zugriff: 05.01.2021)

D4 Können im Grundgesetz Grundrechte suspendiert werden?

Die Juristin Bettina Kaiser setzt sich mit dem Ausnahmeverfassungsrecht im Rahmen des Grundgesetzes auseinander:

Noch die Weimarer Reichsverfassung sah in ihrem berüchtigten Art. 48 Abs. 2 S. 2 die Möglichkeit der Suspension von bestimmten Grundrechten im Ausnahmezustand vor. Das Grundgesetz hat von dieser Tradition bewusst Abschied genommen und die Grundrechte gerade unter keinen Ausnahmevorbehalt gestellt. Doch seit sich die deutsche und andere westliche Gesellschaften seit einigen Jahren vor Herausforderungen gestellt sehen, die sie als Krise wahrnehmen, wird die neue Errungenschaft des nicht suspendierbaren Grundrechtsschutzes in Frage gestellt. Die Luhmann'sche Frage, ob es noch unverzichtbare Normen gebe, scheint E.-W. Böckenförde mit dem Satz „Die Würde des Menschen war unantastbar" negativ beantwortet zu haben.

Diese pessimistische Einschätzung findet sich bestätigt durch das Aufkommen eines neuen Freund-Feind-Denkens. Was mit der Deskription eines Feindstrafrechts begann, wurde langsam ins Normative gewendet. Doch was heißt das für den Grundrechtsschutz? Sollen allein dem Freund Grundrechte zukommen? Mit dem Gefangenenlager in Guantanamo haben die USA ein Beispiel gegeben, wie die Konstruktion von rechtefreien (nicht: rechtsfreien) Räumen in westlichen Gesellschaften aussehen kann. [...]

Selbst unter dem Grundgesetz wird neuerdings über die Möglichkeit diskutiert, in Ausnahmesituationen foltern zu dürfen und auf diese Weise Räume ohne Rechte zu schaffen. Und obwohl die Väter und Mütter versucht hatten, mit dem Grundrechtskatalog und der zusätzlichen Absicherung der Menschenwürde in Art. 79 Abs. 3 GG einer Entrechtung Einzelner vorzubeugen, werden von der Literatur immer wieder neue dogmatische Vorschläge unterbreitet, die letztlich auf eine Unterminierung des grundgesetzlichen Schutzes hinauslaufen. Am wirkmächtigsten mag insofern der Versuch sein, das Leistungsprinzip auf die Grundrechte anzuwenden und bei „Feinden", die ihre Grundrechte verwirkt haben sollen, von einer „Entpersonalisierung" auszugehen.

Kommen wir also auch unter dem Grundgesetz wieder zu einer Suspendierung der Grundrechte im Ausnahmezustand?

Anna-Bettina Kaiser: Ausnahmeverfassungsrecht. Mohr Siebeck, Tübingen 2020, S. 29.

B Menschenrechte als Teil internationalen Rechts und Wirtschaft

D5 Werbung gegen Kinderarbeit

Anzeige in der Frankfurter Allgemeinen Zeitung vom 15.07.2020

© BMAS

C Menschenrechte – universelle Norm oder westliche Ideologie?

D6 Menschenrechte im 21. Jahrhundert

In seiner Einführung zur Geschichte und Aktualität der Menschenrechte schreibt der Soziologe Matthias Koenig:

Die Menschenrechte […] sind im 20. Jahrhundert weltweit zu einem zentralen Bezugspunkt politischen Handelns geworden. In westlichen Demokratien bezieht man sich in Konflikten um politische Partizipation, soziale Gerechtigkeit und kulturelle Identität seit Langem auf die Idee der Menschenrechte. Ebenso legitimierten die Demokratisierungsbewegungen in Lateinamerika, Ostasien und Osteuropa ihre Forderungen nach einem Ende autoritärer Regime mit Verweis auf die Menschenrechte. Und seit Ende des Kalten Krieges schließt man, wie jüngst der Irakkrieg zeigt, auch militärische Interventionen als Mittel der Durchsetzung von Demokratie, Menschenrechten und Freiheit nicht mehr aus. Natürlich gibt es weiterhin Völkermord, Folter und andere Formen staatlicher Willkür, aber Menschenrechtsverletzungen und die Missachtung der Menschenwürde werden von einer Vielzahl internationaler Nichtregierungsorganisationen angeprangert, unterliegen hoher medialer Aufmerksamkeit und sind durch die internationale Staatengemeinschaft rechtlich und politisch sanktionierbar. Damit sind die Menschenrechte, die in der Französischen Revolution und der ihr folgenden Epoche der Nationalstaaten als weitgehend deckungsgleich mit Bürgerrechten galten, heute jenseits des Nationalstaats institutionalisiert worden.

Die Idee der Menschenrechte und die rechtlichen, politischen und sozialen Formen ihrer Institutionalisierung haben aber auch eine Reihe von Kontroversen und Konflikten auf sich gezogen. Die Streitpunkte betreffen die Spannung zwischen internationalem Menschenrechtsschutz und staatlicher Souveränität, die Widersprüche einzelner Menschenrechte untereinander, ihre Vereinbarkeit mit dem Prinzip der Demokratie und das Verhältnis des universalistischen Geltungsanspruchs der Menschenrechte zur Vielfalt der Kulturen. Der weltweite Bedeutungszuwachs der Menschenrechte scheint insofern mit einer neuen Unübersichtlichkeit einherzugehen. […]

Und im Zeichen des „Kriegs gegen den Terror" setzen sich selbst westliche Demokratien gegenwärtig über die Achtung völkerrechtlich kodifizierter[1] Menschenrechte hinweg; die Behandlung von Gefangenen im US-amerikanischen Militärgefängnis von Guantanamo, ein Verstoß gegen das humanitäre Völkerrecht, ist hier wohl der prominenteste Fall, es ließen sich aber viele andere Beispiele ergänzen, in denen grundlegende Freiheitsrechte im Namen der öffentlichen Sicherheit beschnitten werden […].

Matthias Koenig: Menschenrechte. Campus, Frankfurt 2005. S. 7 f., 142 f.

1 **kodifizieren**: als eine Gesetzessammlung zusammenstellen

D7 Menschenrechte in China

Der Journalist Reymer Klüver zur Stellung der Menschenrechte in der Antrittsrede des chinesischen Staatspräsidenten Xi 2012:

Demokratie hat Xi in seiner Rede nicht als politisches Ziel erwähnt. Allenfalls sprach er von einer „harmonischen Gesellschaft", also einer Gesellschaft, in der die

Anliegen der verschiedenen Kräfte berücksichtigt werden – unter Führung der KP, die die Regeln macht. [...] Dahinter stehen natürlich zunächst einmal ideologische Selbstrechtfertigungsgründe: Xi und die Partei müssen eine tragfähige Begründung dafür liefern, dass die KP Chinas nach mehr als sechs Jahrzehnten Herrschaft noch immer nicht ausgedient hat: Sie hat den Wohlstand gebracht. Sie allein kann ihn weiter garantieren.

Doch es ist nicht allein das. Ohne Zweifel spielen in dieser Rechtfertigung der KP-Herrschaft auch die Jahrtausende der konfuzianischen[1] Tradition Chinas ebenfalls keine geringe Rolle. Mit einem Gesellschaftsideal, in dem ein treu sorgender, allwissender Patriarch[2] ein Gemeinwesen lenkt, in dem Aufstieg auf Verdienst beruht und die Wirtschaft erfolgreich vom Staat gelenkt wird. Das alles speist die in China tief empfundene Überzeugung, dass der Aufschwung des Landes so rasend schnell und in so schwindelnde Höhen nie vonstatten gegangen wäre, wenn es nach westlich-demokratischem Muster regiert worden wäre. Der Dauerboom stärkt das Selbstbewusstsein. Ist also am Ende Chinas Beispiel nicht eher ein Modell für die Welt als die demokratische Marktwirtschaft nach westlichem Vorbild? Eine Welt, in der noch immer – trotz jahrzehntelanger westlicher Entwicklungshilfe – eine Milliarde Menschen in bitterster Armut leben und die Zahl der Elenden in manchen Weltregionen – vor allem Afrika – nur weiter steigt. [...]

Die Demokratie, so konstatieren [feststellen] ihre chinesischen Verächter, leide an gleich mehreren Strukturschwächen. Nicht der fähigste Kopf kommt nach oben, sondern derjenige, der am meisten Stimmen erhält. Nötige Reformen der Sozialsysteme scheitern zusehends an der Anspruchshaltung der Menschen. Westliche Gesellschaften büßen ihren gesellschaftlichen Zusammenhalt ein. Kurzfristige Wahlkampfversprechen triumphieren über die langfristigen Interessen der Gesellschaft.

Reymer Klüver: Die Arroganz der Erfolgreichen. In: Süddeutsche Zeitung, 06.07.2013, S. 2.

1 **Konfuzius (551–479 v. Chr.)**: einflussreicher Gelehrter, dessen philosophisch-sittliche Lehre die Gesellschaft bis heute prägt
2 **Patriarchat**: Vaterherrschaft; Gesellschaftsform, in der männliche Familienoberhäupter alles bestimmen

D8 Der Export der Demokratie

Der Journalist Stefan Kornelius schreibt über die Verbreitung der Demokratie:

Lässt sich Demokratie einpflanzen, selbst in unwirtliche Weltgegenden, die noch nie in der Geschichte die Verteilung und Ausübung der Macht als Angelegenheit aller verstanden haben? Die Geschichte des Demokratieexports steckt voller Missverständnisse und Tragödien, aber am Ende war es genau dies: Die [...] Werkzeuge der Demokratie – Wahlen, die Dominanz des Rechts – [werden] zu einem Zweck eingesetzt: um Herrschaft zu erlangen. Demokratie ist ein Instrument der Machtausübung, so wie alle anderen Herrschaftsformen auch. [...]

Der Feldzug der modernen Demokratie begann 1215 in einem Marktflecken südwestlich von London [...]. Dort, in Runnymede, unterzeichnete King John, den sie auch Johann Ohneland nennen, die Magna Charta. [...] Zum ersten Mal musste sich der absolute Herrscher dem Recht beugen, das Kraftverhältnis zwischen dem König und seinen (auch nicht gerade ohnmächtigen) Fürsten wurde neu bestimmt. [...] Unabhängig aller theoretischen Debatten um ihre perfekte Passform und vermeintliche Überlegenheit bleibt indes die Frage, ob sich das Prinzip weiterpflanzen lässt – zum Beispiel in arabische Gesellschaften. [...]

Über die Demokratiefähigkeit der arabischen Welt wurde viel geschrieben, auch viel Unsinn: über die mächtige Kraft der Religion, über das patriarchalische Gesellschaftsbild, die unüberwindbaren Stammes- oder Clanstrukturen, den Nepotismus [Vetternwirtschaft], den Fanatismus, den Mangel an Aufklärung. Alles Hindernisse auf dem Weg zur Demokratie – angeblich. Dann wurde missioniert: mit Stiftungen, mit Geld und guten Worten, auf Konferenzen und Studienreisen. Das Ergebnis: Von außen ist diesem Moloch[1] kaum beizukommen, ein demokratischer Reifeprozess ist eine zutiefst innergesellschaftliche Sache. Als 2001 die Truppen der USA und ihrer Verbündeten unter UN-Mandat nach Afghanistan zogen, war besonders in Deutschland die Hoffnung verbreitet, man könne dort eine Art Schweiz schaffen – ein föderales Gebilde mit direkter Demokratie, die das Bedürfnis der Clanstrukturen spiegelt. Es bedurfte einiger Jahre und des Mutes des damaligen Außenministers Frank-Walter Steinmeier, der nach langer interner Debatte mitteilte, dass man sich von den Vorstellungen einer „Westminster-Demokratie"[2] verabschieden müsse.

Stefan Kornelius: Des Volkes Wille geschehe. In: Süddeutsche Zeitung, 06.07.2013, S. 2.

1 **Moloch**: hier: eine Macht, die alles verschlingt
2 Stadtteil Londons, in dem sich das britische Parlament befindet

Arbeitsvorschläge

Arbeitsvorschläge zum darstellenden Teil

1. Beschreiben und erläutern Sie die Karikatur → D2. Gehen Sie dabei auf die Diskrepanz zwischen dem geschriebenen Text und der gezeichneten Darstellung ein.
2. ○ MK Stellen Sie mit Hilfe einer Mindmap dar, wie der aktuelle Umgang der EU mit Geflüchteten an den EU-Außengrenzen aussieht.
3. ○ Führen Sie eine Podiumsdiskussion zum Thema, ob der Umgang der EU mit den Fluchtbewegungen noch angemessen ist, durch.

A Können Einschränkungen von Grundrechten legitim sein?

4. Stellen Sie dar, welche Grundrechte laut Michael Hanfeld (→ D3) verletzt wurden.
5. Arbeiten Sie aus → D4 heraus, inwieweit der Grundrechtsschutz laut der Autorin in Frage gestellt wird.
6. Nehmen Sie Stellung zu der Frage, inwieweit ein erklärter Gegner der Gesellschaft seinen Anspruch auf Grundrechte verwirken kann.

B Menschenrechte als Teil internationalen Rechts und Wirtschaft

7. Erläutern Sie die zeitliche Verbreitung des Frauenwahlrechts anhand von → D1.
8. Beschreiben Sie das Werbebild → D5.
9. Erläutern Sie, wie Sie persönlich zur Wahrung von Menschenrechten weltweit beitragen können.
10. ○ Erörtern Sie arbeitsteilig, welche Möglichkeiten für einen einzelnen Menschen, NGOs (nichtstaatliche Organisationen) und den Staat existieren, um Menschenrechtsverletzungen durch einen Drittstaat oder einen international agierenden Konzern zu ahnden. Gehen Sie jeweils darauf ein, welche Maßnahme in Ihren Augen die effektivste sein dürfte.

C Menschenrechte – universelle Norm oder westliche Ideologie?

11. Analysieren Sie arbeitsteilig die Darstellungen → D6–D8 gehen Sie dabei auf folgende Punkte ein:
    - Verletzungen der Menschenrechte
    - universelle Geltung
    - weltweite Durchsetzung
    - Kontroversen
12. Stellen Sie Ihre Ergebnisse vor und bewerten Sie die Aussagen.
13. Am 27. Juni 1981 wurde in Nairobi die „Afrikanische Charta der Menschenrechte und der Rechte der Völker", auch Banjul-Charta genannt, verabschiedet.
    a) Recherchieren Sie die wesentlichen Unterschiede zur Charta der Vereinten Nationen.
    b) Diskutieren Sie, ob es sinnvoll wäre, einige Unterschiede in die Charta der Vereinten Nationen zu übernehmen.
14. D Projektarbeit: Erstellen Sie eine Zeitung, deren Artikel die Menschenrechte unterschiedlich beleuchten. Filmanalyse: Suffragette – Taten statt Worte (Drama aus dem Jahre 2015)
    a) Stellen Sie das Leben der Frauen von 1912 der heutigen Situation von Frauen in Europa gegenüber.
    b) Analysieren Sie die filmische Umsetzung.

Differenzierung
657s3q

○ Arbeitshilfen zu den Aufgaben 2, 3 und 10

AFB I: 2, 4, 7, 8 AFB II: 1, 5, 7, 9, 11 AFB III: 3, 6, 10, 12, 13, 14

4 Ambivalente Aspekte der Moderne im Kaiserreich

4.1 Deutsche Nationalstaatsbildung „von Oben“

Eine Generation nach der gescheiterten Revolution 1848/49 entstand unter preußischer Führung und unter Ausschluss Österreichs das Deutsche Kaiserreich. Setzte sich darin die nationale Idee der früheren Revolutionäre durch? Oder drängte das Bismarck'sche Preußen die deutschen Staaten mit „Eisen und Blut“ in einen geeinten Nationalstaat? War es überhaupt ein „Nationalstaat“?

Zur Orientierung

1862
Bismarck wird preuß. Ministerpräsident

1864–1871
drei „Einigungskriege“

1871
Gründung des Deutschen Reiches

Nach der Niederschlagung der 1848er-Revolution und der gescheiterten Einführung der Paulskirchenverfassung wurde der Deutsche Bund neu gegründet. Freiheitliche und nationale Strömungen wurden erneut mit polizeistaatlichen Mitteln unterdrückt. Bestehende Verfassungen wurden entweder wie in Österreich ganz aufgehoben oder wie in Preußen so geändert, dass an dem Vorrang der Krone gegenüber dem Parlament kein Zweifel bestand. Die Presse wurde einer rigorosen Zensur unterworfen, die Versammlungsfreiheit ganz aufgehoben.

Aufbruchstimmung Ende der 1850er-Jahre

Diese reaktionäre Politik schwächte sich Ende der 1850er-Jahre in allen Staaten des Deutschen Bunds langsam ab. Ein Wiedererstarken der liberalen Nationalbewegung und mehr Freiräume im öffentlichen Leben zeigten diesen Wandel. Eine Aufbruchstimmung erfasste alle Staaten des Deutschen Bunds einschließlich Österreich. Die Gründung von Parteien wie der Deutschen Fortschrittspartei 1861 und dem Allgemeinen Deutschen Arbeiterverein 1863 sowie die Entstehung eines lebendigen Vereinswesens sind symptomatisch für die nationale Begeisterung und die wachsende „Politisierung“ in diesen Jahren.

Außenpolitisch verschoben sich in dieser Zeit die Machtverhältnisse. Russland war nach der Niederlage im Krimkrieg (1853–1856) stark geschwächt und konzentrierte sich vorerst auf Zentralasien. England war mit Schwierigkeiten in seinem Kolonialreich (Indien), Österreich mit Nationalitätenproblemen (Ungarn) beschäftigt. Stattdessen stieg Frankreich zur neuen Vormacht auf dem Kontinent auf. Der dort regierende Napoléon III. präsentierte sich dabei als Verteidiger nationaler Bewegungen und unterstützte die Einigung des italienischen Staates. In Preußen drängten besonders rechtsliberale Vertreter darauf, dass sich das Land an die Spitze einer deutschnationalen Einigung stellen solle.

Otto von Bismarck (1815–1898)

Ministerpräsident von Preußen 1862–1890, Bundeskanzler des Norddeutschen Bunds 1867–1871, Reichskanzler des Deutschen Reichs 1871–1890

Heeres- und Verfassungskonflikt in Preußen 1861

Die Hoffnungen der Nationalbewegung auf eine Initiative des preußischen Königs Wilhelm I. wurden zunächst enttäuscht. Wilhelm I. wollte in erster Linie die bestehende politische Ordnung verteidigen und die außenpolitische Stellung Preußens stärken. Deswegen forderte er vom preußischen Abgeordnetenhaus, das das Budgetrecht besaß, mehr Geld für die Modernisierung der ihm direkt unterstellten Streitkräfte. Die liberale Mehrheit der Abgeordneten verweigerte dies und strebte eine Stärkung des Parlaments an. Wilhelm I. löste daraufhin kurz entschlossen das Abgeordnetenhaus auf. In den stattfindenden Neuwahlen gingen jedoch die Liberalen als Gewinner hervor. Der König brauchte nun einen Regierungschef, der die bestehende Ordnung gegenüber den Libera-

D1 Die „Deutsche Frage" 1815–1866

D2 Situation der „Deutschen Frage" 1867

len verteidigen und den Heereskonflikt lösen würde. Diesen fand er in dem Politiker und Diplomaten Otto von Bismarck, den er 1862 zum neuen Ministerpräsidenten berief. Bismarck verstand es in den kommenden Jahren geschickt, die nationalen Leidenschaften für seine Politik zu nutzen und notfalls zu energischen Mitteln zu greifen. Dies machte er in seiner „Eisen und Blut"-Rede vom 30. September 1862 vor den Abgeordneten deutlich. Mit Verweis auf eine Verfassungslücke, die keine Regelung für den Fall vorsah, wenn es zu keiner Einigung zwischen Parlament und Krone kam, setzte er die Reorganisation der Armee durch.

Der 1. Einigungskrieg: der Deutsch-Dänische Krieg 1864

Die neue Regierung unter Otto von Bismarck erkannte die günstige Gelegenheit, die nationale Stimmung für sich zu nutzen, um einen Großteil „deutscher" Gebiete unter preußischer Vorherrschaft zu vereinen und dabei einen großen Anteil der liberalen Nationalbewegung für seine Politik zu gewinnen. In Europa bestand eine Vielzahl an „nationalen Fragen", auch im Deutschen Bund. Bismarck bot sich bald schon in der **Schleswig-Holstein-Frage** die Chance, sich als Verteidiger der deutschen Nation zu präsentieren. Beide Herzogtümer unterstanden seit Jahrhunderten der dänischen Krone. Als die dänische Regierung versuchte, das Herzogtum Schleswig stärker in den dänischen Nationalstaat zu integrieren, löste dies in vielen deutschen Staaten eine Welle der Empörung aus. Nachdem der Konflikt diplomatisch nicht gelöst werden konnte, erklärten Preußen und Österreich Dänemark im Frühjahr 1864 den Krieg. Dänemark, das von seinen bisherigen Schutzmächten England und Russland nicht unterstützt wurde, musste nach mehreren Niederlagen im Oktober 1864 Schleswig und Holstein abtreten.

Schleswig-Holstein-Frage
Schleswig und Holstein unterstanden seit dem Mittelalter dem dänischen König. Holstein gehörte zugleich seit 1815 zum Deutschen Bund. Mit dem Aufkommen des dt. und dän. Nationalismus entstanden Spannungen. Viele Menschen waren mehrsprachig und definierten sich nicht als „Deutsche" oder „Dänen". Es kam zu zwei Kriegen (1848–1851 und 1864), die am Ende zur preußischen Annexion führten. Nach dem Ersten Weltkrieg fiel der Nordteil von Schleswig wieder an Dänemark.

Der 2. Einigungskrieg: der Preußisch-Österreichische Krieg 1866

Nach dem Deutsch-Dänischen Krieg spitzte sich allerdings die Rivalität um die Vorherrschaft innerhalb des Deutschen Bundes zwischen Preußen und Österreich weiter zu. Dieser Machtkonflikt eskalierte 1866. Es kam zum Krieg zwischen den beiden Mächten, bei dem sich die wichtigsten deutschen Staaten auf die Seite Österreichs, die mitteldeutschen Kleinstaaten hingegen meist auf die Seite Preußens stellten. Als Folge dieses Krieges löste sich der Deutsche Bund auf. Die Fürstentümer Hannover und Kurhessen wurden an Preußen angeschlossen. Dies betraf auch die Herzogtümer Schleswig und Holstein, deren Einwohner jedoch nicht alle erfreut darüber waren, nunmehr preußische Provinz zu werden. Alle übrig gebliebenen Länder nördlich des Mains schlossen sich im August im nun gegründeten **Norddeutschen Bund** zusammen. Die süddeutschen Staaten, die an der Seite Österreichs gekämpft hatten, schlossen Einzelbündnisse mit Preußen. Österreich schied als Großmacht aus dem deutschen Raum aus.

Norddeutscher Bund
1866 unter preuß. Führung gebildetes Militärbündnis der nord- und mitteldt. Staaten, welches 1867 mit eigener Verfassung zu einem Bundesstaat vertieft wurde. 1871 bildete diese Verfassung die Grundlage für die dt. Reichsverfassung.

Der 3. Einigungskrieg: der Deutsch-Französische Krieg 1870/71

Für die von der preußischen Regierung angestrebte endgültige Einheit Deutschlands fehlten nun nur noch die süddeutschen Staaten. Nachdem Österreich besiegt worden war, stand dem noch Frankreich entgegen. Die französische Regierung hatte wenig Interesse daran, dass sich aus dem bisherigen lockeren deutschen Staatenbündnis ein geeinter preußisch-deutscher Nationalstaat bildete. Die sich daraus entwickelnde Rivalität spitzte sich schon bald zu.

Im Jahr 1870 wollten spanische Adlige einen Hohenzollernprinzen auf den spanischen Thron setzen – aus französischer Sicht eine Bedrohung, da das Land dann mit dem preußischen und spanischen König von Machthabern aus dem Haus Hohenzollern umgeben gewesen wäre. Am 13. Juli 1870 versuchte der französische Botschafter, den preußischen König Wilhelm I. im Kurort Bad Ems zur Unterzeichnung eines Dokuments zu bewegen, mit dem für alle Zeit der Verzicht der Hohenzollern auf den spanischen Thron festgeschrieben worden wäre. Dies hätte Preußen diplomatisch gedemütigt, die Stellung des französischen Kaisers innerhalb und außerhalb Frankreichs hingegen gestärkt. Der interne Bericht über das Treffen zwischen Wilhelm I. und dem französischen Botschafter bot Bismarck die Möglichkeit, Frankreich doch noch auszumanövrieren. Er kürzte den Bericht derart, dass Napoléon III. und seine Regierung diese tags darauf veröffentlichte „Emser Depesche“ als Demütigung ansehen mussten. Frankreich erklärte Preußen den Krieg.

Die Kriegserklärung wurde von einem großen Teil der deutschen Öffentlichkeit mit nationaler Begeisterung begrüßt; sie erhofften sich davon die endgültige Einigung Deutschlands. Und tatsächlich kämpften an der Seite Preußens neben den Staaten des Norddeutschen Bunds auch die süddeutschen Staaten. Der entscheidende Sieg gelang den deutschen Truppen, die durch ein wesentlich besseres Eisenbahnnetz sich schneller hatten mobilisieren können, in der Schlacht bei Sedan. Frankreich kämpfte zunächst noch weiter, was im März 1871 in Paris zu bürgerkriegsartigen Zuständen führte. Der Krieg war für Preußen gewonnen. Die Ereignisse in Paris blieben jedoch für lange Zeit – nicht nur in Deutschland – für Bürgertum und Adel eine Schreckensvision eines sozialrevolutionären Aufstandes des Proletariats.

Die drei Kriege zur deutschen Einigung „von Oben“ hatten die beteiligten Länder über 200 000 Tote sowie weit über 300 000 Verwundete und Kriegsversehrte gekostet.

Die Gründung des Deutschen Reichs = Gründung eines modernen Nationalstaates?

Frankreich musste im Friedensvertrag vom 10. Mai 1871 eine hohe Kriegsentschädigung zahlen sowie das an Erzvorkommen reiche Elsass-Lothringen abtreten.

Audio
Podcast dt. Nationalstaatsgründung
hn86uf

Noch während die Kämpfe andauerten, schlossen sich die deutschen Länder endgültig in einem gemeinsamen Reich zusammen. Am 1. Januar 1871 trat eine neue Verfassung in Kraft. Nach langen geheimen Verhandlungen versammelten sich am 18. Januar im Spiegelsaal des besetzten Versailler Schlosses die Fürsten der deutschen Staaten, um den preußischen König Wilhelm I. zum „Deutschen Kaiser" zu proklamieren. Bürgerliche Vertreter oder gar gewählte Abgeordnete der Landtage waren nicht eingeladen worden.
Die Reichsgründung „von Oben" erfolgte als Vereinbarung zwischen den deutschen Fürsten. Darunter zählten auch alte Mittelstaaten wie Sachsen, Baden, Württemberg oder Bayern, die in den vorangegangenen Jahrzehnten ein eigenes „Nationalbewusstsein" herausgebildet hatten, auch weil das Deutsche Reich noch lange brauchen sollte, um als übergreifende Verwaltungs- und Rechtseinheit aufzutreten. Zwar gab es nun eine gemeinsame Währung (Mark), aber es gab beispielsweise keine deutsche Staatsbürgerschaft, stattdessen blieben die Staatsangehörigkeiten der Gliedstaaten (Württemberg, Baden, Preußen etc.) bestehen. Erst 1913 wurde mit dem Reichs- und Staatsangehörigkeitsgesetz eine deutsche Staatsbürgerschaft rechtlich eingeführt. Ein Reichsgericht mit wenigen Kompetenzen entstand erst 1879. Eine Reichsbahn wurde erst nach dem Ende des Kaiserreichs gegründet. Regionale Identitäten sollten daher den entstandenen Staat nachhaltig prägen. Vielleicht bezeichnend ist, dass nicht die Kaiserproklamation vom 18. Januar 1871 im Spiegelsaal von Versailles zum zentralen nationalen Feiertag erhoben wurde, sondern der Tag des Sieges über Frankreich in der Schlacht von Sedan am 2. September 1870 („Sedan-Tag").
Die anderen Großmächte waren hingegen beunruhigt, ob Deutschland auch die anderen deutschen Siedlungsgebiete (zum Beispiel im Baltikum, Österreich) als Teil der eigenen Nation vereinnahmen würde, doch beeilte sich die Bismarck-Regierung, dies immer wieder zu verneinen. In Frankreich prägten sich allerdings die demütigende Niederlage und das Abtreten von Elsass-Lothringen tief in das nationale Bewusstsein ein.

Bürgerliches Gesetzbuch
In Kraft getreten am 1. Januar 1900. Zuvor hatte jeder deutsche Mitgliedsstaat (Württemberg, Baden, etc.) ein eigenes Familiengesetz besessen.

D3 Verfassung des Deutschen Reiches von 1871

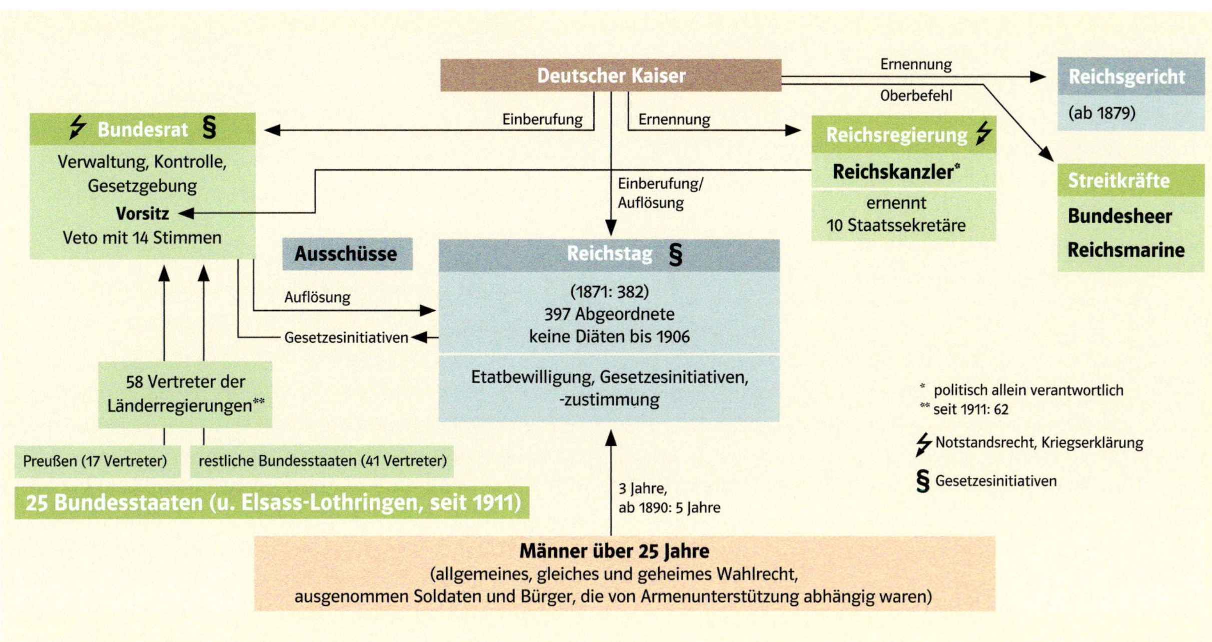

Audio
Q1 als Audiodatei
hn86uf

A Die durch Krieg erzwungene Einheit

Q1 Otto von Bismarcks „Eisen und Blut"-Rede

Am 22. September 1862 ernannte der preußische König Wilhelm I. Otto von Bismarck zum Ministerpräsidenten Preußens. Seine politischen Vorstellungen wurden bereits acht Tage später in einer Rede vor der Budgetkommission des preußischen Landtags deutlich:

[...] Eine Verfassungskrisis sei keine Schande, sondern eine Ehre[1]. – Wir sind ferner vielleicht zu „gebildet", um eine Verfassung zu tragen; wir sind zu kritisch; die Befähigung, Regierungsmaßregeln, Akte der Volksvertretung zu beurteilen, ist zu allgemein; im Lande gibt es eine Menge katilinarischer[2] Existenzen, die ein großes Interesse an Umwälzungen haben. Das mag paradox klingen, beweist aber doch alles, wie schwer in Preußen verfassungsmäßiges Leben ist. – Man ist ferner zu empfindlich gegen Fehler der Regierung; als wenn es genug wäre zu sagen, der und der Minister hat Fehler gemacht, als wenn man nicht selbst mitlitte? – Die öffentliche Meinung wechsle, die Presse sei nicht die öffentliche Meinung; man wisse, wie die Presse entstände; die Abgeordneten hätten die höhere Aufgabe, die Stimmung zu leiten, über ihr zu stehen. Wir haben zu heißes Blut, wir haben die Vorliebe, eine zu große Rüstung für unsern schmalen Leib zu tragen; nur sollen wir sie auch utilisieren[3]. Nicht auf Preußens Liberalismus sieht Deutschland, sondern auf seine Macht; Bayern, Württemberg, Baden mögen dem Liberalismus indulgieren[4], darum wird ihnen doch keiner Preußens Rolle anweisen; Preußen muss seine Kraft zusammenfassen und zusammenhalten auf den günstigen Augenblick, der schon einige Male verpasst ist; Preußens Grenzen nach den Wiener Verträgen sind zu einem gesunden Staatsleben nicht günstig; nicht durch Reden und Majoritätsbeschlüsse werden die großen Fragen der Zeit entschieden – das ist der große Fehler von 1848 und 1849 gewesen –, sondern durch Eisen und Blut. [...]

Wilhelm Schüßler (Hrsg.): Bismarck. Die gesammelten Werke, Bd. 10: Reden 1847–1869. Verlag f. Politik u. Wirtschaft, Berlin 1928, S. 139 f.

1 Einige der Absätze sind in indirekter Rede niedergeschrieben worden, Bismarck wird daher nicht immer wortgetreu zitiert.
2 **Katilinarisch**: heruntergekommen, zu verzweifelten Schritten neigend (nach dem römischen Verschwörer Catilina)
3 **Utilisieren**: gebrauchen
4 **dem Liberalismus indulgieren**: auf den Liberalismus mit Nachsicht reagieren

B Das neue Deutsche Reich: Hochgefühl und Beklommenheit

Q2 Deutschlands Zukunft aus österreichischer Perspektive

Karikatur in der österreichischen Satirezeitschrift Kikeri, 1870
Der Text unter der Karikatur lautet: Kommt es unter einen Hut? Ich glaube, 's kommt eher unter eine Pickelhaube[1]!

1 **Pickelhaube**: preußischer Militär- und Polizeihelm seit 1843

Q3 Die Gründung aus jüdischer Perspektive

Der Justizrat Dr. Martin Lövinson (1859–1930), Sohn eines wohlhabenden Danziger Kaufmanns, war 1865 nach Berlin-Charlottenburg gezogen. In seinen Erinnerungen heißt es:

So bin ich denn in meiner Erzählung bis zum Jahre 1871, d. h. bis zu meinem 12. Lebensjahre gekommen. [...] Es ist nicht nur für unsern kleinen Familienkreis, sondern für die politischen und sozialen Verhältnisse des gesamten Vaterlandes eine Schicksalsstunde geworden. Der siegreiche Krieg fand seinen Abschluss in dem ruhmreichen Frankfurter Frieden und der Gründung des neuen Deutschen Reiches. Am 15. und 16. Juni sind die stolzen Truppen in die neue Kaiserstadt eingezogen, und es hat einen unauslöschlichen Eindruck auf mich gemacht, dass ich das prunkvolle Schauspiel wieder von dem Fenster des väterlichen Geschäfts mit ansehen konnte. [...] Das Großartige dieses unvergesslichen Festes aber war die gehobene Stimmung, der sich niemand entziehen konnte. Erinnerten auch die erbeuteten Geschütze, die den ganzen langen Weg säumten, daran, dass der Weg zur Einigung des Vaterlandes durch blutige drei Kriege geführt hatte, so war die Freude über das Ende dieser Zeit der harten Gewalt doch stärker als der Stolz auf den errungenen Sieg. Alle Welt erwartete vor allem das Ende der schweren inneren Kämpfe unter den Parteien und unter den einzelnen deutschen Ländern und als Folge des Friedens einen Aufschwung von Handel und Industrie, wovon wieder Kunst und Wissenschaft die schönsten Antriebe empfangen mussten. Die sympathische Gestalt des über Siebzigjährigen, für seine Person so bescheidenen ersten Hohenzollernkaisers schien das monarchische System für alle Zukunft zu sichern. Die starke Gegnerschaft, die Bismarck durch sein politisches Auftreten auf sich gezogen hatte, verstummte, nicht nur vor seinen Erfolgen, sondern vor der Größe, mit der er unter Verleugnung seiner ursprünglichen junkerlichen Ideale nicht gezögert hatte, um den Preis der Einigung Deutschlands dem neuen Reiche eine scheinbar demokratisch-parlamentarische Verfassung zuzugestehen. Alte Republikaner stimmten in den Jubel ein [...]. Besonders ging auch uns Juden der Umschwung der inneren Verhältnisse lebhaft an. Durch das Gesetz über die Gleichberechtigung der Bekenntnisse vom Jahre 1869 waren in ganz Deutschland nunmehr die Schranken gefallen, die in den Gesetzen gegen den Zugang zu Ämtern für sie aufgerichtet waren; man konnte nicht ahnen, dass die Gesellschaft und die Praxis der Behörden noch lange diese Schranken beachten und neue aufrichten würden.

Martin Lövinson: Geschichte meines Lebens. Teil I: Die goldene Jugendzeit. Berlin 1924. Zit. nach: Monika Richarz (Hrsg.): Jüdisches Leben in Deutschland. Selbstzeugnisse zur Sozialgeschichte 1780–1871. 3 Bde. DVA, Stuttgart 1976, hier: Bd. 1, S. 248–256.

Q 4 Ein Reich des Lichts

Hildegard Freifrau von Spitzemberg (1843–1914), die Frau des württembergischen Gesandten in Berlin, schrieb 1871 zur Reichsgründung:

3. März [...] Was für ein Friede für uns Deutsche! Herrlicher und glorreicher als wir je einen geschlossen! Vereint zu einem Reiche, dem größten, mächtigsten und gefürchtetsten in Europa, groß durch seine physische Macht nicht allein, größer noch durch seine Bildung und den Geist, der das Volk durchdringt! Jedes deutsche Herz hatte das erhofft, keines geahnt, dass seine Träume sich in dieser Weise, so bald und so herrlich erfüllen würden. Glücklich sind wir, dass wir nicht nur den Stern deutscher Größe und Herrlichkeit aufgehen sahen, sondern, dass wir noch jung genug sind, um uns unter seinen Strahlen zu wärmen, um die, so Gott will, recht reichen und segensvollen Früchte zu genießen, die aus dieser unter Blut und Tränen gesäten Saat hervorgehen. Möge Gott den Geist meines Volkes also lenken, dass seine Entwicklung eine friedliche und zivilisatorische bleibe, sein Reich ein Reich des Lichts, der wahren christlichen Gesinnung sei!

Tagebuch der Baronin Spitzemberg geb. Freiherrin v. Varnbüler. Aufzeichnungen aus der Hofgesellschaft des Hohenzollernreiches. Ausgew. und hrsg. v. Rudolf Vierhaus. Vandenhoeck & Ruprecht, Göttingen 1989, S. 120 f.

Q 5 Herzlos und leer

Der bayerische König Ludwig II. (1845–1886) nahm als einziger deutscher Fürst nicht an der Kaiserproklamation in Versailles teil. Über die Zeremonie berichtete ihm sein jüngerer Bruder Otto v. Wittelsbach (1848–1916) in einem Brief:

Ach, Ludwig, ich kann Dir gar nicht beschreiben, wie unendlich weh und schmerzlich es mir während jener Zeremonie zumute war, wie sich jede Faser in meinem Innern sträubte und empörte gegen all das, was ich mit ansah. [...] Alles so kalt, so stolz, so glänzend, so prunkend und großtuerisch und herzlos und leer.

Michael und Edda Neumann: Ludwig II. von Bayern. Bucher, München 2011, S. 81.

Q6 Die Proklamierung des Deutschen Kaiserreiches

Reproduktion des 1945 zerstörten Gemäldes von Anton von Werner. Erste Fassung für das Berliner Schloss 1877

D4 Territoriale Gliederung des Deutschen Reiches 1871–1918

Das ursprünglich britische Helgoland kam 1890 zum Deutschen Reich (im Tausch gegen deutsche Ansprüche auf das afrikanische Sansibar-Archipel). Das 1871 annektierte Elsaß-Lothringen wurde kein Bundesstaat, sondern ein Verwaltungsgebiet, welches unmittelbar dem deutschen Kaiser unterstand.

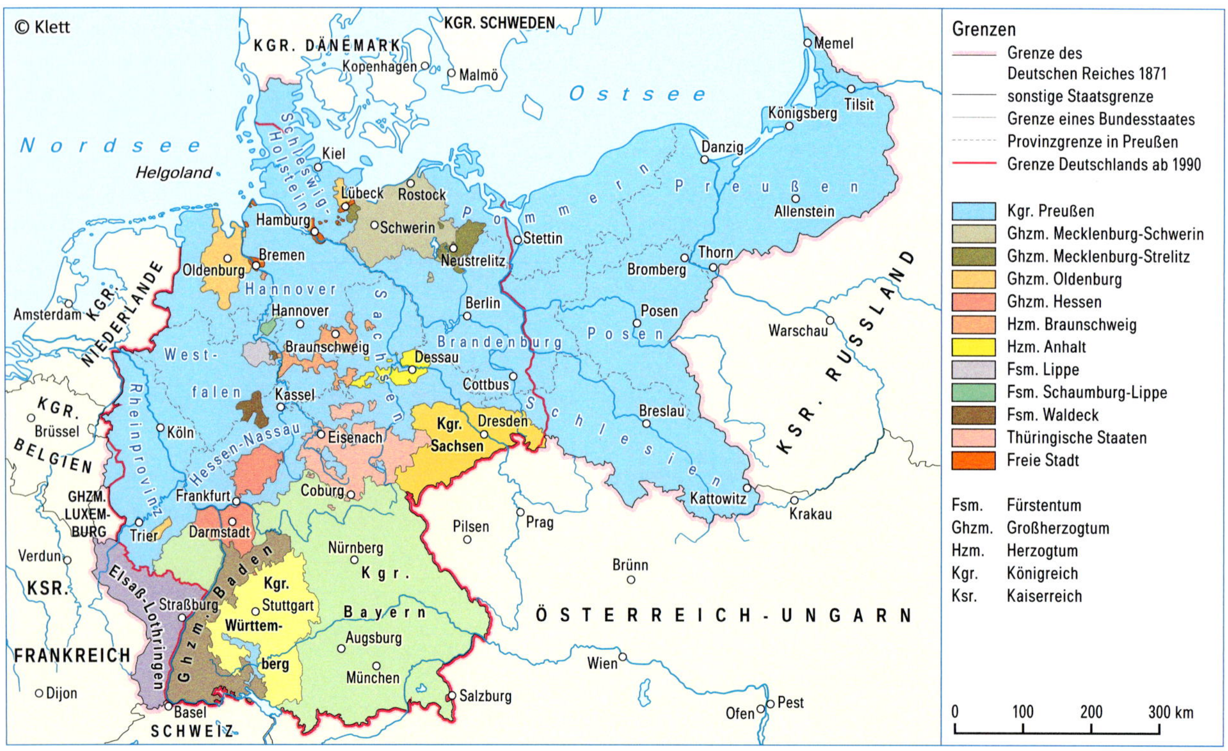

Arbeitsvorschläge

Arbeitsvorschläge zum darstellenden Teil

1. Arbeiten Sie anhand der drei Geschichtskarten → D1–D2 sowie der Karte → D4 aus dem Materialteil die territoriale Entwicklung des Deutschen Reiches bis 1871 heraus. Stellen Sie diese in Form eines Fließdiagramms dar.
2. Erläutern Sie anhand des darstellenden Textes die Kernprobleme für jene Politiker, darunter Bismarck, die nach 1848 die Schaffung eines großen deutschen Nationalstaates anstrebten.
3. Stellen Sie die deutsche Einigungsgeschichte in fiktiver Weise aus dänischer, österreichischer oder französischer Sicht dar.
4. Beschreiben Sie Stellung und Kompetenzen des Reichstages mithilfe von → D3.
5. Analysieren Sie das gesamte Verfassungsschaubild (→ D3):
   a) Arbeiten Sie die Bedeutung Preußens heraus und zeigen Sie mögliche Auswirkungen dieser Rolle auf.
   b) Erläutern Sie die Rolle der Wählergruppen.
   c) Charakterisieren Sie die Stellung von Reichskanzler und Kaiser gegenüber dem Parlament.
   d) Vergleichen Sie die Befugnisse der Exekutive mit denen der Legislative.
   ○ e) Beurteilen Sie die Rolle der Judikative hinsichtlich der Gewaltenteilung nach Montesquieu.
6. Überprüfen Sie, worin sich der Kompromisscharakter der Reichsverfassung zeigt.

A Die durch Krieg erzwungene Einheit

● 7. Charakterisieren Sie anhand von Bismarcks „Eisen und Blut"-Rede (→ Q1) die Ziele und Merkmale seiner Politik.

8. Erläutern Sie die mögliche Bedeutung der „Eisen und Blut"-Rede nach 1871.

B Das neue Deutsche Reich: Hochgefühl und Beklommenheit

○ 9. Erarbeiten Sie aus → Q2–Q6 die Positionen zur Reichsgründung, wie sie sich unmittelbar im Anschluss an den Sieg über Frankreich darstellen. Legen Sie dazu eine Tabelle an, in der Sie kriterienorientiert vorgehen (Bewertungen des Ereignisses, der Rolle Preußens, die Beschreibung der Zukunft etc.).

Übergreifender Arbeitsvorschlag

10. Mit dem 1871 gegründeten Deutschen Reich entwickelte sich ein deutscher Nationalstaat. Erörtern Sie, welche Folgen dies für Menschen in mehrsprachigen Gebieten wie Schleswig, Elsass-Lothringen oder im Osten Preußens hatte. Ziehen Sie ggf. auch die Karte auf S. 7 hinzu (Achtung: Angaben zur Sprachverteilung drückt territorial die jeweilig relative Mehrheit der abgebildeten Sprachgruppe aus!).

Differenzierung
hn86uf

○ Arbeitshilfen zu den Aufgaben 5e und 9
● Erweiterungsangebot zur Aufgabe 7

AFB I: 3, 4 AFB II: 1, 2, 5a–5d, 7, 8, 9, 10 AFB III: 5e, 6

Historiengemälde untersuchen

Historiengemälde stellen rückblickend Ereignisse der Vergangenheit dar, die aus der Sicht ihrer Entstehungszeit als besonders erinnerungswürdig erscheinen. Historienbilder sind deshalb keine Quelle für die Zeit, die sie darstellen, sondern für die Zeit, in der sie entstanden sind.

Historiengemälde als Quelle

In einem Historiengemälde wird ein besonderer Augenblick aus der Vergangenheit festgehalten. Das Geschehen erscheint darauf meist als spektakuläres Ereignis. Oft stehen wichtige Persönlichkeiten, manchmal sogar der Auftraggeber selbst im Mittelpunkt des Gemäldes. Dabei ist keine Einzelheit zufällig, denn der Auftraggeber will so dargestellt werden, wie er von der Nachwelt gesehen werden möchte. Auch der Maler gibt das historische Ereignis so wieder, wie es seiner Meinung nach „richtig" ist.

Die Entstehung des Gemäldes „Die Proklamation des Deutschen Kaiserreiches"

Die Proklamation (od. Proklamierung = Ausrufung) fand am 18. Januar 1871 im Spiegelsaal des Schlosses von Versailles statt, dem Herrschaftssitz der französischen Könige. Der Maler Anton von Werner erhielt vom preußischen Kronprinzen den Auftrag, das Ereignis in einem Gemälde festzuhalten. Er reiste dafür nach Versailles. Von Werner malte zwischen 1877 und 1913 vier Bilder des Festakts. Die dritte Fassung (Q 1) ist die bekannteste. Bismarck bekam das Gemälde 1885 zu seinem 70. Geburtstag von der Kaiserfamilie geschenkt. Dargestellt ist der Moment, in dem der Großherzog von Baden (3) ein Hoch auf den neuen Kaiser (1) ausbringt und die Anwesenden zustimmend jubeln.

Q1 „Die Proklamierung des Deutschen Kaiserreiches (18. Januar 1871)"
Ölgemälde von Anton von Werner auf Leinwand (167 × 202 cm), 1885, Bismarck-Museum, Friedrichsruh

1 Kaiser Wilhelm I.
2 Kronprinz Friedrich
3 Großherzog von Baden
4 Bismarck
5 Generalstabschef Moltke
6 Kriegsminister Roon

Zusatzinformation zum Gemälde

Gegenüber der tatsächlichen Situation hat der Maler Veränderungen vorgenommen:
- Die Personen sind auf dem Gemälde älter dargestellt,
- die drei Personen auf dem Podium standen in Wahrheit weiter voneinander entfernt,
- Moltke (5) stand bei der Proklamation hinter Bismarck,
- Bismarck (4) trug keine weiße Galauniform, sondern eine blaue Dienstuniform; den Orden, der an seiner Brust zu sehen ist, bekam er erst später verliehen,
- der preußische General Roon (6) war überhaupt nicht anwesend.

Methodische Arbeitsschritte

1. Beschreiben →
- Beschreiben Sie Ihren ersten Eindruck von dem Bild.
- Stellen Sie fest, was darauf besonders ins Auge fällt.
- Nennen Sie Einzelheiten, die Sie auf dem Bild sehen.

2. Untersuchen →
- Benennen Sie das Thema des Bildes.
- Stellen Sie fest, was für Personen auf dem Bild dargestellt sind. Achten Sie dabei auch darauf, welche Kleidung sie tragen und ob sie mit bestimmten Gegenständen oder Symbolen abgebildet werden.
- Untersuchen Sie die Darstellungsmittel des Bildes (beispielsweise den Bildaufbau, die dargestellte Perspektive, die Anordnung und Haltung der abgebildeten Personen, die im Gemälde verwendete Farbgebung und die Wirkung von Licht im Gemälde).

3. Deuten
- Überlegen Sie, wie das historische Ereignis insgesamt gewertet und gedeutet wird.
- Formulieren Sie die Botschaft oder Lehre, die der Betrachter dem Bild entnehmen soll.

Arbeitsvorschläge

1. Untersuchen Sie anhand der Arbeitsschritte das Gemälde „Die Proklamierung des Deutschen Kaiserreichs am 18. Januar 1871". Gehen Sie dabei auch auf folgende Aspekte ein:

a) Warum sind die mit Nummern versehenen Personen auf dem Gemälde besonders wichtig (Bildlegende)?

b) Erklären Sie, warum der Maler gegenüber der tatsächlichen Situation Veränderungen vorgenommen hat.

c) Beurteilen Sie, welche Aussagekraft das Gemälde a) für Zeitgenossen hatte und b) für heutige Betrachter hat.

2. Nachdrucke der „Kaiserproklamation" waren im Kaiserreich ein beliebter Bildschmuck in bürgerlichen Wohnzimmern. Zählen Sie Gründe dafür auf und setzen Sie diesen Satz eines Zeitgenossen fort: „Ich habe dieses Bild aufgehängt, weil …".

3. Beschreiben Sie, wie das Historienbild auf Sie wirkt. Äußern Sie sich aus der Perspektive a) eines französischen oder b) eines deutschen Arbeiters aus der damaligen Zeit.

AFB II: 1, 2 AFB III: 3

4.2 Politik und Gesellschaft im Deutschen Reich

Die Gründung eines deutschen Nationalstaates war ein Kernziel vieler deutscher Revolutionäre 1848/49 gewesen. Aber wurden die Hoffnungen der Demokraten und Liberalen nach 1871 erfüllt und wie sehr veränderte sich in dieser Zeit die Gesellschaft?

Zur Orientierung

1871–1878
Hochzeit des Kulturkampfes
1878–1890
Zeit der Sozialistengesetze, seit den 1860er Jahren zunehmend organisierte Frauenrechtsbewegung

Geeinter deutscher Nationalstaat – Konstrukt oder Realität?

1864–1871 entstand ein Staat, der von Anhängern der deutschen Nationalbewegung als Vollendung eines langen Kampfes der Deutschen begriffen wurde. Wie in allen bereits entstandenen oder noch entstehenden Nationalstaaten wurde von den dort lebenden Menschen erwartet, sich zu „ihrer" Nation zu bekennen und sich als „Deutsche" zu fühlen. Dies nicht allein, Anhänger der deutschen Nationalbewegung übertrugen diese nationale Kategorie auch auf viele deutschsprachige Menschen im Ausland, beispielsweise im Baltikum oder in Südosteuropa. Radikale Nationalisten wollten alle „Deutschen" in einem Nationalstaat vereinen, standen dabei aber in Konkurrenz zu anderen Nationalbewegungen.

Viele Menschen waren aber mehrsprachig aufgewachsen und besaßen eine starke regionale Identität. Auch religiöse Identitäten spielten eine große Rolle, beispielsweise unter der katholischen Bevölkerung, die sich in vielen gesellschaftlichen und politischen Fragen weniger am Staat, als vielmehr an dem Papst in Rom orientierten. Es war daher 1871 schwer zu sagen, wie viele der etwa 41 Millionen Einwohner des Deutschen Reiches sich als Deutsche, als Angehöriger einer anderen „Nation" (Däne, Pole, Sorbe, etc.) oder vielleicht in erster Linie regional, beispielsweise als Bayer verstanden. Hinzu kam die Frage, inwieweit manchen Bewohnern die Zugehörigkeit zur deutschen Nation aus Vorurteilen im Alltag abgesprochen wurde, wie es teilweise jüdischen Deutschen und Sinto-Deutschen passierte.

Im Deutschen Reich, insbesondere im dominierenden Preußen, wurde daher energisch versucht, eine nationaldeutsche Identität durchzusetzen. Dies geschah über das staatliche Schulwesen, den Wehrdienst, Kulturvereine oder die protestantische Kirche (Deutsch als verbindliche Unterrichts-, Amts- und Gottesdienstsprache). Wer sich nicht als Deutscher definieren wollte, wurde teilweise zum Verlassen des Landes gezwungen (z.B. aus Schleswig nach Dänemark oder aus Elsass-Lothringen nach Frankreich).

Parteien im Deutschen Reich – das Beispiel des Liberalismus

Derartige nationale Identitätsfragen spielten zeitweise auch in der Parteienlandschaft eine Rolle. Zunächst waren Parteien allerdings oft nur lose Vereinigungen. Sie entwickelten sich erst allmählich zu fest gefügten Organisationen. Ein Grundproblem bestand jedoch von vornherein darin, dass in der Reichs- bzw. in den Bundesländerregierungen keine Parteien beteiligt wurden. Minister wurden als Einzelpersonen berufen, Kabinette nicht von den Parlamenten bestätigt. Die Parteien waren daher auch nicht gezwungen, ihre Ziele und Forderungen am politisch Machbaren auszurichten, Koalitionen mit anderen Parteien zu erproben und so Interessengegensätze durch Kompromisse zu überbrücken. Viele Parteien erlebten auch wiederholt Spaltungen, beispielsweise die Liberalen. In der Tradition der Revolution von 1848 forderten diese in Gestalt der Deutschen Fortschrittspartei mehr Rechtsstaatlichkeit (unabhängige Richter), Stärkung kommunaler Selbstverwaltung und mehr staatsbürgerliche Rechte. Allerdings spaltete sich eine Fraktion ab, die stärker spezifische großindustrielle Wirtschaftsinteressen vertrat (Nationalliberale).

Der Kulturkampf: Staat gegen katholische Kirche

Nach der Reichsgründung bemühte sich das Bismarck-Kabinett im Inneren zu einen und den Führungsanspruch der kaiserlichen Regierung durchzusetzen. Als Störfaktor wurde dabei vor allem der politische Katholizismus angesehen. Viele Katholiken im Reich sahen im Papst nicht nur eine religiöse, sondern auch politische Autorität. Dies widersprach aber dem Selbstbild des gegründeten Nationalstaates. Ähnlich wie auch andere Nationalstaaten, beispielsweise Frankreich oder Italien, bemühte sich die Bismarck-Regierung in Deutschland, den gesellschaftlichen und politischen Einfluss der katholischen Kirche zurückzudrängen und zu begrenzen. Dies erschien umso wichtiger, da sich die 1870 gegründete katholische Zentrumspartei zu einem nennenswerten Machtfaktor im Reichstag und vielen Landesparlamenten entwickelte.

Bereits 1871 wurden politische Äußerungen von Geistlichen gesetzlich verboten. Ein Jahr später wurden alle Schulen in Preußen der staatlichen Aufsicht unterstellt. Ab 1874 wurde nur noch die Zivilehe des Standesamtes staatlich anerkennt, nicht mehr die kirchliche Trauung, und 1875 der katholischen Kirche sämtliche staatlichen Zuschüsse entzogen. Wegen Verletzung dieser Gesetze wurden viele Geistliche entlassen oder verhaftet.

Allerdings verfehlte diese Politik ihr Ziel. Das Zentrum konnte stattdessen seine Wählerstimmen in den Reichstagswahlen erheblich steigern und konnte nun als Massenpartei gelten. Als dann bald auch noch die Liberalen gegen die Verletzung bürgerlicher Rechte protestierten und es 1878 eine neue Papstwahl gab, kam es zu einer Annäherung. Nach und nach wurden Kompromisse gefunden und so der Hauptkonflikt beigelegt.

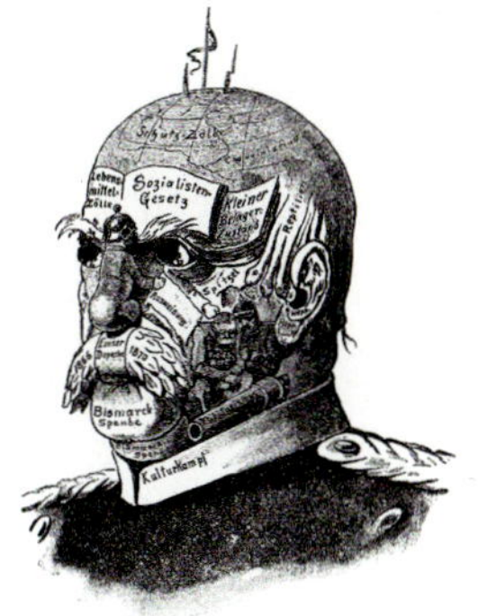

Otto von Bismarck in der Karikatur „Moderne Schädelstudie. Der Vater der ersten Umsturzvorlage"

Karikatur von Robert Holoch 1879

Sozialdemokratie – eine Gefahr für die staatliche Ordnung?

Das Deutsche Kaiserreich stützte sich in besonderem Maße auf alte Eliten wie den Adel und das wachsende Bürgertum. Ihnen gemeinsam war die Ablehnung der Sozialdemokratie, die vor allem durch die Sozialistische Arbeiterpartei Deutschlands (SAP) repräsentiert wurde. Die SAP trat für die Verbesserung der sozialen Lage der Arbeiterschaft und deren politische Gleichberechtigung ein. Letzteres war besonders durch das Drei-Klassen-Wahlrecht in Preußen nicht gegeben. Da aber der Sozialismus die Ideologie des Nationalismus ablehnte, die Teilung der Gesellschaft in zwei Klassen verurteilte und eine Änderung der Besitzverhältnisse forderte, galt auch die Sozialdemokratie als „Reichsfeind". Auch dieser Konflikt fand in allen, sich industrialisierenden Staaten statt. Erschwerend kam hinzu, dass die Arbeiterschaft, ähnlich wie der politische Katholizismus, mit eigenen Bildungseinrichtungen, Kindergärten und Vereinen eine eigene „Arbeiterkultur" entwickelte.

Als es 1878 zu zwei Attentaten auf Kaiser Wilhelm I. kam, wurden diese fälschlicherweise der Sozialdemokratie angelastet. Im selben Jahr wurde ein „Sozialistengesetz" verabschiedet. Dieses verbot alle Parteiorganisationen und parteinahe Zeitungen.

Gleichzeitig versuchte die Bismarck-Regierung mittels einer staatlichen Sozialgesetzgebung ab 1883 erste Grundlagen für einen Sozialstaat zu legen. Auf diese Weise sollte die Arbeiterschaft der Sozialdemokratie entfremdet und für den Nationalstaat gewonnen werden.

All diese Maßnahmen schwächten die Sozialdemokratie aber nicht. 1890 wurde das Sozialistengesetz nicht mehr verlängert. Die Sozialdemokratische Partei Deutschlands, wie sich die SAP ab 1891 nannte, erlangte immer größere Wahlerfolge und stieg schließlich 1912 zur stärksten Fraktion im Reichstag auf.

Wilhelm I. (1797–1888)
König von Preußen 1858/1861–1888,
Deutscher Kaiser 1871–1888

Entstehung einer einflussreichen Öffentlichkeit

Während sich politische Parteien immer mehr zu festen Organisationen entwickelten, entstand auch eine immer wichtigere Öffentlichkeit. Die Pressefreiheit ermöglichte den Austausch unterschiedlicher Positionen. In Vereinen und Versammlungen wurde über politische, gesellschaftliche, kulturelle und wirtschaftliche Fragen diskutiert. Durch Verbesserung des Schulwesens stieg die Lesefähigkeit der Bevölkerung, was wiederum die

Denkmal des „Hauptmann von Köpenick" vor dem Rathaus Berlin-Köpenick

Die 1906 spielende Geschichte des Betrügers Friedrich Voigt als „Hauptmann von Köpenick" wurde später als Theaterstück von Carl Zuckmayer 1931 als ironische Komödie über den deutschen Militarismus international berühmt.

Bedeutung der Presse steigerte. Bald entstanden Verbände als Lobbygruppen. Diese vertraten gezielt, damals wie heute, die politischen und materiellen Interessen ihrer Mitgliederschaft in der Öffentlichkeit oder gegenüber einzelnen Abgeordneten und Ministern. Dazu zählten beispielsweise der Centralverband Deutscher Industrieller, der Bund der Landwirte oder der Deutsche Flottenverein.

Stellte die Veränderung der Gesellschaft den Staat in Frage?

Die anwachsende Stärke der Sozialdemokratie war ein Ergebnis einer sich rasch wandelnden Gesellschaft. Die Bevölkerung des Deutschen Reiches stieg rasch an. Bis 1905 nahm die Bevölkerung um ein Drittel, von 41 auf 60 Millionen zu. Sie wurde im Durchschnitt immer jünger und städtischer. Die Industrie setzte sich immer stärker als Wirtschaftszweig gegenüber der Landwirtschaft durch. Einerseits wanderten viele Deutsche aus, gleichzeitig wanderten aber auch viele Menschen aus dem Ausland ein. Dies geschah auf der Suche nach Arbeit oder auf der Flucht vor Verfolgung und Gewalt, wie dies im Falle osteuropäischer Juden geschah.

Diese Veränderungen gaben den Forderungen der wachsenden Arbeiterschaft Rückenwind. Immer prägender wurde allerdings das sogenannte Bürgertum. Dieses prägte als Unternehmer, Bankiers, Ärzte, Juristen und Ingenieure die „neue Zeit" des industriellen Fortschritts. Dies stand im Widerspruch zur Stellung des Adels. Einerseits verloren die alten adeligen Eliten wirtschaftlich immer mehr an Bedeutung, andererseits konservierte das Kaiserreich ihre führende gesellschaftliche Rolle. Weiterhin wurden alle wichtigen Militär-, Staats- und Regierungsämter ausschließlich mit Vertretern des Adels besetzt.

Der bisherige bürgerliche Mittelstand, wie Handwerker oder Besitzer kleiner Läden, verlor an Bedeutung oder geriet sogar infolge der zunehmenden Industrieproduktion unter Druck. Umso mehr grenzte er sich von der Arbeiterschaft ab und öffnete sich für radikalere Formen des Nationalismus.

Die Landbevölkerung wiederum nahm durch die immer größere Abwanderung in die Städte zahlenmäßig ab. Stattdessen entstand eine zunehmende Kluft zwischen den Lebenswelten und dem gegenseitigen Verständnis zwischen Stadt- und Landbevölkerung.

Ideologische Radikalisierung als Teil des modernen Nationalstaates?

Die Entstehung des Deutsches Reiches durch mehrere Kriege und unter prägender Dominanz Preußens führte dazu, dass der deutsche Nationalstaat dem Militär eine hohe Bedeutung zuwies. Der Jahrestag der entscheidenden Schlacht bei Sedan im Krieg gegen Frankreich wurde zum nationalen Feiertag. Militärische Disziplin und Aufopferungsbereitschaft verband sich mit „bürgerlichen Tugenden" von Fleiß, Sparsamkeit, Ordnung und Sauberkeit. Der Offiziersrang zählte zu den höchsten Zielen vieler Bürgerlicher. Die Akzeptanz von Hierarchien und Gehorsam gegenüber dem **Obrigkeitsstaat** galten als wichtiger als eine kritische, freie Debattenkultur. Uniformen und militärische Redeweise fanden Eingang in die Mode und die Verhaltensweisen des zivilen Lebens.

Obrigkeitsstaat
Ausdruck für eine Gesellschaft in einem Staatswesen, in dem alle Macht dem Staat mit seinen Institutionen zugewiesen wird. Das Volk wird dabei auf unmündige, Gehorsam schuldige Menschen reduziert, die allein in ihrem Privatleben frei entscheiden und handeln können.

Welche Folgen haben Disziplinierung und Gehorsam als Erziehungsgrundlage?

Dies betraf ebenso die Schule und oft auch die Erziehungsmethoden in der Familie. Stockschläge zählten ebenso oft zum Alltag wie die Durchsetzung militärischen Drills. Kinder und Jugendliche zu „mündigen Bürgern" zu erziehen war kein Lehrziel. Dies betraf nicht zuletzt auch bürgerliche Haushalte, wo Gehorsam, Fleiß und Strebsamkeit oft zentrale Werte waren. Gleichzeitig sollten Jugendliche von geschlechtlich-sexuellen Themen, Alkohol oder individuellen Berufswünschen ferngehalten werden. Zu den Folgen dieser familiären und schulischen Erziehung zählte oft die Herausbildung introvertierten Verhaltens, depressiver Ängste bis hin zu Selbstmorden. Anfang des 20. Jahrhunderts wurde unter Reformpädagogen sogar eine „Selbstmordepidemie" diskutiert, da es an manchen Schulen zu mehreren Selbstmorden im Jahr kam.

Die Frauenbewegung wird lauter

Erste Forderungen nach Gleichstellung der Frau waren bereits in der Französischen Revolution und in der Revolution 1848/49 laut geworden. Ende des 19. Jahrhunderts begannen sich dann immer mehr Frauen in immer mehr Staaten zu organisieren, um gegen frauendiskriminierende Gesetze und Arbeitsmöglichkeiten zu protestieren sowie für ein Frauenwahlrecht offen zu kämpfen. Zulauf erhielten solche Bewegungen u.a. in den USA und Großbritannien. Aber auch in Deutschland begannen sich Frauen zu organisieren. Dort gründete sich 1865 in Leipzig der bürgerliche Allgemeine Deutsche Frauenverein (ADF). Er forderte das Recht auf gleiche Bildungschancen und den Zugang zu Hochschulen, wodurch wiederum Frauen sich mehr Berufsfelder erschließen konnten.

Parallel dazu entstanden eher sozialdemokratisch ausgerichtete Vereine von Arbeiterinnen, die faire Löhne, sozialere Arbeitsbedingungen für Frauen und das Wahlrecht forderten. Clara Zetkin, Leitfigur der proletarischen Frauenbewegung, sah auch in dem Streben nach der „Befreiung der Frau" einen Klassenkampf: Während die Bürgerinnen ihre Forderungen gegen die Männer ihrer eigenen Klasse durchzusetzen versuchten, kämpften die Proletarierinnen gemeinsam mit den Männern ihrer Klasse für die Beseitigung der bürgerlichen Gesellschaft.

In den 1890er-Jahren verstärkte sich die internationale Vernetzung der Frauenbewegung. Im Deutschen Reich erreichte der Frauenprotest gegen die rechtlichen Grundlagen des Staates einen neuen Höhepunkt, als ab 1896 über das einzuführende Bürgerliche Gesetzbuch wurde. In diesem blieben besonders verheiratete Frauen aber deutlich gegenüber ihren Ehemännern diskriminiert.

Clara Josephine Zetkin (1857–1933)
sozialistische Politikerin, Friedensaktivistin und Frauenrechtlerin

Jüdische Deutsche – Juden in Deutschland: der Kampf um Gleichheit und Toleranz

Bereits seit dem Mittelalter wurden Juden in christlichen Ländern aus religiösen Gründen diskriminiert und immer wieder verfolgt. Im 19. Jahrhundert, u.a. während der 1848er-Revolution, wurde heiß die Frage diskutiert, ob jüdische Deutsche im angestrebten Nationalstaat das allgemeine Bürgerrecht erhalten sollten. Diese Gleichstellung erhielten sie jedoch erst mit der deutschen Reichsverfassung von 1871. Die Situation für die jüdische Bevölkerung war zu diesem Zeitpunkt sehr verschieden. Vielerorts waren sie mittlerweile als fester Bestandteil der Gesellschaft akzeptiert, wobei die jüdische Religionsgemeinschaft in sich sehr heterogen war zwischen Orthodoxen, die an der primären jüdischen Identität festhalten wollten und jenen, die sich bewusst als Deutsche und Teil des deutschen Nationalstaats verstanden wissen wollten.

Letztere kamen dabei wirtschaftlichen und gesellschaftlichen Veränderungen in Deutschland zugute. Es gab bald erste Wissenschaftler jüdischen Glaubens wie der Mediziner und spätere Nobelpreisträger Paul Ehrlich, erfolgreiche Unternehmer wie der Hamburger Reeder Albert Ballin oder liberale Politiker und Industrielle wie Walther Rathenau. Diese waren oft Ausdruck eines neuen liberalen, jüdisch-deutschen Bürgertums. Auch Jura und Naturwissenschaften boten im modernen Industriestaat viele gesellschaftliche Aufstiegsmöglichkeiten. Andererseits blieb besonders im staatlichen Raum eine deutliche Diskriminierung bestehen. Der Aufstieg zum Offizier oder in hohe Ämter der Staatsverwaltung war nahezu ausgeschlossen. Auch begann sich der bestehende Antisemitismus spätestens seit den 1880er-Jahren zu radikalisieren und bald auch an Einfluss zu gewinnen. Frühere religiös motivierte Ablehnung mischte sich dabei mit völkisch-rassistischem Denken. Die verbreitete Verunsicherung in großen Bevölkerungsschichten angesichts des rasanten gesellschaftlichen und sozialen Wandels in der „Moderne", die auch viele soziale Verlierer mit sich brachte, begünstigte die Verbreitung dieses neuen, völkischen Antisemitismus. Große wiederholte antisemitische Pogrome in Osteuropa seit den 1880er Jahren, die große jüdische Fluchtbewegungen nach Westeuropa auslösten, begünstigte die Verbreitung antisemitischer Ressentiments zusätzlich.

Albert Ballin (1857–1918)
Hamburger Reeder
ab 1899 Generaldirekter der Reederei HAPAG, die er zur größten Schifffahrtslinie der Welt entwickelte,
nach Abdankung Kaiser Wilhelms II. und Ausrufung der Republik Selbstmord

A Lässt sich die sozialdemokratische Opposition per Gesetz auflösen?

Q1 Der Widerstand der Sozialdemokratie gegen die Sozialistengesetze

Karikatur aus der Zeitschrift Der wahre Jakob 1890 nach der Aufhebung der Sozialistengesetze

1) Nat.Lib.Presse = Stimmen der Nationalliberalen Partei, die die Bismarck-Regierung teilweise unterstützten 2) Central-Verb. deutscher Industrieller = Centralverband Deutscher Industrieller, 1876 gegründet, als Lobbygruppe der Montanindustrie, 3) Freisinng. Presse = Stimme der wirtschaftsliberalen Freisinnigen Volkspartei, 4) Conserv. Presse = Konservative Partei, Partei der auch Bismarck angehörte, 5) Innungsbrüder = Mitglieder von Handwerkervertretungen (Innung) , 6) Ultramontane Presse = katholische, vatikanhörige Presse, 7) Nachttöpfe (Ersatz für die noch kaum bekannte Wassertoilette)

Q2 „Gesetz gegen die gemeingefährlichen Bestrebungen der Sozialdemokratie“ vom 21. Oktober 1878

Nachdem Bismarck erkennen musste, dass sein Kulturkampf gescheitert war, wandte er sich den nächsten vermeintlichen Reichsfeinden zu, den Sozialdemokraten, die in der Propaganda oft als „vaterlandslose Gesellen“ verunglimpft wurden:

§1. [1] Vereine, welche durch sozialdemokratische, sozialistische und kommunistische Bestrebungen den Umsturz der bestehenden Staats- oder Gesellschaftsordnung bezwecken, sind zu verbieten. [...]

§9. [1] Versammlungen, in denen sozialdemokratische, sozialistische oder kommunistische auf den Umsturz der bestehenden Staats- und Gesellschaftsordnung gerichtete Bestrebungen zutage treten, sind aufzulösen. [...]

§11. [1] Druckschriften, in welchen sozialdemokratische, sozialistische oder kommunistische auf den Umsturz der bestehenden Staats- oder Gesellschaftsordnung gerichtete Bestrebungen in einer den öffentlichen Frieden, insbesondere die Eintracht der Bevölkerungsklassen gefährdende Weise zutage treten, sind zu verbieten. [...]

§17. [1] Wer an einem verbotenen Vereine (§6.) als Mitglied sich beteiligt oder eine Tätigkeit im Interesse eines solchen Vereins ausübt, wird mit Geldstrafe bis zu fünfhundert Mark oder mit Gefängnis bis zu drei Monaten bestraft. Eine gleiche Strafe trifft denjenigen, welcher an einer verbotenen Versammlung (§9.) sich beteiligt [...]. [2] Gegen diejenigen, welche sich an dem Vereine oder an der Versammlung als Vorsteher, Leiter, Ordner, Agenten, Redner oder Kassierer beteiligen oder welche zu der Versammlung auffordern, ist auf Gefängnis von einem Monat bis zu einem Jahre zu erkennen.

§18. Wer für einen verbotenen Verein oder für eine verbotene Versammlung Räumlichkeiten hergibt, wird mit Gefängnis von [...] bis zu einem Jahre bestraft.

§19. Wer eine verbotene Druckschrift (§§11, 12) oder wer eine von der vorläufigen Beschlagnahme betroffene Druckschrift (§15) verbreitet, fortsetzt oder wieder abdruckt, wird mit Geldstrafe bis zu eintausend Mark oder mit Gefängnis bis zu sechs Monaten bestraft. [...]

Rüdiger vom Bruch/Björn Hofmeister (Hrsg.): Deutsche Geschichte in Quellen und Darstellung, Bd. 8: Kaiserreich und Erster Weltkrieg 1871–1918. 2. Aufl., Reclam, Stuttgart 2002, S. 50 f.

B Wandel im Schulwesen im Obrigkeitsstaat

Q3 Schule der Nation

a) Ein Schulbuchbeispiel aus dem Unterricht der Kaiserzeit in der Volkschule aus dem Jahr 1887:

„Unser allergnädigster König und Kaiser Wilhelm I. wurde am 22. März 1797 geboren. Wie alt war derselbe a.) beim Antritt der Regierung am 7. Jan. 1861? b.) am Tage des Sieges bei Königgrätz, den 3. Juli 1866? c.) am Tage des Sieges bei Sedan, den 2. Sept. 1870? d.) bei der Annahme der Kaiserkrone am 18. Jan. 1871?“

Anton Genau: Rechenbuch von Genau und Pieper. Ausgabe für einklassige Schulen und Halbtagsschulen, 1. Teil. 2. Aufl., Verlag der A. Stein'schen Buchhandlung, Werl 1887, S. 44.

b) Aus der Abhandlung „Die Praxis der Volksschule“ von 1880, einer einflussreichen Schrift der Zeit:

„Damit jede Störung des Unterrichts unmöglich gemacht werde, hat der Lehrer [...] darauf zu halten:

a) dass alle Schüler anständig, gerade, mit dem Rücken angelehnt und in Reihen hinter einander sitzen, damit der Lehrer alle übersehen kann;

b) dass jedes Kind seine Hände geschlossen auf die Schultafel legt, damit alle Neckereien und Spielereien auf der Tafel, alle ungehörigen und unsittlichen Beschäftigungen unter derselben unmöglich gemacht werden;

c) dass die Füße parallel neben einander auf den Boden gestellt werden [...]

d) dass sämtliche Schüler dem Lehrer fest ins Auge schauen [...].

Alle breiten Auseinandersetzungen und langen Reden müssen wegfallen; hier muss ein Wink des Auges [...] oder der einzige (ruhig gesprochene) Ausruf: ‚Achtung!‘ oder ‚Sitzen!‘ genügen, um die gesamte Schulordnung sofort herzustellen. [...] Wenn gelesen oder geschrieben werden soll, [...] haben die Kinder die betreffenden Lehrmittel in drei Zeiten herauf- und hinwegzutun. Zeigt der Lehrer z. B. zum Heraufnehmen des Lesebuches durch nicht zu starkes Kippen seiner Hände das Zeichen „Eins“, dann erfassen die Kinder das unter der Schultafel liegende Buch; beim Zeichen „Zwei“ erheben sie das Buch über die Schultafel; beim Zeichen „Drei“ legen sie es geräuschlos auf die Schultafel nieder, den Blick wieder, wie früher, unverwandt und fest auf den Lehrer gerichtet.“

Carl Kehr: Die Praxis der Volksschule. 9. Aufl., Thienemann, Gotha 1880, S. 45 f.

C Ausprägungen des modernen Antisemitismus

Q4 „Unrecht abtun"

Walther Rathenau wurde 1867 als Sohn des deutsch-jüdischen Industriellen und Mitbegründer des elektrotechnischen Großunternehmens Emil Rathenau geboren. Der studierte und promovierte Naturwissenschaftler, Maschinenbauer und Philosoph zählte zur bürgerlichen, unternehmerischen und geistigen Elite des Deutschen Kaiserreiches. Umso mehr wehrte er sich gegen den zunehmenden gesellschaftlichen Antisemitismus. 1922 wurde er von Rechtsextremen ermordet. 1911, in einer Zeit als sich das wirtschaftlich moderne Deutsche Reich als aufstrebende Weltmacht fühlte, schrieb er:

Ich bedauere auch nicht den Juden, der sich staatliche Verantwortung wünscht und sie nicht erhält. Wer Verantwortung sucht, der hat sie; vor sich, vor Menschen, vor Gott. Wer Einlass erbittend sich an Stellen begibt, wo man ihn nicht haben will, tut mir leid; ich kann ihm nicht helfen.

Ich kämpfe gegen das Unrecht, das in Deutschland geschieht, denn ich sehe Schatten aufsteigen, wohin ich mich wende. Ich sehe sie, wenn ich abends durch die gellenden[1] Straßen von Berlin gehe; [...]; wenn ich die Nichtigkeit kraftstrotzender Worte vernehme oder von pseudogermanischer Ausschließlichkeit berichten höre, die vor Zeitungsartikeln und Hofdamenbemerkungen[2] zusammenzuckt. Eine Zeit ist nicht deshalb sorgenlos, weil der Leutnant strahlt und der Attaché[3] voll Hoffnung ist. Seit Jahrzehnten hat Deutschland keine ernstere Periode durchlebt als diese; das stärkste aber, was in solchen Zeiten geschehen kann, ist: das Unrecht abtun.

Das Unrecht, das gegen das deutsche Judentum und teilweise gegen das deutsche Bürgertum geschieht, ist nicht das größte, aber es ist auch eines. Deshalb musste es ausgesprochen werden. Das beste aber wird sein, wenn jeder von uns in sein menschliches, soziales und bürgerliches Gewissen hinabsteigt und Unrecht abtut, wo er es findet.

Walther Rathenau: Gesammelte Schriften, Bd. 1: Zur Kritik der Zeit. S. Fischer Verlag, Berlin 1925, S. 117.

1 **gellend**: mit lauter Stimme rufen, hier als laut

2 gemeint sind hier Äußerungen von Menschen, die sich im Umfeld des Kaisers bewegen und die gerne als „Quelle" von Reportern zitiert wurden

3 **Attaché**: Mitarbeiter einer Botschaft oder Gesandtschaft

Q5 Antisemitismus in der deutschen Gesellschaft

Der prominente deutsch-jüdische Romanschriftsteller Jakob Wassermann (1873–1934) zählte zu den populärsten Erzählern des späten Kaiserreiches. Eng befreundet mit Intellektuellen wie Thomas Mann oder Rainer Maria Rilke wehrte er sich gegen den Alltagsantisemitismus. In seinen Erinnerungen schrieb er Anfang der 1920er-Jahre:

Es ist vergeblich, das Volk der Dichter und Denker im Namen seiner Dichter und Denker zu beschwören. Jedes Vorurteil, das man abgetan glaubt, bringt, wie Aas die Würmer, tausend neue zutage.

Es ist vergeblich, die rechte Wange hinzuhalten, wenn die linke geschlagen worden ist. Es macht sie nicht im mindesten bedenklich, es rührt sie nicht, es entwaffnet sie nicht; sie schlagen auch die rechte.

Es ist vergeblich, in das tobsüchtige Geschrei Worte der Vernunft zu werfen. Sie sagen: was, er wagt es aufzumucken? Stopft ihm das Maul.

Es ist vergeblich, beispielschaffend zu wirken. Sie sagen: wir wissen nichts, wir haben nichts gesehen, wir haben nichts gehört.

Es ist vergeblich, die Verborgenheit zu suchen. Sie sagen: der Feigling, er verkriecht sich, sein schlechtes Gewissen treibt ihn dazu.

Es ist vergeblich, unter sie zu gehen und ihnen die Hand zu bieten. Sie sagen: was nimmt er sich heraus mit seiner jüdischen Aufdringlichkeit? [...]

Es ist vergeblich, das Gift zu entgiften. Sie brauen frisches.

Es ist vergeblich, für sie zu leben und für sie zu sterben. Sie sagen: er ist ein Jude.

Jakob Wassermann: Mein Weg als Deutscher und Jude. S. Fischer Verlag, Berlin 1921, S. 95.

Arbeitsvorschläge

Arbeitsvorschlag zum darstellenden Teil

1. Benennen Sie die im Text erwähnten politischen und gesellschaftlichen Konfliktbereiche, die das Deutsche Kaiserreich prägten.

A Lässt sich die sozialdemokratische Opposition per Gesetz auflösen?

2. Arbeiten Sie die Kernpunkte des „Gesetzes gegen die gemeingefährlichen Bestrebungen der Sozialdemokratie" heraus (→ Q 2).
3. Schildern Sie die möglichen Auswirkungen für die Sozialisten bzw. Sozialdemokraten im Deutschen Reich.
4. Setzen Sie sich mit der Karikatur (→ Q 1) auseinander:
   a) Beschreiben Sie die Karikatur.
   b) Arbeiten Sie die verschiedenen, in der Karikatur vorkommenden Akteure heraus und ordnen Sie diese in den historischen Kontext ein.
   c) Erläutern Sie die Aussage der Karikatur.

B Wandel im Schulwesen im Obrigkeitsstaat

5. Charakterisieren Sie das Schulbuchbeispiel → Q 3a.
6. Zeigen Sie anhand von → Q 3b die pädagogische Linie von Unterricht in der Volksschule der 1880er-Jahre auf.
7. Vergleichen Sie → Q 3a und → Q 3b mit Ihren Erfahrungen im heutigen Unterricht.
8. Erörtern Sie, warum sich der damalige und der heutige Unterricht an deutschen Schulen grundlegend unterscheidet.

C Ausprägungen des modernen Antisemitismus

9. ○ ● Informieren Sie sich arbeitsteilig über Walther Rathenau (→ Q 4) und Jakob Wassermann (→ Q 5). Charakterisieren Sie deren Lebenslauf unter den Aspekten jüdischen Lebens im Deutschen Kaiserreich in Form eines Kurzreferats.
10. Analysieren Sie, welches gesellschaftliche Bild der Walther Rathenau (→ Q 4) in Bezug auf die Situation für jüdische Deutsche im Deutschen Reich im Jahr 1911 zeichnet.
11. Erläutern Sie die Einflüsse, die (aus der Perspektive von Walther Rathenau) antisemitische Sichtweisen in der öffentlichen Meinung förderten.
12.
   a) Geben Sie den Auszug aus den Erinnerungen von Jakob Wassermann mit eigenen Worten wieder.
   b) Arbeiten Sie den Hauptvorwurf Wassermanns an Teile der Gesellschaft des Kaiserreiches zu Beginn des 20. Jahrhunderts wieder.
   c) Erklären Sie, in welcher Form sich völkisch-antisemitisches Denken auf die Sicht wichtiger Teile der Gesellschaft auf die jüdischen Deutsche auswirkte.

Übergreifende Arbeitsvorschläge

13. Im Zusammenhang mit dem zunehmenden, sich radikalisierenden Antisemitismus in Europa, u.a. im Deutschen Reich, erhielt die Nationalbewegung des Zionismus wachsenden Zulauf. Informieren Sie sich über diese Bewegung und beurteilen Sie deren politische Bedeutung.
14. Benennen Sie begründet gesellschaftliche, religiöse und politische Konfliktbereiche, die die heutige Bundesrepublik Deutschland prägen.

Differenzierung ha27xs

○ Arbeitshilfen zur Aufgabe 9
● Erweiterungsangebot zur Aufgabe 9

AFB I: 1, 3, 4a, 9, 12a, 14 AFB II: 2, 4b, 4c, 5, 6, 9, 10, 11, 12b, 12c AFB III: 7, 8, 13

5 Politisierung der Gesellschaft in modernen Nationalstaaten

5.1 Deutsche und europäische Politisierungsschübe ab Mitte des 19. Jahrhunderts

Der gesellschaftliche Wille nach politischem Mitspracherecht ist menschlich und zeitlos. Trotzdem hat es in der Menschheitsgeschichte lange gedauert, bis wirklich breite Bevölkerungsschichten eine politische Teilhabe zugesprochen bekamen. Gerade den politischen Parteien wie auch den Medien kommen hinsichtlich der politischen Willensbildung eine zentrale Rolle zu. Doch woraus resultiert der Wunsch nach politischer Teilhabe und kann sich ein Individuum in einem Staat überhaupt eine eigene Meinung bilden?

Zur Orientierung

1861–1870
Gründung erster polit. Parteien in Deutschland

1949
Gründung zweier, miteinander rivalisierender dt. Staaten

Gründe und Beispiele demokratischer Umbrüche und Revolutionen in Europa

Demokratische Revolutionen und Umbrüche fanden allgemein formuliert immer dann statt, wenn ein in der Regel größerer Teil der Gesellschaft sich aufgrund vorherrschender Unzufriedenheit gegen den oder die Machthaber auflehnte. Als Paradebeispiel dient hierbei die Französische Revolution. Ein zweiter wichtiger Grund, der häufig mit dem ersten einhergeht, ist ein katastrophales Ereignis. So wurde die Bundesrepublik Deutschland nach dem Zweiten Weltkrieg und der Diktaturerfahrung des NS-Regimes gegründet. Wichtig waren und sind auch immer wirtschaftliche Faktoren. So trugen ökonomische Probleme zum Ende der sozialistischen Regime in Osteuropa nach 1989 bei.

Die Anfänge der bürgerlichen Politisierung in Deutschland

In Deutschland erlebte die politische Landschaft nach der Deutschen Revolution Mitte des 19. Jahrhunderts eine erste demokratische Blütephase. Bereits im Vormärz – Parteien waren bis dato verboten – bildeten sich politische Vereine heraus, die sich als Vertreter des Liberalismus oder der Demokratie sahen. Die erstgenannte Gruppe setzte sich für eine **konstitutionelle Monarchie** ein, während radikale Demokraten die Abschaffung der Monarchie forderten. Die Frankfurter Nationalversammlung von 1848/49, das erste gesamtdeutsche Parlament, kann wiederum als Ausgangspunkt der Parteienbildung gesehen werden. Fortan gründeten sich deutschlandweite Parteien, wie beispielsweise die liberal ausgerichtete Deutsche Fortschrittspartei (1861), die Sozialdemokratische Arbeiterpartei (1869) oder die katholische Zentrumspartei (1870).

Konstitutionelle Monarchie
Das Wort „Monarchie" kommt aus dem Griechischen, bedeutet „Alleinherrschaft" und stellt auch heute noch eine weit verbreitete Staatsform dar. Die konstitutionelle Monarchie ist dabei eine besondere Variante der Monarchie, da neben dem Monarchen (z. B. Kaiser oder König) eine Verfassung garantiert wird, welche dessen Macht regelt und beschränkt.

Diese Phase der Politisierung kann als Aufstand einer gebildeten Bevölkerungsschicht verstanden werden. Viele Menschen sehnten sich nach Mitsprache- und Mitwirkungsrechten. Obwohl die deutschen Staaten nach den Napoleonischen Kriegen zu ihrer monarchistischen Ausrichtung zurückkehrten, bestanden die Ideen der Französischen Revolution weiter. Um dem wachsenden Drang größerer Bevölkerungsteile nach politischer Teilhabe gerecht werden zu können, öffneten sich die europäischen Nationalstaaten ab Mitte des 19. Jahrhunderts allmählich in Richtung Demokratie. Schrittweise entstanden Parlamente, deren Abgeordnete von Teilen des Volkes gewählt wurden. Mit der Gründung des Kaiserreichs (1871) war in Deutschland die erste konstitutionelle Monarchie geboren.

Politische Parteien vor 1949 – Verteidiger einer freiheitlichen Grundordnung?

In den modernen Nationalstaaten des 20. Jahrhunderts stiegen politische Parteien hinsichtlich ihrer Mitgliederzahlen und Wahlergebnisse schließlich zu Massenorganisationen auf. Das Ende des Ersten Weltkriegs beendete in Deutschland zugleich die konstitutionelle Monarchie – die erste „echte" deutsche Demokratie war geboren. Die Zwischenkriegszeit war in Europa, aber auch in anderen Ländern der Erde, überschattet von wirtschaftlichen und sozialen Problemen, die vor allem durch die Weltwirtschaftskrise 1929 ausgelöst oder intensiviert wurden. Wie so häufig in Krisenzeiten bekamen politisch-extremistische Strömungen Zulauf und gefährdeten fortan die Demokratie. Nicht lediglich der Faschismus, auch rivalisierende kommunistische Strömungen gewannen in dieser Zeit an Bedeutung. Die Folge waren offen ausgetragene Straßenschlachten, beide politische Lager schafften es, etliche Menschen zu mobilisieren und zu ideologisieren. Während sich in Italien der Faschismus bereits 1922 durchsetzte, kamen die deutschen Nationalsozialisten elf Jahre später an die Macht.

Rudolf Virchow (1821–1902)
deutscher Mediziner und Mitbegründer der liberalen Deutschen Fortschrittspartei (DDR-Gedenkmünze 1970)

Politische Teilhabe in der BRD und der DDR

Nach der Katastrophe des Zweiten Weltkriegs übte zunächst der **Alliierte Kontrollrat** der Besatzungsmächte die höchste Regierungsgewalt aus. Durch Verabschiedung ihrer jeweiligen Verfassung gründeten sich im Jahr 1949 die Bundesrepublik Deutschland im Westen und die Deutsche Demokratische Republik im Osten heraus. Berlin blieb zweigeteilt. Während die BRD eine parlamentarische Demokratie als Staatsform mit einem Mehrparteienprinzip wählte, wurde in der DDR ein sozialistisches Regierungssystem auf Basis einer Einparteiendiktatur eingeführt. Einzig die **Blockparteien** wahrten den Schein einer Demokratie, ihr politischer Einfluss war jedoch gering.

Im Westen entstand eine Parteienvielfalt, breite Bevölkerungsschichten partizipieren seitdem an der Politik, wenn auch viele nur durch Wahlen. Bereits in der jungen Bundesrepublik konnten sich mit der nach dem Zweiten Weltkrieg gegründeten Christlich Demokratischen Union Deutschlands (CDU) und der SPD zwei Volksparteien etablieren, die jahrzehntelang das politische Geschehen maßgeblich bestimmen sollten. Im Osten wurden oppositionelle Meinungen hingegen scharf beäugt und bestraft.

Der Alliierte Kontrollrat
mit seinem Sitz in Berlin fungierte nach dem Zweiten Weltkrieg als oberste Besatzungsbehörde Deutschlands und wurde von den vier Besatzungsmächten eingesetzt. Zugleich übte er die höchste Regierungsgewalt aus. Spätestens durch Inkrafttreten des westdeutschen Grundgesetzes sowie der DDR-Verfassung (jeweils 1949) verlor er an Bedeutung. Erst im Zuge der deutschen Wiedervereinigung trat der Alliierte Kontrollrat 1990 ein letztes Mal zusammen, um die volle Souveränität Deutschlands anzuerkennen.

Medien – Meinungshelfer oder Meinungsmacher?

Dienten lange Zeit gerade gedruckte Medien wie Flugblätter, politische Schriften, Zeitungen oder Zeitschriften als Grundlage der politischen Willensbildung, gewannen ab den 1930er-Jahren neue Medien, wie beispielsweise das Radio oder Kino, an Bedeutung. Während die älteren Printmedien in der Regel gute Lesekenntnisse voraussetzten, traf dies auf die neuen nicht (mehr) zu. Auch die große Erreichbarkeit des Radios, Kinos und später auch des Fernsehens trug zu einem neuen Politisierungsschub bei. Nicht vergessen darf dabei auch die Möglichkeit der Emotionalisierung, deren sich z. B. die Nationalsozialisten unter Führung ihres Reichspropagandaministers Joseph Goebbels gerne bedienten, um die Massen zu überzeugen.

Im heutigen 21. Jahrhundert gewinnen digitale Medien stark an Bedeutung und nehmen im Wahlkampf eine gewichtige Rolle ein, da sie politische Botschaften schnell, gezielt und massenhaft verbreiten können. Hinsichtlich der Nutzung dieser modernen Medien fällt auch auf, dass eine nicht zu unterschätzende Zahl an Usern diskriminierend gegenüber anderen Menschen auftritt. Dieses Phänomen wird häufig auf die scheinbare Anonymität im Netz zurückgeführt. Noch eine weitere Gefahr birgt der Siegeszug sozialer Medien: Die Verbreitung sogenannter „Fakenews" hat seither zweifelsohne zugenommen. Der Entwicklung einer Medienkompetenz und dem kritischen Hinterfragen von Medien jeglicher Art kommt daher eine zunehmende gesellschaftliche Bedeutung zu.

Blockparteien
sind formal selbstständige politische Parteien, die neben einer herrschenden Partei koexistieren und mit dieser in einem Parteiblock zusammengeschlossen sind. Sie waren zwar in Parlamenten und Regierungen vertreten, übten jedoch keine Macht aus und standen nicht in ernsthafter Konkurrenz zur Sozialistischen Einheitspartei (SED).

A Parteien damals und heute – Verteidiger einer freiheitlichen Grundordnung?

Q1 Die Verfassung des Deutschen Reichs („Weimarer Reichsverfassung")

Am 14. August 1919 trat die Verfassung der Weimarer Republik in Kraft:

Das Deutsche Volk, einig in seinen Stämmen und von dem Willen beseelt, sein Reich in Freiheit und Gerechtigkeit zu erneuern und zu festigen, dem inneren und dem äußeren Frieden zu dienen und den gesellschaftlichen Fortschritt zu fördern, hat sich diese Verfassung gegeben. [...]

Art. 1. Das Deutsche Reich ist eine Republik. Die Staatsgewalt geht vom Volke aus. [...]

Art. 5. Die Staatsgewalt wird in Reichsangelegenheiten durch die Organe des Reichs auf Grund der Reichsverfassung, in Landesangelegenheiten durch die Organe der Länder auf Grund der Länderverfassungen ausgeübt. [...]

Art. 109. Alle Deutschen sind vor dem Gesetze gleich. [...]

Art. 110. Jeder Angehörige eines Landes ist zugleich Reichsangehöriger. [...]

Art. 114. Die Freiheit der Person ist unverletzlich. [...]

Art. 117. Das Briefgeheimnis sowie das Post-, Telegraphen- und Fernsprechgeheimnis sind unverletzlich. [...]

Art. 118. Jeder Deutsche hat das Recht, innerhalb der Schranken der allgemeinen Gesetze seine Meinung durch Wort, Schrift, Druck, Bild oder in sonstiger Weise frei zu äußern. [...]

Ernst Rudolf Huber: Dokumente zur deutschen Verfassungsgeschichte, Bd. 4: Deutsche Verfassungsdokumente 1919–1933. 3. Aufl., Kohlhammer, Stuttgart/Berlin/Köln 1992, S. 151–179, auch unter: www.jura.uni-wuerzburg.de/fileadmin/02160100/Elektronische_Texte/Verfassungstexte/Die_Weimarer_Reichsverfassung_2017ge.pdf (Zugriff: 25.08.2020).

Q2 Das 25-Punkte-Programm der NSDAP

Am 24. Februar 1920 verkündete die Nationalsozialistische Deutsche Arbeiterpartei (NSDAP) ihr 25-Punkte-Programm, was fortan als gültiges Parteiprogramm diente:

Das Programm der Nationalsozialistischen Deutschen Arbeiter-Partei ist ein Zeit-Programm. Die Führer lehnen es ab, nach Erreichung der im Programm aufgestellten Ziele neue aufzustellen, nur zu dem Zweck, um durch künstlich gesteigerte Unzufriedenheit der Massen das Fortbestehen der Partei zu ermöglichen.

1. Wir fordern den Zusammenschluß aller Deutschen auf Grund des Selbstbestimmungsrechtes der Völker zu einem Groß-Deutschland. [...]

4. Staatsbürger kann nur sein, wer Volksgenosse ist. Volksgenosse kann nur sein, wer deutschen Blutes ist, ohne Rücksichtnahme auf Konfession. Kein Jude kann daher Volksgenosse sein.

5. Wer nicht Staatsbürger ist, soll nur als Gast in Deutschland leben können u. muß unter Fremdengesetzgebung stehen. [...]

8. Jede weitere Einwanderung Nicht-Deutscher ist zu verhindern. [...]

20. Um jedem fähigen und fleißigen Deutschen das Erreichen höherer Bildung und damit das Einrücken in führende Stellungen zu ermöglichen, hat der Staat für einen gründlichen Ausbau unseres gesamten Volksbildungswesens Sorge zu tragen. [...]

23. Wir fordern den gesetzlichen Kampf gegen die bewußte politische Lüge und ihre Verbreitung durch die Presse. [...]

24. Wir fordern die Freiheit aller religiösen Bekenntnisse im Staat, soweit sie nicht dessen Bestand gefährden oder gegen das Sittlichkeits- u. Moralgefühl der germanischen Rasse verstoßen. [...]

25. Zur Durchführung alles dessen fordern wir die Schaffung einer starken Zentralgewalt des Reiches. Unbedingte Autorität des politischen Zentralparlaments über das gesamte Reich und seine Organisationen im allgemeinen. [...]

Unter: www.documentarchiv.de/wr/1920/nsdap-programm.html (Zugriff: 25.08.2020).

Arbeitsvorschläge

A Parteien damals und heute – Verteidiger einer freiheitlichen Grundordnung?

1. Erläutern Sie, warum sich gerade in der zweiten Hälfte des 19. Jahrhunderts politische Parteien in Deutschland gebildet haben. Gehen Sie dabei auch auf den Aspekt der gesellschaftlichen Politisierung dieser Zeit ein.

2. Lesen Sie die Auszüge aus der Verfassung der Weimarer Republik aus dem Jahr 1919 (→ Q1) sowie die Ausschnitte aus dem Parteiprogramm der NSDAP vom 24. Februar 1920 (→ Q2).

a) War das 25-Punkte-Programm der NSDAP bereits gegen die bestehende freiheitlich-demokratische Grundordnung der Weimarer Republik gerichtet? Beurteilen Sie.

○ **b)** Recherchieren Sie unter Zuhilfenahme des Internets nach dem neuesten Wahlprogramm der heutigen Nationaldemokratischen Partei Deutschlands (NPD). Unterscheiden Sie zunächst zwischen einem Partei- und Wahlprogramm und stellen Sie Ihre Ergebnisse in einer gegenüberstellenden Tabelle dar.

● **c)** Vergleichen Sie einzelne Forderungen der NPD mit dem 25-Punkte-Programm der NSDAP. Worin stimmen die Kernaussagen des NPD-Wahlprogramms mit dem 25-Punkte Programm überein und wodurch unterscheiden sie sich? Erläutern Sie.

d) Im letzten NPD-Verbotsverfahren (2013–2017) urteilte das Bundesverfassungsgericht, dass die NPD zwar eine verfassungsfeindliche Gesinnung habe, sie aber nicht über das „Potenzial" verfüge, die Demokratie in Deutschland zu beseitigen. Beurteilen Sie diese Aussage.

3. Diskutieren Sie kontrovers, inwieweit politische Parteien als Verteidiger einer freiheitlichen Demokratie auftraten und auftreten.

Übergreifende Arbeitsvorschläge

4. Im Artikel 5 des Grundgesetzes der Bundesrepublik Deutschland heißt es unter anderem: „Die Pressefreiheit und die Freiheit der Berichterstattung durch Rundfunk und Film werden gewährleistet. Eine Zensur findet nicht statt."

a) Erläutern Sie die Bedeutung der Pressfreiheit hinsichtlich der politischen Willensbildung. Nehmen Sie dabei auch auf andere deutsche Epochen Bezug.

b) Im Internet werden täglich diskriminierende Beiträge unzensiert hochgeladen. Wenn die verantwortlichen Personen nicht ausfindig gemacht werden können, bleiben solche Taten häufig straffrei, da die Anbieter von Internetplattformen nur teilweise dafür haften müssen. Erkundigen Sie sich nach der neusten Gesetzeslage, wenn es um Diffamierungen im deutschen Internet geht, und bewerten Sie, ob und inwieweit das Internet stärker überwacht werden sollte.

5. Viele Parteien, Nichtregierungsorganisationen (NGOs) und andere Vereine und Verbände beklagen sich über sinkende Mitgliederzahlen und aktive Beteiligung.

a) Würden Sie sich selbst als einen politisierten Menschen einschätzen? Reflektieren Sie begründet.

b) Beteiligen Sie sich in irgendeiner Form politisch oder sozial, beispielsweise als Parteimitglied, Blogger oder Trainer? Erläutern Sie, was gegeben sein müsste, um Sie zu einer (stärkeren) gesellschaftlichen bzw. politischen Partizipation zu veranlassen.

Differenzierung sj56vr

○ Arbeitshilfen zur Aufgabe 2b
● Erweiterungsangebot zur Aufgabe 2c

AFB II: 1, 2b, 2c, 4a, 5b   AFB III: 2a, 2d, 3, 4b, 5a

5.2 Westliche Politisierung der 1960er- und 1970er-Jahre

In der noch jungen Bundesrepublik Deutschland heizte sich in den 1960er-Jahren die Stimmung auf. Gerade in Kreisen junger Studenten formierte sich politischer Widerstand. Doch was waren die Gründe dieser Politisierungswelle, warum wurde sie gerade von Menschen getragen, die im Krieg noch Kinder waren oder erst nach dem Krieg geboren wurden, und welche Folgen lassen sich zusammenfassen?

Zur Orientierung

1962
Spiegelaffäre
1968
Notstandsgesetze
1970
Gründung der RAF

Nürnberger Prozesse (1945–1949)
Prozesse mit Todesurteilen gegen mehrere Hauptkriegsverbrecher vor dem von den Alliierten eingerichteten Internationalen Militärgerichtshof sowie zwölf weitere sogenannte Nürnberger Nachfolgeprozesse vor einem nationalen US-amerikanischen Militärtribunal.

Die 68er-Bewegung – Töchter und Söhne begehren gegen ihre Eltern auf

Die jungen deutschen Bundesbürger wurden nach dem Krieg zumeist autoritär erzogen. Der Fokus in der deutschen Nachkriegszeit war zudem auf einen möglichst raschen Wiederaufbau der zerstörten Städte, Dörfer und Infrastruktur gelegt. Hinzu kam, dass die Aufarbeitung der Verbrechen des NS-Regimes bis dato stiefmütterlich behandelt wurde, viele Zeitzeugen schwiegen oder versuchten schlichtweg, diesen Zeitraum auszublenden. Zwar kam es ausgelöst durch die **Nürnberger Prozesse** (1945–1949) zu gesellschaftlichen Diskussionen hinsichtlich der Aufarbeitung von NS-Verbrechen, da jedoch vor allem sogenannte Hauptkriegsverbrecher verurteilt wurden, blieben Hinterfragungen zur Schuld breiterer Bevölkerungsschichten weitgehend aus. Dies blieb so trotz der bundesdeutschen Ausschwitz-Prozesse, die ab 1963 geführt wurden, da diese sich vor allem auf wenige Haupttäter konzentrierten und nichts am kollektiven Verdrängen änderten.
Während viele Angehörige älterer Generationen die konservative Politik der Ära Adenauer befürworteten, schlugen jüngere Menschen in zunehmendem Maße einen anderen politischen Kurs ein. Zum einen hinterfragte die heranwachsende Generation die Geschichte und Taten ihrer Elterngeneration. Zum anderen empfand eine wachsende Zahl junger Menschen die kapitalistisch geprägte Ausrichtung Westdeutschlands als sozial ungerecht. In der Folge versuchten sie, sich von der konservativen Gesinnung ihrer Eltern abzugrenzen, und warben um mehr Selbstbestimmungsrechte, beispielsweise bei Themen wie Bildung oder Sexualität. Da besonders im Jahr 1968 in einigen Staaten Protestbewegungen hervortraten, spricht man auch von der 68er-Bewegung.

Erste politische Probleme der 60er-Jahre – Nährboden für neue Bewegungen?

Seit Gründung der Bundesrepublik regierte ein Bundeskanzler der Christlich Demokratischen Union (CDU). Einen ersten großen Riss bezüglich ihrer politischen Glaubwürdigkeit erlebten die Regierenden im Jahr 1962. Auslöser war ein kritischer Bericht des Spiegels, der die Verteidigungs- und Rüstungspolitik des damaligen Bundesverteidigungsministers, Franz-Josef Strauß (CSU), in Frage stellte. Strauß ließ daraufhin mehrere Spiegel-Mitarbeiter wegen angeblichen Landesverrats verhaften. Das Vorgehen wurde öffentlich kritisiert, insbesondere von Studenten. Der Skandal weitete sich schließlich zu einer Regierungskrise aus, im Zuge derer Strauß sein Amt als Verteidigungsminister verlor. Die Angeklagten wurden später freigesprochen. Im Nachhinein wurde der Ausgang der Affäre als Sieg der Pressefreiheit gewertet.
Ab 1966 regierte die erste Große Koalition bestehend aus CDU/CSU-Fraktion und SPD. Bei insgesamt 518 Sitzen im Deutschen Bundestag verfügte die FDP als einzige Oppositionspartei gerade einmal über 49 Sitze. Diese drastische Veränderung der politischen Machtverhältnisse beschäftigte auch Anhänger der Studentenbewegung. Angesichts der sehr schwachen Opposition im Bundestag, wurde der Ruf nach einer Außerparlamentarischen Opposition (APO) lauter. Die Proteste der APO erreichten ihren Höhepunkt, als die Regierung plante, eine Notstandsgesetzgebung im Grundgesetz zu verankern, was aufgrund ihrer Zweidrittelmehrheit möglich war. Viele Kritiker sahen sich dabei an das Notverord-

Franz Josef Strauß (1915–1988)
deutscher Politiker der CSU, u.a. Bundesminister der Verteidigung (1956–1962) und bayerischer Ministerpräsident (1978–1988)

nungsrecht der Weimarer Verfassung erinnert, das von den Nationalsozialisten zur Durchsetzung ihrer Diktatur instrumentalisiert wurde. Trotz massiver Proteste traten die häufig als „Notstandsgesetze" bezeichneten Neuerungen 1968 in Kraft. Seither sieht die Notstandsgesetzgebung unter anderem vor, in Krisenfällen die Grundrechte der Bürger zum Wohle des Staates einzuschränken.

Deutscher Herbst – Radikalisierungstendenzen und Eskalation der Gewalt

Die ohnehin angeheizte politische Stimmung eskalierte, als der Student Benno Ohnesorg an einer Demonstration gegen den Staatsbesuch des diktatorisch herrschenden iranischen Schahs Mohammad Reza Pahlavi am 2. Juni 1967 in West-Berlin von einem Polizeibeamten erschossen wurde. In der Folgezeit verbreitete sich die Westdeutsche Studentenbewegung der 1960er-Jahre zusehends und ihre Forderungen nach Reformen wurden populärer. Die erste sozialliberale Regierung (SPD und FDP) kann zumindest in Teilen als Antwort auf die gesellschaftlichen Diskussionen angesehen werden, schließlich versprachen die Sozialdemokraten im Wahlkampf, einen weitreichenden Reformkurs einzuschlagen, den sie späterhin dann auch umzusetzen versuchten.
Zu einer weiteren Eskalation kam es, als am 11. April 1968 ein rechtsextremes Attentat auf den charismatischen Wortführer der Studentenbewegung, Rudi Dutschke, verübt wurde. Dutschke erlitt dabei schwere Hirnverletzungen und starb 1979 an deren Spätfolgen. Der Anschlag löste die sogenannten „Osterunruhen" aus, als Anhänger der Studentenbewegung sich in der Osterzeit Straßenschlachten mit der Staatsgewalt lieferten.
Auf zerbrochene Scheiben und ausgebrannte Fahrzeuge sollten bald politisch motivierte Morde folgen. Radikale Abspaltungen, allen voran die 1970 gegründete linksextremistische Rote Armee Fraktion (RAF), fielen durch Terroranschläge auf. Die genannte Terrororganisation wendete sich gegen den ihrer Ansicht nach ungerechten Staat. Um ihren ideologischen Ansichten Geltung zu verleihen, scheute sie nicht davor zurück, Menschen zu ermorden, die angeblich das „kapitalistisch-reaktionäre" Deutschland verkörperten. Unter anderem wurde 1977 der damalige deutsche Arbeitgeberpräsident Hanns Martin Schleyer hingerichtet, nachdem die sozialliberale Bundesregierung unter dem Kanzler Helmut Schmidt nicht bereit war, mit den RAF-Terroristen zu verhandeln. Die Ermordung Schleyers gilt als ein negativer Höhepunkt des sogenannten Deutschen Herbstes.

Mehr Demokratie wagen – was bleibt vom Geist der 68er-Bwergung?

In seiner ersten Regierungserklärung kündigte der frischgebackene SPD-Kanzler Willy Brandt im Jahr 1969 an, „mehr Demokratie wagen" zu wollen. Unter diesem berühmt gewordenen Motto verbarg sich der Gedanke einer grundlegenden Erweiterung der Mitspracherechte der Bürger zugunsten der Demokratisierung der Bevölkerung. Die Brandt-Regierung stieß zudem Initiativen an, um die eigne NS-Vergangenheit aufzuarbeiten und sich mit ehemals verfeindeten Staaten auszusöhnen. Besondere Berühmtheit erlangte dabei der weltweit viel beachtete Kniefall von Warschau, der zum Symbol der Aussöhnung mit Polen und Israel wurde. Solche Annäherungs- und Verständigungsversuche trugen auch zur Befriedung des innerdeutschen Generationenkonflikts bei.
1982 stieg mit Helmut Kohl wieder ein CDU-Politiker zum Bundeskanzler auf. Ähnlich wie in den 1960er-Jahren ging auch diesem politischen Ereignis ein heftiger Koalitionsstreit voraus – diesmal zwischen der SPD und FDP. Die ein Jahr später stattfindende Bundestagswahl brachte eine weitere Neuerung hervor: Nach jahrzehntelanger Dreierkonstellation schaffte es mit der Partei Die Grünen eine vierte Partei ins Bundesparlament einzuziehen. Die Grünen entstammten der Neuen Sozialen Bewegung, betonten aber stärker die Erhaltung der Umwelt und setzten sich gegen die Nutzung von Atomkraft ein.

Alfred Willi Rudolf (genannt Rudi) Dutschke (1940–1979)

deutscher Soziologe, Mitglied des Sozialistischen Deutschen Studentenbundes (SDS) und Wortführer der Studentenbewegung

Hanns Martin Schleyer (1915–1977)

1933–1945 Mitglied der SS, hatte mehrere Funktionen im Nationalsozialistischen Studentenbund, nach 1949 westdeutscher Wirtschaftsfunktionär, u. a. Arbeitgeberpräsident (1973–1977)

A Die 68er-Bewegung – ein unausweichlicher Politisierungsschub?

Q1 Der Tod des Studenten Benno Ohnesorg am 2. Juni 1967

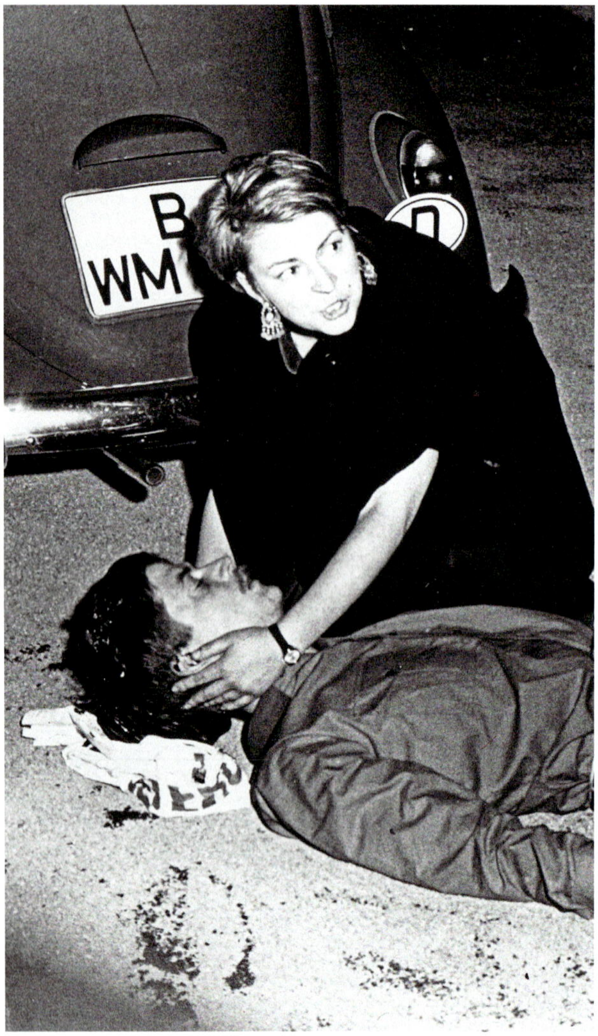

Q2 Vorwurf des „Volksfeindes“ gegenüber Rudi Dutschke

Szene einer vom Berliner Senat, der SPD, CDU, dem Springer Verlag und der Gewerkschaft Öffentliche Dienste, Transport und Verkehr (ÖTV) organisierten Gegendemonstration gegen die linke Studentenbewegung am 20. Februar 1968

Q3 **„Friedensmarsch" nach dem Attentat auf Rudi Dutschke (Stuttgart, 15. April 1968)**

B Der Einfluss der Studentenbewegung damals und heute – mehr Demokratie gewagt?

Q4 Bundeskanzler Willy Brandt (SPD) zur Reformpolitik, 1971

Bundeskanzler Willy Brandt gab in der 109. Sitzung des Deutschen Bundestages am 24. März 1971 folgende Erklärung der Bundesregierung ab:

Herr Präsident, meine Damen und Herren!

[...] Erinnern wir uns: In den fünfziger Jahren hat das deutsche Volk in der Bundesrepublik in einem stürmischen und erfolgreichen Wiederaufbau aus einer Trümmerlandschaft eine der leistungsfähigsten Industrienationen der Welt geschaffen. Große Anstrengungen aller Schichten unseres Volkes und der Regierungen waren dazu nötig. So wurden überragende wirtschaftliche Leistungen erzielt. Unsere eben erst neu geschaffene gesellschaftliche und politische Ordnung hat sich in dieser Phase weithin bewährt. Inzwischen sind Wirtschaft und Gesellschaft längst über die Phase des Wiederaufbaus hinausgewachsen.

[...] Der Begriff der inneren Reformen, wie er in meiner Regierungserklärung vom Oktober 1969 verwendet wurde, sollte und soll deutlich machen, dass wir uns zu schrittweisen Anpassungen und Veränderungen unserer staatlichen und gesellschaftlichen Wirklichkeit bekennen. [...] Unsere Reformen sind an Zielvorstellungen zu messen, die ich für die Bundesregierung noch einmal nennen möchte:

- mehr Humanität in unserer Gesellschaft
- gleiche Lebenschancen
- mehr soziale Gerechtigkeit
- mehr Freiheit für den einzelnen
- Sicherheit im Innern und nach außen
- mehr Mitwirkung für den Bürger in unserem Gemeinwesen. [...]

Bulletin (Presse- und Informationsamt der Bundesregierung) Nr. 45 vom 25. März 1971, S. 457–464.

Q5 Wahlplakat der Partei Die Grünen zur Bundestagswahl 1983

Q6 Grundsatzprogrammentwurf Bündnis 90/Die Grünen (2020)

Aus dem Grundsatzprogrammentwurf der Partei Bündnis 90/Die Grünen, der am 26.06.2020 vorgestellt wurde:

Hiermit legen wir, der Bundesvorstand von BÜNDNIS 90/DIE GRÜNEN, den Entwurf für das neue Grundsatzprogramm unserer Partei vor. [...]

(1) Im Mittelpunkt unserer Politik steht der Mensch in seiner Würde und Freiheit. Jeder Mensch ist einzigartig und frei und gleich an Würde und Rechten geboren. [...]

(2) Die Werte, die unsere Politik tragen, sind Ökologie, Gerechtigkeit, Selbstbestimmung, Demokratie und Frieden. [...]

(4) Politik gestaltet die Wirklichkeit im Heute für das Morgen im Bewusstsein für das Gestern. [...] Wir blicken nach vorne, im Wissen um die geglückten Erfahrungen und Katastrophen unserer Geschichte. [...] Die Lehren aus den Menschheitsverbrechen des Nationalsozialismus sind uns Verpflichtung. [...]

(7) Die Umwelt des Menschen zu schützen und zu erhalten ist Voraussetzung für ein Leben in Würde und Freiheit. [...]

(11) Wir haben die Erde von unseren Kindern nur geborgt. [...]

(17) Die Würde und Freiheit des Menschen werden in einer gerechten und solidarischen Gesellschaft verwirklicht. [...]

(21) Gute Bildung ist Voraussetzung für Gerechtigkeit. Wir brauchen ein ganzheitliches und am Menschen ausgerichtetes Bildungssystem. [...]

(22) Eine Gesellschaft ist dann sozial, wenn ihr Wohlstand gerecht verteilt ist. Unregulierter Kapitalismus produziert Ungleichheit und Machtkonzentration.

(26) Menschen begegnen sich als Gleiche – in ihren Rechten und ihrer Würde. Selbst über das eigene Leben bestimmen zu können, macht die Würde und Freiheit eines Menschen aus. [...]

(45) Gelebte Freiheit und garantierte Würde benötigen Frieden. [...]

Bündnis 90/Die Grünen Grundsatzprogramm.
Unter: https://cms.gruene.de/uploads/documents/202006_B90Gruene_Grundsatzprogramm_Entwurf.pdf (Zugriff: 26.06.2020).

Arbeitsvorschläge

A Die 68er-Bewegung – ein unausweichlicher Politisierungsschub?

1. Erläutern Sie die Gründe, warum in Deutschland gerade in den 1960er-Jahren eine große gesellschaftliche Politisierungswelle einsetzte. Stellen Sie dabei auch Vermutungen an, warum die „Elterngeneration" ihre NS-Vergangenheit nicht in einem ausreichenden Maß hinterfragte. Begründen Sie Ihre Annahmen.
2. Beschreiben Sie wesentliche Forderungen der Mitglieder der Studentenbewegung und der Außerparlamentarischen Opposition (APO) der 1960er- und 1970er-Jahre.
3. MK Forschen Sie nach, ob es in Ihrer Familie oder Verwandtschaft Menschen gibt, welche die 68er-Bewegung miterlebten. Führen Sie ein Interview durch und bereiten Sie das Interview in Form eines Podcasts, eines Videos oder einer kurzen Präsentation auf. Nutzen Sie dazu auch die Methodenhilfen in diesem Buch (S. 13). Präsentieren Sie Ihre Ergebnisse vor der Klasse.
4. Beschreiben Sie das Foto des toten Studenten Benno Ohnesorg (→ Q1). Das Foto erzielte 1967 eine große Wirkung. Erläutern Sie, worin die große Wirkung des Fotos liegt.
5. Beschreiben Sie das Foto des „Friedensmarsches", das am 15. April 1968, also vier Tage nach dem Attentat auf den Wortführer der Studentenbewegung, Rudi Dutschke, in Stuttgart aufgenommen wurde (→ Q3). Gehen Sie dabei auf die Protestplakate der Demonstranten ein und stellen Sie die Slogans in einen Gesamtzusammenhang.
6. MK Erstellen Sie eine Präsentation über die Ziele und Taten der RAF. Beschränken Sie sich dabei auf einige wenige Beispiele und tragen Sie Ihre Präsentation der Klasse vor.
7. Erörtern Sie die folgende These: „Die 68er-Bewegung war trotz ihrer Schattenseiten wichtig für die gesellschaftliche Entwicklung Deutschlands."

B Der Einfluss der Studentenbewegung damals und heute – mehr Demokratie gewagt?

8. Lesen Sie den Auszug aus Willy Brandts (SPD) Regierungserklärung aus dem Jahr 1971 (→ Q4).
   a) Erklären Sie in eigenen Worten, wie Brandt seine angekündigten Reformpläne begründete.
   ○ b) Recherchieren Sie mithilfe des Internets, wie Brandt konkret versuchte, seine Reformen umzusetzen, um seinen Zielvorstellungen gerecht zu werden.
   c) Diskutieren Sie, ob Brandts Zielvorstellungen auch heute noch Gültigkeit besitzen.
   d) Führen Sie eine Umfrage durch. Ziel der Umfrage ist es, herauszufinden, welche sozialpolitischen Reformen sich die heute lebenden Menschen wünschen. Nutzen Sie dazu auch die methodischen Hilfen im Buch (S. 177). Stellen Sie Ihre Umfrage der Klasse vor.
9. Beschreiben Sie das Wahlplakat der Partei Die Grünen aus dem Jahr 1983 (→ Q5). In diesem Jahr schaffte die Partei erstmals den Einzug in den Bundestag. Wie wirkt das Plakat auf Sie? Erläutern Sie.
10. Vergleichen Sie mithilfe des Auszuges aus dem Grundsatzprogrammentwurf der Partei Bündnis 90/Die Grünen (→ Q6), inwieweit auch heute noch bemerkbar ist, dass die Partei aus der Neuen Sozialen Bewegung entstammt, die wiederum an die 68er-Bewegung anknüpfte. Grenzen Sie dabei auch die aktuellen Grundsätze von den Forderungen der Studentenbewegung der 1960er- und 1970er-Jahre ab.
11. Diskutieren Sie, ob Sie die Grünen auch heute noch als progressive gesellschaftliche Kraft wahrnehmen und wenn nein, ob Sie stattdessen eine andere Partei als solche sehen.

Differenzierung
w9z9c8

○ Arbeitshilfen zur Aufgabe 8b

AFB I: 2, 4, 5, 9, 10 AFB II: 1, 4, 5, 6, 8a, 8b, 9, 10 AFB III: 1, 3, 7, 8c, 8d, 11

5.3 Politisierung im sozialistischen „Ostblock" bis 1990 und heutige Politisierungstendenzen

Im Gegensatz zum Westen erfuhren die von der Sowjetunion abhängigen Staaten des sogenannten „Ostblocks" bereits früher größere Politisierungswellen. In diesen Ländern – zu denen auch die DDR zählte – flammten bereits früh nach Einführung des sozialistischen Systems Widerstände auf, die sich gegen das eigene Regime sowie das der Sowjetunion richteten. Es sollte jedoch noch einige Zeit dauern, bis der „Eiserne Vorhang" fiel und sich Deutschland wiedervereinigte, wobei erneut Protesten, diesmal unter wesentlich größerer Beteiligung, eine wichtige Rolle zukam. Bis in die heutige Zeit hinein sind gesellschaftliche Politisierungsschübe nicht ausgeblieben. Doch was waren und sind die Gründe?

Zur Orientierung

1953
Aufstand des 17. Juni
1981
Beginn der Leipziger Friedensgebete
1989
„Friedliche Revolution"
1990
deutsch-deutsche Wiedervereinigung

Volksaufstände im Ostblock der 1950er-Jahre

Die junge DDR erlebte bereits vier Jahre nach ihrer Gründung eine erste große Krise. Der Aufstand vom 17. Juni 1953 prangerte die politischen und wirtschaftlichen Missstände seiner Zeit an. Eine Welle von Streiks, Demonstrationen und Protesten in den Tagen um den 17. Juni erschütterten den Staat. Ein Jahr zuvor hatte der damalige Generalsekretär des Zentralkomitees (ZK) der Sozialistischen Einheitspartei Deutschlands (SED), Walter Ulbricht, den „planmäßigen Aufbau des Sozialismus" verkündet. Dabei gelang es ihm nicht, die Arbeiterschaft vom Sozialismus zu überzeugen. Obwohl der Lebensstandard vieler DDR-Bürger nicht nennenswert anstieg, wurde die Arbeitsnorm erhöht. Hinzu kam eine spürbare Versorgungskrise. Viele Menschen flüchteten in den Westen, andere gingen auf die Straße und bekundeten dort ihren Unmut. Letztlich wurde der Aufstand unter Zuhilfenahme sowjetischer Truppen gewaltsam niedergeschlagen.
Auch im sozialistischen Ungarn entbrannte drei Jahre später ein Volksaufstand. Mitglieder aller Gesellschaftsschichten lehnten sich gegen das Regime und die sowjetische Besatzungsmacht auf. Der Aufstand wurde vom Wunsch nach einer demokratischen Revolution und dem Streben nach Freiheit getragen. Für einen Moment lang sah es so aus, als hätten die Aufständischen gesiegt. Sie setzten ihre Regierung ab und traten aus dem Warschauer Pakt aus. Doch auch in diesem Konflikt entsandte die Sowjetunion ihr Militär, schlug den Aufstand gewaltsam nieder und installierte anschließend eine prosowjetische Regierung.

Die „Friedliche Revolution" in der DDR – ein später Sieg der Aufständischen?

Zu den politischen Problemen der DDR kamen wirtschaftliche hinzu, die sich nach der **zweiten Ölkrise der Jahre 1979/80** drastisch verschärften. Im Rahmen der „Friedlichen Revolution" gingen 1989 erneut Menschenmassen auf die Straßen, um auf vorherrschende Missstände aufmerksam zu machen. Besondere Berühmtheit erlangten dabei die Montagsdemonstrationen. Die eigentlichen Demonstrationen fanden dabei in Leipzig ab September 1989 statt. Schon bald breiteten sie sich auf weitere ostdeutsche Großstädte aus. In der Folge skandierten wöchentlich immer mehr DDR-Bürger „Wir sind das Volk".
Doch nicht ausschließlich die Bürgerrechtsbewegung entfernte sich vom DDR-Staat. Auch andere Bevölkerungsgruppen erlebten zu Beginn der 1980er-Jahre Politisierungsschübe. So distanzierten sich beispielsweise Jugendbewegungen wie Punks oder Skinheads von etablierten Gesellschaftsnormen und führten einen eigenen, oftmals auffällig anderen Lebensstil, der eng mit neuartigen Musikrichtungen verbunden war. Im Westen wie im Osten wurden die Anhänger der neuen Subkulturen von staatlicher Seite aus mit Argwohn betrachtet und häufig als links- oder rechtsextremistisch eingeschätzt.

Zweite Ölkrise 1979/80
Schon 1973 kam es zu einer ersten Ölpreiskrise, die weltweite Rezessionen zur Folge hatte. Vorausgegangen war ein Konflikt zwischen Israel einerseits und Ägypten sowie Syrien andererseits. In den Jahren 1979/80 folgte eine zweite Ölkrise, diesmal ausgelöst durch die Islamische Revolution im Iran bzw. den Beginn des Ersten Golfkrieges. Während die BRD bereits durch die erste Ölkrise starke Konjunktureinbrüche zu verzeichnen hatte, wurde die DDR-Wirtschaft vor allem durch die zweite Krise erheblich geschwächt.

Die ersten freien Wahlen in der DDR – Reformen oder Wiedervereinigung?

Die wirtschaftlichen Probleme erhöhten den Druck auf die Politik. Die Protestierenden gaben sich nicht mehr mit Versprechungen zufrieden, sondern verlangten nach weitreichenden Reformen. Doch bald schon wurde der Slogan „Wir sind das Volk" durch „Wir sind ein Volk" ersetzt. Und so kam es am 18. März 1990 zu den ersten freien demokratischen Wahlen in der DDR. Die Wahlbeteiligung lag bei 93,4 Prozent. Die insgesamt 12,4 Millionen Wahlberechtigten konnten sich zwischen 19 Parteien und fünf Listenverbindungen entscheiden, die meisten davon gründeten sich aufgrund der bevorstehenden Volkskammerwahl neu. Die neue Regierung unter dem Ministerpräsidenten Lothar de Maizière (CDU-Ost) nahm sogleich ihre Arbeit mit dem Ziel einer raschen Wiedervereinigung auf, die am 3. Oktober vollzogen wurde.

So groß die Freude bei vielen Ostbürgern über die deutsche Wiedervereinigung anfangs war, so schnell schlug sie in Ernüchterung und Enttäuschung um. Die von Kanzler Kohl (CDU) versprochenen „blühenden Landschaften" ließen auf sich warten. Der mentale Anschluss an Westdeutschland bzw. der wirtschaftliche Übergang des planwirtschaftlichen Sozialismus in die demokratisch-kapitalistisch orientierte soziale Marktwirtschaft führte zu Massenarbeitslosigkeit und dem weitgehenden Aufkauf ostdeutscher Unternehmen durch westdeutsche Firmen. Bei vielen ehemaligen DDR-Bürgern entstand das Gefühl fehlender politischer Mitbestimmungsrechte oder zumindest der Eindruck, nicht in ihrer Meinung und ihrer eigenen ostdeutschen Sozialisation ernst genommen zu werden. In dieser Zeit gründeten sich etliche kleinere Parteien und lösten sich rasch wieder auf. Politikverdrossenheit breitete sich aus, worunter auch die Wahlbeteiligung litt.

Wahlplakate zur DDR-Volkskammerwahl am 18. März 1990

Politisierungstendenzen heute – Lust auf Beteiligung oder Verdrossenheit?

Seit 2009 begann die Wahlbeteiligung an Bundestagswahlen wieder zu steigen. Auffallend ist seitdem vor allem, dass die beiden Volksparteien CDU und SPD kräftig an Stimmen verloren, wohingegen kleinere und neuere Parteien, wie beispielsweise die 2013 gegründete Alternative für Deutschland (AfD), an Zulauf gewannen. Dies drückt sich auch in der Entwicklung der Mitgliederzahlen aus. Gerade der SPD wurde zunehmend der Charakter einer Volkspartei abgesprochen. Doch nicht nur politische Parteien verloren an Zuspruch, auch Gewerkschaften und Kirchen durchlebten Ähnliches. Inwieweit der Mitgliederschwund mancher Parteien, Organisationen und Religionsgemeinschaften als Ausdruck eines mangelnden Engagements der Bürger gewertet werden kann, bleibt ein umstrittenes Thema, da eine Mitgliedschaft keine zwingende Voraussetzung darstellt, um sich für andere Menschen und gesellschaftliche Ziele einzusetzen.

Wie vielseitig Politisierungswellen sein können, verdeutlicht auch die globale Fridays-for-Future-Bewegung, die besonders 2019 für große Schlagzeilen sorgte. Um für eine bessere Klimapolitik zu demonstrieren, blieben zeitweise Millionen Schülerinnen und Schüler freitags dem Unterricht fern. Daraufhin bildeten sich aber auch globale Netzwerke wie Parents for Future oder Scientists for Future. Die ständigen „Schulstreiks" teilten jedoch die Gesellschaft – ähnlich wie zu Zeiten der 68er-Bewegung – in zwei Lager auf: Während viele Erwachsene den Bildungsauftrag gefährdet sahen, vertraten gerade die minderjährigen Protestler die Meinung, dass man sich nur durch solche drastische Maßnahmen Gehör verschaffen könne. Im Jahr 2020 wiederum gingen Menschen unterschiedlicher politischer Strömungen auf die Straße, um gegen die Grundrechtseinschränkungen im Zuge der Corona-Krise zu demonstrieren. Waren es zwar andere Teilnehmer mit anderen Forderungen, eines hatten die beiden Proteste der jüngeren Vergangenheit aber gemeinsam: Dank der weitreichenden Verbreitungsmöglichkeiten wurden soziale Medien in starkem Maße eingebunden. Auch in Zukunft wird es daher spannend sein, zu beobachten, warum und wie sich die Gesellschaft politisieren wird und welche Rolle dabei die verschiedenartigen Medien einnehmen werden.

Deutscher Gewerkschaftsbund mit seinem Hauptsitz in Berlin

Der DGB stellt die größte Dachorganisation von Einzelgewerkschaften in Deutschland dar. Ihm gehören acht Mitgliedergewerkschaften mit rund sechs Millionen Mitgliedern an (1989 waren es knapp acht, nach der Wiedervereinigung 1990 11,8 Millionen).

A Vom Aufstand des 17. Juni 1953 bis zur Wiedervereinigung Deutschlands – Sieg des Volkswillens?

Q1 Jugendliche Demonstranten werfen Steine auf sowjetische Panzer

Ausschnitt eines Fotos während des Juni-Aufstandes in der DDR 1953

Q2 Montagsdemonstranten in Leipzig (Oktober 1989)

B Politisierungsschübe in der jüngeren Vergangenheit

Q3 Protest der Fridays-for-Future-Bewegung

Demonstration 2019 in Chemnitz, um auf Missstände der zu zaghaften, ungenügenden Klimapolitik hinzuweisen

Q4 Demonstration gegen die anhaltenden Corona-Maßnahmen in Berlin am 1. August 2020

Arbeitsvorschläge

A Vom Aufstand des 17. Juni 1953 bis zur Wiedervereinigung Deutschlands – Sieg des Volkswillens?

1. Beschreiben Sie das Bild vom Aufstand des 17. Juni 1953 (→ Q1) und erläutern Sie, worin die Wirkung des Fotos liegt. Hinterfragen Sie dabei das Bild aus quellenkritischer Sicht, da es einerseits nur einen kleinen Ausschnitt abbildet und andererseits von der West- und Ostpresse völlig unterschiedlich bewertet wurde. Stellen Sie Vermutungen an, wie und warum das Bild unterschiedlich bewertet wurde.

2. Sowohl die Aufständischen des 17. Juni 1953 als auch die Montagsdemonstranten (1989) forderten ein größeres Mitspracherecht bzw. demokratische Reformen. Ein wichtiges demokratisches Mittel in der Bundesrepublik Deutschland ist das Recht auf Opposition.

MK **a)** Arbeiten Sie unter Zuhilfenahme des Internets anhand des Online-Lexikons „einfach Politik", bereitgestellt von der Bundeszentrale für politische Bildung (bpb), die Aufgaben und die Bedeutung einer Opposition heraus. Unterscheiden Sie dabei auch zwischen einer parlamentarischen und einer außerparlamentarischen Opposition.

b) Nehmen Sie oppositionelle Kräfte und Forderungen wahr bzw. wie bewerten Sie die Arbeit der heutigen Opposition? Diskutieren Sie.

3. Beschreiben Sie das Bild, das Montagsdemonstranten zeigt (→ Q2) und erläutern Sie, ob die Demonstranten Reformen oder die Wiedervereinigung Deutschlands fordern.

○ **4.** Skizzieren Sie mittels eigener Recherchen den Weg ausgehend von den Montagsdemonstrationen bis zur Wiedervereinigung Deutschlands. Welche Rolle spielten dabei politische Parteien? Begründen Sie.

MK **5.** Recherchieren Sie mithilfe des Internets, welche Parteien seit 1949 den Einzug in den Deutschen Bundestag schafften. Suchen Sie zudem nach einer Grafik zur Wahlbeteiligung an den Wahlen zum Deutschen Bundestag seit 1949. Bewerten Sie anhand der Daten, inwieweit sich dabei welche Politisierungsschübe ableiten lassen und ob eine hohe oder niedrige Wahlbeteiligung etwas über den Politisierungsgrad der Bürger aussagt.

B Politisierungsschübe in der jüngeren Vergangenheit

6. Informieren Sie sich unter Zuhilfenahme des Internets über die Fridays-for-Future-Bewegung, die 2019 einen vorläufigen Höhepunkt erreichte. Skizzieren Sie deren Entwicklung und Ziele.

7. Betrachten Sie das Bild der Fridays-for-Future-Demonstration (→ Q3).

a) Beschreiben und analysieren Sie das Bild.

b) Veranstalten Sie eine Podiumsdiskussion zum folgenden Thema:
„Fridays for Future – Schülerinnen und Schüler bleiben dem Unterricht fern, um für eine bessere Klimapolitik zu werben. Legitimes Mittel oder ein Angriff auf die Schulpflicht?"

8. Betrachten Sie das Foto der Demonstration gegen die anhaltenden Corona-Maßnahmen (→ Q4).

a) Beschreiben und analysieren Sie das Bild.

b) Recherchieren Sie mithilfe des Internets nach dem Hintergrund solcher Demonstrationen, die sich gegen die Corona-Schutzmaßnahmen richteten. Nennen Sie dabei Initiatoren, skizzieren Sie die Entwicklung dieser Bewegungen und beschreiben Sie einzelne Ziele der Demonstranten.

c) Erörtern Sie am Beispiel der Corona-Krise, ob und inwieweit es gerechtfertigt erscheint, dass ein Staat zum Schutz der Allgemeinheit einzelne Grundrechte der Bürger einschränkt. Bewerten Sie dabei auch das Verhalten mehrerer Demonstranten, die sich aus Protest nicht an die vorgeschriebenen Hygieneregeln hielten.

Differenzierung w5ad6f

○ Arbeitshilfen zur Aufgabe 4

AFB I: 1, 3, 4, 6, 7a, 8a, 8b AFB II: 1, 2a, 2b, 3, 7a, 8a AFB III: 1, 2a, 5, 7b, 8c

Rückblick auf die DDR – Erinnerung als Sozialforschung?

Erinnerungen wandeln sich. Sie werden geformt von späteren Erlebnissen und Erfahrungen, durch konsumierte Medien und durch die aktuelle Situation zum Zeitpunkt, wenn man versucht, sich zu erinnern. Somit können hinsichtlich des Erinnerns Unterschiede zwischen den verschiedenen Generationen, selbst innerhalb einer Familie, auftreten. Dies ist umso spannender, je mehr Kinder Erzählungen ihrer Eltern und ihrer Großeltern aufnehmen, annehmen oder hinterfragen.

Drei Generationen einer DDR-Familie in Ostberlin

Der kritische Umgang mit Zeitzeugenerinnerungen (Interviews, Autobiografien, etc.), beschäftigt sowohl Historiker, Germanisten oder Soziologen. Das Zentrum für Sozialforschung an der Universität Halle veröffentlichte im Dezember 2014 die Studie „Intergenerationelle Verständigungen. 25 Jahre nach dem Mauerfall". Diese basierte auf Zeitzeugenbefragungen, die sich um die Frage drehten, welche Bedeutung Gespräche innerhalb der Familie für das jeweilige DDR-Bild haben. Ausgewählt wurden 16 Familien, in denen Personen befragt werden konnten, die vor Gründung der DDR geboren wurden (Großeltern, durchschnittlich 82 Jahre alt), in der DDR aufgewachsen sind (Eltern, durchschnittlich 57 Jahre alt) und kurz vor oder kurz nach Ende der DDR geboren wurden (Enkel, etwa 27–38 Jahre alt). Inwiefern wirkten sich Gespräche innerhalb der Familie auf Personen aus, die die DDR nicht mehr selbst bewusst erlebt hatten? Wurden in den Familien Diktaturerfahrungen aufgearbeitet oder blieben die eigenen, lebensweltlichen Bezüge im Mittelpunkt?

D1 Verändertes DDR-Bild?

Die nachfolgenden Auszüge sind der Zusammenfassung einer Studie in der Wochenzeitung DIE ZEIT vom 19. November 2015 entnommen. Gefragt wurde u. a., welche Assoziationen die jeweils befragten Generationen mit bestimmten Begriffen verbinden.

Begriff Gemeinschaft:

Das sagen Großeltern

„Wir hatten einen Sportclub, in den sind wir Familien gemeinsam gegangen. Heutzutage ist das alles nicht mehr ganz so persönlich."

„Der Zusammenhalt hat sich nach der Wende verändert. Wir wohnten früher in einem großen Haus mit etwa 30 Mietparteien. Wir haben immer mal sonnabends eine Schicht gemacht, da wurde der Garten bearbeitet, da wurde das Haus geputzt, das war damals sehr schön gewesen. Ich glaube nicht, dass Sie das jetzt noch irgendwo finden."

Das sagen Eltern

„Der Kollektivgeist von damals, der fehlt heute. Hieß es ‚Leute, am Sonnabend ist Subbotnik[1]', dann sind alle raus mit Hacke und Schaufel, um im Stadtpark Unkraut zu entfernen. Aus einem Hochhaus mit 300 Familien sind dann 200 von ihnen gekommen, und wer nicht dabei sein konnte, hat sich entschuldigen lassen. Heute haben sie diese gleichen 300 Familien, und wenn mal zu einem freiwilligen Arbeitseinsatz aufgerufen wird, dann stehen im Park sieben Reporter und nur drei Leute, die eine Schippe bei sich haben."

Das sagen Kinder

„Wir lebten in einem Dorf mit etwa 800 Einwohnern, und da war – typisch DDR – so ein Zusammenhalt. Schon allein in der Hausgemeinschaft. Es gab Grillfeste, es wurde zusammen Geburtstag gefeiert. Ich habe Fotos davon, wie die ganze Nachbarschaft im Winter meterhohe Schneemänner gebaut hat. Jeder hat mit angepackt. Und die alte Nachbarin, die nicht selber mit anpacken konnte, hat dann eben Kakao gebracht für die Kinder."

Begriff Unrechtsstaat:[2]

Großeltern

(Der Begriff taucht in den Interviews mit den Großeltern nicht auf.)

Eltern

„Es wird ja oft schlecht über das damalige Bildungssystem geredet; und oft hört man, die DDR sei ein Unrechtsstaat gewesen. Wenn ich dann sage: ‚Na ja, ich habe das nicht so erlebt', dann staunen meine Kinder Bauklötze. In den Medien wird viel Quatsch erzählt. Ich habe etwa eine ganz andere DDR kennengelernt als meine Eltern, die noch die Nachkriegszeit erlebt hatten, eine sehr karge Zeit."

„Nun wird viel erzählt, das Leben in der DDR sei grau und trist und ohne Abwechslung gewesen, alle hätten leise sein müssen und seien bespitzelt worden."

„In der DDR wurde vieles abgeschirmt. Was man wusste, das kannte man nur von sich selber oder vielleicht durch sein nahes Umfeld. Aber was in den Gefängnissen geschehen ist, wie schlimm das da wirklich war, oder auch die Sache mit den Häftlingsfreikäufen[3], das hat man nicht gewusst."

Kinder

„Ich habe die DDR als Kind oder Jugendlicher erlebt, von daher habe ich überwiegend positive Erinnerungen. Mein Eindruck ist: Gerade zu den Jahrestagen, die an den Mauerbau oder die Wiedervereinigung erinnern sollen, wird ziemlich viel Politik betrieben mit Einschätzungen über die DDR, dann wird ein sehr einfaches DDR-Bild gezeichnet für die jüngere Generation, die diesen Staat nicht mehr miterlebt hat; oder für die Menschen aus den alten Bundesländern. Nach dem Motto: Es war eigentlich alles schlecht. Und diese Debatte um den Unrechtsstaat? Diese Debatte auf einen Begriff zu verkürzen wirkt auf mich wie Geschichtsglättung. Ich versuche, das alles ein bisschen differenzierter zu sehen."

Begriff Wirtschaft und Umwelt:

Großeltern

„Die DDR konnte nicht bestehen, weil sie keine Rohstoffe hatte. Irgendwie war sie dazu verdammt kaputtzugehen, nach den Bedingungen des Weltmarktes."

Eltern

„Das wahre Ausmaß der Luftverschmutzung wurde in der DDR verheimlicht. Mein drittes Kind litt an Pseudokrupp, ausgelöst durch die schmutzige Luft. Und diese Diagnose durfte damals nicht gestellt werden. Und es durfte auch niemand sagen, dass die Luft in der DDR so verpestet war. Das ärgert mich bis heute sehr."

Kinder

„Natürlich wird immer mal wieder thematisiert, wie dreckig alles war, wie dreckig und kaputt die Städte waren. Gerade im Zusammenhang damit, wie schön heute alles geworden ist."

Martin Machowecz: So war das also, in: DIE ZEIT Nr. 47/2015 v. 19.11.2015, unter: www.zeit.de/2015/47/ddr-nachwende-generation/komplettansicht (Zugriff: 19.12.2016)

1 **Subbotnik**: sowjetrussischer Ausdruck für unbezahlten Arbeitseinsatz am Samstag

2 **Unrechtsstaat**: Abwertende Bezeichnung für einen Staat, der kein Rechtsstaat ist. Der Begriff diente und dient als (diskutiertes) politisches Schlagwort unter anderem zur Kennzeichnung der DDR.

3 **Häftlingsfreikäufe**: In inoffiziellen Transaktionen erkaufte zwischen 1962 und 1989 die BRD von der DDR die Freilassung/Ausreise von 33 755 politischen Häftlingen sowie von rund 250 000 Antragsstellern eines Ausreiseantrags.

Arbeitsvorschläge

1. Diskutieren Sie den Ansatz der Studie.
2. MK Analysieren Sie die Unterschiede der Aussagen zwischen den jeweiligen Generationen.

AFB I: 1 AFB II: 2

„Einheit und Freiheit“ – Nationalliberale Bewegung und Revolution von 1848/49

Getragen vom Besitz- und Bildungsbürgertum entwickelte sich nach Ende der napoleonischen Herrschaft in vielen Ländern eine nationalliberale Bewegung, so auch in den deutschen Staaten. Diese forderte mehr politische Mitsprache auf Basis einer Verfassung, einer Gewaltenteilung und garantierter Menschen- und Bürgerrechte. Die radikaleren Kräfte strebten nach einer rechtlichen und politischen Gleichheit aller (männlichen) Bürger. Andere propagierten eine politische Partizipation für jene, die einen bestimmten Bildungsgrad und Besitzstand vorweisen konnten. Zur gleichen Zeit entstand die Ideologie des Nationalismus. Deren Anhänger forderten die „Überwindung“ kleinstaatlicher Zersplitterung und die Gründung eines geeinten „deutschen“ Nationalstaats. Eine weitere Bewegung entwickelte sich durch die entstehenden sozialen Probleme infolge der Frühindustrialisierung. Mit Blick auf die Verelendung großer Bevölkerungsgruppen (Pauperismus) wurden soziale Reformen gefordert.

Bis 1848 gelang es den herrschenden Fürsten mit Unterdrückung ihre Herrschaft stabil zu halten. Als sich aber die sozialökonomischen und politischen Spannungen häuften und im Februar 1848 in Frankreich infolge einer Revolution die Monarchie stürzte, kam es auch in deutschen Staaten ab März 1848 zu revolutionären Erhebungen. Unter Druck geraten stimmten die Fürsten der Wahl zu einer deutschen Nationalversammlung (Frankfurter Paulskirchenversammlung) zu. Dieses Parlament war jedoch in rivalisierende politische Strömungen gespalten. Die Parlamentarier stritten über eine zu erlassende deutsche Verfassung und zu gewährende Grundrechte, aber auch über die Frage, wie groß ein „deutscher“ Nationalstaat sein sollte (mit oder ohne Teile des Kaiserreichs Österreich). Ab Herbst 1848 gelang es aber immer mehr Fürsten in Gegenrevolutionen ihre alleinige Herrschaft wiederherzustellen. Angesichts der Gegenrevolutionen in den einzelnen Ländern löste sich das Parlament auf. Bis Juli 1849 hatten Truppen der Fürsten die alte Ordnung wieder hergestelt.

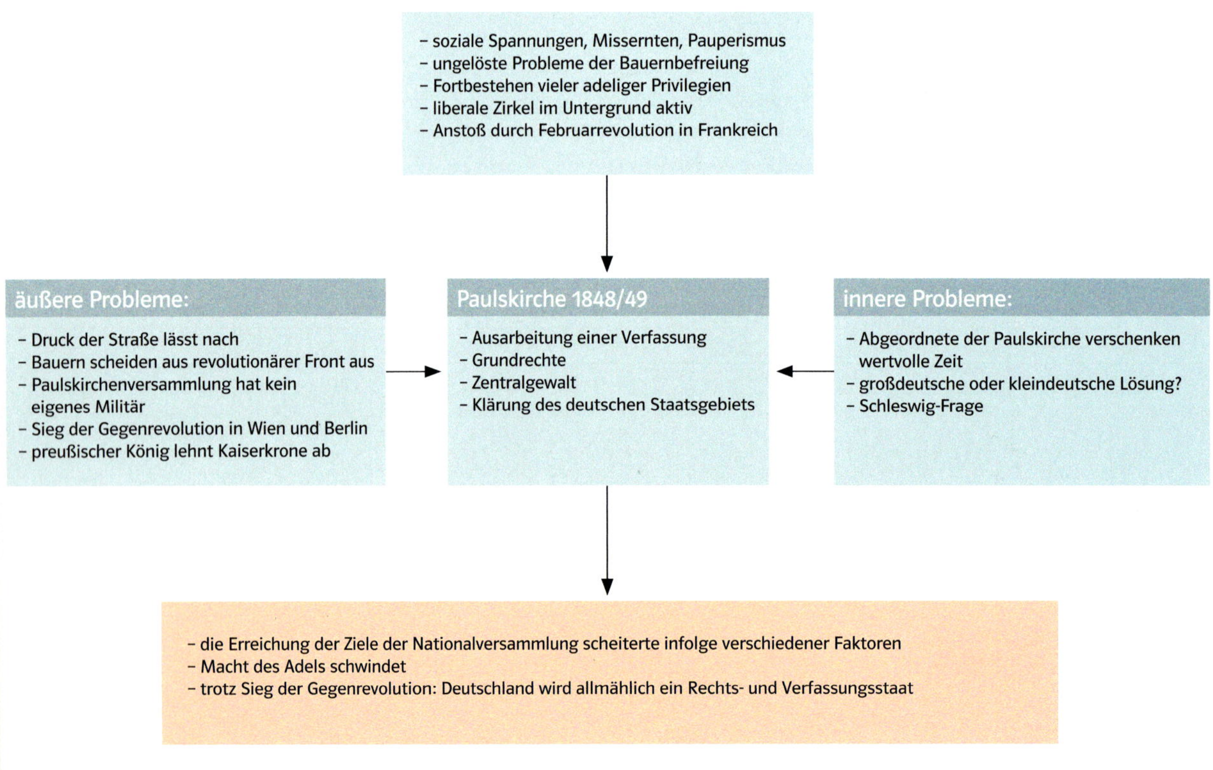

Politisierungsschübe in den modernen Nationalstaaten

Im 19. Jahrhundert setzte sich immer stärker eine kollektive Identität auf Basis der Ideologie des Nationalismus durch. Eng damit verbunden, teilweise auch die Voraussetzung, war die Gründung moderner Nationalstaaten, aber auch die Politisierung wachsender Bevölkerungsschichten. Dazu zählte die Gründung politischer Parteien, Gewerkschaften und Interessensverbänden (Lobbygruppen) ebenso, wie die Entstehung einer „öffentlichen Meinung" u.a. infolge eines wachsenden Pressewesens. Auch die Ausweitung des Wahlrechts auf immer größere Bevölkerungskreise 1871 und 1919 trug beispielsweise in Deutschland zur Politisierung bei.

Gestärkt wurden gesellschaftliche und persönliche Rechte darüber hinaus durch neues nationales und internationales Recht. Wichtig wurden hierbei ab Mitte des 20. Jahrhunderts die UN-Menschenrechtserklärung, die EU-Menschenrechtskonvention und die Charta der Grundrechte der EU. Speziell in Deutschland war dafür auch das Grundgesetz ein wichtiger Meilenstein.

Diese Entwicklung verlief nicht immer friedlich, sondern wurde oft von gesellschaftlichen Protestbewegungen wie der sogenannten 68er-Bewegung oder Aufständen wie in Ungarn 1956, im „Prager Frühling" 1968 oder den Revolutionen von 1989/90 begleitet.

Allerdings gab und gibt es immer noch starke antidemokratische Bewegungen, die eine freie, pluralistische und demokratische Gesellschaft ablehnten bzw. auch in der Gegenwart ablehnen.

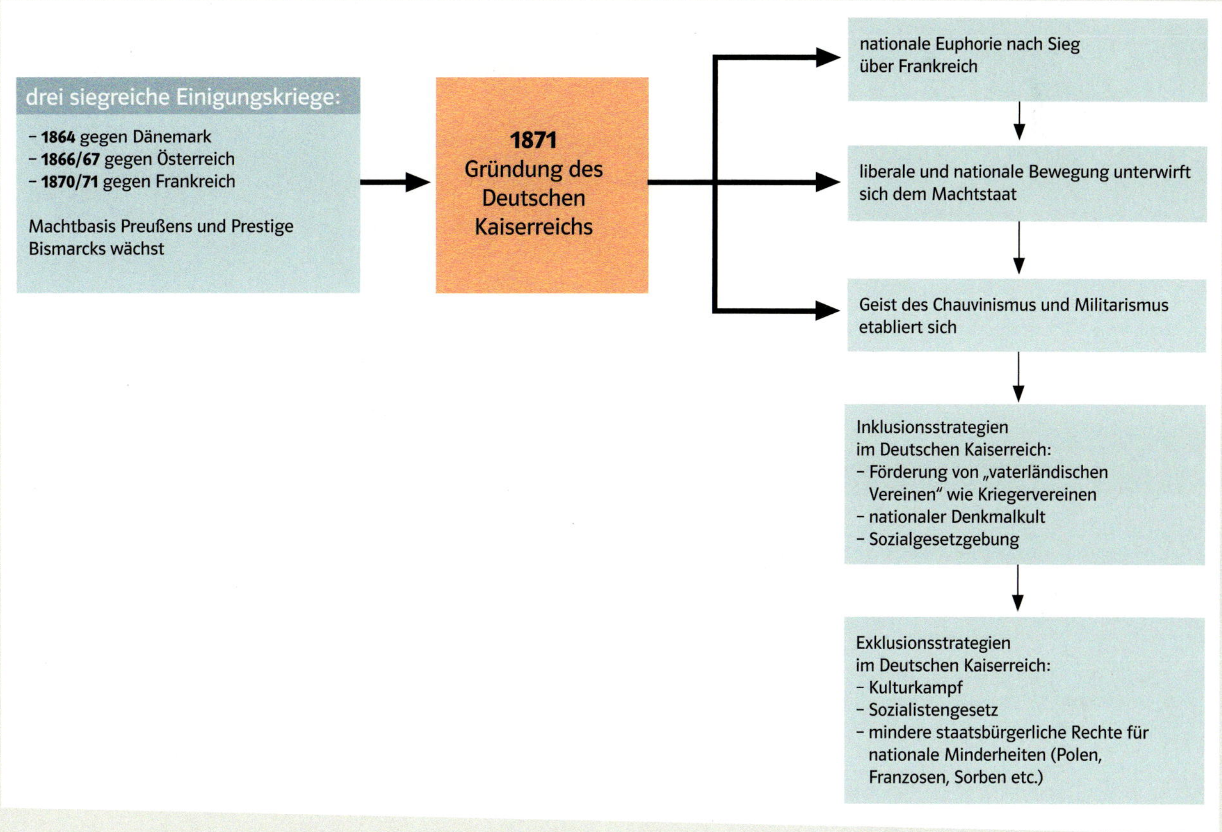

Herausbildung und Wandel einer „modernen“ Wirtschaft und Gesellschaft

Die sogenannte Moderne bedeutete nicht nur eine spürbare Politisierung breiter Bevölkerungsschichten, sondern auch einen gravierenden Wandel von Gesellschaft und Wirtschaft. Der Grund dafür waren die revolutionären Umwälzungen durch die Industrialisierung, die bis heute anhalten. Wie aber sahen diese Veränderungen konkret aus? Wie gingen die modernen, im schnellen Wandel begriffenen Gesellschaften mit Phänomen der zunehmenden Migration und der sozialen Frage um? Welche Erkenntnisse aus der Geschichte können bei Entscheidungen für die Zukunft helfen?

Das rasche Bevölkerungswachstum, Klimaeinflüsse, politische Konflikte, Vertreibungsprozesse und wirtschaftlicher Strukturwandel führten immer wieder in Europa zu großen Auswanderungsbewegungen.

Vorwissen

Erinnern Sie sich an:
die Begriffe Industrielle Revolution, Soziale Frage, Sozialstaat und Migration

Schritte des Kompetenzaufbaus

- Gründe für die Frühindustrialisierung in England benennen
- die Veränderung der Gesellschaft durch die Industrialisierung analysieren

→ Kapitel 6.1–6.3

- Gründe für Migrationsbewegungen in und aus Europa analysieren
- die deutschen Einwanderungs- und Integrationspolitik erörtern

→ Kapitel 8.1–8.3

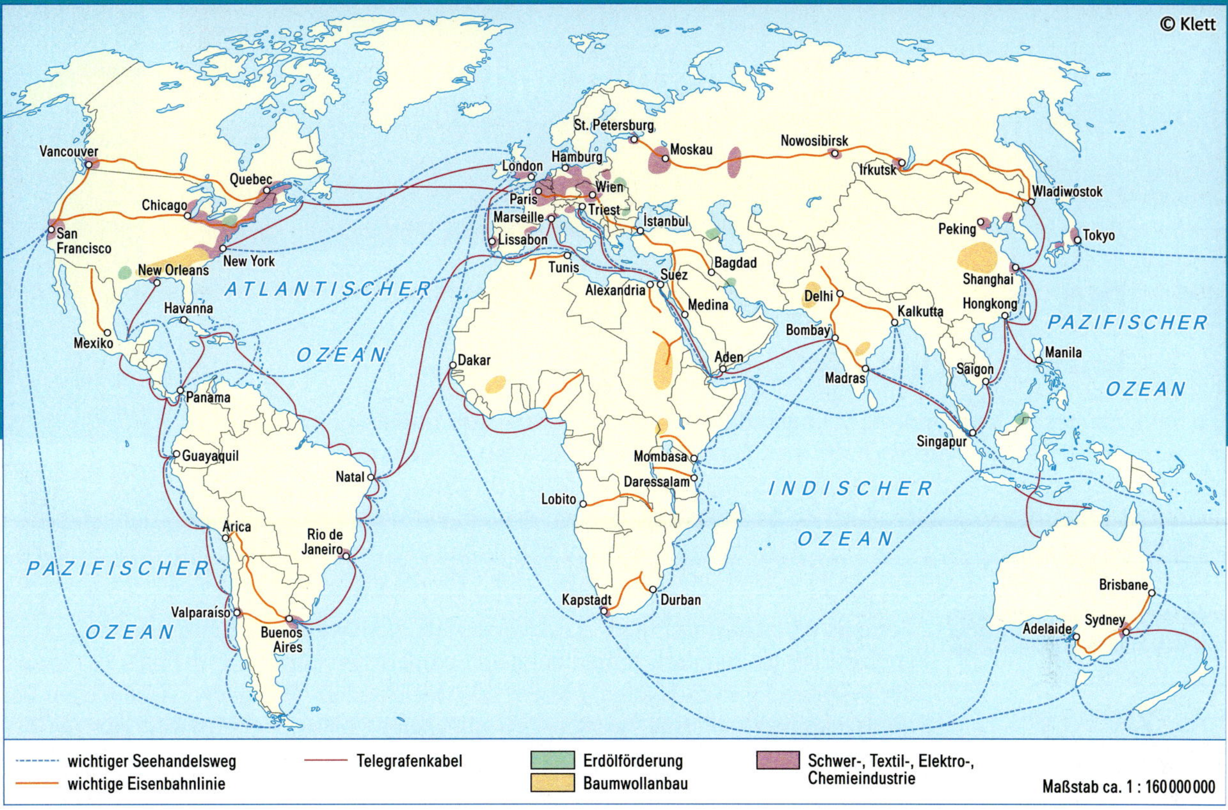

Industrieregionen und wichtige Transportwege um 1900

Arbeitsvorschläge

1. Benennen Sie Gründe für die deutsche Migration im 19. und 20. Jahrhundert.
2. Überprüfen Sie, inwieweit sich die wichtigsten Industrieregionen der Welt im Vergleich zu 1900 verändert haben.

→ **Erreichtes Ziel**

- Veränderungen infolge der Digitalisierung und der Herausbildung einer postindustriellen Gesellschaft charakterisieren und bewerten

→ Kapitel 9.1–9.2

- Gründe und Ausprägungen von gesellschaftlichen Wandlungsprozessen in Deutschland bezeichnen, einordnen und erörtern

→ Kapitel 10.1–10.2

Den Wandel der „modernen" Gesellschaft am Beispiel Deutschlands beschreiben und in seinen Ursachen und Folgen erörtern können

6 Veränderung von Wirtschaft und Gesellschaft in der Moderne

6.1 Das frühindustrielle England – Vorreiter des Fortschritts?

Die am Ende des 18. Jahrhunderts in England beginnende Industrialisierung prägt bis heute die wirtschaftlichen und gesellschaftlichen Verhältnisse in fast allen Ländern der Erde. Die Grundlagen und somit auch die Intensität dieses wirtschaftlichen Strukturwandels waren allerdings sehr unterschiedlich. Auch ist die Industrialisierung kein abgeschlossener, endgültiger Prozess.

Zur Orientierung

2. Hälfte 18. Jh.
zunehmender technischer Fortschritt (Dampfmaschine, etc.), Beginn der Frühindustrialisierung

1776
Schrift Adam Smiths: „Der Wohlstand der Nationen"

Anfang 19. Jh.
Industrialisierung breitet sich nach West-/Mitteleuropa aus.

Europas Wirtschaft um 1800 – Landwirtschaft, Handwerk und Heimgewerbe

Ende des 18. Jahrhunderts lebten auf dem europäischen Kontinent mehr als 90 Prozent der Bevölkerung in Gutshöfen, Dörfern oder Kleinstädten. Die landwirtschaftlichen Betriebe basierten auf einer großen Zahl abhängiger, billiger Arbeitskräfte, für die der adlige oder kirchliche Gutsherr ein Mindestmaß an Fürsorgepflicht besaß. Die Produktivität solcher Gutswirtschaften war eher gering.
In den Städten war das Handwerk noch immer dominiert vom mittelalterlichen Zunftwesen. Der Zunftzwang begrenzte die Zahl der in einer Stadt tätigen Handwerker. Neue, innovative Unternehmer hatten so wenig Chancen, in das Handwerk einzusteigen.
Im verarbeitenden Gewerbe produzierten Manufakturen Luxusartikel wie Teppiche, Porzellan, Uhren oder Waffen. Solche spezialisierten Betriebe durften allerdings nur mit Genehmigung des Staates gegründet werden und unterlagen oft hohen Steuern.
Handwerker auf dem Land produzierten meist in Heimarbeit. Dabei wurde etwa die Herstellung von Textilien vom „Verlagswesen" dominiert: Ein „Verleger" koordinierte die Produktion, stellte mitunter Rohstoffe zur Verfügung und betrieb den Absatz der Erzeugnisse. So waren die „selbstständigen" Heimarbeiter von ihrem Verleger abhängig.

Faktoren für die englische Frühindustrialisierung

In England begann sich die Wirtschaft jedoch zu entwickeln, hier gab es günstigere Bedingungen für Unternehmer als beispielsweise in den deutschen Staaten:
- *gesellschaftliche Veränderungen:* Seit dem 17. Jahrhundert wurde die englische Gesellschaft sozial durchlässiger: Die „Gentry" – Grundbesitzer adeliger und bürgerlicher Herkunft – gewann an Einfluss. Die Grundherren erlangten das unbegrenzte Verfügungsrecht über ihren Besitz. Durch das Erstgeburtsrecht waren besonders Zweitgeborene des niederen Adels oder der bürgerlichen Gentry gezwungen, einer Beschäftigung im Staatsapparat oder im Handel und als Unternehmer nachzugehen.
- *Veränderungen im Agrarwesen:* Seit dem 18. Jahrhundert wurden rentablere Großbetriebe geschaffen. Sie erlaubten eine gewinnorientierte Landwirtschaft und eine Steigerung der Lebensmittelproduktion. Dieses Wirtschaftssystem verdrängte Kleinbauern und benötigte weniger Landarbeiter. So standen immer mehr verarmte Arbeitskräfte für die anwachsende industrielle Entwicklung in den Städten zur Verfügung.
- *Englands Stellung als See- und Kolonialmacht:* Über ihre Kolonien hatte England Zugang zu Rohstoffen und billigen Produkten. Aus den Plantagen erhielt England Baumwolle und Farbstoffe für die Textilindustrie. Außerdem brachte der lukrative Überseehandel

mit Asien und Amerika Luxuswaren wie Seide, Tabak, Zucker, Kaffee und Tee nach England, aber auch Massengüter wie Getreide und Holz. Dadurch wurde viel Kapital für unternehmerische Tätigkeiten erwirtschaftet.

Aufstieg Englands zur Industriemacht

Seit Ende des 17. Jahrhunderts nahm in Europa die Bevölkerung spürbar zu. Neben der Ernährungsfrage führte das Bevölkerungswachstum zu einem steigenden Bedarf an billiger Kleidung. Nun suchte man nach Verfahren, um Textilien in großer Zahl zu produzieren. Der Durchbruch gelang 1764 mit der Erfindung der Spinning Jenny, einer industriellen Spinnmaschine zur Verarbeitung von Wolle zu Garn. 1785 brachte Edmund Cartwright den ersten mechanischen Webstuhl auf den Markt. Fortan wurden immer mehr Textilstoffe von Maschinen und nicht mehr per Hand gefertigt. Die Antriebsenergie lieferte die Dampfmaschine – 1712 von Thomas Newcomen konstruiert und 1769 von James Watt weiterentwickelt. Auch die Verfahren zur Herstellung von Baustoffen wurden optimiert: 1784 entwickelte Henry Cort ein Verfahren, mit dem Roheisen in Stahl umgewandelt werden konnte. Weil die Dampfmaschine in immer mehr Wirtschaftszweigen verwendet wurde, beschleunigte sich die Entwicklung des Maschinenbaus. Auch stieg die Nachfrage nach Eisen und Kohle an. Bald wurde in England die Textilindustrie als dominierender Leitsektor durch Bergbau, Eisenindustrie und Eisenbahnbau abgelöst.

Edmund Cartwright (1743–1823)
engl. Pfarrer, Erfinder der mechanischen Webmaschine Power Loom

Wissenschaftler der Aufklärung weisen neue Wege

Die Neuerungen beruhten auf einem aufgeklärten Selbstverständnis der Wissenschaftler. Seit dem Beginn des 18. Jahrhunderts versuchten Wissenschaftler aufgeworfene Fragen mittels Vernunft und Beobachtung zu beantworten und überprüften ihre Thesen mithilfe von Experimenten. Englische Tüftler profitierten auch davon, dass die anglikanische Kirche weniger Druck auf Vertreter der Aufklärung ausübte als die katholische Kirche in Frankreich oder Spanien. Viele Historikerinnen und Historiker deuten aber auch wirtschaftstheoretische und religiöse Grundüberzeugungen als wichtige Grundlage für die industrielle Vorreiterrolle Englands: 1776 stellte der schottische Aufklärungsphilosoph Adam Smith eine Theorie vor, die die Grundlage für eine liberale Wirtschaftsordnung legte. In seinem Werk „The Wealth of Nations" vertrat Smith die Auffassung, dass das Gewinnstreben des Einzelnen zum Wohlstand aller führe. Eine positive wirtschaftliche Entwicklung könne vor allem dann vorangetrieben werden, wenn den Bürgern viel wirtschaftliche Freiheit gelassen würde. In einer solchen Wirtschaftsordnung werde der Preis der Güter allein durch das Angebot und die Nachfrage nach den Produkten bestimmt. Der Staat sollte in Smiths Wirtschaftssystem vor allem die wirtschaftlichen Freiheiten aufrechterhalten. Smith wurde damit zu einem wichtigen Begründer des Wirtschaftsliberalismus.

Der britische Wirtschaftsliberalismus wurde zusätzlich durch eine Erwerbsethik geprägt, die auch die Kirche von England vertrat. Dabei wurde die Anhäufung von Eigentum religiös gerechtfertigt: Der Mensch solle für Gott arbeiten, um auf diesem Wege reich zu werden. Reichtum bekomme er von Gott als Zeichen seiner Auserwähltheit.

Adam Smith (1723–1790)
schottischer Philosoph und Aufklärer

Die Industrialisierung breitet sich aus

Im Gegensatz zur englischen liberalen Wirtschaftsordnung hielten die Staaten auf dem europäischen Festland zunächst noch am merkantilistischen System fest. Doch die Veränderungen in England gaben Impulse auch über die Landesgrenzen hinweg, sei es nach Nordamerika oder auf dem europäischen Festland. Dort begannen sich Industrialisierungsprozesse in Regionen mit ähnlich günstigen Bedingungen auszubreiten – über die Niederlande nach Nordfrankreich und von dort ab den 1820er-/1830er-Jahren nach Mitteleuropa (z. B. Ruhrgebiet).

A Was begünstigte die Industrialisierung?

Q1 Idee des Wirtschaftsliberalismus

Aus dem Werk „Wohlstand der Nationen. Eine Untersuchung seiner Natur und seiner Ursachen" von Adam Smith 1776:

Der Einzelne [...] hat den eigenen Vorteil im Auge und nicht etwa den der Volkswirtschaft. Aber gerade das Streben nach seinem eigenen Vorteil ist es, das ihn ganz von selbst oder vielmehr notwendigerweise dazu führt, sein Kapital dort einzusetzen, wo es auch dem ganzen Land so den größten Nutzen bringt. Verfolgt er nämlich sein eigenes Interesse, so fördert er damit indirekt das Gesamtwohl viel nachhaltiger, als wenn die Verfolgung des Gesamtinteresses unmittelbar sein Ziel gewesen wäre. Ich habe nie viel Gutes von denen gehalten, die angeblich für das allgemeine Beste tätig waren. [...] Wenn daher jeder Einzelne so viel wie nur möglich danach trachtet, sein Kapital zur Unterstützung der einheimischen Erwerbstätigkeit einzusetzen und dadurch diese so lenkt, dass ihr Ertrag den höchsten Wertzuwachs erwarten lässt, dann bemüht sich auch jeder Einzelne ganz zwangsläufig, dass das Volkseinkommen im Jahr so groß wie möglich werden wird. Tatsächlich fördert er in der Regel nicht bewusst das Allgemeinwohl, noch weiß er, wie hoch der eigene Beitrag ist. [...] Und er wird in diesem wie auch in vielen anderen Fällen von einer unsichtbaren Hand geleitet, um seinen Zweck zu fordern, den zu erfüllen er in keiner Weise beabsichtigt hat. [...]

Gibt man daher alle Systeme der Begünstigung und Beschränkung auf, so stellt sich ganz von selbst das einsichtige und einfache System der natürlichen Freiheit her. Solange der Einzelne nicht die Gesetze verletzt, lässt man ihm völlige Freiheit, damit er [...] seinen Erwerbsfleiß und sein Kapital im Wettbewerb mit jedem anderen oder einem anderen Stand entwickeln und einsetzen kann. Der Herrscher wird dadurch vollständig von einer Pflicht entbunden, [...] nämlich der Pflicht oder Aufgabe, den Erwerb privater Leute zu überwachen und ihn in Wirtschaftszweige zu lenken, die für das Land am natürlichsten sind. Im System der natürlichen Freiheit hat der Souverän lediglich drei Aufgaben zu erfüllen [...]: Erstens die Pflicht, das Land gegen Gewalttätigkeit und Angriff anderer unabhängiger Staaten zu schützen, zweitens die Aufgabe, jedes Mitglied der Gesellschaft so weit wie möglich vor Ungerechtigkeit oder Unterdrückung durch einen Mitbürger in Schutz zu nehmen oder ein zuverlässiges Justizwesen einzurichten, und drittens die Pflicht, bestimmte öffentliche Anstalten und Einrichtungen zu gründen und zu unterhalten, die ein Einzelner oder eine kleine Gruppe aus eigenem Interesse nicht betreiben kann, weil der Gewinn ihre Kosten niemals decken könnte, obwohl er häufig höher sein mag als die Kosten für das ganze Gemeinwesen.

Adam Smith: Der Wohlstand der Nationen. Eine Untersuchung seiner Natur und seiner Ursachen. DTV, München 1978. S. 369–371, S. 582. Übers. v. Horst Claus Recktenwald.

D1 Ausdehnung des Eisenbahnnetzes (1840–1914)

(Länge in km)

Land	1840	1870	1914
Großbritannien	2 390	21 558	32 623
Deutschland	469	18 876	61 749
Frankreich	410	15 544	37 400
Russland	27	10 731	62 300
Belgien	334	2 897	4 676 (im Jahr 1871)
Österreich-Ungarn	144	6 112	22 981 (im Jahr 1913)

Rondo Cameron: Geschichte der Weltwirtschaft. Bd. 1: Vom Paläolithikum bis zur Industrialisierung. Klett-Cotta, Stuttgart 1991, S. 296.

D2 Anteil des Textilexports am gesamten Export Englands (1830–1870)

Exportgüter	1830	1850	1870
Baumwollgarn und Waren	50,8	39,6	35,8
sonstige Textilien	19,5	22,4	18,9
Eisen, Stahl, Maschinen	10,7	13,1	16,8
Kohle, Koks	0,5	1,8	2,8

Eric J. Hobsbawm: Industrie und Empire I., Britische Weltwirtschaftsgeschichte seit 1750. Suhrkamp, Frankfurt/M. 1969, S. 112.

B Die Industrialisierungsprozesse in England im Urteil

D3 Die Allmende in England

Mit dem Ziel der Ertragssteigerung der landwirtschaftlichen Erträge geriet zunächst in England, dann auch in anderen Ländern, der gemeinschaftliche Allmendeboden ins Visier der Agrarreformer. Der US-amerikanische Geologe David Montgomery beschrieb 2008 in einer Studie über die Zerstörung fruchtbaren Bodens von den frühen Hochkulturen bis zur Gegenwart die Allmende in England im 18. Jahrhundert:

[Seit dem Mittelalter] verwalteten Bürgerschaften das Land, das sich im Besitz der gesamten Dorfgemeinschaft befand. Jeder Haushalt erhielt in jeder Saison ein Stück Land zur Kultivierung, danach wurden die Felder wieder gemeinschaftlich genutzt. Nach der Ernte weidete Vieh auf den Stoppelfeldern und lieferte Fleisch, Milch und Dung. [...]

Zu Beginn des 18. Jahrhunderts glaubte man, es gebe nur eine Möglichkeit, die Qualität von Ackerland zu steigern: Es war dies die Einfriedung ausreichend großer, in Privatbesitz befindlicher Weideflächen. Sie sollten sicherstellen, dass die Ackerflächen weiterhin mit Viehdung versorgt werden konnten. Es war keinesfalls ausreichend, die Kuh [...], einfach über die Allmende zu treiben, in der Hoffnung, sie würde dort ihre Fladen verteilen. [...] War ein Betrieb zu klein, führte kontinuierlich betriebener Anbau unweigerlich zur Minderung der Bodenfruchtbarkeit. Dass große Betriebe ebenfalls zur Auslaugung des Bodens beitragen, war noch nicht sichtbar – und die diesbezüglichen Erfahrungen der Römer waren schon lang dem Vergessen anheimgefallen. [...]

Am Ende des 18. Jahrhunderts war gemeinschaftlich genutztes Land fast vollständig aus England verschwunden. Der Verlust der Allmende ging für zahlreiche ländliche Haushalte mit dem Verlust ihrer Unabhängigkeit einher. Des bisher genutzten Landes beraubt, waren die Kleinbauern ohne Arbeit und somit schnell ein Fall für die Armenfürsorge. Da er die wirtschaftlichen Auswirkungen des Wandels in der englischen Landschaft wahrnahm, hielt Arthur Young, Sekretär des Landwirtschaftsrates, Einfriedungen bald für eine gefährliche Entwicklung, da sie der Selbstversorgung auf dem Land ein Ende setzte. Doch die Einfriedung und Privatisierung der letzten Überreste des Gemeinlandes zwangen die neue Schicht der landlosen Kleinbauern genau zu der Zeit zur Arbeitssuche, als für die britischen Zentren der Industrialisierung Arbeitskräfte benötigt wurden.

David R. Montgomery: Dreck. Warum unsere Zivilisation den Boden unter den Füßen verliert. Oekom-Verl., München 2010, S. 125, 134 und 136. Übers. v. Elke Walter.

Q2 Der Zusammenhang von Binnennachfrage und Wirtschaftsentwicklung

Der Aufklärer Daniel Defoe schrieb 1728 über den Zusammenhang von Binnennachfrage und Wirtschaftsentwicklung:

Auf diese beiden Gruppen, die Fabrikanten [hier: die, die in der Fabrik arbeiten] und die Geschäftsinhaber, stütze ich die Hypothese, die ich dem Publikum vortragen möchte: Sowohl das Einkommen, das sie entweder aus ihrer Arbeit oder ihrem Gewerbe beziehen, als auch ihre unvorstellbar große Zahl sind der Grund dafür, dass der einheimische Verbrauch unserer eigenen und der aus anderen Ländern importierten Produkte so extrem groß ist und bei uns Handel und Industrie sich so prachtvoll entfalten, wie ich noch zeigen werde. [...]

Diese Menschen nehmen euch den Löwenanteil eurer Waren ab; für sie sind eure Märkte Samstagabend noch lange geöffnet; denn ihren Wochenlohn bekommen sie zumeist erst spät. [...] Sie sind zahlreich: nicht Hunderte oder Tausende oder Hunderttausende, sondern Millionen; dank ihrer großen Masse laufen die Räderwerke des Gewerbes, und Industriegüter ebenso wie Erzeugnisse der Bauern und Fischer werden verarbeitet, konserviert und für ausländische Märkte zurechtgemacht; dank ihrer hohen Einkommen können sie ihren Unterhalt sichern, und dank ihrer großen Zahl kann das gesamte Land ernährt werden; mit ihren Löhnen leben sie im Überfluss, und weil sie so aufwendig, groß- und freizügig leben, nimmt der inländische Verbrauch sowohl unserer eigenen als auch der ausländischen Produkte einen solchen Umfang an.

David Landes: Wohlstand und Armut der Nationen. Warum die einen reich und die anderen arm sind. Berlin 1999, S. 237. Übers. v. Ulrich Enderwitz.

Audio
Q 3 als Audiodatei
e4zd8r

Q 3 Einschätzung zur Industrialisierung in England

Aus einem Reisebericht Christian August Gottlieb Goedes 1806:

Keinem aufmerksamen Beobachter kann es entgehen, dass dieselben Ursachen, welche den Wohlstand der Engländer immer höher emporheben, auch auf der andern Seite Armut und Elend unter ihnen verdoppeln. Je mehr sich Schifffahrt, Handel und Manufakturwesen in England erweitert haben, umso stärker ist die Anzahl der Armen angewachsen. Es ist aber bemerkenswürdig, wie vielfältiges Elend aus jenen großen Hilfsquellen des Nationalreichtums entspringt. Schifffahrt, Fabriken und Manufakturwesen zerstören bei großer Ausdehnung furchtbarer und schneller als manche tödliche Epidemie erstaunlich viele Menschenleben. Es ist fast unglaublich, wie sehr sich mit jedem Jahr in England die Zahl der Witwen und Waisen, armer Seeleute und Fabrikarbeiter vermehrt, die in ihrem Beruf einen frühen Tod gefunden haben. Aus dieser Klasse hilfloser Armen besteht jederzeit die größte Anzahl derer, welche den englischen Kirchspielen zur Last fallen. [...] Ebenso wahr, obgleich scheinbar nicht minder paradox ist es, dass die im Lande sich anhäufenden Reichtümer, während sie auf der einen Seite den Schwungrädern der Industrie eine leichtere und schnellere Bewegung geben, auf der andern die Gewerbetätigkeit in ihren ersten Schritten hemmen. Die vermögenden Bürger werden durch die Vergrößerung ihrer Kapitalien in den Stand gesetzt, alle Unternehmungen immer mehr in Größe zu treiben, aber begreiflicherweise wird eben dadurch der ärmere Bürger immer tiefer ins Elend hinabgestoßen, denn wer ein Gewerbe nur im kleinen betreiben kann, muss in demselben umso weiter zurückgesetzt werden, je beträchtlicher und je leichter andere bei demselben Erwerbszweig durch geschickte Anlegung großer Kapitalien die Hervorbringung und den Vertrieb der Waren zu vermehren wissen.

Christian A. G. Goede: England, Wales, Irland und Schottland. Erinnerungen an Natur und Kunst auf einer Reise 1802–1803, Bd. 5. Arnoldische Buch- und Kunsthandlung, Dresden 1806, S. 78–80.

Q 4 Einsatz einer frühen Dampfmaschine im englischen Bergbau (Untertageabbau von Steinkohle)

Gemälde 1792

Arbeitsvorschläge

Vorwissen aktivierende Arbeitsvorschläge

1. Erläutern Sie auf Basis Ihres Vorwissens und des darstellenden Textes grafisch die wichtigsten Wegmarken, die in England zur Industrialisierung geführt haben.
2. Erörtern Sie die Bedeutung der gewaltsamen Aneignung von Kolonien und deren wirtschaftliche Ausrichtung bzw. Ausbeutung für die Industrialisierung in Europa.
3. (N) Erläutern Sie anhand Ihres Vorwissens aus Physik und Chemie die Bedeutung der Erfindung
   a) der Dampfmaschine,
   b) des mechanischen Webstuhls und
   c) der Herstellung von Stahl aus Roheisen (sogenanntes Puddelverfahren).

A Was begünstigte die Industrialisierung?

4. Arbeiten Sie die Aufgaben des Staates nach Ansicht Adam Smiths heraus (→ Q1).
5. Setzen Sie sich mit dem ethischen Egoismus nach Smith kritisch auseinander (→ Q1).
6. ○ Überprüfen Sie mithilfe der Tabellen zur Ausdehnung des Eisenbahnnetzes und des Anteils des Textilexports (→ D1) die Behauptung, dass England das Pionierland der Industrialisierung sei.
7. ○ Erläutern Sie anhand der Statistik zum Textilexport (→ D2) die Bedeutung der Textilbranche für die Industrialisierung in England.

B Die Industrialisierungsprozesse in England im Urteil

8. Geben Sie mit eigenen Worten wieder, wie der Geologe Montgomery die Folgen der Aufhebung der Allmende im England des 18. Jahrhunderts beurteilt (→ D3).
9. Diskutieren Sie auf Basis Ihres Wissens über die Folgen der Industrialisierung, ob die Kritik von Montgomery berechtigt ist.
10. ○ Recherchieren Sie den praktischen Hintergrund der Enclosure(= Einfriedung)-Bewegung und vergleichen Sie die Auffassung von Montgomery mit der aktuellen Debatte nach ökologischer Nachhaltigkeit.
11. Erläutern Sie ausgehend von Daniel Defoe (→ Q2) den ökonomischen Ansatz des Wirtschaftsliberalismus.
12. Beschreiben Sie das Gemälde → Q4 und erklären Sie die darauf abgebildeten Vorgänge.
13. Erläutern Sie auf Basis des Gemäldes → Q4 die Bedeutung der Dampfmaschine für den Bergbau.

Übergreifender Arbeitsvorschlag

14. Fertigen Sie zum Industrialisierungsprozess in England unter dem Aspekt des wirtschaftlichen und technischen Wandels einen Podcast an. Nutzen Sie dafür die methodische Hilfestellung im Anhang des Buches.

Differenzierung e4zd8r

○ Arbeitshilfen zu den Aufgaben 6, 7 und 10

AFB I: 1, 8 AFB II: 3, 4, 7, 11, 12, 13 AFB III: 2, 5, 6, 9, 10, 14

MK Fotografien analysieren

Keine andere Bildquelle scheint uns das Geschehen in der Vergangenheit so genau zu zeigen wie die Fotografie. Mit ihr bekommen wir einen Eindruck von früheren Zeiten. Allerdings verrät uns ein Foto nicht, wie es wirklich gewesen ist. Es präsentiert die Wirklichkeit nur so, wie der Fotograf sie uns in einer Momentaufnahme vorstellt. Wollen wir aus einem Foto eine stichhaltige Aussage ableiten, müssen wir es sorgfältig prüfen.

Beginn der Fotografie

Die Geschichte der Fotografie begann vor etwa 175 Jahren, also zur Zeit der Industrialisierung. Deswegen begegnen uns aus jener Zeit schon erste Fotografien. Fotografieren war damals eine schwierige und aufwendige Angelegenheit. Die Kameraausrüstung war schwer und teuer, die Bedienung kompliziert. Schnappschüsse waren unmöglich. Damals – wie heute übrigens auch – waren die meisten Fotos gestellt.
Weil die Fotografie als modern galt, beauftragten viele Unternehmer Fotografen, ihre Fabrik und ihre Arbeiter abzulichten. So entstand auch das hier verwendete Foto, das die Schmiede einer Maschinenfabrik in Essen zeigt.

Zwischen Arrangement und Wirklichkeit

Fotos verleiten uns zu glauben, dass das, was wir auf ihnen sehen, wirklich so war. Doch Vorsicht: Wir wissen bei einem Foto nicht, was außerhalb des Bildausschnittes passierte, was der Fotograf weggelassen oder was er arrangiert hat. Außerdem können Fotos im Nachhinein verändert werden. Das war schon immer möglich, nur ist es heute mit den Mitteln der Digitalfotografie noch viel einfacher geworden. Wir müssen Fotos also kritisch untersuchen. Dazu gehört ein genauer Blick auf
- das Foto selbst,
- die Umstände, unter denen es aufgenommen wurde,
- die Absicht, mit der es gemacht wurde,
- die „Botschaft", die es vermittelt oder vermitteln möchte.

Methodische Arbeitsschritte

1. Beschreiben →
- Betrachten Sie das Foto zunächst ganz genau.
- Geben Sie an, wer oder was abgebildet ist: Welche Einzelheiten erkennen Sie? Was fällt Ihnen besonders auf?
- Stellen Sie fest, zu welcher Zeit und in welcher Situation das Foto entstanden ist.
- Fassen Sie Ihren ersten Gesamteindruck vom Foto zusammen.

2. Untersuchen →
- Analysieren Sie, wie das Foto aufgebaut ist: Was befindet sich in der Mitte, was im Vorder- und Hintergrund? Achten Sie dabei auch auf Figurendarstellung und Größenverhältnisse.
- Ermitteln Sie den Standpunkt des Fotografen/die Perspektive.
- Versuchen Sie herauszuarbeiten, ob es sich um einen Schnappschuss oder eine gestellte Aufnahme handelt. Überprüfen Sie, ob es einen Auftraggeber gibt.
- Erklären Sie das Motiv/die abgebildete Szene/den Vorgang.

3. Deuten
- Erläutern Sie, was das Foto ausdrückt und ob es eine „Botschaft" vermittelt.
- Fassen Sie zusammen, welche Erkenntnisse Sie aus der Abbildung über die damalige Zeit und das damalige Geschehen gewinnen.
- Beurteilen Sie, ob es wichtige Dinge gibt, über die wir nichts erfahren.

Q1 Arbeiter in einer Maschinenfabrik in Essen
Foto, um 1900

Zusatzinformation: Fabrikarbeit um 1900
Fabrikarbeit in der Zeit der Industrialisierung sah oft so aus:
Gearbeitet wurde an sechs Tagen in der Woche, jeden Tag zehn bis zwölf Stunden (manchmal auch länger). Regelmäßige Pausen waren nicht vorgesehen; meistens wurde die Arbeit nur unterbrochen, wenn eine Maschine wegen technischer Probleme zwischenzeitlich stillstand. Urlaub gab es nicht.
Die Arbeit selbst war meist eintönig, den Takt gaben die Maschinen vor. Die Fabrikhallen waren oft schlecht belüftet: Je nach Art der Maschinen erschwerten Staub oder Ruß das Atmen. Oft herrschte außerdem große Hitze und ohrenbetäubender Maschinenlärm. Gehörschutz, Schutzbrillen und -kleidung oder auch Schutzvorrichtungen an den schweren Maschinen oder am offenen Feuer gab es kaum, sodass immer wieder schwere Arbeitsunfälle passierten. Viele Arbeiterinnen und Arbeiter entwickelten unter der Dauerbelastung von Staub, Lärm und schwerer körperlicher Arbeit chronische Krankheiten.

Arbeitsvorschläge

1. Analysieren Sie das Foto → Q1 anhand der Arbeitsschritte (links unten). Ziehen Sie dabei auch die Zusatzinformation „Fabrikarbeit um 1900" hinzu.
2. Formulieren Sie zwei Überschriften zu → Q1: aus der Perspektive eines Zeitgenossen und aus der Perspektive eines heutigen Betrachters.
3. Versetzen Sie sich in die Lage eines Arbeiters, der zu Hause über den Fototermin berichtet. Schreiben Sie dazu einen Tagebucheintrag.
4. Suchen Sie sich ein Foto aus diesem Kapitel aus und analysieren Sie es mithilfe der methodischen Arbeitsschritte.

AFB I: 1, 4 AFB II: 1–4 AFB III: 1, 4

6.2 Folgenreiche Entwicklung zur Industriegesellschaft dank moderner Naturwissenschaften?

Die Gesellschaften der modernen, industrialisierten Nationalstaaten entwickelten sich in einem rasanten Tempo. Dies prägte das Berufs- und Alltagsleben von immer mehr Menschen und nicht jeder konnte mit diesem Tempo Schritt halten.

Zur Orientierung

1860
Erfindung des ersten Fahrrads
1874
erstes, stabiles Transatlantikkabel für Telegrafie in Betrieb genommen (Irland-Kanada)
1884
Festlegung des Nullmeridians (Standardisierung einer Weltzeit)

Eine „neue globale Zeit"?

Auf einer internationalen Konferenz in Washington 1884, an der Vertreter aus 25 Staaten teilnahmen, wurde eine global einheitliche Zeitregelung auf Basis des **Nullmeridians** festgelegt. Wurde Zeit zuvor in der Regel nach dem Sonnenstand bemessen und unterschied sich von Stadt zu Stadt, richtete sich nun die Zeitdefinition weltweit am Nullmeridian (mittlere Ortszeit) aus. Diese Festlegung verbesserte die Möglichkeit, sich angesichts der immer engeren Verflechtungen zeitlich abzustimmen, z. B. bei Fahrplänen von Eisenbahnen. Dies war nicht zuletzt deswegen notwendig, weil die neuen Formen des Reisens und des Transports, aber auch die Art industriell zu arbeiten, immer stärker vom Diktat der Uhr bestimmt wurde. Die Erfindung der Gasbeleuchtung und später der Glühbirne als Alternative zu Kerzen, **Tranlampen** und **Kienspan** erlaubte bald auch die Arbeit in der Nacht.

Der Begriff der Transportrevolution wurde geprägt. 1860 wurde das erste Fahrrad erfunden. Ab Mitte der 1880er-Jahre wurde das Fahrrad so kostengünstig produziert, dass es sich eine große Zahl von Menschen leisten und damit ihren Bewegungsradius vervielfachen konnten. Moderne Dampfschiffe waren nicht mehr von Strömung und Wind abhängig und immer dichtere Eisenbahnnetze spannten sich über die Kontinente. Dazu zählten Routen wie die Orientbahn von Paris nach Istanbul ebenso wie die Transsibirische Eisenbahn von Moskau bis ans „Gelbe Meer". Arbeitskräfte, Rohstoffe und Fertigwaren, aber auch Militär konnten nun immer schneller über große Entfernungen transportiert werden.

Erst diese technischen Veränderungen machten die rasante Stadtentwicklung (Urbanisierung) möglich. Dazu trug auch die Herausbildung des modernen Nationalstaates bei, der immer stärker jeden einzelnen Bürger registrierte und bis ins entlegenste Dorf Infrastrukturmaßnahmen, wie Kanal- oder Straßenbau, durchführen konnte. Die Industrienationen mussten allerdings in zunehmendem Maße aus der ganzen Welt Lebensmittel und Rohstoffe importieren, um ihre Bevölkerung in den Industriezentren und Millionenstädten wie London, Paris oder Berlin ernähren zu können.

Veränderungen in Medizin, Hygiene und Ernährung

Die Gründung spezialisierter Bildungseinrichtungen trug maßgeblich zum wissenschaftlichen Fortschritt bei. Davon profitierte die Medizin, u. a. mit Erkenntnissen zur Bedeutung der Hygiene und Neuerungen in der Ernährung. Bis weit ins 19. Jahrhundert hinein war besonders die Kindersterblichkeit infolge schlechter hygienischer Verhältnisse und Mangelernährung hoch. Auch die allgemeine Lebenserwartung war im Vergleich zu heute eher gering. Seuchen und Epidemien konnten sich durch verunreinigtes Wasser immer wieder rasant verbreiten, u. a. weil Müll, Industrieabfälle und Fäkalien in der Regel über Flüsse entsorgt wurden. Auch bestand kaum Wissen über Keime und Bakterien. Entzündete Wunden konnten oft tödlich sein oder zumindest zu Amputationen von Gliedmaßen führen, da Antibiotika unbekannt waren. Penicillin wurde beispielsweise erst 1928 entdeckt und wurde erstmals 1941 an Patienten angewendet. Dank der naturwissenschaft-

Nullmeridian
1884 festgelegter Längenkreis um die Erdkugel vom Nordpol über den Südpol als Fixpunkt für die Zeitbemessung. Ausgehend vom Nullmeridian wurden 24 Zeitzonen auf dem Erdkreis definiert.

Tranlampen
Lampen, die Öl aus Tierfett (von Walen, Robben, etc.) als Brennmittel verwendeten (17.–19. Jh.), bevor Tran von Petroleum abgelöst wurde.

Kienspan
lange, dünne harzreiche Holzstücke, teils in Tierfett/-öl getaucht, die entzündet als Beleuchtungsmittel verwendet wurden (billiger Ersatz für teure Kerzen), in ärmeren Haushalten bis ins 19. Jh. hinein verwendet

lichen Forschung gelang es aber im Laufe des 19. Jahrhunderts, die medizinische Versorgung und die Gesundheitsvorsorge allmählich zu verbessern.

Trotzdem blieben die katastrophalen Wohn- und Hygieneverhältnisse sowohl auf dem Land als auch in den rasant wachsenden Industriezentren ein großes Problem. Hinzu kam die zunehmende Luft- und Wasserverschmutzung durch Fabriken. Erst Ende des 19. Jahrhunderts begannen die Großstädte damit, ihre Wasserversorgung und Abwasserkanalisation hinsichtlich der neuen Anforderungen zu modernisieren. Die erste Kläranlage in Europa entstand in Frankfurt/M. erst 1882. Für ein Großteil der städtischen Bevölkerung erfolgte die Versorgung mit Wasser auch noch bis ins 20. Jahrhundert hinein über öffentliche Brunnen bzw. Wasserpumpen. So eröffnete die Industriestadt Mannheim beispielsweise erst 1905 das erste Klärwerk, Stuttgart 1916. Noch 1892 waren infolge verunreinigten Wassers bei einer Choleraepidemie in Hamburg über 8600 Menschen gestorben.

Fortschritte gab es allerdings auch in Bezug auf Ernährung, da in diesem Bereich die Forschung zu optimierter Pflanzen- und Tierzüchtung führte. Beispielsweise wurden nun dank der gezüchteten Zuckerrübe der bisher verwendete teure Honig und das importierte Zuckerrohr abgelöst. Auch Fleisch wurde allmählich kostengünstiger, wenn auch noch kein billiges Massenprodukt wie im ausgehenden 20. Jahrhundert.

Die Industrialisierung und damit verbundene Standardisierung von immer mehr Industriewaren ließ nichtsdestotrotz Produkte erschwinglicher werden, was wiederum das Konsumverhalten der Menschen veränderte. Ein Beispiel dafür war beispielsweise die Holzwirtschaft, die sich ebenfalls technisierte. Spätestens ab Ende des 19. Jahrhunderts wurde in vielen Ländern mit der gezielten Aufforstung von schnellwachsenden Monokulturen wie beispielsweise Fichte begonnen. Holzwaren wie einfache Möbel oder auch Papier wurden billiger. Verbunden mit der sich verbessernden Lesefähigkeit durch die sich durchsetzende Schulpflicht verstärkte sich der Pressekonsum, da Zeitungen kostengünstiger produziert werden konnten, und führte damit auch zur Politisierung breiterer Bevölkerungsschichten.

Moderne = Gegensatz zwischen Stadt und Land?

Die rasante Modernisierung von Wirtschaft, Infrastruktur, Konsum- und Freizeitverhalten war allerdings in vielen Bereichen zunächst ein Phänomen der großen städtischen Zentren. Naturgemäß waren diese als Erste mit den entstehenden neuen transatlantischen Kommunikationswegen (elektrische Telegrafenleitung) und den schnellen Eisenbahn- und Dampfschifffahrtslinien verbunden. Auch waren sie erstes Ziel von Migranten aus aller Welt mit neuen Ideen, Wissen und Erfahrungen. Dadurch veränderte sich dort die Lebens- und Arbeitsweise besonders schnell. In den großen ländlichen Regionen veränderten sich hingegen die gesellschaftlichen und sozialen Strukturen nur langsam. Moderne soziale und politische Entwicklungen, wie der klassenkämpferische Sozialismus, die Frauenrechtsbewegung oder die aufkommende, heterogene Lebensreformbewegung mit Verfechtern von vegetarischer Ernährung, Antialkoholismus, Naturheilkunde und Freikörperkultur, stießen dort oft auf Kopfschütteln. Derartige „moderne“ Phänomene riefen in zunehmenden Maße aber auch Verunsicherung und die Sehnsucht nach einer verklärten „guten alten Zeit“ mit einer angeblich festen Ordnung hervor.

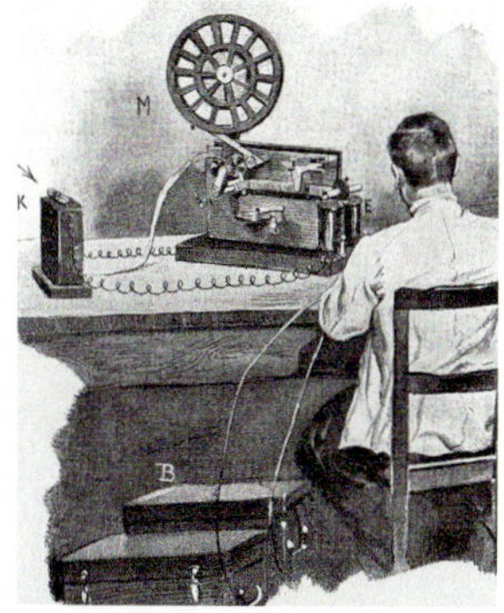

Telegrafenstation Ende des 19. Jahrhunderts

Die Erfindung des elektrischen Telegrafen und die Verlegung von Telegrafenleitungen über Länder und Kontinente hinweg revolutionierten die Kommunikation in Politik, Wirtschaft und Militär.

Wasserversorgung in der Großstadt

In der damals viertgrößten deutschen Stadt, Leipzig (ca. 460 000 Einwohner), basierte die Wasserversorgung der Bevölkerung um 1900 größtenteils auf etwa 280 öffentlichen Wasserpumpen.

A Wechselwirkungen von Nationalstaat und Industriegesellschaft

D1 Der Nationalstaat und seine Bürger

Der britische Historiker Eric Hobsbawm (1917–2012) schrieb zum „modernen" Nationalstaat:

Der typische moderne Staat, der seine Gestalt im Zeitalter der Französischen Revolution angenommen hat, [...] war in mehrfacher Hinsicht etwas Neuartiges. Er war definiert als ein (vorzugsweise einheitliches, zusammenhängendes) Territorium, über dessen gesamte Einwohnerschaft er herrschte, durch klar festgelegte Landesgrenzen von anderen derartigen Territorien getrennt. Politische Herrschaft und Verwaltung erfolgte unmittelbar und nicht über vermittelnde Systeme von Herrschern und autonomen Körperschaften.[1] Dieser Staat war nach Möglichkeit bestrebt, auf dem gesamten Territorium dieselben institutionellen und administrativen Ordnungen und Gesetze durchzusetzen, [...]. Und in wachsendem Maße sah er sich genötigt, die Meinungen seiner Untertanen oder Bürger zur Kenntnis zu nehmen, da seine politischen Einrichtungen ihnen ein Mitspracherecht einräumten – im allgemeinen durch auf unterschiedliche Weise gewählte Vertreter und/oder weil der Staat in anderer Hinsicht auf ihre praktische Zustimmung oder ihre Mitarbeit angewiesen war, zum Beispiel als Steuerzahler oder Wehrpflichtige. Kurz, der Staat herrschte über ein territorial bestimmtes „Volk" und tat dies als „höchstes" Organ der Herrschaft über sein Territorium, wobei seine Stellvertreter mit der Zeit sämtliche Bürger bis hin zum bescheidensten Bewohner des kleinsten seiner Dörfer erreichten.

Im Laufe des 19. Jahrhunderts wurden diese Eingriffe in „modernen" Staaten [...] zu etwas so Alltäglichem, dass eine Familie schon an einem äußerst unzugänglichen Ort leben musste, wenn nicht das eine oder andere ihrer Mitglieder regelmäßig mit dem Nationalstaat und seinen Dienern in Berührung kommen sollte: durch den Briefträger, den Dorfpolizisten [...] und schließlich durch den Dorfschullehrer; durch die Bediensteten der Eisenbahn, [...]; gar nicht zu sprechen von den Kasernen und Garnisonen und den kaum zu überhörenden Militärkapellen. In wachsendem Maße verschaffte sich der Staat einen Überblick über jeden seiner Untertanen und Bürger durch die Einführung regelmäßiger Volkszählungen (die erst um die Mitte des 19. Jahrhunderts zu einer allgemeinen Einrichtung wurden), durch die – zumindest theoretisch bestehende – allgemeine Schulpflicht und durch die allgemeine Wehrpflicht dort, wo sie möglich war. In Staaten mit einem gut funktionierenden Beamten- und Polizeiwesen brachte ein System persönlicher Registrierung die Einwohner in einen noch unmittelbareren Kontakt mit dem Herrschafts- und Verwaltungsapparat, insbesondere solche Personen, die den Wohnsitz wechselten. In Staaten, die eine weltliche Alternative zur kirchlichen Feier der großen Ereignisse im menschlichen Lebenszyklus boten (und das taten sie zumeist), konnten die Einwohner den Vertretern des Staates bei diesen stark gefühlsgeladenen Anlässen begegnen; und immer wurden sie von den Geburts-, Heirats- und Sterberegistern erfasst, die den Apparat der Volkszählung ergänzten. Regierung und Untertan oder Staatsbürger wurden durch tägliche Bande zwangsläufig in einer Weise miteinander verknüpft wie nie zuvor. Und die Revolutionen des 19. Jahrhunderts im Transport- und Verkehrswesen, wie sie in der Eisenbahn und dem Telegrafen beispielhaft verkörpert werden, verstärkten und vermehrten die Verbindungen zwischen der zentralen Obrigkeit und ihren abgelegenen Vorposten.

Eric J. Hobsbawm: Nationen und Nationalismus. Mythos und Realität seit 1780. Campus Verlag, Frankfurt/M. 1991, S. 97f. Übers. v. Udo Rennert.

1 **autonome Körperschaften**: konnten z. B. Zünfte und Gilden im Handwerk und Handel, aber auch kirchliche Institutionen sein. Indirekt war dies auch der Hausherr, der oft alle Personen seines Hausstandes (Familienmitglieder, Knechte, Mägde, etc.) rechtlich nach außen hin vertrat.

B Moderner „Fortschritt" = Verbesserung der Lebensqualität?

D2 Statistik zur durchschnittlichen Lebenserwartung für Menschen bei ihrer Geburt in den Jahren 1855–1905

Angaben zu Unterschieden in der damals sehr hohen Kindersterblichkeit im Alter von 0 bis 5 Jahren liegen nicht vor.

	1855	1875	1895	1905
Schweden	43,3	48,5	54,0	54,0
England	40,0	43,3	48,2	48,2
Niederlande	36,8	41,7	49,9	54,1
Deutschland	?	37,9	44,4	49,0
Russland	24,4	27,7	42,1	47,4
Italien	32,0	35,4	42,8	47,0
Spanien	29,8	31,0	34,8	43,3

Massimo L. Bacci: Europa und seine Menschen. Eine Bevölkerungsgeschichte. C. H. Beck, München 1999, S. 177.

Q1 Ausstellungsplakat zur Internationalen Elektro-Technischen Ausstellung in Frankfurt/M. 1891

Bei der Ausstellung wurde erstmals die leistungsstarke Fernübertragung von Strom vorgeführt, der in einem 176 km entfernten Kraftwerk in der Kleinstadt Lauffen am Neckar erzeugt wurde. Mittels dieses Stroms wurden auf der Ausstellung rund 1000 Glühlampen und ein künstlicher Wasserfall betrieben. Aufgrund dieses erfolgreichen Versuchs setzte sich die Drehstromtechnik für den Aufbau elektrischer Übertragungsnetze bald weltweit durch.

D3 Fleischextrakt, Kondensmilch und Tütensuppen

Der deutsche Kulturwissenschaftler Peter Peter (geb. 1956) schrieb über die Erfindung des Fertigessens im 19. Jahrhundert:

Ein Gespenst geht um in Europa – dieser Satz des Kommunistischen Manifests galt auch für die weitverbreitete Furcht vor einer unkontrollierbaren Bevölkerungsexplosion. Thomas Robert Malthus[1] hatte 1798 in seinem „An Essay on the Principles of Population" gewarnt, dass die Menschheit schneller wachse als die Lebensmittelversorgung. Angesichts dieses Bedrohungsszenarios sollte sich das 19. Jahrhundert in seinem Fortschrittsoptimismus der Reform und Rationalisierung der Ernährung verschreiben. Die rasch anwachsende Armenschicht sollte mit kräftigender Kost versorgt werden. Die extrem langen Arbeitszeiten ermöglichten es proletarischen Müttern kaum, in Ruhe ein solides Gericht zu Hause zu kochen. [...]

Den wissenschaftlichen Durchbruch sollte 1847 die Chemische Untersuchung über das Fleisch und seine Zubereitung zum Nahrungsmittel des Gießener Professors Justus von Liebig bringen. Sein Schüler Max von Pettenkofer begann 1848 in der Münchner Hofapotheke mit dem Verkauf von „kondensiertem Fleisch" zunächst an Kranke. [...]

[Weitere Erfindungen folgten. Anm. d. Red.] So machte der Frankfurter Apothekerlehrling Heinrich Nestle (1814–1890), der wegen seiner vormärzlich-republikanischen Gesinnung ins Exil nach Vevey in die Schweiz ging und sich dort Henri Nestlé nannte, ein Vermögen mit einem 1867 erfundenen Kindermehl. Die Mischung aus Schweizer Kuhmilchextrakt, Zucker und gemahlenem Weizenzwieback traf den Zeitgeist bürgerlicher Mütter, die begierig auf künstliche Säuglingsnahrung waren. Denn selbst zu stillen galt als bäuerlich, während man Ammen mit zunehmender Klassen-Distinktion[2] misstraute. [...]

Der aus Braunschweig stammende Carl Heinrich Knorr (1800–1875) hatte bei Heilbronn mit Dörrobst, Zichorien[3]-und Getreidehandel begonnen und Hülsenfruchtmehle mit Gewürzen und Trockengemüsen vermischt. Nach dem Tode des Patriarchen übernahmen die weitgereisten Söhne Carl Heinrich und Alfred Knorr die Fabrik und führten ab 1886 Suppenpulver in großem Stil ein. Was bisher als handgemixte Geheimrezepte in französischen Épicerien[4] verkauft wurde, verkommt in ihren unternehmerischen Händen zur Tütensuppe.

Peter Peter: Kulturgeschichte der deutschen Küche. 2. Aufl., C. H. Beck, München 2009, S. 153–155.

1 Thomas Robert Malthus (1766–1834): britischer Ökonom
2 **Distinktion**: soziologischer Begriff für die bewusste Abgrenzung von einer oder mehreren sozialen Gruppen
3 **Zichorien (Wegwarten)**: sind eine Pflanzengattung in der Familie der Korbblütler (z. B. Chicorée oder Zuckerhut)
4 **Épicerien**: französische Bezeichnung für kleine Einzelhandelsläden, Mini-Markt etc.

D4 Moderne Naturwissenschaft trifft Brauereiindustrie

Die Kulturwissenschaftler Gunther Hirschfelder und Manuel Trummer schildern die Auswirkung der Naturwissenschaften auf die Bierindustrie:

Bis ins 19. Jahrhundert hinein blieb das Bierbrauen mangels ausreichender Kühlkapazitäten auf die kalten Herbst- und Wintermonate [...] beschränkt. Besonders untergärige Biere, deren Gärung bei 5–7°C stattfinden muss, erwiesen sich in der Herstellung als aufwendig und ziemlich limitiert. Die wachsenden Produktionsmengen der Großbrauereien wollten gekühlt sein, [...]. Die hohen Preise für Eis, das sich die Brauereien über den internationalen Handel besorgten, schlugen sich in den Produktionspreisen nieder. [...] Der Schritt in die Moderne gelang Gabriel Sedlmayr[1] gemeinsam mit dem Ingenieur und Erfinder Carl Linde (1842–1934). Linde hatte bereits 1871 einen viel beachteten Aufsatz über Kältetechniken veröffentlicht. Durch die Unterstützung Sedlmayrs ging 1875 [...] die erste dauerhaft funktionierende Kältemaschine in Betrieb. Erstmals war Gärung bei konstant gleichbleibenden Niedrigtemperaturen möglich, und erstmals konnte Bier ohne riesige Eismengen den Sommer über gleichtemperiert gelagert werden. [...]

Bildete die Kältemaschine die folgenreichste Innovation für die moderne, industrialisierte Brautechnik, so kam bald eine weitere wegweisende Neuerung auf: Die Dampfmaschinen ersetzten langsam den körperlichen Arbeitsaufwand und die Nutzung von Wasserkraft in den Großbrauereien. Sie wurden zum Schlüssel für die massenhafte und beschleunigte Produktion von Bier. [...]

Für die Standardisierung und Qualitätssicherung der Brauverfahren erwies sich gleichzeitig die nun systematisch betriebene Erforschung der Hefe als entscheidend. Vor allem der französische Chemiker und Mikrobiologe Louis Pasteur (1822–1895) trug wesentlich zum Verständnis der Gärprozesse im Bier bei. Pasteur erkannte im Hefepilz einen lebendigen Mikroorganismus, der die Gärung verursacht. [...]

Auf diesen Grundlagen gelang es dem dänischen Botaniker Emil Christian Hansen (1842–1909), einzelne Hefezellen zu isolieren und unter kontrollierten, reinen Bedingungen zu vermehren: Die Voraussetzung für noch stabilere, lagerfähige Biere war geschaffen.

Gunther Hirschfelder/Manuel Trummer: Bier. Eine Geschichte von der Steinzeit bis heute. Theiss, Darmstadt 2016, S. 175 f. und S. 178 f.

1 Gabriel Sedlmayr der Jüngere (1831–1891): bayerischer Brauereiunternehmer (Spatenbrauerei)

Arbeitsvorschläge

Arbeitsvorschlag zum darstellenden Teil

1. Arbeiten Sie aus dem Text für Sie besonders bedeutsam erscheinende Veränderungen für die Lebenswelt der Menschen heraus und begründen Sie Ihre Auswahl.

A Wechselwirkungen von Nationalstaat und Industriegesellschaft

2. Fassen Sie mit eigenen Worten zusammen, warum Eric Hobsbawm (→ D1) in Bezug auf den Nationalstaat von „in mehrfacher Hinsicht etwas Neuartiges" spricht.
3. Erläutern Sie die Beziehung zwischen Untertanen und Monarch in vormodernen Herrschaftsformen und zwischen Bürger und Staat im modernen Nationalstaat.
4. Erörtern Sie, inwieweit die Beschreibung Hobsbawms zum 19. Jahrhundert heute noch mit dem Nationalstaat übereinstimmt und wo es gegebenenfalls Unterschiede gibt.

B Moderner „Fortschritt" = Verbesserung der Lebensqualität?

5. Beschreiben Sie die zentralen Bildinhalte des Plakats → Q1.
6. ○ Analysieren Sie die verwendete Symbolik des Ausstellungsplakats.
7. ○ MK Untersuchen Sie an einem selbst ausgewählten Beispiel, mit welcher symbolischen Bildsprache heutige Technikmessen wie beispielsweise die *electric & hybrid*, die *Surface Technology*, die *eltefa* oder die *i-Mobility* der Stuttgarter Messe für sich werben.
8. Arbeiten Sie aus den Angaben von → D2 die Entwicklung der Lebenserwartung heraus und stellen Sie Vermutungen für die Gründe dieser Entwicklung an.
9. Recherchieren Sie die Entwicklung der durchschnittlichen Lebenserwartung in Deutschland seit der Jahrtausendwende und erläutern Sie die Unterschiede.
10. Charakterisieren Sie auf Basis der kulturwissenschaftlichen Darstellung → D3 die Neuerungen der Lebensmittelversorgung im 19. Jahrhundert.
11. Erklären Sie den Erfolg künstlicher Babynahrung.
12. ○ Beurteilen Sie die Bedeutung industriell hergestellter Lebensmittel in der Gegenwart.
13. N Arbeiten Sie aus → D4 die zentralen technischen und naturwissenschaftlichen Wegmarken in der Entwicklung der Bierproduktion im 19. Jahrhundert heraus.
14. Erläutern Sie, welche Folgen die Neuerungen für die moderne Bierwirtschaft und den Bierkonsum gehabt haben könnten.

Übergreifende Arbeitsvorschläge

15. Überlegen Sie, ob es auch zu Beginn des 21. Jahrhundert Veränderungen gibt, die Gesellschaften in revolutionären Maße in Wirtschaft, Politik und Lebensform in einer ähnlichen Geschwindigkeit verändern wie zur Zeit der Industriellen Revolution um 1900. Beurteilen Sie, inwiefern/ob solche Veränderungen auch heute Konflikte und Verunsicherung hervorrufen.
16. ○ N Überprüfen Sie unter Einbezug Ihres Wissens aus naturkundlich-technischen Fächern die These, dass viele Neuerungen der „Moderne" mit zu den heutigen Klimaproblemen beitragen oder deren Auswirkungen teilweise verschärfen.

Differenzierung i453hw

○ Arbeitshilfen zu den Aufgaben 6, 7, 12 und 16

AFB I: 2, 5 AFB II: 1, 3, 6, 7, 8, 9, 10, 11, 14, 15 AFB III: 4, 12, 13, 15, 16

Statistiken auswerten

Statistiken und Diagramme erwecken den Eindruck, ihre Angaben seien präzise, wissenschaftlich ermittelt und daher objektiv. Das ist aber nicht immer der Fall. Statistiken müssen genau wie andere Materialien auch kritisch überprüft werden.

Beginn der systematischen Datenerhebungen

Seit Beginn der Industrialisierung interessierten sich die einzelnen Regierungen zunehmend dafür, wie sich die Wirtschaft und die Lebensbedingungen in ihren Ländern entwickelten. So ließen viele Staaten eigene statistische Ämter einrichten, die Daten über das wirtschaftliche und soziale Leben sammelten und auswerteten, z. B. über Produktionsergebnisse, Preis- und Lohnentwicklung, Familiengrößen, … Die Ergebnisse stehen uns auch heute noch zur Verfügung. Dadurch können wir wirtschaftliche und soziale Entwicklungen seit dem 19. Jahrhundert wesentlich besser erschließen als jene aus früheren Zeiten.

Darbietungsformen von Daten

Zahlenreihen zu einem bestimmten Thema werden als Statistik bezeichnet. Für eine bessere Übersichtlichkeit werden statistische Zahlen oft in Tabellen oder Diagrammen dargestellt. Für verschiedene Inhalte eignen sich jeweils unterschiedliche Diagrammarten, denn jede Darbietungsform hat ihre Vor- und Nachteile.

Zahlentabelle:
(+) große Genauigkeit, da exakte Zahlenangaben
(–) unübersichtlich, dadurch weniger einprägsam

Liniendiagramm:
(+) Entwicklungen gut und schnell ablesbar
(–) Maßstab kann über wirkliche Größe der Änderung täuschen

Säulen- oder Balkendiagramm:
(+) besonders geeignet für den Vergleich von Mengenangaben zu einem bestimmten Zeitpunkt
(–) Wahl der Maßeinheit beeinflusst, wie Zahlen und Größenunterschiede wirken

Kreisdiagramm:
(+) besonders geeignet für die Darstellung von Prozentwerten
(–) Je mehr Angaben sie enthalten, desto unübersichtlicher werden Kreisdiagramme

Methodische Arbeitsschritte

1. Beschreiben →

- Nennen Sie anhand der Überschrift das Thema der Statistik.
- Klären Sie den dargestellten Zeitraum.
- Nennen Sie die Größe/Einheit, in der die Daten angegeben werden.
- Achten Sie auf die Darstellungsart (absolute Zahlen, Prozentzahlen oder ein Vergleichswert).

2. Untersuchen →

- Stellen Sie – wenn möglich – fest, von wem die Statistik erstellt wurde.
- Arbeiten Sie heraus, welche Entwicklungen erkennbar sind. Achten Sie dabei auch auf auffällige Entwicklungen/Extreme, auf Sprünge, Rückschritte, Gleichbleibendes, Fortschritte.
- Versuchen Sie festzustellen, ob Daten fehlen, und erklären Sie dies gegebenenfalls.
- Überlegen Sie, welche weiteren Informationen Sie sich zum Verständnis der Statistik beschaffen müssen.

3. Deuten

- Fassen Sie zusammen, welche einzelnen Informationen Sie erhalten haben.
- Erklären Sie, was die Gesamtaussage der Statistik ist.
- Überlegen Sie, ob im Untersuchungszeitraum wichtige historische Ereignisse Einfluss auf die Daten genommen haben könnten.
- Überprüfen Sie, ob es offene oder neue Fragen gibt, die das Diagramm/die Statistik nicht beantwortet.

D1 Säulendiagramm: Bevölkerungsentwicklung ausgewählter Länder (in Millionen)

Jürgen Sandweg/Michael Stürmer, Industrialisierung und Soziale Frage in Deutschland im 19. Jahrhundert, Oldenbourg, München 1979, S. 97.

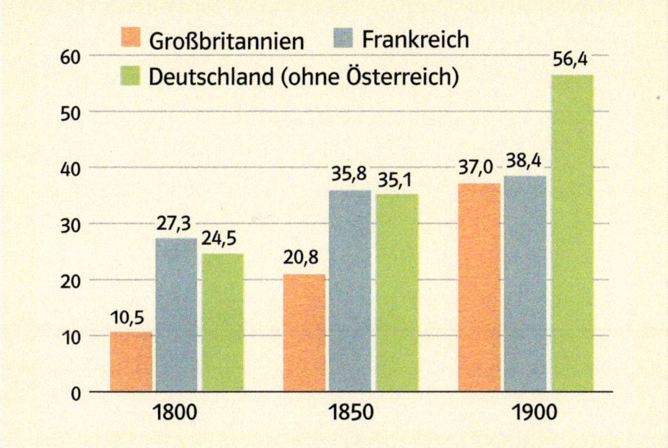

D2 Kreisdiagramm: Beschäftigte in den drei Hauptsektoren der Wirtschaft in Deutschland (Grenzen von 1871)

Zusammengestellt aus Heinrich Lutz, Zwischen Habsburg und Preußen (Die Deutschen und ihre Nation), Berlin 1985, S. 88; Michael Stürmer, Das ruhelose Reich (Die Deutschen und ihre Nation), Severin/Siedler, Berlin 1983, S. 63.

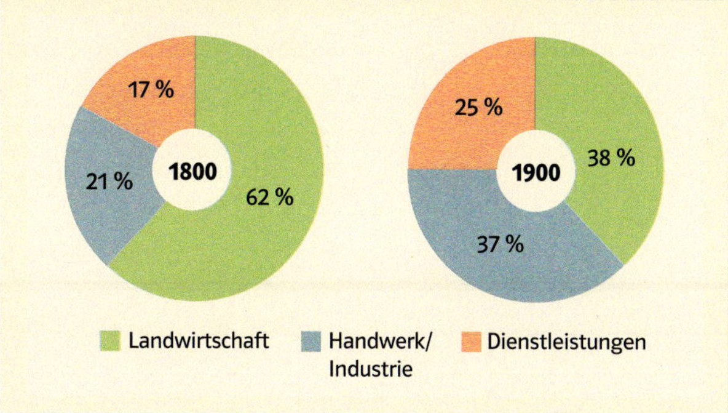

D3 Zahlentabelle: Roheisenproduktion ausgewählter Länder

(Jahresdurchschnitt in 1000 Tonnen). Roheisen ist der wichtigste Grundstoff der Schwerindustrie. Es kann zu Stahl weiterverarbeitet werden, der für die Herstellung von Maschinen, Lokomotiven und Eisenbahnschienen benötigt wird. Daher galt im 19. Jahrhundert die Roheisenproduktion als eine wichtige Kennziffer für den Stand der Industrialisierung eines Landes.

	Großbritannien	Frankreich	Deutschland
1800–1814	248	200	–
1820–1824	418	150	75
1840–1844	1465	395	160
1860–1864	4219	1065	613
1880–1884	8295	1918	2893
1900–1904	8778	2665	7925
1910–1913	9792	4664	14836

Arbeitsvorschläge

1. Erläutern Sie die Vor- und Nachteile der verschiedenen Darstellungsarten.
2. Wählen Sie eine der drei Statistiken aus und werten Sie sie anhand der Arbeitsschritte aus.
3. Welche Aussagen können Sie anhand der von Ihnen ausgewerteten Statistik (vgl. Aufgabe 1) über die Industrialisierung machen? Bearbeiten Sie dazu die entsprechende folgende Aufgabe:
   → D1: Erläutern Sie die Zusammenhänge zwischen der Bevölkerungsentwicklung und der Industrialisierung.
   → D2: Beschreiben Sie, inwiefern sich die Struktur der Gesellschaft durch die Industrialisierung verändert hat.
   → D3: Erklären und deuten Sie den Verlauf der Industrialisierung in den drei ausgewählten Ländern.
4. Arbeiten Sie mit → D3:
   a) Der Anstieg der Roheisenproduktion ist in absoluten Zahlen angegeben. Errechnen Sie die prozentuale Steigerung zwischen den ausgewählten Intervallen und fertigen Sie eine neue Tabelle an.
   b) Wandeln Sie die Tabelle → D3 in ein Säulendiagramm um.
   c) Erklären Sie die unterschiedliche Wirkung der verschiedenen Darstellungsformen von → D3.

AFB I: 2 AFB II: 1–3 (D1 und D2), 4 AFB III: 2, 3 (D3)

Material
Arbeitsblätter
zur Projektarbeit
8w33j8

Projektarbeit Industrialisierung am Beispiel der Kinderarbeit

Um dieses Thema zu bearbeiten, ist eine Vernetzung des Wissens aus den Fächern Global Studies, Geschichte mit Gemeinschaftskunde (GGk) und Religion/Ethik notwendig.
Aus Global Studies braucht man Vorwissen über die Verteilung der Bevölkerung und Bevölkerungspolitik sowie daraus resultierende Migrationsbewegungen.
Das Fach katholische Religion steuert das Vorwissen über die Entfaltung solidarischen Handelns für andere in der Gesellschaft sowie über die Schuld in der Gesellschaft durch soziale Ungerechtigkeit.
Aus dem Fach evangelische Religion kann man das Wissen über das Handeln angesichts ethischer Herausforderungen und die Würde des Menschen in das Projekt einfließen zu lassen.
Im Fach Ethik ist der Themenbereich Globalisierung und Moral wichtig – insbesondere das erlangte Wissen über die Handlungsmöglichkeiten des Einzelnen wie z. B. „Fair Trade und regionale Produkte", „Patenschaften in ärmeren Ländern".

Kinderarbeit war vor und während der Industrialisierung gang und gäbe. Sie war existenziell, um die Familie ernähren zu können. Kinder verrichteten Arbeiten, zu welchen Erwachsene wegen der Körpergroße schlicht nicht in der Lage waren (z. B. Arbeit in engen Bergstollen). Kinder waren zudem für Unternehmer billiger und organisierten sich auch nicht in Gewerkschaften. Heute ist Kinderarbeit in Deutschland verboten und in der Kinderrechtskonvention der UN wird explizit das Recht der Kinder festgeschrieben, „vor wirtschaftlicher Ausbeutung geschützt und nicht zu einer Arbeit herangezogen zu werden, die Gefahren mit sich bringen, die Erziehung des Kindes behindern oder die Gesundheit des Kindes oder seine körperliche, geistige, seelische, sittliche oder soziale Entwicklung schädigen könnte." (UN-Kinderrechtskonvention Art. 32)
Allerdings ist Kinderarbeit auch in der heutigen globalisierten Wirtschaftswelt ein immer noch existierendes Phänomen.

Arbeitsauftrag 1:
Recherchieren Sie Kinderarbeit anhand der Bilder aus dem **Schreibgespräch** zu Beginn der Industrialisierung. Das Arbeitsblatt 1 im Onlinebereich und Ihr GGk-Buch helfen bei der Erarbeitung der Recherche.

Schreibgespräch
Aufgabe ist es, kurze Kommentare oder Stellungnahmen zu einem Impuls, einer Frage etc. abzugeben. Andere SchülerInnen lesen die Kommentare oder Fragen der MitschülerInnen und fügen ihrerseits weitere Kommentare oder Fragen hinzu. Um deutlich zu machen, auf welchen bereits existierenden Beitrag man sich bezieht, ist es erlaubt, Pfeile oder Verbindungslinien zu ziehen. Wichtig ist, dass das Sprechen nicht erlaubt ist! Das Schreibgespräch endet nach der von der Lehrkraft vorgegeben Zeit.

Arbeitsauftrag 2:
Recherchieren Sie ausgehend von D1 auf S. 134, welche Anstrengungen seitens des preußischen Staates im 19. Jahrhundert unternommen wurden, um Kinderarbeit einzuschränken oder zurückzudrängen sowie die Folgen der Kinderarbeit damals.
Recherchieren Sie das Dokument „Gesetz, betreffend Kinderarbeit in gewerblichen Betrieben [Kinderschutzgesetz], 30. März 1903". Sie finden es u.a. auf dem Onlineportal www.1000dokumente.de. Auch die Arbeitsblätter 2 und 3 im Onlinebereich des Buches helfen Ihnen, den Arbeitsauftrag zu bearbeiten.

Arbeitsauftrag 3:
Recherchieren Sie, ab wann es die Kinderrechtskonvention der UN gibt und wie sie in Deutschland und einem anderen Land umgesetzt wird. Schauen Sie dabei auch darauf, wie „Kind" altersmäßig definiert wird und ob es trotz dieser Konvention noch Kinderarbeit in Deutschland gibt (beispielsweise in der Landwirtschaft, in der Gastronomie oder

als „Schülerjob"). Dabei hilft Ihnen das Arbeitsblatt 4 im Onlinebereich oder Internetportale wie das der UNICEF, von terre des hommes oder anderer NGOs.

Arbeitsauftrag 4:
Recherchieren Sie, wie globale Unternehmen mit dem Thema Kinderarbeit umgehen und welche Folgen Kinderarbeit haben kann. Wie bei vielen geschichtlich-politisch-ethischen Themen achten Sie bei Ihren Recherchen auf ein medienkritisches Vorgehen. Hinterfragen Sie die Interessen der jeweiligen Homepagebetreiber und achten Sie auf mögliche Fake News.

Arbeitsauftrag 5:
Informieren Sie sich medienkritisch über verschiedene Modelle von „Fair Trade"- und „Fair Fashion"-Siegeln und vergleichen Sie die Unterschiede. Fair gehandelt heißt nicht unbedingt fair produziert bzw. dass Kinderarbeit ausgeschlossen ist.
Recherchieren Sie daraufhin, ob es in Ihrer Umgebung Verkaufsstellen von „Fair Trade"- oder „Fair Fashion"-Produkten gibt. Interviewen Sie die Betreiber der Verkaufsstellen. Fragen dazu könnten sein: Warum verkaufen Sie diese Produkte? Was möchten Sie damit erreichen? Stellen Kunden Fragen zu diesen Produkten? Wissen Sie, wie diese Produkte hergestellt werden? etc.

1. Ablauf	Der Ablauf des Projekts kann wie folgt definiert werden: – Erkundung des Themas – Festlegung der Arbeitsaufträge (Planung der Einzelschritte) – Durchführung – Präsentation – Auswertung

↓

2. Erkundung	Die *Erkundung des Themas* beginnt durch ein Schreibgespräch. Die Materialien dazu werden von der Lehrkraft verteilt. Die Festlegung der Arbeitsaufträge (Planung der Einzelschritte) ist bereits vorformuliert. Die konkrete Ausgestaltung obliegt jedoch der einzelnen Gruppe.

↓

3. Durchführung	Die *Durchführung* des Themas geschieht durch die Beschäftigung in der Gruppe mit den fünf Arbeitsaufträgen.

↓

4. Präsentation	Die *Präsentation* der Ergebnisse geschieht zunächst im Plenum, um diese zu diskutieren und Meinungen zu den einzelnen Arbeitsgebieten austauschen zu können. Des Weiteren können Sie sich überlegen, ob und wenn ja, inwieweit Sie Rückschlüsse für das eigene, tagtägliche Handeln ableiten können. Im Anschluss daran erarbeiten Sie mit Ihrer Gruppe eine gemeinsame Präsentation zum Thema „Industrialisierung am Beispiel der Kinderarbeit". Diese wird einem breiten Publikum vorgestellt.

↓

5. Auswertung	Zum Abschluss gibt es noch eine *Auswertung* des Projekts. Dabei klären Sie folgende Themen: 1. Wie gestaltete sich der Lernzuwachs? 2. Wie gestaltete sich die Zusammenarbeit in der Gruppe? 3. War die abschließende Präsentation zielgerichtet und gelungen? 4. Mögliche Veränderungen bei einem neuen Projekt? 5. War die Zusammenarbeit innerhalb der Fächer gut oder gibt es Verbesserungsmöglichkeiten? 6. Gibt es von Ihnen Themenvorschläge für ein weiteres fächerverbindendes Projekt?

6.3 Soziale Frage und nationalstaatliche Lösungsversuche

Mit der Entstehung des modernen, industrialisierten Nationalstaates veränderten sich auch gesellschaftliche Strukturen und soziale Herausforderungen. Immer mehr wurde erwartet, dass der Staat auch in Fragen der sozialen Absicherung aktiv wird, heute z. B. mit Themen wie der „Mietpreisbremse", der Bekämpfung von „Altersarmut" oder dem zunehmenden Wohlstandsgefälle zwischen wachsenden Ballungszentren und Landregionen.

Zur Orientierung

1. Hälfte 19. Jh.
zunehmende Verelendung unterer sozialer Schichten (Auswanderung, Pauperismus)

1830er-Jahre
Gründung erster Gewerkschaftsformen

1848
Marx/Engels fordern Beseitigung von Gesellschafts- und Wirtschaftssystem.

1860er-Jahre
Gründung erster sozialistischer/ sozialdemokratischer Organisationen

Wie der wachsenden Not Herr werden?

Im Laufe des 19. Jahrhunderts wurde in immer mehr Ländern der Zunftzwang der verschiedenen Gewerbe aufgehoben und die Bauernbefreiung durchgeführt. Dies setzte unternehmerische Energien frei, zerstörte jedoch auch soziale Netzwerke. Die Großgrundbesitzer verloren die Kontrolle über ihre Leibeigenen, übernahmen nun aber auch fast gar keine soziale Fürsorge mehr. Viele „befreite" Bauern rutschten in die Armut. Gleichzeitig wuchs die Bevölkerung in Europa. Die Kindersterblichkeit ging zurück, die Lebenserwartung stieg. Durch die beginnende Mechanisierung im produzierenden Gewerbe und der Landwirtschaft wurden weniger Arbeitskräfte gebraucht.
Manche versuchten ihr Glück im Ausland: Zwischen 1815 und 1915 verließen etwa 60 Millionen Menschen Europa, die meisten in Richtung Amerika. Deutschland entwickelte sich im 19. Jahrhundert zu einer der größten Auswanderernationen der Welt. Wer blieb, den zog es oft in die Stadt: Tausende ehemalige Kleinbauern, Handwerker und Tagelöhner strömten auf der Suche nach neuer Arbeit in die rasch wachsenden Städte.

Armut und Reichtum in den Städten

Die Hoffnung auf ein besseres Leben in der Stadt erfüllte sich meist nicht: In den Fabriken waren die Löhne schlecht. Um den kärglichen Lebensunterhalt sichern zu können, arbeitete oft die ganze Familie: Männer, Frauen und Kinder. Sie lebten dicht gedrängt in neu entstehenden Arbeitersiedlungen unter katastrophalen sozialen und hygienischen Zuständen. Die Städte veränderten ihr Gesicht: Den dicht bebauten Arbeitervierteln standen die repräsentativen Geschäftshäuser und Villen der finanzstarken Unternehmer gegenüber. Das Nebeneinander von neureichen Bürgern und verarmten Arbeitern trat immer deutlicher hervor.

Der Sozialismus als Lösung der Sozialen Frage?

Pauperismus
von lateinisch pauper = arm
Bezeichnung der Verelendung großer Bevölkerungsgruppen zu Beginn der Industrialisierung (Verarmung der Arbeiterschicht)

Die oft als **Pauperismus** beschriebenen sozialen Schattenseiten des kapitalistischen Systems waren nicht mehr zu übersehen. Vor diesem Hintergrund entwickelten die Philosophen Karl Marx und Friedrich Engels eine neue Wirtschafts- und Gesellschaftstheorie („Marxismus"). Im „Manifest der kommunistischen Partei" (1848) interpretierten sie die Menschheitsgeschichte als Geschichte der unentwegten Kämpfe zwischen den gesellschaftlichen Klassen – im 19. Jahrhundert zwischen Unternehmern („Bourgeoisie") und Arbeiterschaft („Proletariat").
In ihrem Hauptwerk „Das Kapital" stellten sich Marx und Engels gegen die Ansichten des Liberalismus, der im individuellen Streben nach Reichtum eine fördernde Kraft für die Gesellschaft sah. Aus der Sicht von Marx und Engels beruht der Kapitalismus jedoch in erster Linie auf der Ausbeutung der proletarischen Arbeitskraft: Der Unternehmer, der über Kapital und Maschinen verfüge, verkaufe ein gemeinschaftlich mit den Proletariern produziertes Gut zu einem höheren Preis, als es dem Wert der Produktion durch den Einsatz von Arbeitskraft, Maschinen und Rohstoffen entspreche. Dadurch erziele der Unternehmer privat einen Mehrwert. Der Arbeiter dagegen erhalte einen Lohn, der gerade

seine Existenz sichere. So werde der Arbeiter in Abhängigkeit vom Unternehmer gehalten. Der Wunsch nach immer größeren Gewinnen verleite den Unternehmer zu Produktions- und Produktivitätssteigerungen, denen jedoch irgendwann keine ausreichende Nachfrage mehr gegenüberstehe. Das treibe viele Unternehmen in den Konkurs, die Verelendung der Arbeiter und die Klassengegensätze würden immer schroffer.
Für Marx und Engels stand fest, dass der Staat immer nur den Interessen der ökonomisch führenden Klassen dienen würde. Die Arbeiter müssten daher ein proletarisches Klassenbewusstsein herausbilden und sich in Arbeiterorganisationen zusammenschließen. Nur so ließe sich eine Revolution zur Überwindung des kapitalistischen Systems erreichen. Das Ziel müsse sein, das Privateigentum an Produktionsmitteln abzuschaffen. Der dann erreichte „Sozialismus" werde die Grundlage für eine klassenlose kommunistische Gesellschaft ohne soziale Unterschiede bilden.

Karl Marx (1818–1883)
deutscher Philosoph, Journalist, Gesellschaftskritiker

Gründung nationaler Arbeiterorganisationen

Erste Versuche, Arbeiterorganisationen zu gründen, wurden meist sofort staatlich unterdrückt. Trotzdem schlossen sich immer mehr Arbeiterinnen und Arbeiter zusammen: Seit den 1860er-Jahren gründeten sich verschiedene Arbeiterorganisationen und -parteien, aus denen 1875 die „Sozialistische Arbeiterpartei" (SAP, ab 1890 SPD) hervorging, die bald an Anhängerschaft gewann. Daneben gründeten sich Gewerkschaften, die für bessere Arbeitsbedingungen in den Betrieben kämpften. Ähnliches geschah auch in anderen europäischen Ländern, wie beispielsweise in Frankreich oder Großbritannien.

Robert Bosch (1861–1942)
Ingenieur und Unternehmer (Gedenkmünze 1992)

Unternehmer, Staat und Kirchen reagieren

Diese Entwicklung konnte den Unternehmern nicht gefallen. Sie zeigten sich nun selbst bereit, die soziale Lage ihrer Arbeiter zu verbessern, forderten aber im Gegenzug absolute Loyalität ein. Industrielle wie Alfred Krupp im Ruhrgebiet, der württembergische Unternehmer Robert Bosch oder das Unternehmerehepaar Oscar und Sophie Henschel in Kassel finanzierten innerbetriebliche Sozialeinrichtungen. Wer sich allerdings bei sozialistischen Organisationen engagierte, wurde nicht selten entlassen.
Die deutsche Regierung fürchtete, dass sich die wachsende Zahl der Arbeiter noch stärker den Sozialdemokraten zuwenden könnte. So versuchte sie einerseits mit Verboten, die Arbeiterbewegung kleinzuhalten. Um andererseits die Arbeiter wieder stärker in das Kaiserreich zu integrieren, setzte die Bismarck-Regierung staatliche Sozialversicherungen in Kraft: 1883 die gesetzliche Krankenversicherung für Geringverdiener, 1884 eine für Arbeiter kostenlose Unfallversicherung und 1889 eine Alters- und Invaliditätsversicherung, die eine kleine Altersrente und eine Invaliditätsrente bei Arbeitsunfähigkeit ermöglichte. Die Sozialgesetzgebung legte die Grundlagen für einen nationalen Sozialstaat und wurde später von anderen Staaten als Vorbild genommen. Das eigentliche Ziel, die Sozialdemokratie zu schwächen, wurde aber nicht erreicht; bis 1912 stieg die SPD zur stärksten Fraktion im Reichstag auf. Es wurde deutlich, dass die politische Ordnung des kaiserlichen Obrigkeitsstaates immer weniger den gesellschaftlichen Verhältnissen des modernen Industriestaates entsprach.
Die Kirchen reagierten zunächst kaum auf die wachsenden sozialen Herausforderungen. Sowohl die katholische als auch die evangelische Kirche standen den Modernisierungsprozessen in Wirtschaft und Gesellschaft ablehnend gegenüber. Erst einzelne Theologen stießen eine moderne kirchliche Sozialarbeit an: Der Hamburger Theologe Johann Heinrich Wichern gründete 1848 die „Innere Mission", aus der später die Diakonie hervorging. Der katholische Priester Adolph Kolping rief soziale Hilfseinrichtungen für unverheiratete Arbeiter und Handwerker (Kolpingwerk) ins Leben.
Auch Aktivistinnen der Frauenrechtsbewegung wie Alice Salomon, Anna Pappritz oder Henriette Goldschmidt engagierten sich in der Bekämpfung der sozialen Verelendung, zu der auch die Zunahme von Alkoholismus und Prostitution von Frauen und Minderjährigen zählte.

Alice Salomon (1872–1948)
liberale Sozialreformerin und Mitbegründerin der „Sozialen Arbeit" (Vorläufer der Berufssparte Sozialpädagogik)

A Soziale Frage infolge sozialer Ungleichheit?

Q1 „Capital and Labour"

Anonym veröffentlichte und später nachträglich kolorierte Karikatur aus der englischen Satirezeitschrift Punch (1843). Der untere große Bildabschnitt stellt eine Szenerie in einem Bergwerk dar.

1) und 2) sind beschriftet mit „Chubb" und „Brama" = zur damaligen Zeit moderne Steckschlösser, 3) allegorische Darstellung der Britannia, 4) Eros, altgriechischer Gott der Liebe.

D1 Regelungen zur Kinderarbeit in Deutschland

Kinderarbeit war sowohl in der Landwirtschaft als auch unter Tage (Grubenjungen) und in den verschiedenen Industrie- und Gewerbezweigen im 19. Jahrhundert Normalität. In Deutschland wurden nach und nach Kinderarbeitsschutzmaßnahmen erlassen:

1838: preußisches Regulativ über die Beschäftigung jugendlicher Arbeiter in Fabriken (Arbeitszeitbegrenzung für 9- bis 16-Jährige auf maximal 10 Stunden, Verbot von Nacht- und Sonntagsarbeit)

1840er-Jahre: erste Kinderarbeitsschutzbestimmungen im Großherzogtum Baden und im Königreich Bayern

1853: Preußen hebt das Mindestalter für Fabrikarbeit auf 9 Jahre an, Gründung der Gewerbeaufsicht (zunächst nur für das Ruhrgebiet).

1860er-Jahre: erste Kinderarbeitsschutzbestimmungen in den restlichen deutschen Staaten

1904: deutsches Kinderschutzgesetz (Beschäftigungsverbot von Kindern unter 12 Jahren im Handel, von unter 14 Jahren im Fuhrwerksbetrieb, nicht geregelt blieb Land- und Forstwirtschaft); für eigene Kinder sowie Nichten/Neffen galten abgeschwächte Schutzvorschriften.

zusammengestellt von der Redaktion

B Anfänge nationalstaatlicher und privatwirtschaftlicher Sozialpolitik

D2 Staatliche Sozialpolitik unter Bismarck – das Sozialversicherungssystem

Versicherungsart	Beiträge	Leistungen
Krankenversicherung 1883 für gewerbliche Arbeiter und (freiwillig ab 1892) Angehörige	2–3 % des Lohns; 2/3 vom Versicherten, 1/3 vom Arbeitgeber	Ärztliche Behandlung und Medizin, Krankenhauskosten; nach zweitägiger Wartezeit Krankengeld (50 % des Durchschnittslohns, max. 2 Mark am Tag)
Unfallversicherung 1884 für gewerbliche Arbeiter	als Haftpflicht vom Arbeitgeber zu zahlen	Heilungskosten; bei Erwerbsunfähigkeit 2/3 des Einkommens, 1/5 für Witwen
Invaliditätsversicherung 1889 für gewerbliche und Landarbeiter (ab 1911 auch für Familienangehörige)	1 % (ab 1900 1,5–3 %) des Lohns; je zur Hälfte vom Arbeitnehmer und Arbeitgeber	Invalidenrente bei Erwerbsunfähigkeit (1911): durchschnittlich 187 Mark/Jahr; Altersrente ab dem 70. Lebensjahr und nach 30 Beitragsjahren (ab 1900: nach 24 Beitragsjahren)

Rainer Bölling/Johann Henseler (Hrsg.): Das Deutsche Kaiserreich 1871–1918. Ploetz, Freiburg 1986, S. 47 f.

Q2 Alfred Krupp über seine betriebliche Sozialpolitik

Alfred Krupp in einer Rede vor seinen Arbeitern 1877:

[...] Ich habe Kräfte gebraucht und solche engagiert, ich habe ihnen den geforderten Lohn gezahlt, meistens ihre Stellung verbessert und, nach gesetzlichen Bestimmungen, den Kontrakt verlängert oder sie entlassen. Mancher hat die Fabrik verlassen, um anderswo sich zu verbessern, der eine ist gegangen und ein anderer hat die Stelle wieder besetzt, und wo ursprünglich drei Mann beschäftigt waren, standen später 15 000. Im Laufe der Zeit haben mehr als 100 000 Mann solchen Wechsel auf meinen Werken durchgemacht. Jeder hat nach seiner Kraft und nach seiner Fähigkeit seinen Lohn erhalten, und anstatt eines jeden konnte in den meisten Fällen auch ein anderer hingestellt werden, denn die Arbeiter haben nicht das Verdienst der Erfindungen und überall finden sich geschickte Arbeiter zum Ersatz. Es kann also keine Rede davon sein, dass irgendjemand einen besonderen Anspruch behalte außer solchem, der selbstverständlich ist, der in Steigerung des Lohnes und des Gehaltes besteht und immer Folge größerer Leistung ist. Die Apostel der Sozialdemokraten suchen aber den bescheidensten Leuten durch ihre verführerischen Reden den Kopf zu verdrehen, und sie werden das Unglück von manchem Arbeiter verschulden, der ihnen Gehör schenkt und deshalb entlassen wird. [...] Ich habe den Mut gehabt, für die Verbesserung der Lage der Arbeiter Wohnungen zu bauen, worin bereits 20 000 Seelen untergebracht sind, ihnen Schulen zu gründen und Einrichtungen zu treffen zur billigen Beschaffung von allem Bedarf. Ich habe mich dadurch in eine Schuldenlast gesetzt, die abgetragen werden muss. Damit dies geschehen kann, muss jeder seine Schuldigkeit tun in Friede und Eintracht und in Übereinstimmung mit unsern Vorschriften. [...] Genießet, was Euch beschieden ist. Nach getaner Arbeit verbleibt im Kreise der Eurigen, bei den Eltern, bei der Frau und den Kindern und sinnt über Haushalt und Erziehung. Das sei Eure Politik, dabei werdet Ihr frohe Stunden erleben. Aber für die große Landespolitik erspart Euch die Aufregung. Höhere Politik treiben erfordert mehr freie Zeit und Einblick in die Verhältnisse, als dem Arbeiter verliehen ist. Ihr tut Eure Schuldigkeit, wenn Ihr durch Vertrauenspersonen empfohlene Leute erwählt. Ihr erreicht aber sicher nichts als Schaden, wenn Ihr eingreifen wollt in das Ruder der gesetzlichen Ordnung. Das Politisieren in der Kneipe ist nebenbei sehr teuer, dafür kann man im Hause Besseres haben. [...]

Alfred Krupp: Eine Ansprache an seine Angestellten (11. Februar 1877). In: Wilhelm Berdrow (Hrsg.): Alfred Krupps Briefe 1826–1887. Hobbing, Berlin 1928, S. 343–348.

Q3 Kapitalistische Wohltaten

Karikatur in der Zeitschrift „Der wahre Jakob" (1905) mit der Unterschrift: „Der Kapitalist: Der läuft uns nicht mehr davon!"

Q4 Werkswohnungen: Glück oder Fessel?

Der Sozialdemokrat Wilhelm Düwell über Wohlfahrtseinrichtungen der Firma Krupp:

[...] Die politische Unfreiheit, die Eskamotierung[1] der Staatsbürgerrechte wird weiter gefördert durch Bedrohung mit wirtschaftlicher Schädigung, indem Renitenten die Vorteile der „Wohlfahrtseinrichtungen" entzogen werden. Für eine große Zahl kruppscher Arbeiter kommen da zunächst die 4853 Werkswohnungen in Betracht. Wer aus der Fabrik entlassen wird, muss natürlich auch, wenn er das „Glück" hat, Mieter einer kruppschen Wohnung zu sein, diese verlassen. Bei der Wohnungsnot in Essen, [...] verstärkt durch den Umstand, dass der Mietpreis in Werkswohnungen um etwas geringer ist, als in Privathäusern, lässt sich der Inhaber einer Werkswohnung manches Unrecht bieten, [...] die er als freier Arbeiter nicht dulden würde. [...] Jeder Werksangehörige ist obligatorisch Mitglied der Wohlfahrtspensionskasse. Allerdings gratis kann niemand das Vergnügen haben. Zunächst wird ein Einschreibegeld in Höhe des anderthalbfachen Tagesarbeitsverdienstes erhoben, sodass durchschnittlich 6 Mark zu zahlen sind. Sodann werden an laufenden Beiträgen erhoben 2 1/2 Prozent des bis zu 6 2/3 Mark pro Arbeitstag reichenden Arbeitsverdienstes. Im Jahre 1900 zahlte jedes Mitglied durchschnittlich 34,8 Mark Beiträge. Und welche Vorteile sind dafür dem Arbeiter in Aussicht gestellt? Er kann Rentenempfänger werden! Aber um in diese „Glückslage" zu kommen, müssen folgende Voraussetzungen erfüllt sein. Der Rentenforderer muss mindestens zwanzig Jahre – bei besonders schwerer Arbeit, Feuerarbeit, fünfzehn Jahre – ununterbrochen in Diensten der Firma gestanden haben und seine vollständige Arbeitsunfähigkeit, von zwei Ärzten übereinstimmend attestiert, nachweisen! [...] Wer als Mitglied der Pensionskasse zehn, zwanzig Jahre oder noch länger zwangsweise Beiträge zahlte, dann auf einmal „überzählig" wird, sich nach Meinung eines „wohlwollenden" Beamten unbotmäßig beträgt, politisch anrüchig wird, in Verdacht der Umstürzlerei gerät – und hinausfliegt, der ist aller Ansprüche auf die Wohlfahrtskasse verlustig, und nicht einen Pfennig von den eingezahlten, oft genug sich bis auf 1000 Mark berechnenden Beiträgen erhält der freiwillig oder unfreiwillig Abkehrende zurückerstattet. – Die Zahl derjenigen, welche bei Krupp alljährlich zur Entlassung kommen, ist nicht gering. In den beiden letzten Jahren waren es je mindestens 7500 bis 8000 Mann!

Wilhelm Düwell: Fabrikfeudalismus. In: Die Neue Zeit. Wochenschrift der Deutschen Sozialdemokratie 20, 1901, S. 117–119.

1 **Eskamotierung**: das Wegzaubern

Arbeitsvorschläge

Arbeitsvorschläge zum darstellenden Teil

1. Erläutern Sie mit eigenen Worten den Begriff „Soziale Frage".
2. Nennen Sie die zentralen Ansätze kirchlicher, wirtschaftlicher und politischer Akteure zur Lösung der Sozialen Frage.
3. Informieren Sie sich arbeitsteilig über das Kolpingwerk und die Diakonie und beurteilen Sie deren Bedeutung im heutigen Sozialwesen.

A Soziale Frage infolge sozialer Ungleichheit?

4. Setzen Sie sich mit der Karikatur „Capital and Labour" (→ Q1) auseinander:
   a) Beschreiben Sie die Karikatur.
   ○ b) Erklären Sie die Aussagen der jeweils dargestellten Szenen.
   c) Erörtern Sie die Botschaft des Karikaturisten.
   d) Erörtern Sie, ob eine solche Karikatur heute immer noch gerechtfertigt wäre.
5. MK Erarbeiten Sie auf Basis von → D1 ein Fließdiagramm zur Kinderarbeit in Deutschland und erweitern Sie dieses auf Basis eigener Recherchen.

B Anfänge nationalstaatlicher und privatwirtschaftlicher Sozialpolitik

6. Fassen Sie die Aussagen der Tabelle zur Sozialpolitik des Deutschen Kaiserreiches mit eigenen Worten zusammen (→ D2).
7. ○ Informieren Sie sich über die politische Rolle der beiden historischen Personen Alfred Krupp und Wilhelm Düwell. Stellen Sie beide Personen in einer Kurzbiografie vor.
8. Geben Sie die Rede des Unternehmers Alfred Krupp (→ Q2) mit eigenen Worten wieder.
9. Erläutern Sie die Aussage der Karikatur „Kapitalistische Wohltaten" (→ Q3).
10. Nennen Sie die wichtigsten Aussagen von Wilhelm Düwell (→ Q4).
11. ○ Stellen Sie die Aussagen von Alfred Krupp und Wilhelm Düwell tabellarisch gegenüber.
12. Bewerten Sie die Einrichtung von Werkswohnungen und Pensionskassen durch Unternehmen unter der Frage, ob diese die Soziale Frage gelindert haben.

Differenzierung uh6e26

○ Arbeitshilfen zu den Aufgaben 4b, 7 und 11

AFB I: 2, 4a, 6, 8, 10 AFB II: 1, 4b, 5, 7, 9, 11 AFB III: 3, 4c, 4d, 12

7 Soziale Sicherung in modernen Staaten

7.1 Der Sozialstaat unter Druck?

Das Thema „Sozialstaat" geht uns alle an. Denn um in guten und weniger guten Zeiten angemessen „leben" zu können, brauchen Bürger untereinander – und auch der Staat – ein Miteinander, das am besten gemeinsam umzusetzen ist: Wir sollen etwas für die Gemeinschaft tun und die Gemeinschaft auch etwas für uns. Was so einfach klingt, ist jedoch schwieriger als gedacht, da sehr verschiedene Interessen in Einklang zu bringen sind.

Zur Orientierung

1883
erste deutsche Krankenversicherung

1927
Einführung der staatlichen Arbeitslosenversicherung

Soziale Sicherheit gewährleistet eine lebenswerte Gesellschaft, in der Menschen füreinander einstehen, beispielsweise in Notlagen, die man aus eigener Kraft nicht mehr bewältigen kann wie einen schweren Krankheitsfall. Die meisten Menschen wollen zwar soziale Gerechtigkeit, aber klagen zugleich über die damit verbundenen Belastungen. Dies gilt besonders, wenn das Alltagsleben direkt betroffen ist. Es stellen sich Fragen darüber, was man zum Leben braucht. Das gilt auch im Erlebnisraum Schule, wo immer auch Ungerechtigkeiten auftreten können. Eine Gemeinschaft oder Gesellschaft kann nur funktionieren, wenn Stärkere Schwächere unterstützen. Würden Sie zum Beispiel Teile des eigenen Taschengeldes abgeben wollen, damit sich ein ärmerer Mitschüler Schulbücher leisten kann? Im nächsten Schritt bedeutet das: Wie lässt sich das Leben staatlich abfedern? Wofür soll der Wohlfahrtsstaat vorsorgen und um welche Probleme soll er sich besonders kümmern? Eigenverantwortung kann an Grenzen stoßen, ebenso wie der unbedingte Vorrang der Gemeinschaft vor dem Einzeln, wie es in **diktatorischen** Systemen der Fall ist.

Diktatur
steht im Gegensatz zur Demokratie. Nicht die Mehrheit des Volks bestimmt, sondern eine Gruppe oder nur eine Person.

Drei Ziele der staatlichen Sozialpolitik seit der Industriellen Revolution

Die Einführung der sozialen Sicherungssysteme ist eine Reaktion auf die gesellschaftlichen Veränderungen im 19. Jahrhundert durch die Industrielle Revolution, die in England einsetzte und dann auch Deutschland veränderte. Die rasche **kapitalistische** Industrialisierung, verbunden mit schnellem Städtewachstum, Landflucht der Bevölkerung und einem beschleunigten Bevölkerungswachstum führte zu katastrophalen Lebensbedingungen für große Bevölkerungsteile. Soziale Sicherung steht im engen Zusammenhang mit der Ausbildung des modernen Nationalstaats. Deutschland wurde zum Vorreiter für eine systematische soziale Sicherung. Dafür waren die unter Reichskanzler Otto von Bismarck (1815–1898) eingeführten Sozialgesetze verantwortlich, mit denen die Regierung versuchte, den wachsenden Unmut der Arbeiterschaft ‚in den Griff' zu bekommen. Die deutsche Krankenversicherung wurde 1883 eingeführt, die Rentenversicherung 1889. Nachdem zuvor allein die **Kommunen** nach ihren Möglichkeiten und Willen für die Unterstützung von Erwerbslosen gesorgt hatten, wurde nach langen Debatten 1927 eine staatliche Arbeitslosenversicherung eingeführt (Zahlungen maximal 26 Wochen). Seither soll staatliche Sozialpolitik Not und Armut verhindern und die unterschiedlichen Gruppen einer Gesellschaft als Ganzes schützen. Drei Ziele stehen dabei im Vordergrund:
Schaffen von Chancengleichheit: Der Staat zielt darauf, möglichst gleiche Voraussetzungen für alle zu schaffen, also gleiche Startchancen für alle im gesellschaftlichen Wettbewerb herzustellen.

Kapitalismus
Wirtschafts- und Gesellschaftsordnung, die auf dem privaten Eigentum etwa an Produktionsmitteln beruht. Dabei geht es um Gewinnerzielung, von der in erster Linie die Kapitaleigentümer profitieren.

Kommune
Gemeinde

Schaffen von Gerechtigkeit: Der Staat hat die Aufgabe, verschiedene Gerechtigkeitsvorstellungen miteinander in Einklang zu bringen, die Gerechtigkeit bei Unterstützungsleistungen, Verteilung, aber auch zwischen Geschlechtern und Generationen und zwischen Städten und ländlichen Räumen.

Schaffen von ***Solidarität:*** Der Staat stellt eine Wechselbeziehung zwischen dem Einzelnen und der Gemeinschaft her. Er wägt ab, wann und wo Aufgaben im Bereich der Gesellschaft oder des Einzelnen liegen. Genauer heißt das, dass Erwerbstätige sich gegenüber denjenigen Menschen solidarisch verhalten sollen, die arbeitslos oder erwerbsunfähig sind.

Solidarität
Prinzip gegenseitiger Hilfe, also das Eintreten füreinander

Wohlfahrtsstaat bzw. Sozialstaat

„Wohlfahrt" bezeichnet das Wohl(ergehen) des Einzelnen bzw. der Gemeinschaft, besonders in **materieller** Hinsicht, und meint zudem das Bemühen, die Grundbedürfnisse der Menschen zu decken und einen gewissen Lebensstandard zu ermöglichen. „Wohlfahrtsstaat" ist gleichbedeutend mit „Sozialstaat" und bezeichnet einen Staat, der sich um die soziale Sicherheit seiner Bürgerinnen und Bürger kümmert, sich also um ihr ‚Wohl' sorgt. Das heißt, dass der Staat durch Gesetzgebung und sonstige Maßnahmen ein **Existenzminimum** für jeden Menschen gewährleistet und Formen sozialer Ungleichheit bekämpfen soll. Speziell soll Vorsorge für grundsätzliche Risiken wie Alter, Arbeitslosigkeit, Krankheit, Unfall oder Pflegebedürftigkeit getroffen werden.

materiell
die lebensnotwendigen Dinge bzw. Güter betreffend; wirtschaftlich, finanziell

Existenzminimum
in Deutschland definiert als der materielle Bedarf, der unerlässlich ist, um bei sparsamem Wirtschaften am gesellschaftlichen Leben teilhaben zu können (gewährleistetes Mindestmaß an Nahrung, Kleidung, Wohnraum und medizinischer Versorgung)

Drei Ideen sozialer Sicherung

Staatsbürgerversorgung: Hier steht das Sozialstaatsprinzip im Vordergrund. Die Sozialausgaben finanzieren sich größtenteils aus dem Steueraufkommen.

Versicherungssysteme: Die Sozialleistungen werden nach den einkommensabhängigen Beiträgen der Versicherten berechnet. Die Versicherungen teilen sich nach Berufsgruppen und Risikoart auf.

Ausgewählte Sicherungssysteme: Sozialleistungen entstehen auf der Grundlage freiwilliger Versicherungen. Der Staat beschränkt sich auf ordnungspolitische Vorgaben und sehr begrenzt auf die Einrichtung staatlicher Programme.

D1 Der Sozialstaat als Schutzschirm?

Gøsta Esping-Andersen (*1947)
dänischer Politikwissenschaftler und Soziologe

Typen von Wohlfahrtsstaaten

Der dänische Wissenschaftler Gøsta Esping-Andersen unterscheidet drei Typen von Wohlfahrtsstaaten: liberal, konservativ und sozialdemokratisch. Maßgeblich sind dabei etwa das Verhältnis zwischen Staat und Wirtschaft in der Bereitstellung sozialer Leistungen, die Qualität der Leistungen und die Wirkung der Sozialpolitik in Bezug auf soziale Gerechtigkeit.

Liberaler (angelsächsischer) Wohlfahrtsstaat: Das liberale (oder angelsächsische) Wohlfahrtsstaatsmodell betont vor allem die Rolle des freien Marktes und der Familie. Dieses Modell ist überwiegend steuerfinanziert. Die Anspruchsvoraussetzungen sind streng und die Leistungen niedrig. Beispielländer mit diesem Typ sind Kanada, die USA, Großbritannien, Australien und die Schweiz. Im Vordergrund stehen die Eigenverantwortung des Einzelnen und die Überlegenheit des Marktes.

Konservativ-korporatistischer Wohlfahrtsstaat: Die konservativen (oder kontinentaleuropäischen) Wohlfahrtsstaaten sind durch das Sozialversicherungsmodell Bismarcks geprägt. Korporatismus bedeutet die Einbindung von organisierten Interessen, zum Beispiel von Gewerkschaften, Berufsverbänden etc., in die Politik. Versicherungsleistungen stehen bei diesem Modell im Vordergrund. Charakteristisch ist die starke Verbindung von Lohnarbeit mit sozialen Ansprüchen. Beispiele für diesen Typ sind Länder wie Deutschland, Frankreich und Österreich. Das System zielt auf die Statussicherung verschiedener Berufsgruppen ab und wird überwiegend durch Beitragsfinanzierung getragen. Die soziale Ungleichheit bleibt verhältnismäßig groß.

Skandinavischer Wohlfahrtsstaat: Sozialdemokratische (oder skandinavische) Wohlfahrtsstaaten streben Gleichheit auf hoher Stufe an. Soziale Bürgerrechte stehen im Vordergrund. Die Leistungen werden überwiegend aus eher hohen Steuern finanziert. Beispiele für diesen Typ sind die skandinavischen Länder Schweden, Norwegen, Dänemark und Finnland. Die Sozialausgaben sind sehr hoch (zum Beispiel in Schweden über 50 % des Staatshaushaltes), weshalb der Staat immer wieder unter finanziellem Druck steht. In diesem System fördert der Staat aktiv die Wirtschaft. Die Arbeitsmarktpolitik ist aktiv und sehr flexibel ausgerichtet, wodurch eine annähernde Vollbeschäftigung und ein relativ hohes Maß an sozialer Gleichheit erzeugt wird. Der öffentliche Dienst hat eine große Bedeutung.

Mediterraner Wohlfahrtsstaat: Für viele Länder rund um das Mittelmeer wie Spanien, Italien, Ägypten oder Griechenland wird mittlerweile zusätzlich der mediterrane Wohlfahrtsstaat als Modell diskutiert. Nach diesem Modell sichert die Familie ihren Angehörigen Pflege und Beistand zu. Der Staat spielt dabei eher eine Nebenrolle und ist mit Unterstützung zurückhaltend.

D2 Typen des Wohlfahrtsstaats (nach Gøsta Esping-Andersen)

Liberaler Wohlfahrtsstaat	Konservativ-korporatistischer Wohlfahrtsstaat	Sozialdemokratischer Wohlfahrtsstaat
begrenzte Sozialleistungen für Niedriglohngruppen	Beibehaltung von Status- und Gruppenunterschieden	universale Leistungen
Motivierung zur privaten Vorsorge	Erhalt von Familienstrukturen	Gleichheit, soweit möglich
strenge Anspruchsvoraussetzungen	wenig Konzentration auf Privatleistungen	möglichst ähnliche Rechte für Arbeitgeber, Arbeitnehmer und Beamte

zusammengestellt von der Redaktion

Drei Säulen der sozialen Sicherung in der BRD

Versicherungsprinzip: Nach dem Versicherungsprinzip sollen soziale Risiken durch Beiträge abgedeckt werden. Die Leistungen sind im Fall der Rente stark an die Beitragshöhe geknüpft.

Fürsorgeprinzip: Das Fürsorgeprinzip begründet den Anspruch Bedürftiger auf Sozialhilfe, falls diese sich nicht selbst helfen können und keine Leistungen von anderer Seite erbracht werden. Die Finanzierung erfolgt aus Steuermitteln.

Versorgungsprinzip: Diese Form der Unterstützung stammt ebenfalls aus Steuermitteln, deckt besondere Fälle (etwa Krieg und Katastrophen) ab und sorgt für die soziale Sicherung von Beamtinnen und Beamten, die ein besonderes Dienst- und Treueverhältnis mit dem Staat eingegangen sind.

Wie kann die Zukunft des modernen Wohlfahrtsstaats aussehen?

Zur Stabilisierung geht es darum, eine moderne Beschäftigungspolitik auf die Bedürfnisse des Arbeitsmarktes auszurichten. Der moderne Wohlfahrtsstaat muss vielfältigen Herausforderungen begegnen, etwa dem Fachkräftemangel. Dies ist eine langfristig anhaltende Knappheit ausgebildeter Fachkräfte auf dem Arbeitsmarkt, meist bezogen auf bestimmte Regionen oder Berufsbilder. In Pflegeberufen etwa werden dringend Fachkräfte gesucht. Immer wieder klagen Unternehmen, dass sie keine Auszubildenden finden. Wenn aber beispielsweise Pflegepersonal fehlt, bedeutet das große Probleme in den Krankenhäusern – Patienten werden nicht schnell bzw. gut genug versorgt, das Personal ist überarbeitet usw. Wer nimmt sich dieser Probleme wie an – und mit wie viel Geld? Wenn zudem Fachkräfte in hohem Maße aus dem Ausland, z.B. Ost- und Südosteuropa, abgeworben werden, kann dies dort zu großen Problemen führen, was sich als Teufelskreis auch indirekt wieder auf Deutschland auswirken kann: Wenn die Fachkräfte, z.B. Ärzte, im Ausland fehlen, leiden die Menschen dort – und wandern dann vielleicht zur Verbesserung ihrer Lebensqualität in großer Zahl in die Staaten Westeuropas, etwa nach Deutschland, aus – was hier neue Probleme verursachen kann.

Viele Staaten in Europa sind mit den gleichen Problemen und Herausforderungen konfrontiert; deshalb wird von der Europäischen Union über gemeinschaftliche Lösungen nachgedacht. Dabei tauchen aber immer noch deutliche Grenzen auf, die Einzelstaaten gehen bei der Bewältigung einer Krise oft noch getrennte Wege. Immer wieder werden entwickelte Modelle kritisiert.

Es stellt sich die Frage, welches System in welchem Bereich besser oder schlechter ist, welche Probleme bzw. Kritikpunkte und Lösungsmöglichkeiten es gibt. Inwieweit kann und soll der Staat sozialpolitisch eingreifen und wo ist Zurückhaltung besser? Und was kann sich der Staat an sozialen Leistungen leisten? Ein Lösungsansatz ist zum Beispiel ein Versuch zum bedingungslosen Grundeinkommen. Gibt es, positiv formuliert, ein Recht auf ein beschwerdefreies Leben auch ohne Arbeit? Oder, negativ formuliert, auf Faulheit und ein Anrecht auf ein Leben im ‚Schlaraffenland'? Immer wieder taucht in den Überlegungen zum modernen Sozialstaat die Idee eines bedingungslosen Grundeinkommens auf, also eines Einkommens, das jedem Menschen (vom Kind bis zum Greis) garantiert ist – ohne Bedürftigkeitsprüfung und ohne eine Bereitschaft zur Arbeit oder zu einer Gegenleistung. 2017 begann in Finnland ein derartiges Experiment, das zwei Jahre dauerte. 2000 arbeitslose Menschen wurden dafür ausgewählt, ein bedingungsloses Grundeigentum zu bekommen. Die Ergebnisse dieses Experiments wurden jedoch in Europa noch nicht international bzw. noch nicht in großem Maßstab diskutiert.

A Die Entwicklung des Sozialversicherung in Deutschland

Q1 Die Entwicklung der deutschen Sozialversicherung aus staatlicher Sicht

1913 verbreitete die deutsche Regierung ein Plakat mit dem Titel „Die deutsche Sozialversicherung steht in der ganzen Welt vorbildlich und unerreicht da", das die bis damals vom Staat durchgeführten Maßnahmen zur deutschen Sozialversicherung thematisierte:

Invalider: (infolge von Unfall, Verwundung, Krankheit o. Ä.) [dauernd] Arbeits-, Dienst-, Erwerbsunfähiger

B Ist eine staatliche Krankenversicherung eine Selbstverständlichkeit?

D3 Krankenversicherungsschutz in Deutschland (Stand 2019)

Seit dem 1. Januar 2009 gilt die Krankenversicherungspflicht in Deutschland für alle. Die Grafik zeigt die Art des Krankenversicherungsschutzes (GKV/gesetzliche Krankenversicherung; PKV/private Krankenversicherung) in Deutschland 2019 in Prozent:

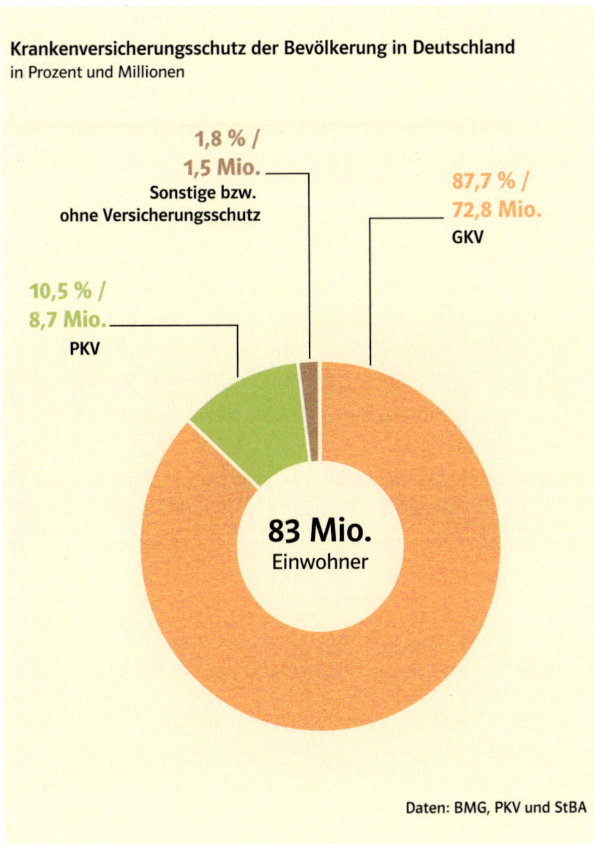

D4 Ein Leben ohne staatlich vorgeschriebene Krankenversicherung?

In der Süddeutschen Zeitung vom 26. März 2020 problematisiert der US-Korrespondent Claus Hulverscheidt das Krankensystem in den USA:

In den USA heißt es gerne, jeder sei für sich selbst verantwortlich, und viele Amerikaner halten einen Sozialstaat für Sozialismus. Doch jetzt, wo die Corona-Pandemie[1] alles aushebelt, stürzt der Mangel an sozialer Absicherung viele in den Abgrund. [...] Mehr als drei Millionen neue Arbeitslose in nur sieben Tagen – das Fünfzehnfache einer normalen Woche, das Vierfache des bisherigen Rekords [...]. Millionen Menschen verlieren ihren Job, ihren Halt, ihre wirtschaftliche Existenz. Und anders als in Deutschland kann sich niemand auf ein soziales Netz verlassen, das den Sturz ins Bodenlose verhindert. Wer in den USA entlassen wird, steht oft nicht nur ohne Job da, sondern auch ohne Krankenversicherung. Arbeitslosenhilfe gibt es nur für einige Wochen und auch nur in geringer Höhe. Sind die meist spärlichen privaten Rücklagen aufgebraucht, droht Armut. [...]

Der Verzicht auf ein echtes Sozialsystem in den USA ist die Kehrseite dessen, was viele Amerikaner unter Freiheit verstehen. Wer die Freiheit hat, eine Firma zu gründen, einen Beruf zu wählen, reich zu werden, der trägt nach dieser Lesart umgekehrt auch die Verantwortung dafür, wenn die Firma in Konkurs[2] geht, der Job wegfällt oder das Konto überzogen ist. Selbst Krankheit ist vor diesem Hintergrund Privatsache, vielleicht frönte der Betroffene ja Lastern oder war einfach nicht fromm genug. Warum, so der Gedanke, sollte der Staat, die Allgemeinheit, für derlei Fehlverhalten einstehen? [...] Politiker, die eine Lohnfortzahlung bei Krankheit, eine Basis-Krankenversicherung à la AOK[3], einen angemessenen Mindestlohn oder Regeln für die Kündigung von Beschäftigten verlangen, werden in den USA oft als Sozialisten beschimpft. Das Coronavirus macht nun deutlich: Wenn von einem Mindestmaß an sozialem Schutz die Rede ist, dann geht es nicht um Sozialismus. Es geht um ein Menschenrecht.

Claus Hulverscheidt: Die vermeintliche Freiheit wird zur Armutsfalle, SZ.de v. 26.03.2020, unter: www.sueddeutsche.de/wirtschaft/usa-corona-arbeitslose-sozialstaat-armut-1.4857910 (Zugriff: 05.01.2021)

1 **Corona-Pandemie**: eltweiter Ausbruch der Atemwegserkrankung COVID-19 („Corona") im Frühjahr 2020, führte in vielen Staaten zu massiven Einschnitten im öffentlichen Leben und Privatleben

2 **Konkurs**: Einstellung aller Zahlungen einer Firma bzw. eines Unternehmens wegen Zahlungsunfähigkeit

3 **AOK**: eine der gesetzlichen deutschen Krankenversicherungen („Allgemeine Ortskrankenkasse")

C Bedingungsloses Grundeinkommen – eine gute Sache?

D5 Schmarotzertum oder Leben im Paradies?

Das bedingungslose Grundeinkommen ist nicht nur Gedankenspiel, sondern wurde zum Beispiel konkret in Finnland getestet. Die Online-Plattform der Zeitschrift „Focus" porträtiert am 26. Juli 2018 den arbeitslosen Juha Järvinen, einen Teilnehmer des Experiments:

Wie verändert ein Grundeinkommen einen Menschen? In Finnland testet der Staat seit 2017 ein Modell für Arbeitslose[1]. Juha Järvinen ist einer der Pioniere[2]. Seine Bilanz[3] ist positiv – aber womöglich nicht einfach übertragbar.

Den Umschlag mit der Behörden-Post lässt er geschlossen. Erst am Abend, als seine Frau Mari von der Arbeit im Krankenhaus zurückkommt, öffnen sie ihn gemeinsam. Monate später wird Juha Järvinen den Moment als Ende seines Sklavendaseins bezeichnen.

Der Brief kommt von der finnischen Sozialbehörde Kela. Sie teilt Juha mit, dass er nun Teil eines sozialen Experiments ist, mit dem sein Land Antworten auf drängende Zukunftsfragen finden will: Wie wollen wir leben und arbeiten, wenn sich ringsherum alles ändert? Wie soll der Staat dafür sorgen, dass die Bürger finanziell abgesichert sind? [...]

„Dieser finnische Typ bekommt 600 Dollar Grundeinkommen pro Monat dafür, dass er absolut nichts tut", titelt das englischsprachige Magazin „Business Insider" in einem Text über Juha. Zwischen Schmarotzer und Gewinner, das ist die Bandbreite der Interpretationen, die er auslöst – je nach Menschenbild. Anderen gilt er schnell als Experte für das Projekt, an dem er teilnimmt. Einmal sei sogar das japanische Sozialministerium am Telefon gewesen. Juha selbst beschreibt sich und die Situation eher trocken. Er glaube nicht, dass ein Grundeinkommen Menschen zu Wodka-trinkenden Couch-Potatoes mache, erläutert er, als er im Frühjahr 2018 im Berliner Haus der Kulturen an einer Diskussion teilnimmt. Die linke Tageszeitung „taz" hat dazu geladen. Für ein paar Tage sei das vielleicht toll. Aber dann werde es auch langweilig, so allein mit dem Wodka auf der Couch. Im Publikum wird gelacht. [...]

Wie kann man mit einer Großfamilie 560 Euro als Befreiung empfinden, in einem der teuersten Länder der Erde? Die Euphorie[4], die Juha Järvinen in vielen Berichten verströmt, wirkt angesichts des Geldbetrags überzogen. Zum Leben reicht das in Finnland nicht. Doch in Juhas Wahrnehmung ist es der Unterschied zwischen Macht und Ohnmacht: Zum ersten Mal seit seiner Pleite hat er mit dem Grundeinkommen das Gefühl, sein Leben in der eigenen Hand zu haben.

Und die Steuerzahler, die am Ende alles finanzieren? Eine Neiddebatte brauche es nicht, sagt Juha. Ziel sei ja, dass alle das Gleiche bekämen. Und wenn man das Grundeinkommen als Grundrecht verstünde, sei von Neid nicht mehr die Rede, weil Grundrechte unveräußerlich seien. Auch heute Unbezahltes würde dann entlohnt: das Erziehen der Kinder, die Pflege der Eltern, Vereinsarbeit. [...]

Oliver Beckhoff (dpa): Wenig Geld, viel Mut – Juhas Leben mit dem Grundeinkommen, dpa-Meldung v. 26.07.2018 © dpa Deutsche Presse-Agentur GmbH.

1 **Zusatzinformation**: In allgemeinen Diskussionen wird ein bedingungsloses Grundeinkommen – anders als im hier gezeigten Experiment – nicht ausschließlich für Erwerbslose, sondern für jedermann angedacht.
2 **Pionier**: jemand, der auf seinem Gebiet bahnbrechend ist; Wegbereiter
3 **Bilanz**: Ergebnis, Fazit, abschließender Überblick
4 **Euphorie**: Hochstimmung, optimistische Begeisterung

Arbeitsvorschläge

Arbeitsvorschläge zum darstellenden Teil

1.
a) Beschreiben Sie die Kernidee von Sozialpolitik in Ihren eigenen Worten.
b) Erläutern Sie, warum der Sozialstaat als ‚Schutzschirm' anzusehen ist → D 2.

○ **2.** Bewerten Sie, welche der möglichen Formen des Wohlfahrtstaates, die im Verfassertext für verschiedene Staaten beschrieben sind, Sie spontan am besten finden. Können Sie sich bei dieser bzw. den anderen Formen auch Probleme vorstellen?

○ **3.** Erörtern Sie, welche der drei Säulen der sozialen Sicherung in Deutschland, die im Verfassertext genannt sind, Sie am wichtigsten finden.

A Die Entwicklung der Sozialversicherung in Deutschland

4. Analysieren Sie → Q 1 Kasten für Kasten und arbeiten Sie die Kernaussage (Botschaft) des Plakates heraus. Berücksichtigen Sie dabei den Ort der Veröffentlichung/den Herausgeber, die Art der Gestaltung und vermutliche Zielgruppe der Anzeige.

5.
a) Beschreiben Sie, was Sie bereits über die deutsche Sozialpolitik seit dem 19. Jahrhundert gelernt haben: Wie war die Lebenssituation vorher, zur Zeit der Industrialisierung?
b) Beurteilen Sie, inwieweit die Einführung der Sozialgesetzgebung der 1880er-Jahre eine Verbesserung zur Situation vorher darstellte.

6. Beurteilen Sie, ob/inwieweit es sich bei der deutschen Sozialpolitik, die in → Q 1 dargestellt ist, bereits um einen Wohlfahrtsstaat handelte.

B Ist eine staatliche Krankenversicherung eine Selbstverständlichkeit?

7. Wenn Sie als Schüler bzw. Schülerin zum Arzt müssen, wird dies nicht in bar bezahlt. Erläutern Sie, wer für Sie diese ärztlichen Leistung bezahlt und woher die Geldmittel dafür stammen.

8. Beurteilen Sie, inwieweit man aufgrund der Grafik → D 3 Deutschland als einen Wohlfahrtsstaat bezeichnen kann.

○ **9.** Erläutern Sie anhand von → D 3 und → D 4, inwiefern sich das Modell der sozialen Sicherung in den USA von dem in Deutschland unterscheidet.

10. Mit Blick auf die Rolle des Staates vertreten in den USA viele Menschen die Meinung, persönliche Freiheit sei wichtiger, als eine staatlich vorgegebene soziale Sicherung. Erörtern Sie dies aus deutscher Sicht.

C Bedingungsloses Grundeinkommen – eine gute Sache?

11. Nennen Sie die Argumente, die in → D 5 für bzw. gegen ein bedingungsloses Grundeinkommen genannt werden.

● **12.** Arbeiten Sie in zwei Gruppen:
Gruppe 1 trägt weitere Argumente für ein bedingungsloses Grundeinkommen zusammen, Gruppe 2 sammelt neue Argumente dagegen.

13. Erörtern Sie anhand von → D 5 und Ihren Gruppenergebnissen aus der vorherigen Frage Pro und Contra des bedingungslosen Grundeinkommens.

Differenzierung ge7gh6

○ Arbeitshilfen zu den Aufgaben 2, 3 und 9
● Erweiterungsangebot zur Aufgabe 12

AFB I: 1a, 5a, 11   AFB II: 1b, 4, 7, 9, 12   AFB III: 2, 3, 5b, 6, 8, 10, 13

MK Zeitzeugen in Podcasts eine Stimme geben

Zeitzeuginnen und Zeitzeugen können über historische Ereignisse aus eigenem Erleben berichten. Doch je nachdem, mit wem Sie sprechen, und wann Sie die Personen befragen, werden Sie unterschiedliche Versionen desselben Ereignisses zu hören bekommen. In einem Podcast können Sie verschiedene Zeitzeugen zu Wort kommen lassen und die unterschiedlichen Aussagen kritisch einordnen – eine gute Möglichkeit, ein Thema multiperspektivisch darzubieten.

→ Projekt Spurensuche, S. 8 f.

→ Erinnerung als Sozialforschung, S. 108 f.

Oral History – eine nicht ganz einfache Methode

Durch die Methode der Oral History („mündliche Geschichte") werden Lebensgeschichten von Zeitzeuginnen oder Zeitzeugen in Form eines Interviews festgehalten. Dabei sind die subjektiven Erlebniswelten der Befragten von zentraler Bedeutung. Man bezeichnet die Oral History auch als Erfahrungsgeschichte oder Erfahrungswissenschaft. Es geht darum, wie Menschen erlebte Geschichte verarbeiten und deuten, und wie sich solche Selbstdeutungen im Laufe der Zeit verändern. Aufgrund der Subjektivität und manchmal auch Emotionalität von Zeitzeugenerzählungen entsteht bei der Zuhörerschaft leicht das Gefühl, als sei das Geschehene „wirklich" so gewesen. Deshalb fordern Historikerinnen und Historiker eine gründliche Quellenkritik. So ist die lückenhafte, standortgebundene Erinnerung zu beachten, die nicht selten in Stereotype zurückfällt. Ein Zeitzeuge wird seine Erinnerungen und Eindrücke an die „Wendejahre" 1989/90 vermutlich im Jahr 1995 anders erzählen als etwa 2020. Mittlerweile sind seine Erinnerungen von eigenen Lebenserfahrungen, der Medienberichterstattung oder neuen Bewertungen durch die Forschung beeinflusst worden. Zeitzeugen berichten nicht unbedingt absichtlich die Unwahrheit, aber über Jahre hinweg verändert sich die Erinnerung – das hat die Hirnforschung mittlerweile herausgefunden. Jedoch ermöglichen Zeitzeugeninterviews auch den Austausch über Erlebnisse, Erfahrungen und Identifikationswege.

Podcasts – Geschichte anschaulich darstellen

Um z. B. die Erträge der Oral History festzuhalten und kritisch für eine Öffentlichkeit aufzubereiten, kann sich die Erstellung eines Podcasts eignen. Es ist ratsam, ein Thema multiperspektivisch darzubieten, indem z. B. unterschiedliche Sichtweisen von Zeitzeugen einbezogen werden. Ein Podcast ist eine Hör-Sendung und beschränkt sich daher im Gegensatz zum Video auf das akustisch Übertragbare.

Q1 Zeitzeugeninterview

Zeitzeugengespräche können eine wichtige Quelle sein. Hier interviewt ein Oberstufenschüler seine Schulleiterin als Zeitzeugin. Foto, 2017

D1 Podcast

In einem Podcast – einer Art Radiosendung im Internet – lässt sich ein Thema anschaulich, multiperspektivisch und kontrovers darstellen, z. B. mithilfe von Zeitzeugeninterviews wie in Q1.

Methodische Arbeitsschritte

1. Vorbereiten →

Zeitzeugengespräch:
- Machen Sie sich im Vorfeld mit der Thematik vertraut (z. B. Schulbuch, Sachbücher, Internet, ...). So sind Sie gut vorbereitet und können die Aussagen der Zeitzeugen kritisch einordnen.
- Fragen Sie Zeitzeugen an, die idealerweise aus verschiedenen Perspektiven berichten können.
- Klären Sie vor dem Interview die Thematik des Gespräches mit den Zeitzeug/innen, damit während des Interviews keine Missverständnisse entstehen.
- Schreiben Sie vorher Ihre Fragestellungen genau auf.
- Als Dankeschön für die Bereitschaft zum Interview können Sie den Zeitzeugen einen kleinen Blumenstrauß mitnehmen.

Podcast:
- Hören Sie sich zur Vorbereitung professionelle Podcasts an (z. B. in den Mediatheken öffentlich-rechtlicher Sendeanstalten, von Zeitungen, ...).
- Erstellen Sie ein Konzept: Welche Elemente soll Ihr Podcast enthalten (Sprechertexte, Interviews, Musik, ...)? Wie werden die Elemente angeordnet (Gliederung)? Wie lang soll der Podcast werden (Tipp: lieber kürzer)?
- Besorgen Sie sich die benötigte Technik (Smartphone, Tablet, ...); bedenken Sie auch, wie Sie die Aufnahmen später in Ihren Podcast einbinden wollen. Prüfen Sie, ob alles funktioniert.

2. Durchführen →

Zeitzeugengespräch:
- Testen Sie vor Ort nochmal die Tonqualität und bitten Sie Ihre Gesprächspartner, deutlich und klar zu sprechen.
- Entwickeln Sie beim Interview Taktgefühl; unverschämte oder zu private Fragen sind tabu. Kritische Fragen zum Thema dagegen sind ausdrücklich erlaubt!

Podcast:
- Leiten Sie den Podcast mit einer Einführung ins Thema und einem Überblick ein: Was erwartet die Hörerinnen und Hörer?
- Anschließend lassen Sie den/die Zeitzeugen zu Wort kommen. Bei mehreren Interviews können Sie dazwischen überleitende Sprechertexte einfügen.
- Ihr Podcast sollte mit einem Sachtext enden: Ordnen Sie die Zeitzeugenaussagen kritisch ein; ziehen Sie ein Fazit zum Thema.
- Es ist ratsam, eigene Texte aufzuschreiben. Bei der Aufnahme sprechen Sie langsam u. deutlich.
- Fügen Sie die Elemente zusammen, z. B. mit kostenlosen Audioschnittprogrammen im Internet. Lassen Sie kurze Pausen.
- Unterlegen Sie den Podcast ggf. mit Musik. Verwenden Sie nur rechtefreie, kostenlose Sounds (z. B. freesound.org)! Importieren Sie die Musikspur in Ihr „Projekt".
- Nun mischen Sie die Sprachdateien mit der Musik ab. Mit Lautstärken können Sie Effekte erzielen, achten Sie aber darauf, dass der gesprochene Text immer lauter ist als die Hintergrundmusik.

3. Präsentieren

- Der Podcast kann auf einer selbst erstellten oder der Schul-Webseite veröffentlicht werden.
- Versehen Sie Ihren Podcast mit einem Einleitungstext auf der Webseite. So können die Nutzerinnen und Nutzer entscheiden, ob sie das Thema interessiert.
- Achten Sie auf die Dateigröße: Ihr Podcast sollte nicht 10 Megabyte überschreiten, da sonst das Herunterladen für die Benutzer zu lange dauert.
- Natürlich können Sie auch einen Podcast zu anderen Anlässen gestalten, beispielsweise als Beitrag für einen Schülerwettbewerb, zur Veröffentlichung im Schülerradio oder als Dossier für die Schulchronik.
- Denken Sie vor einer Veröffentlichung daran, dass eine Einverständniserklärung Ihrer Zeitzeugin oder Ihres Zeitzeugen vorliegen muss. Fragen Sie ggf. Ihre Gesprächspartner nochmal ausdrücklich danach.

Arbeitsvorschläge

1. Erklären Sie, warum ein Zeitzeugeninterview eine Quelle ist (→ **Q1**), ein Podcast dagegen eine Darstellung (→ **D1**).
2. Erstellen Sie – allein, zu zweit oder in Gruppen – einen eigenen Podcast anhand der Methodischen Arbeitsschritte. Beginnen Sie, indem Sie sich für ein Thema entscheiden.

AFB I: 2 AFB II: 1, 2 AFB III: 2

7.2 Der deutsche Sozialstaat – ein Auslaufmodell oder immer noch zukunftsfähig?

Wo liegen die Grenzen des Sozialstaates in Deutschland? Dieser wird immer wieder kritisiert – er sei zu teuer, behindere das Wirtschaftswachstum, sei zu bürokratisch oder so einfach nicht mehr finanzierbar. Müssen bzw. sollen Leistungen gekürzt werden – und wenn ja, welche? Nur wenn der Sozialstaat verlässlich finanziert werden kann und die Bürger ihn für zukunftsfähig halten, sind sie auch gewillt, die hohen Lasten dafür zu tragen.

Zur Orientierung

1950er-Jahre
Entwicklung des Konzepts der „Sozialen Marktwirtschaft" in der Bundesrepublik Deutschland

2005
Einführung der Grundsicherung („Hartz IV")

Arbeitslosenhilfe
eine Leistung, die 1956–2004 speziell Langzeitarbeitslosen zukam

Sozialhilfe
eine Existenzsicherung, die sich auf einen Haushalt (Bedarfsgemeinschaft) bezieht

Hartz IV
umgangssprachlicher Begriff für Arbeitslosengeld II; Reformen zur besseren Gestaltung der Arbeitsmarktpolitik in Deutschland und zur Reformierung der staatlichen Arbeitsvermittlung, benannt nach dem VW-Vorstandsmitglied Peter Hartz

Bedeutet das Sozialstaatsprinzip eine ‚Rundumversorgung'?

Durch das Sozialstaatsprinzip ist der Staat zum Schutz und damit zur Unterstützung der sozial bzw. wirtschaftlich Schwachen verpflichtet. Das Sozialstaatsprinzip umfasst zwei Staatsaufgaben: die soziale Sicherheit (die Sicherung der Existenzgrundlagen der Bürgerinnen und Bürger) und den sozialen Ausgleich (zwischen sozial starken und sozial schwachen Bürgern). Damit folgt dem Bekenntnis zur Menschenwürde auch die Verpflichtung des Staates, eine menschenwürdige Existenz des Einzelnen sicherzustellen und den sozialen Frieden zu sichern. In den Grundgesetzartikeln 20 und 28, den rechtlichen Grundlagen für die Schaffung und den Ausbau des Sozialstaats, heißt es, Deutschland sei ein „demokratischer und sozialer Bundes- und Rechtsstaat. Alle staatlichen Organe sind damit zu einer Politik des sozialen Ausgleichs und der sozialen Sicherheit verpflichtet." Der Grad der sozialstaatlichen Ausprägung ist aber nicht vorgeschrieben, sondern richtet sich nach den Entwicklungen in Politik, Gesellschaft und Wirtschaft. Der Sozialstaat soll sich möglichst gerecht um alle Bevölkerungsschichten kümmern. Doch Einkommen und Vermögen in Deutschland sind in den letzten Jahren immer weiter auseinandergegangen. Es stellt sich die Frage, wie der Staat überhaupt in der Lage ist, Entwicklungen sozialer Ungleichheit aufzuhalten oder wie er diesen entgegenwirken kann. Es wird beispielsweise wiederholt darüber diskutiert, Besserverdienende höher zu besteuern. Aber wie weit ist die Gesellschaft bereit, die Folgen solcher Entscheidungen mitzutragen?

Soziale Marktwirtschaft – was sind ihre Chancen und Grenzen?

Im Wirtschaftssystem der Sozialen Marktwirtschaft ist ein sozialer Ausgleich ausdrücklich vorgesehen. Dieser richtet sich an Bürgerinnen und Bürger, die am Leistungswettbewerb nicht oder nur eingeschränkt teilnehmen können. Es kommt dadurch zu einer Form der Umverteilung: Die Leistungsstärkeren zahlen Steuern und Sozialversicherungsbeiträge; die Leistungsschwächeren bekommen Sozialleistungen. Vor dem Hintergrund einer stetig wachsenden Staatsverschuldung und finanzieller Engpässe sind Reformen immer wichtiger geworden. Dazu zählt die seit 2005 in Kraft getretene Zusammenlegung von **Arbeitslosenhilfe** und **Sozialhilfe** zur Grundsicherung (**„Hartz IV"**). Die Bewertung dieser Reform ist allerdings umstritten.

Haben wir noch einen Generationenvertrag oder bekommen wir einen Generationenkonflikt?

Der sogenannte „demografische Wandel" – also die Tatsache, dass die Menschen immer älter werden und es folglich eine immer größere Gruppe älterer Bürger im Staat gibt – stellt uns vor viele neue Fragen: Wer finanziert die Rente für diese Menschen? Wie reagiert die Politik auf eine wachsende ‚ältere' Wählerschaft? Wie kann die medizinische Versorgung dieser älteren Mitbürger finanziert und organisiert werden – etc. Dieser Wandel der Altersstruktur in der Bundesrepublik bedeutet steigende Kosten für die sozialen Sicherungssysteme. Davon sind besonders das Gesundheits- und Rentensystem betroffen. Die gesetzliche Rentenversicherung ist auf eine durch ihr Alter festgelegte Bevölkerungsgruppe beschränkt und wird durch Versicherungsbeiträge finanziert. Die Grundlage hierfür bietet der sogenannte ‚Generationenvertrag'. Das heißt, dass die Erwerbstätigen mit ihren Beiträgen die Leistungen für die Generation tragen, die bereits in Rente ist. Um einen Konflikt der Generationen zu entschärfen, wird immer wieder über Anpassungen diskutiert. So wurde beispielsweise die Rente mit 67 Jahren statt wie zuvor mit 65 Jahren eingeführt. Es werden auch problematische Szenarien angedacht, in denen zum Beispiel das Verhältnis von Rentner zu Nicht-Rentner in Deutschland 1:1 beträgt.

„Armut" in einem der reichsten Länder in Europa?

Arm zu sein bedeutet in der Bundesrepublik nicht, um sein physisches Überleben kämpfen zu müssen. Damit ist vielmehr die Unterversorgung von Menschen bestimmter sozialer Schichten im Verhältnis zum Wohlstand der Gesellschaft gemeint. Die Leistungen aus den sozialen Sicherungssystemen werden der allgemeinen Lohnentwicklung angepasst. So hat sich die Armutsgrenze in Deutschland immer weiter ‚nach oben' verschoben: Einem Bedürftigen von heute geht es folglich finanziell viel besser als einer Vergleichsperson aus den 1960er Jahren. Andererseits ist der Abstand zwischen der Armutsgrenze und dem Durchschnittseinkommen größer geworden.

Doch was Menschen unter Armut verstehen, ist immer relativ, also im Verhältnis zu sehen. Menschen fühlen sich arm, wenn sie in irgendeiner Weise materielle Not leiden. Es geht also nicht nur um reine Zahlen, sondern um Fragen des Selbstwertgefühls und der gesellschaftlichen Ausgrenzung in vielen Bereichen. Das Verständnis von ‚Armut' ist also abhängig von den jeweiligen gesellschaftlichen und zeitlichen Umständen und dem, was als Existenzminimum im sozialen und kulturellen Bereich erfahren wird. Die deutsche Bundesregierung erstellt regelmäßig einen **„Armuts- und Reichtumsbericht"**, um die aktuellen Entwicklungen genauer unter die Lupe zu nehmen. Welche langfristigen Folgen hat es, wenn große Teile der Bevölkerung ‚arm' sind? Staat, Kommunen und Bundesländer ziehen sich, um Geld zu sparen, immer mehr aus der Förderung von kostenintensiven Bereichen zurück: Viele Büchereien, Sportvereine, Schwimmbäder, Museen, Volkshochschulen oder **karitative** Einrichtungen müssen dann von privater Seite aufrechterhalten und finanziert werden – und das ist teuer. Wie kann jeder Mensch dennoch die Chance bekommen, am Kulturleben teilzunehmen und sich ausreichend zu bilden bzw. weiterzubilden? Und wie sieht das Leben der nächsten ‚armen' Generation aus, die nur dieses eingeschränkte Leben der Eltern in diesem **Milieu** kennt – und folglich gar nicht weiß, was ihr fehlt?

Armuts- und Reichtumsbericht
Seit 2001 berichtet die Bundesregierung in jeder Legislaturperiode über die soziale Lage in Deutschland; darauf basierend werden die Wirksamkeit geltender Regelungen überprüft und neue Maßnahmen angeregt.

karitativ
wohltätig

Milieu
soziales Umfeld, in dem ein Mensch lebt und das ihn prägt

D1 Hartz IV Regelsatz 2020

Erwachsene		Kinder	
volljährige Alleinstehende sowie Alleinerziehende im eigenen Haushalt sowie behinderte Menschen	432,00 Euro	von 0 bis 6 Jahren	250,00 Euro
volljährige Partner innerhalb einer Bedarfsgemeinschaft	389,00 Euro	von 6 bis 13 Jahren	308,00 Euro
Erwachsene im Haushalt anderer (im Haushalt der Eltern oder nach Umzug ohne Zustimmung des Trägers)	345,00 Euro	von 14 bis 18 Jahren	328,00 Euro

Datenherkunft: https://hartz4antrag.de/hartz-4-regelsatz/ (Zugriff: 27.10.2020)

A Ist das deutsche Sozialsystem beim derzeitigen Steuersystem finanzierbar?

D2 Entwicklung der Sozialleistungen in Deutschland

Die Bundesregierung veröffentlichte am 30. Januar 2020 einen Beitrag über soziale Sicherung in Deutschland, der folgende Informationen zur Entwicklung der Sozialleistungen (2009–2019) enthält:

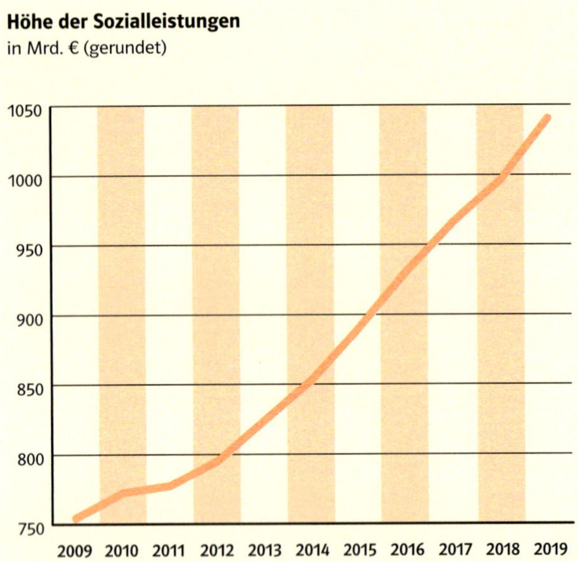

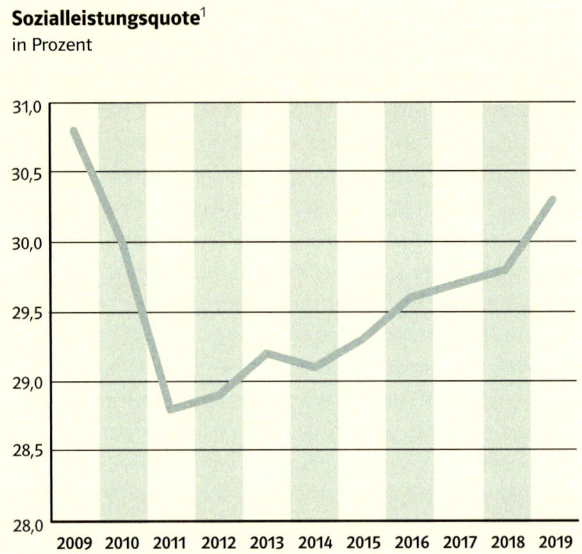

Daten: BMAS/Sozialbudget

1 **Sozialleistungsquote**: volkswirtschaftliche Kennzahl, die angibt, welcher Anteil am Bruttoinlandsprodukt (BIP) in einem Staat für rechtlich geregelte Sozialleistungen ausgegeben wird

B Armut in einem der reichsten Länder Europas?

D3 Dimensionen von Jugendarmut

Das Bundesinstitut für Berufsbildung thematisierte am 24. September 2019 das von der Bundesarbeitsgemeinschaft Katholische Jugendsozialarbeit (BAG KJS) veröffentlichte „Update Jugendarmut 2019":

Ein Fünftel aller Jugendlichen und ein Viertel aller jungen Erwachsenen bis 25 sind von Armut bedroht. Diese Zahlen bestätigt die Antwort der Bundesregierung auf eine [...] Anfrage der Bundestagsfraktion der Linken. Die Jugendarmutsquote stieg in den letzten Jahren um 1,4 Prozent, die Armutsgefährdungsquote bei 18 bis 25-Jährigen um 1,5 Prozent seit 2012. [...] Diese Befunde bestätigen auch die Ergebnisse des Monitors[1] Jugendarmut in Deutschland 2018, in dem die BAG KJS aufzeigte: Keine Altersgruppe ist stärker von Armut betroffen als Jugendliche und junge Erwachsene. Der Weg in das Erwachsenenleben und die Übergänge in Selbständigkeit sind für junge Menschen, die nicht auf eine entsprechende Unterstützung ihrer Familie zurückgreifen können, äußerst riskant: 51,5 Prozent aller alleinstehenden Jugendlichen und 56 Prozent aller alleinstehenden jungen Erwachsenen sind von Armut bedroht. [...]

Bundesinstitut für Berufsbildung (BIBB): Jugendarmut wächst weiter – „Update Jugendarmut 2019" der Katholischen Jugendsozialarbeit v. 24.09.2019, unter: www.ueberaus.de/wws/28535454.php (Zugriff: 22.09.2020)

1 hier: Kontrollgerät

Arbeitsvorschläge

Arbeitsvorschläge zum darstellenden Teil

1. Bewerten Sie die Regelsätze für Erwachsene und Kinder, die in → **D1** dargestellt sind. Erörtern Sie dabei, ob bzw. inwieweit die Leistungen für junge Menschen zwischen 14 und 18 Jahren angemessen sind.

2.
○ **a)** Überlegen Sie, welche einzelnen Tätigkeitsfelder die Sozialpolitik in Deutschland hat und mit welchen davon Sie schon einmal in Ihrem Umfeld in Berührung gekommen sind.
● **b)** Begründen Sie, welche(s) dieser Felder Sie als besonders wichtig empfinden.

A Ist das deutsche Sozialsystem beim derzeitigen Steuersystem finanzierbar?

3.
○ **a)** Beschreiben Sie, wie sich die beiden Werte in → **D2** jeweils entwickeln.
b) Erklären Sie, welche Schlüsse man daraus ‚auf den ersten Blick' ziehen könnte.

4. Analysieren und formulieren Sie die Hauptaussage(n) der Grafik → **D2**.

B Armut in einem der reichsten Länder Europas?

5.
a) Entwickeln Sie eine spontane Definition des Begriffs „Jugendarmut" und vergleichen Sie Ihre Ergebnisse.
○ **b)** Recherchieren Sie im Internet, wie der Begriff „Armut" offiziell definiert wird und welche Arten von Armut es gibt. Erklären Sie darauf gestützt den Begriff in eigenen Worten.
c) Vergleichen Sie Ihre eigenen Auffassungen mit der offiziellen Definition.

● **6.** Nennen Sie die in → **D3** genannten Herausforderung der Jugendarmut.

Übergreifender Arbeitsvorschlag

7. Erörtern Sie, welche Hauptaufgabe(n) die deutsche Sozialpolitik haben sollte und wo dabei mögliche Probleme liegen können.

Differenzierung 6ij5ei

○ Arbeitshilfen zu den Aufgaben 2a, 3a und 5b
● Erweiterungsangebot zu den Aufgaben 2b und 6

AFB I: 2a, 3a, 6 AFB II: 2b, 3b, 4, 5b, 5c ABF III: 1, 5a, 7

8 Migrationsbewegungen in der Geschichte des 19./20. Jahrhunderts

8.1 Deutsche Auswanderung, Binnenmigration und Landflucht im 19. Jahrhundert

Kaum ein gesellschaftspolitisches Thema wird so heiß diskutiert wie das der Zuwanderung. Dabei gab und gibt es Migrationsbewegungen in der Menschheitsgeschichte auf allen Kontinenten und zu allen Zeiten. Die Gründe für Zu- und Abwanderung sind vielfältig: Teilweise werden Menschen in ihrer Heimat aufgrund ihrer Ethnie, Religion oder politischen Ansichten verfolgt und hoffen auf Asyl. Andere fliehen wegen Klimaschäden, Umweltkatastrophen und Armut. Dass auf langfristige Sicht Einwanderung positive Impulse schaffen kann, wird am Beispiel des heutigen Baden-Württembergs deutlich, wo viele Zugewanderte die hiesige Wirtschaft und das kulturelle Leben bereichern. Zu einer wahrlichen Zu- und Abwanderungswelle kam es bereits im Zeitalter der Industrialisierung.

Zur Orientierung

1815
Ausbruch des Vulkans Tambora führt in Teilen der Welt zu zeitweisem Klimawandel, löste ab 1816 mehrere Jahre schwere Missernten aus.

1848/49
Revolution in mehreren europ. Ländern

19. Jh.
Deutschland zählt zu größten Auswanderernationen.

Asyl
Jedes Land hat die Möglichkeit, ein eigenständiges Asylrecht auszuarbeiten. In der Bundesrepublik Deutschland gilt das Asylrecht für politisch Verfolgte und stellt ein im Grundgesetz verankertes Grundrecht dar (Artikel 16a GG). Nachdem in Deutschland ein Asylantrag gestellt wurde, wird dieser geprüft. Sofern der Asylanspruch anerkannt wird, schützt Deutschland den Asylbewerber/die Asylbewerberin. Im umgekehrten Fall droht eine Abschiebung.

Abwanderungsbewegungen am Beispiel Baden-Württembergs

Das Baden-Württemberg, wie wir es heute kennen, gibt es erst seit dem Jahr 1952. Zu Zeiten der Industrialisierung war das zusammengefügte Bundesland noch in die beiden angrenzenden Machtbereiche des Großherzogtums Baden und des Königreichs Württemberg unterteilt. Bis Mitte des 19. Jahrhunderts wanderten viele Menschen aus dem deutschen Südwesten nach Ost- und Südosteuropa ab. Es gab Anwerbungsversuche an potenzielle Auswanderer von Seiten der unabhängig gewordenen südamerikanischen Staaten. Die scheinbar „unbegrenzten Möglichkeiten" lockten etliche Migranten in die USA. Ein Grund für die großen Auswanderungsbewegungen beginnend ab dem Jahr 1816 waren die negativen Klimafolgen, die hauptsächlich durch den Ausbruch des indonesischen Vulkans Tambora im April 1815 ausgelöst worden waren. Neben Missernten und Überschwemmungen litten viele Menschen an Hungersnöten. Später flohen Menschen auch aus politischen Motiven, nachdem die Revolution 1848/49 gescheitert war. Ein anderer Beweggrund entstand aus dem Wandel von einer landwirtschaftlich geprägten Gesellschaft hin zur Industriegesellschaft und dem einhergehenden starken Bevölkerungsanstieg. Immer öfter drohte ein Leben in überfüllten Arbeitervierteln der rasant wachsenden Städte. Die Auswanderungsgründe können unter dem Begriff sogenannter „Push-Faktoren" zusammengefasst werden, welche die Emigranten förmlich „wegdrücken". Viele Menschen erhofften sich durch Auswanderung einen höheren Lebensstandard und politische Freiheit, was wiederum „Pull-Faktoren" („anziehende" Faktoren) darstellten.

Allein zwischen 1871 bis 1890 verließen mehr als 104 000 Personen das Königreich Württemberg, auf badischer Seite waren es im Zeitraum zwischen 1880 und 1890 über 94 000 Personen. Somit verließen jeweils über 5 Prozent der Gesamtbevölkerung in wenigen Jahren ihre süddeutsche Heimat.

Insgesamt zogen zwischen 1816 und 1914 allein ca. 5,5 Millionen Menschen aus Deutschland in die USA. Die verbesserte Verkehrssituation im Zeitalter der Industrialisierung, vor allem durch den Ausbau des Schienenverkehrs sowie die steigende Zahl an Dampfschiffen, beschleunigte die Auswanderung dabei sprichwörtlich.

Deutschland wandelt sich – erste Tendenzen hin zu einem Einwanderungsland

Dominierte im Deutschland des 19. Jahrhunderts die Auswanderung, schlug dies zu Beginn des folgenden Jahrhunderts ins Gegenteil um. Im Zuge des nun raschen Wandels zur Industrienation entwickelte sich Deutschland innerhalb kurzer Zeit zum zweitgrößten Einwanderungsland nach den USA. Die wachsende Zahl an Arbeitsplätzen im industriellen Sektor konnte bald nicht mehr nur von den Arbeitskräften vor Ort besetzt werden. In industriellen Zentren wie im Ruhrgebiet oder in der Montanindustrie Sachsens siedelten sich Hunderttausende Arbeitsmigranten sowie deren Familienangehörige an. Die wohl bekannteste Migrantengruppe stellten die „Ruhrpolen" dar. Hierbei handelte es sich oft um polnischsprachige preußische Staatsbürger, die aus den damals preußischen Provinzen Posen, Pommern, West- und Ostpreußen ins westfälische Ruhrgebiet einwanderten, um dort zu arbeiten. Da diese Form von Migration innerhalb des Deutschen Reiches stattfand, spricht man heute von **Binnenmigration**. Hinzu kamen ausländische Migranten, beispielsweise aus dem russischen Teil Polens, Italien, den Niederlanden und Österreich-Ungarn. Doch nicht nur in der Industrie, auch in der Landwirtschaft wurden zunehmend ausländische Saisonarbeiter eingestellt, insbesondere auf den großen Gütern östlich der Elbe.

Die Folgen der Industrialisierung und der damit verbundenen Anwerbung von Arbeitskräften lesen sich spektakulär. So wuchs die Bevölkerungszahl der preußischen Metropole Berlin im 19. Jahrhundert um fast 900 Prozent von 172 000 auf 2,3 Millionen an. Laut Hochrechnungen waren im Jahr 1913 im Deutschen Reich etwa 1,2 Millionen ausländische Arbeitskräfte beschäftigt. Somit trugen die Arbeitsmigranten maßgeblich dazu bei, dass sich Deutschland zu einer modernen Industriegesellschaft wandelte.

Binnenmigration
Der Begriff umfasst die Form von Migration innerhalb einer festgelegten Region, in der Regel innerhalb eines Staates. Eine klare Trennschärfe ist jedoch nicht erkennbar. So kann beispielsweise auch von einer EU-Binnenmigration gesprochen werden, was bedeutet, dass EU-Bürger in ein anderes EU-Land auswandern bzw. sich dabei nicht außerhalb der EU-Grenzen bewegen.

Zwischen Integration und Ablehnung

Die Zuwanderer wurden damals wie heute teils mit Skepsis und Argwohn betrachtet. Die ausländischen Migranten sprachen in der Regel kein Deutsch und pflegten einen anderen Lebensstil bzw. andere Bräuche und Traditionen. Wiederum entstand ein vielfältiges Vereinsleben, das gerade von religiös motivierten Vereinigungen geprägt war. Der Glaube war einerseits ein verbindendes Element, wenn die einheimische Bevölkerung der gleichen Konfession angehörte. Umgekehrt konnten unterschiedliche Glaubensvorstellungen das Verhältnis zwischen den Alteingesessenen und Migranten spalten. Die „Neuankömmlinge" engagierten sich daneben auch politisch und gewerkschaftlich und viele fühlten sich insgesamt in Deutschland wohl bzw. planten nicht, in ihre alte Heimat zurückzukehren.

Trotz dieser Erfolge wäre es falsch zu behaupten, dass die **Integration** der ausländischen Migranten vollends gelungen sei. Je mehr Zuwanderer kamen, desto schneller wuchs die Ablehnung innerhalb der deutschen Bevölkerung. Als Reaktion darauf wurde späterhin ein Zuwanderungsverbot beschlossen, welches polnische Arbeiter aus Russland und Österreich-Ungarn betraf. Ebenfalls wurden polnische Vereine überwacht und ein strenges Kontrollsystem zur Steuerung und Überwachung von polnischen Saisonarbeitern eingeführt. Begründet wurden solche Maßnahmen mit der Angst vor der Zurückdrängung der deutschen Kultur und Sprache. Im 20. Jahrhundert entstand in Deutschland eine regelrechte antipolnische Haltung, die im Zweiten Weltkrieg ihren negativen Höhepunkt fand.

Integration
Die Integration von Zugewanderten soll Chancengleichheit und die tatsächliche Teilhabe in allen Bereichen ermöglichen, insbesondere am gesellschaftlichen, wirtschaftlichen und kulturellen Leben. Um dies zu gewährleisten, macht der Staat ein möglichst umfassendes Integrationsangebot. Es herrschen aber sehr unterschiedliche Meinungen darüber, was man unter einer gelungenen Integration versteht bzw. welche Ansätze hierbei als erstrebenswert angesehen werden. Häufig wird darüber gestritten, inwieweit ein Zugewanderter seine kulturelle Identität aufgeben bzw. sich an die neue Umgebung anpassen soll.

A Deutsche Emigration in die USA im 19. Jahrhundert

D1 Auswanderung aus Südwestdeutschland im 19. Jahrhundert

Eine vom Landesarchiv Baden-Württemberg koordinierte Datenbank enthält rund 260 000 Namen von Menschen, die von der Mitte des 18. Jahrhunderts bis zu Beginn des 20. Jahrhundert aus Baden, Württemberg und Hohenzollern ausgewandert sind. Die tatsächliche Zahl lag weit höher, u. a. weil Frauen und Kinder unter dem Familiennamen des Mannes verbucht sind. Diese Datenbank diente als Grundlage für diese Karte.

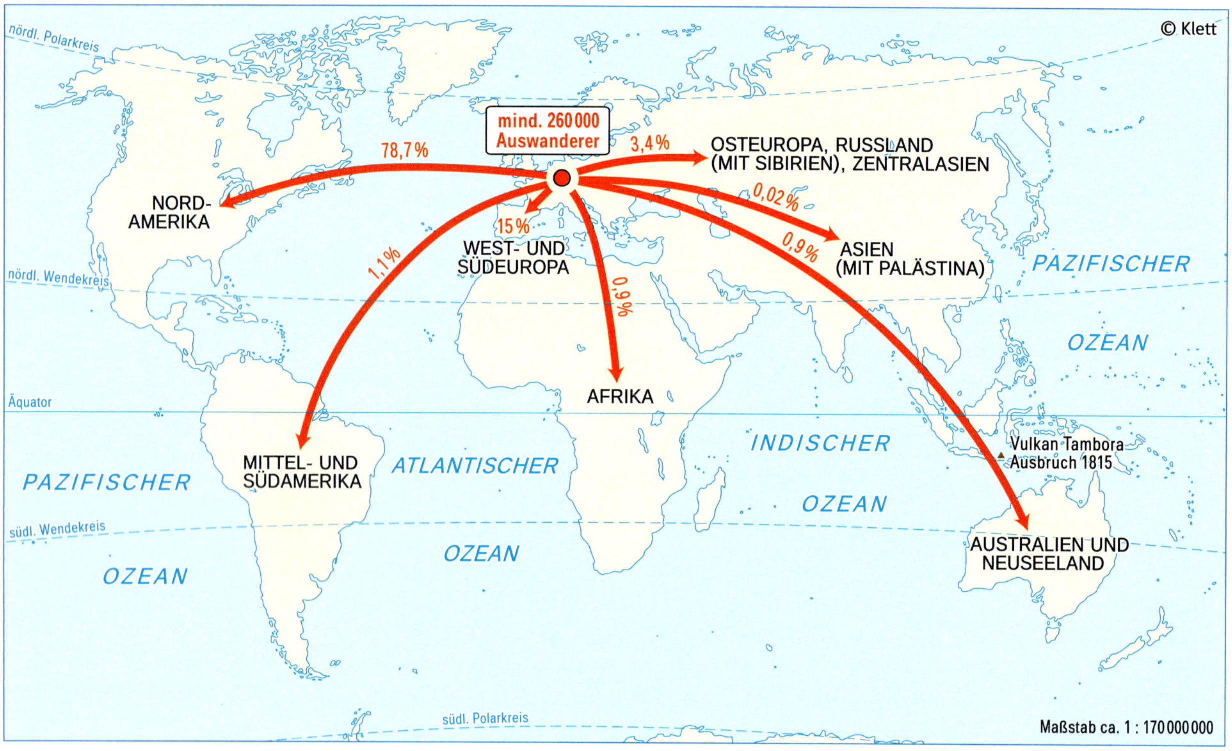

Q1 Industriearbeiter im frühen 19. Jahrhundert

Der Tübinger Professor Robert von Mohl (1799–1875), der 1848 auch Abgeordneter der Frankfurter Nationalversammlung und später des badischen Parlaments war, schrieb 1835:

Bekannt ist, dass die Arbeiter in allen Fabriken täglich eine lange Anzahl von Stunden, bis zu 14, 16 und mehr, zu arbeiten haben; bekannt ist, dass die nie rastende Tätigkeit der Maschinen, welcher der Arbeiter ebenso ununterbrochen zu folgen hat und welche ihm außer zu bestimmten, weit voneinander entfernten Abschnitten nicht einen Augenblick Unterbrechung seiner Aufmerksamkeit und Tätigkeit erlaubt, selbst bei unmittelbar nicht sehr harter Arbeit bis in den Tod ermüdet; bekannt ist ferner, dass in manchen Fällen die Hitze, die Ausdünstung des Materials und der vielen Menschen für die Gesundheit nicht anders als höchst nachteilig sein kann. Dazu nehme man dann noch, dass allzu häufig die Arbeiter schon als Kinder dieser Anstrengung ausgesetzt sind, so dass sie aus Ermüdung zusammensinken und oft nur mit harten Schlägen wieder aufgeweckt und zur Arbeit getrieben werden können und dass jedenfalls ihr Körper in seiner Entwicklung gehemmt, ihm die zu seiner Ausübung notwendige Erholung und Spielzeit ganz entzogen wird. Man übergehe nicht mit Stillschweigen die zahlreichen Verwundungen und Verstümmelungen, welche den Müden oder Unerfahrenen von den Maschinen zugefügt werden. Wie kann man diesen Tatsachen gegenüber in Zweifel ziehen wollen, dass gar manche Fabrikarbeiten die Gesundheit der bei ihnen Beschäftigten schnell und tief verletzen? […]

Von selber klar sind die Einwirkungen der bisher geschilderten Verhältnisse auf die politische Stimmung der Fabrikarbeiter. Arme und oft mit Verzweiflung ringende, körperlich und sittlich heruntergekommene Menschen, welchen das eigene Leben nur eine endlose Reihe Mühseligkeiten darbietet, der Zustand der höheren Klassen aber, namentlich derjenigen, mit welcher sie in Berührung kommen, nämlich der Fabrikherrn, als das Ergebnis des an ihnen begangenen Raubes oder wenigstens als der Gegenstand bitteren Neides erscheinen muss, können nicht anders als höchst missvergnügt und zu jeder Änderung bereit sein. [...] Selbst in den freiesten und bestregierten Staaten kann und muss dies der Fall sein, denn die bürgerliche Gesellschaft als solche ist ihnen verhasst.

Robert von Mohl: Über die Nachteile, welche sowohl den Arbeitern selbst, als dem Wohlstande und der Sicherheit der gesamten bürgerlichen Gesellschaft von dem fabrikmäßigen Betriebe der Industrie zugehen, und über die Notwendigkeit gründlicher Vorbeugungsmittel. In: Karl Heinrich Rau (Hrsg.): Archiv der politischen Ökonomie und Polizeiwissenschaft, Bd. 2. Winter, Heidelberg 1835, S. 141–203, hier S. 188.

Q2 Werbeplakat für Auswanderer (1873)

Der Begriff „Acre" bezeichnet ein englisches und nordamerikanisches Flächenmaß. 1 Acre entspricht etwa 4047 m^2.

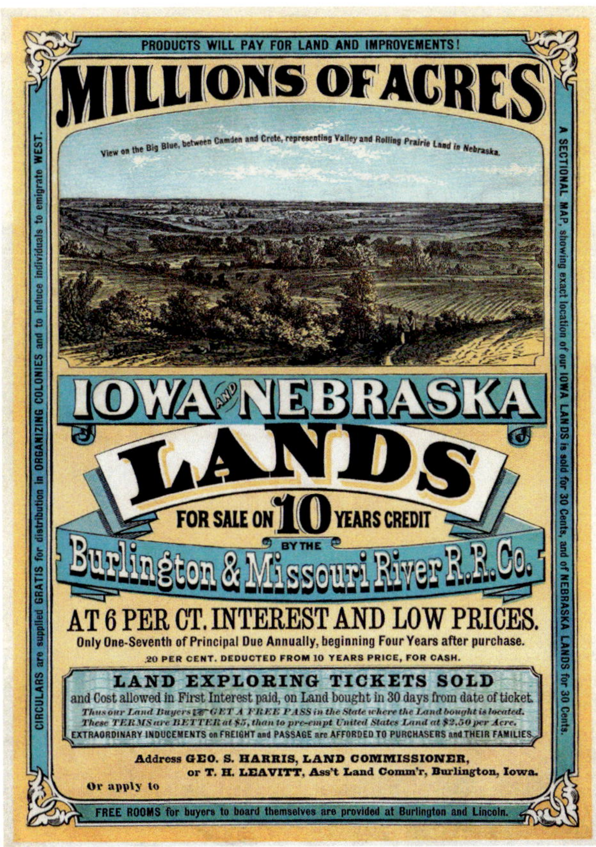

Q3 Brief eines deutschen Auswanderers

Johann Carl Wilhelm Pritzlaff schrieb am 23. April 1842 von Milwaukee, Wisconsin einen Brief an seine in Deutschland lebende Familie:

Herzlich vielgeliebte Mutter, Bruder und Schwester!

[...]

Da ich nun schon beinahe drei Jahre aus Eurer Mitte bin und seit der Zeit nichts von Euch erfahren habe und Ihr auch wohl nicht viel von mir, so kann ich es jetzt nicht länger unterlassen, Euch zu benachrichtigen, wie es mir seit der Zeit ergangen ist und noch geht [...] Ihr wißt, daß ich den 16. Mai 1839 mit vielen Tränen und unter schmerzlichem Gefühl der Wehmut aus Eurer Mitte Abschied nahm und die Auswanderung nach Amerika antrat. Nun, nachdem wir, von zu Hause aus, binnen 14 Tagen Hamburg glücklich erreicht hatten, warteten wir daselbst einen vollen Monat auf unsere zurückgebliebenen Landsleute und Glaubensgenossen [...] Am 31sten Juni zogen wir, nämlich [...] auf einem Dampfschiff von Hamburg aus nach England, und landeten nach 3 1/2 Tagen in New Castle. Am dritten Tag nach unserer Ankunft daselbst fuhren wir von dort auf einer Eisenbahn nach Carlisle, und von dort wieder auf einem Dampfschiff nach Liverpool. Am 11ten Juli schritten wir von hier aus auf einem dreimastigen großen Segelschiff in See und erreichten nach vielen ausgestandenen Beschwerlichkeiten unter Gottes [...] Beistand den 6. September New York in Amerika.

Die letzten 14 Tage auf unserer Seereise und die ersten zwei Wochen nach unserer Ankunft in New York war ich sehr krank, doch hat mir der gnädige Gott [...] väterlich durch- und aufgeholfen. Nachdem wir von New York aus auf einem Dampfschiffe bis Albany und von dort aus, teils auf Eisenbahn, teils auf Kanal-Böten, welche von Pferden gezogen wurden, endlich in Buffalo angelangten, so war die Kasse ziemlich erschöpft, und für so viele Menschen als unser hier mit einem Male angekommen waren, nicht Arbeit genug vorhanden. Wir mußten uns daher trennen. Die Wohlhabenden unter uns zogen auf einem Dampfschiffe noch 1100 engl. Meilen weiter nach Milwaukee und Umgegend, im Territory Wisconsin, und die Armen waren genötigt in und um Buffalo herum Arbeit zu suchen; viele von uns gingen [...] von Buffalo ab auf Kanal-Arbeit. Hier ging es uns, wie es vielen Einwanderern, die der englischen Sprache nicht mächtig sind, anfänglich zu gehen pflegt, nicht vom Besten. Am Kanal verdienten wir uns in kurzer Zeit bald soviel, daß wir von einem Platz zum andern reisen konnten, wovon ich auch ein großer Liebhaber war und jetzt noch bin. [...]

Auch will ich hier kurz bemerken, daß man sich keineswegs von einer hiesigen guten Bauern-Familie solche

Begriffe zu machen habe wie etwa bei Euch in Preußen, sondern sie führen hier eine weit anständigere und freiere Lebensart. [...] Amerika ist ein gutes Land, es blüht unter dem Segen Gottes, aber doch trägt es auch Dornen und Disteln. Für einen Mann, der da arbeitet, ist es hier viel besser wie dort; man kann das leibliche Stückchen Brot besser erwerben wie in Deutschland, lebt auch nicht so eingeschränkt und unter solcher Unterthanschaft wie bei Euch unter den Gutsbesitzern [...] Es herrschet eine ziemlich' Gleichheit unter den Menschen hier in Amerika. Die Hohen und Reichen schämen sich nicht umzugehen mit den Armen und Niedrigen. [...]

Von den kirchlichen Sachen kann ich nicht viel Gutes schreiben, denn der Antichrist[1] hat seinen Stuhl auch über Amerika gesetzt. Das aber ist das beste, daß hier ein jeder Freiheit hat, nach seinem Glauben zu handeln. Wer hier falsche Lehre annimmt, der tut es nach seinem freien Willen. Wir können Gott nicht genug danken, daß er uns in ein solch Land gebracht hat in dieser Versuchungs-Stunde, die über den ganzen Erdkreis gekommen ist. [...]

Wolfgang Helbich (Hrsg.): Briefe aus Amerika. Deutsche Auswanderer schreiben aus der Neuen Welt 1830–1930. C. H. Beck, München 1988, S. 290–293.

1 **Antichrist**: Mit Antichrist meint der Altlutheraner vermutlich, stellvertretend für die katholische Kirche, den Papst.

B Immigration nach Deutschland im frühen 20. Jahrhundert

Q4 Karikatur aus der Satire-Zeitschrift Kladderadatsch (1919)

Die politisch-satirische Wochenzeitschrift Kladderadatsch erschien von 1848–1944.
Politur. Die deutsche Wirtschaft und – ihre Umwandlung in polnische Wirtschaft.

Arbeitsvorschläge

A Deutsche Emigration in die USA im 19. Jahrhundert

1. Beschreiben Sie die Erschwernisse des urbanen Arbeiterlebens (Darstellungstext, → Q1). Welches Bild ergibt sich aus den Schilderungen des damaligen Professors von Mohl? Begründen Sie Ihre Ansicht.

○ **2.** Beschreiben und interpretieren Sie die Karikatur in Kapitel 1.4 auf S. 33 unter dem Aspekt der Migration. Nutzen Sie dazu Ihr erarbeitetes Vorwissen zur Revolution von 1848/49.

3. Vergleichen Sie die Schilderungen Mohls (→ Q1) mit dem Werbeplakat von 1873 (→ Q2). Erläutern Sie, mit welchen Hoffnungen deutsche Auswanderer in den Westen der USA zogen. Begründen Sie Ihre Annahmen und unterscheiden Sie dabei zwischen Push- und Pull-Faktoren.

4. Lesen Sie den Brief des Auswanderers Pritzlaff (→ Q3) aufmerksam.

a) Suchen Sie mithilfe des Internets nach einer Karte, die Europa und Nordamerika abbildet. Zeichnen Sie die einzelnen Stationen des deutschen Auswanderers nach.

D **b)** Stellen Sie sich vor, Sie wären ein in Deutschland lebender Zeitungsredakteur, der im Jahre 1842 eine Kopie des Briefes bekommen hat. Verfassen Sie einen Zeitungskommentar über die Hoffnungen und vorgefundene Realität deutscher Auswanderer. Verwenden Sie dabei auch Zitate aus dem Brieftext.

○ **c)** Erläutern Sie mithilfe des Briefes von Pritzlaff die dargestellten Mentalitätsunterschiede zwischen der deutschen und der US-amerikanischen Gesellschaft. Gehen Sie dabei auch darauf ein, inwieweit Ihre heutigen Vorstellungen mit den damaligen übereinstimmen oder sich unterscheiden.

d) Nehmen Sie zum heute noch polarisierenden Begriff „American Dream" kritisch Stellung. Sie können hierzu auch das Internet nutzen, um sich in das Thema einzulesen bzw. Ihre Meinung zu stützen.

B Immigration nach Deutschland im frühen 20. Jahrhundert

○ **5.** Beschreiben und interpretieren Sie die
● Kladderadatsch-Karikatur aus dem Jahr 1919 (→ Q4) und analysieren Sie dabei die dargestellten Stereotype. Vergegenwärtigen Sie sich dabei, dass Deutschland durch die Unterzeichnung des Versailler Friedensvertrages im Jahr der Entstehung der Karikatur große Gebietsabtretungen hinnehmen musste, nachdem ein Jahr zuvor der Erste Weltkrieg mit einer Niederlage Deutschlands geendet war. Der neu gegründete polnische Staat war hierbei ein Profiteur der deutschen Gebietsabtretungen.

Differenzierung
tv7x46

○ Arbeitshilfen zu den Aufgaben 2, 4c und 5
● Erweiterungsangebot zur Aufgabe 5

AFB I: 1, 2, 3, 4a, 5 AFB II: 1, 2, 3, 4b, 4c, 5 AFB III: 3, 4d, 5

Ein Museum oder ein Archiv besuchen

Historische Museen und Archive sind wichtige „außerschulische Lernorte". Sie dienen der Erinnerung an die Vergangenheit. Durch Vergleiche und Hinweise auf das aktuelle Zeitgeschehen stellen sie aber auch Bezüge zur Gegenwart her. So veranschaulichen sie die Bedeutung der Historie für gegenwärtiges und zukünftiges Handeln.

Warum überhaupt ins Museum oder ins Archiv?

Zu den Hauptaufgaben von Archiven gehört es, historische Quellen (z. B. Akten, Urkunden, Zeitungen oder persönliche Aufzeichnungen historischer Personen) zu ordnen, aufzubewahren und allen Interessierten für historische Forschungen zur Verfügung stellen. In Museen steht dagegen im Vordergrund, historische Objekte und Quellen in einen Zusammenhang einzubetten und der Öffentlichkeit zu präsentieren.

Im Museum oder im Archiv begegnen Sie – im Gegensatz zum Schulbuch – der Geschichte unmittelbar: Sie erhalten einen Eindruck von der Größe, Beschaffenheit und Wirkmächtigkeit einer Text-, Bild- oder Sachquelle. Allerdings müssen Sie im Museum mitbedenken, dass das Ausstellungsobjekt (Exponat) aus seinem historischen Fundkontext gelöst wurde und Ihnen in einem konstruierten Umfeld präsentiert wird. Meist helfen Informations- und Schautafeln dabei, den ursprünglichen historischen Hintergrund zu erhellen. Gleichwohl ist es wichtig zu verstehen, dass eine Ausstellung in einem Museum immer eine Deutung der Geschichte darstellt und kritisch hinterfragt werden muss.

Man unterscheidet verschiedene Arten von historischen Museen: Für den Geschichtsunterricht wichtig sind Freilichtmuseen, Heimatmuseen, Kunst- und Kulturmuseen oder völkerkundliche Museen. Dabei gibt es einerseits themen- und epochenübergreifende Museen, z. B. die großen Landesmuseen in Stuttgart und Karlsruhe, andererseits Museen mit einem bestimmten Themen- oder Epochenschwerpunkt, wie die Dauerausstellung im Schloss Rastatt zur Revolution von 1848/49.

Einen Museums- oder Archivbesuch vorbereiten

Im Folgenden gehen wir davon aus, dass Sie …

… **entweder a)** im Zuge einer zusätzlichen Lernleistung (Projekt, Referat o. Ä.) in Eigenregie einen Museums- oder Archivbesuch für Ihre Klasse organisieren und vor Ort die Führung durch die Ausstellung oder Sammlung selbst übernehmen. Dabei ist eine enge Absprache mit der Lehrkraft sowie dem Museums- bzw. Archivpersonal besonders wichtig.

… **oder b)** im Rahmen einer Fach- oder Seminararbeit für sich selbst einen Museums- bzw. Archivbesuch organisieren, um dort zu einem bestimmten Thema Informationen für Ihre Forschungen zu beschaffen.

Die Methodischen Arbeitsschritte auf der rechten Seite können Ihnen bei der Organisation eines Museumsbesuches mit Ihrer Klasse (siehe a) helfen. Doch bevor Sie an die konkrete Vorbereitung gehen, sollten Sie einige Vorüberlegungen anstellen:

- Welche Erwartungen habe ich selbst an ein gutes Museum?
- Welches Museum in der näheren Umgebung eignet sich für einen Besuch? Welches Museum passt thematisch zur bevorstehenden Unterrichtseinheit?
- Welchen inhaltlichen Mehrwert hat der Museumsbesuch?
- Wann soll der Besuch stattfinden: als Einführung **vor** der Unterrichtseinheit, als Vertiefung **begleitend** zur Unterrichtseinheit oder als Abschluss **nach** der Unterrichtseinheit?
- Ist ein Museumsbesuch organisatorisch realisierbar? (Genehmigung durch Fachlehrer, Schulleitung? Kollision mit Klassenarbeiten/Klausuren oder anderen Schulterminen?)
- Werden neben der Fachlehrkraft weitere Lehrkräfte (oder Eltern) als Aufsicht benötigt?

Methodische Arbeitsschritte

1. Vorbereiten →

formal:
- Informieren Sie sich über die Öffnungszeiten (ggf. Besuchszeiten für Schulklassen) und die Kosten (Eintrittspreise/Fahrtkosten).
- Wie viel Zeit benötigen Sie insgesamt (Treffpunkt, Hin-/Rückfahrt, Zeit im Museum, ggf. Puffer)?
- Wer ist Ansprechpartner/in vor Ort? Wie nehme ich Kontakt auf (E-Mail, Telefon, persönlich)?
- Bis wann muss ich den Besuch verbindlich anmelden?
- Kann man selbst durch die Ausstellung führen? Gibt es Angebote für Schulklassen? (Tipp: Besuchsverlauf mit Mitarbeitern und Fachlehrkraft absprechen)
- Was kann ich selbst erledigen, wo benötige ich Hilfe vom Fachlehrer/von der Fachlehrerin?

inhaltlich:
- Was ist im Museum zu sehen? (vorab eigenen Besuch machen!)
- Welches Material kann ich für die inhaltliche Erarbeitung nutzen (Museumspläne, Kataloge)?
- Schwerpunkte: Führe ich durch die gesamte Ausstellung oder wähle ich Exponate/Räume aus?
- Wie ist die Ausstellung gestaltet: Aufbau, Anordnung der Exponate, Lichteffekte, Rundgänge, …?
- Welche Ziele/welches Konzept verfolgt die Ausstellung?

methodisch:
- Entwerfe ich eine Museumsrallye (vor oder nach meiner Führung)?
- Entwickle ich ein Quiz zur Sicherung der Ergebnisse?

2. Durchführen →

in der Schule:
- Es empfiehlt sich, in der Unterrichtsstunde vor dem Museumsbesuch einen kurzen Einführungsvortrag zu halten. Dieser soll …
  a) … die Klasse über Ihre bisher geleistete Arbeit und die anstehende Exkursion informieren,
  b) … nicht zu viel vorwegnehmen (z. B. keine Fotos der Ausstellungsstücke zeigen),
  c) … die Mitschüler/innen für den Museumsbesuch motivieren.

vor Ort:
- Wie gestalten Sie Ihre Führung – „klassisch“ mit Infos zu einzelnen Exponaten oder „interaktiv“, indem Sie Ihre Zuhörer/innen einbeziehen (z. B. mit Brainstorming-Runden an den Objekten)?
- Behalten Sie die Zeit im Blick: Wenn Sie merken, dass Sie noch viel Luft haben oder dass die Zeit für Ihr geplantes Programm nicht reicht, überlegen Sie, was Sie zusätzlich unternehmen oder weglassen können. Beraten Sie sich mit Ihrer Lehrkraft.

3. Nachbereiten

- Reflektieren Sie die Exkursion in der Unterrichtsstunde nach dem Museumsbesuch. Moderieren Sie die **Feedbackrunde** selbst, ggf. unter Mithilfe der Fachlehrkraft. Überlegen Sie sich Impulsfragen für die Diskussion, z. B.:
  a) Was hat euch gefallen, was nicht? Was habt ihr Neues oder Überraschendes erfahren?
  b) Würdet ihr wieder in ein Museum gehen? Warum oder warum nicht?
  c) Was habe ich bei meiner Führung gut gemacht? Was könnte ich noch verbessern?
- Sie können auch eine schrifliche **Rückmeldung an das Museum** verfassen oder einen Beitrag ins Gästebuch auf der Museumshomepage schreiben.
- Oder Sie berichten in einem der folgenden Formate über Ihren Museumsbesuch: Internetblog, Artikel für die Schulhomepage oder die Schülerzeitung, Zeitungsartikel, Ausstellungsrezension, …

Arbeitsvorschläge

1. Organisieren Sie einen Museumsbesuch für Ihre Klasse anhand der Methodischen Arbeitsschritte oben. Nutzen Sie zur Planung auch die Tipps auf S. 158.
2. Recherchieren Sie die Aufgaben eines Archivs. Überlegen Sie, welche Arbeitsschritte auch für die Arbeit im Archiv relevant sind bzw. was sie im Archiv noch bedenken müssen.

AFB I: 1–2 AFB II: 1–2 AFB III: 1–2

8.2 Transnationale und globale Migrationsbewegungen im 20. und 21. Jahrhundert

Das 20. Jahrhundert steht für Fortschritt und technische Errungenschaften, wie beispielsweise die Elektrifizierung oder Digitalisierung der Welt. Die moderne Globalisierung, wie wir sie heute kennen, nahm ebenfalls im ausgehenden 20. Jahrhundert ihren Anfang. Dementgegen steht aber auch das Leid vieler Menschen, ausgelöst durch die beiden Weltkriege und politische Verfolgung. Wo Leid entsteht, wächst der Gedanke an Auswanderung, sodass es im letzten Jahrhundert – und auch im heutigen – zu vielen Flucht- und Migrationsbewegungen gekommen ist. Doch welche Gemeinsamkeiten und Unterschiede können zwischen vorangegangenen, heutigen und zukünftigen Wanderungsbewegungen ausgemacht werden?

Zur Orientierung

1938
Konferenz von Évian

1940er-Jahre
Zweiter Weltkrieg verursacht große Flucht-/Vertreibungsbewegungen in Europa und Asien

1955–1973
„Gastarbeiter"-Anwerbeabkommen der BRD mit verschieden Staaten

Einwanderer mit multipler Identität

Viele sogenannte Gastarbeiter blieben und entwickelten eine Doppelidentität mit Wurzeln in ihrer alten und ihrer neuen Heimat.

Hätte der Holocaust durch Flüchtlingsaufnahme verhindert werden können?

Kein geschichtliches Ereignis steht so exemplarisch für Verfolgung, Ermordung und Zwangswanderungen wie der Zweite Weltkrieg. Waren lange Zeit hauptsächlich die deutschen Aggressoren für das millionenfache Leid der Menschen verantwortlich, kehrte sich das Bild gegen Ende des Krieges ins Gegenteil um. In den Jahren von 1945 bis 1950 flohen Millionen von Deutschen oder wurden während des Krieges und danach vertrieben. Aber auch Millionen andere Menschen in Ost- und Südosteuropa wurden zu Flüchtlingen und Vertriebenen.

Zum Inbegriff der deutschen Verbrechen wurde der gezielte Versuch, alle Mitglieder der jüdischen Glaubensgemeinschaft in Europa zu ermorden. Diesem Verbrechen fielen sechs Millionen Juden zum Opfer. Verständlicherweise drängt sich rückblickend die Frage auf, ob dieser Genozid nicht hätte verhindert werden können.

Vom 6. bis 15. Juli 1938 fand im französischen Évian-les-Bains auf Betreiben des damaligen US-Präsidenten Franklin D. Roosevelt eine Konferenz statt, bei der über das Problem der drastisch gestiegenen Flüchtlingszahlen von Juden aus Deutschland und Österreich beraten wurde. Die Konferenz, an der 32 Staaten und 24 Hilfsorganisationen teilnahmen, endete trotz intensiver Diskussionen weitgehend ergebnislos. Im Verlauf der Sitzungen offenbarten etliche Staaten antisemitische Tendenzen. Andere verwiesen auf die großen wirtschaftlichen Probleme infolge der Weltwirtschaftskrise, die einer umfassenden Flüchtlingsaufnahme im Weg standen. Lediglich die Dominikanische Republik war bereit, eine größere Zahl jüdischer Flüchtlinge aufzunehmen, während sich die weiteren Teilnehmer überwiegend weigerten. Ob und inwieweit mehr Juden vor dem Tod hätten bewahrt werden können, hätte die Konferenz von Évian anders geendet, wird in Historikerkreisen kontrovers diskutiert. In einer Sache herrscht dagegen weitgehend Einigkeit: Das Ergebnis kann als moralische Katastrophe gewertet werden, die vor Augen führt, dass damals wie heute Vorbehalte eine Flüchtlingsaufnahme verhindern und das menschliche Leid dadurch vergrößern können.

Deutschland 1960 bis 1990 – eine Wandlung hin zum Einwanderungsland?

Im Zuge des westdeutschen Nachkriegsbooms der 1960er-Jahre wurden viele ausländische Arbeitskräfte angeworben. Die Hauptherkunftsländer waren u.a. Spanien, Italien, Marokko, Griechenland, Südkorea und die Türkei. Ursprünglich ging die Bundesregierung davon aus, dass die Migranten nach einigen Jahren Deutschland wieder verlassen werden, weswegen oft von „Gastarbeitern" gesprochen wurde. Die Realität war stattdessen eine andere: Viele verwurzelten sich und leben mittlerweile hierzulande seit mehreren Generationen. Seit dieser Zeit entwickelte sich Deutschland stetig zu einem modernen Einwanderungsland. Ähnliches geschah auch in anderen Ländern, die ab den 1950er-Jahren Arbeitskräfte aus dem Ausland anwarben, z.B. Frankreich. Großbritannien öffnete sich besonders für Arbeitskräfte aus den Staaten des **Commonwealth of Nations**.

Trotz eines dauerhaften Wohnortswechsels brachen die Kontakte und Verbindungen der Gastarbeiter, wie sie im Nachhinein fälschlicherweise genannt wurden, in ihre Herkunftsländer nicht ab. Diese Einsicht setzte sich auch allmählich in der deutschen Migrationsforschung der 1990er-Jahre durch und hatte einen Paradigmenwechsel zur Folge: An die Seite der „einfachen" Migration, ausgelöst durch Push- und Pull-Faktoren, gesellte sich die Theorie der transnationalen Migration. Letztere besagt, dass Einwanderer keineswegs alles zugunsten des neuen Aufenthaltsorts hinter sich lassen. Vielmehr wird davon ausgegangen, dass sie in vielfältigen Beziehungen ökonomischer, sozialer und kultureller Art eine Bindung zu ihren Herkunftsländern aufrechterhalten. In Zeiten des rasanten Aufstiegs des Internets in den 1990er-Jahren ergaben sich dabei ganz neue Kommunikationsmöglichkeiten über Grenzen hinweg.

Commonwealth of Nations
1931 gegründete bzw. 1949 erweiterte lose Verbindung souveräner Staaten (ehemalige britische Kolonien) mit Großbritannien

Globale Migration – ein Phänomen der Moderne?

Bereits im sogenannten Mittelalter waren größere Bevölkerungsgruppen nach Europa eingewandert, z. B. Araber, Roma oder Türken. Europäische Auswanderung fand, wenn auch zunächst noch im überschaubaren Rahmen, im Zuge der Expansion nach Amerika ab dem 16. Jahrhundert statt. Die europäische Migration nahm im 19. Jahrhundert erheblich zu. Zum größten Einwandererland wurden die USA. Dorthin wanderten allein zwischen 1815 und 1930 geschätzt 55–60 Millionen Europäer, aber beispielsweise auch elf Millionen Migranten aus China aus.

Ab den 1950er-Jahren entwickelte sich wiederum Europa zunehmend zu einem Ziel für Einwanderer. Dies hatte mit dem wirtschaftlichen Wiederaufschwung nach dem Zweiten Weltkrieg zu tun. Aber auch die Dekolonisierung in Afrika und Asien spielte eine bedeutende Rolle. Viele europäische Kolonisten kehrten nach der Unabhängigkeit der unterworfenen Kolonien beispielsweise nach Frankreich, Großbritannien, Portugal oder die Niederlande zurück. Aber auch viele ehemals indigene Bewohner aus den unabhängig gewordenen Kolonien wanderten nun in die ehemaligen Kolonialmächte ein.

Nach Ende des Kalten Krieges kam es zu weiteren großen Migrationsbewegungen innerhalb Europas. Parallel nahmen ab den 1990er-Jahren infolge von Kriegen, Bürgerkriegen, den zunehmenden Auswirkungen des Klimawandels und wirtschaftlicher Krisen die Migration aus dem Nahen Osten und Teilen Afrikas zu. Überwiegend emigrierten die Betroffenen in Nachbarländer, doch suchten viele auch Zuflucht in Staaten der EU. Einen vorläufigen Höhepunkt erreichte die Migrationsentwicklung 2015. In Europa sprach man nun von einer „Flüchtlingskrise".

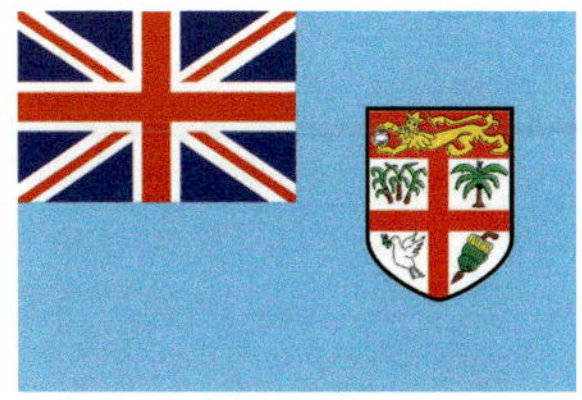

Flagge der Republik Fidschi
Obwohl der Inselstaat im Südpazifik seit 1970 unabhängig ist, trägt die Flagge aufgrund der Mitgliedschaft im Commonwealth of Nations sowie seiner kolonialen Geschichte im linken oberen Eck den britischen Union Jack. Anhand der Nationalflaggen mancher Länder lässt sich bis heute erkennen, ob und inwieweit sie eine koloniale Geschichte aufweisen.

Migration 2.0 – Ausblick auf zukünftige Migrationsbewegungen

Viele Migrationsforscher gehen heute davon aus, dass die weltweiten ökologischen Veränderungen neue Wanderungsbewegungen auslösen könnten. Die Folgen der globalen Erwärmung reichen vom Anstieg des Meeresspiegels bis hin zu schwerwiegenden Dürren. Wasser könnte in manchen Weltregionen ein zunehmend umkämpftes Gut werden. Noch ist nicht abzuschätzen, inwieweit und wo sich die Umweltbedingungen verändern werden.

Auch der Globalisierungsprozess kann zu ansteigenden Migrationsbewegungen führen, da er auf verschiedenartige Weise das Aus- und Einwandern erleichtert. So ist es bereits heutzutage durch soziale Medien auf einfachem Weg möglich, den Kontakt zum Herkunftsland aufrechtzuerhalten. Es ist auch davon auszugehen, dass die Transitmöglichkeiten durch neue Technologien vereinfacht und günstiger gestaltet werden können. Anhand der Europäischen Union zeigt sich zudem, dass politisch-wirtschaftliche Vereinigungen und Abkommen die Freizügigkeit der Menschen innerhalb eines Gebietes fördern können.

A Der „deutsche Weg" – vom Vernichtungsstaat zum Einwanderungsland?

D1 Migration von und nach Deutschland

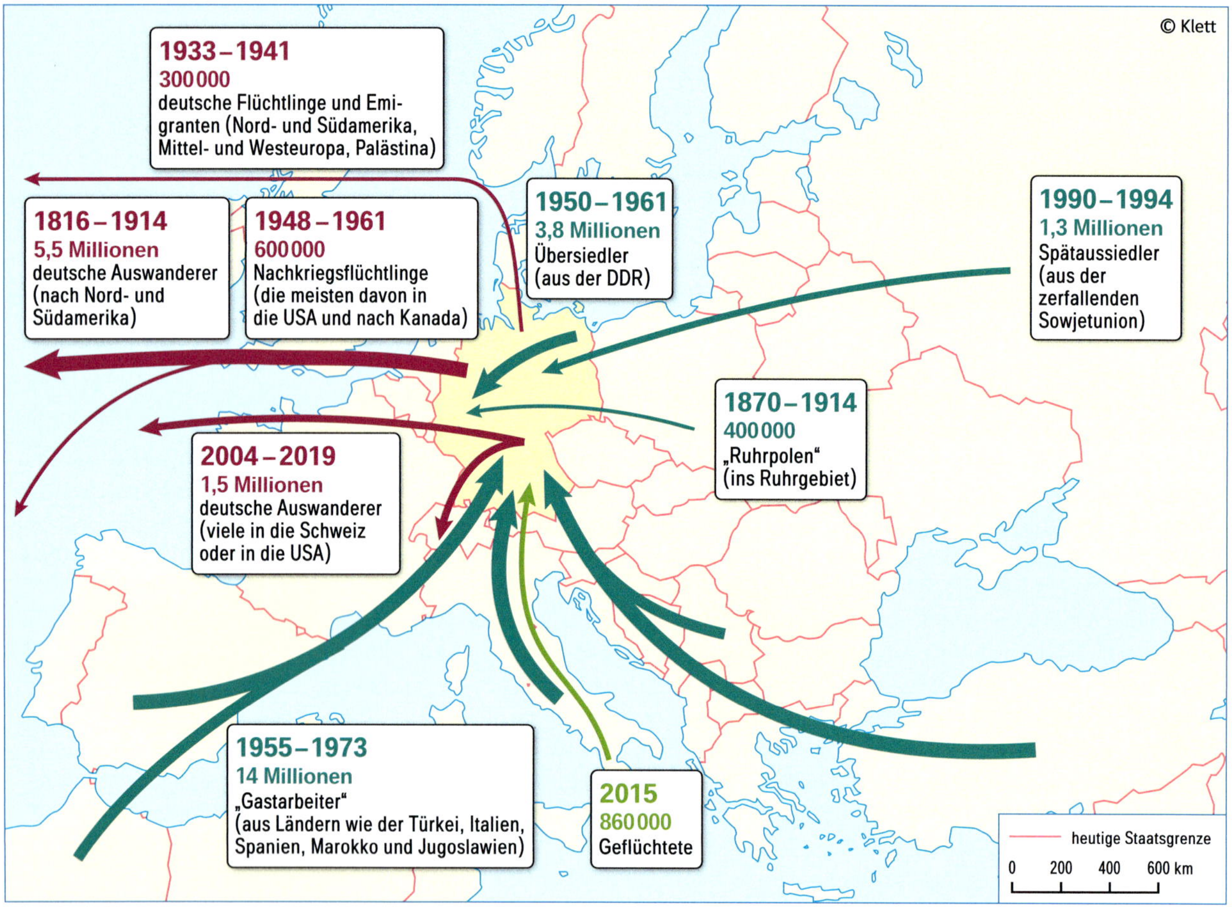

Q1 Rollenerfahrungen: Sklave, Herr, Arbeiter

Ali Başar kam im Herbst 1961 nach Deutschland, nachdem er schon als 13-jähriger Junge seine Heimat Dersim verlassen und in Istanbul als Tagelöhner ohne Unterkunft gelebt hatte. Er gelangte nach Duisburg, wo er zunächst unter Tage als Bergmann arbeitete. Später absolvierte er die Schweißerschule und arbeitete im Reparaturbetrieb. Er lebt bis heute in Duisburg Marxloh.

In dem Bergwerk, in dem ich gearbeitet habe, gab es einen Kollegen, Charly. „Hey, Türke! Komm mal hier, mach mal hier fertig ...", hat er immer gerufen. Einmal, in der Pause, sagte er zu mir: „Hey Türke, ich bin ein reinrassiger Ostpreuße. Du bist mein Sklave." – „Ja", antwortete ich. Ich konnte ja kaum Deutsch, hatte gar nicht verstanden, was er gesagt hatte. Zu Hause habe ich im Wörterbuch nachgeschlagen, was Sklave bedeutet. Oh, dachte ich, das ist etwas Schlechtes! Am nächsten Tag saßen wir wieder da, Charly sagte wieder das Gleiche zu mir. „Hau ab, du!", rief ich und setzte mich woandershin. Meine Kollegen wollten Charlys Verhalten aber nicht akzeptieren. Sie gingen zu unserem Kolonnenführer Heinz und erzählten ihm, was Charly gesagt hatte. Daraufhin ging der Kolonnenführer zu Charly und stellte ihn zur Rede: „Was hast du zu unserem Kumpel Ali gesagt? Wenn du so was sagst, bist du nicht mehr in unserer Kolonne!" Charly und ich wurden sogar zum Geschäftsführer gerufen. „Charly", sagte der Geschäftsführer. „Wir arbeiten hier 2000 Meter unter Tage, wir müssen zusammenhalten! Wenn du zu unserem Kumpel Ali sagst, er sei dein Sklave, bist du nicht mehr bei uns im Bergbau. Entschuldige dich bei Ali!" So war das. Vielleicht hatte ich Glück, aber ich habe wirklich sehr gute Erfahrungen gemacht mit den Deutschen. [...]

Nachdem er sich mit 29 Jahren sein erstes Auto leisten konnte, fuhr er mit diesem in die Türkei in sein Heimatdorf.

Meine Mutter hatte noch nie in einem Auto gesessen. Sie konnte es gar nicht fassen, als sie uns sah, und lief aufgeregt hin und her. Zögernd stieg sie zu uns ein, hielt aber während der kurzen Fahrt die Griffe so fest umklammert, als hätte sie Angst rauszufallen. Die Hupe liebte sie allerdings sofort sehr! Alle im Dorf waren sehr beeindruckt. Sie sagten „Ali Bey" (Herr Ali) zu mir, anstatt mich einfach beim Vornamen zu nennen. Das hat mir aber nicht gefallen. Ich habe zu ihnen gesagt: „Nennt mich nicht Bey. Ich bin Arbeiter! So wie ihr!" Manche waren wohl neidisch, andere fühlten sich klein, jedenfalls war ich nicht mehr einfach einer von ihnen. Deshalb bin ich danach nie wieder mit dem Auto in mein Dorf gefahren. Beim nächsten Mal parkte ich mein Auto in Elazığ und fuhr mit dem Bus in mein Dorf. Alle fragten mich: „Aber Ali, wo ist denn das Auto?" – Und ich sagte: „Kein Auto. ICH bin gekommen – Ali." Bei diesem Besuch war dann wieder alles normal.

Dorte Huneke: „Mit den Peitschenstriemen der Armut kam ich hierher". Zeitzeugengespräch mit Ali Başar. In: Jeannette Goddar/ Dorte Huneke (Hrsg.): Auf Zeit. Für Immer. Zuwanderer aus der Türkei erinnern sich. Kiepenheuer & Witsch, Köln 2011, S. 41–52.

Q2 Wachsende Einwanderung polarisiert die Gesellschaft

Die Aufnahme Hunderttausender Flüchtlinge im Jahr 2015 rief in Deutschland sehr viel Solidarität, aber auch große Ablehnung hervor. Tausende Menschen wurden für Aufnahme und Integration gesellschaftlich aktiv. Gleichzeitig nahmen ausländerfeindliche Übergriffe und Anschläge zu.

a) Das Foto zeigt ein Dankesplakat eines Geflüchteten aus Syrien in Berlin, während des Wahlkampfabschlusses der CDU während der Landtagswahl in Berlin 2016.

b) Demonstration gegen die Aufnahme von Migranten 2016.

B Klimakatastrophen – Auslöser zukünftiger Migrationsbewegungen?

Q3 Überschwemmung in Dhaka (Bangladesch)

Im Juli 2020 kam es in vielen Regionen Süd- und Südostasiens und Australiens zu erheblichen, oft wochenlangen Regenfällen mit Überschwemmungen und Erdrutschen, während gleichzeitig schwere Hurrikans Teile Mexikos und Texas verwüsteten. Das Foto zeigt eine Szene in Bangladesch.

D2 Prognose zum Anstieg des Meeresspiegels

Erwarteter Meeresspiegelanstieg in cm.

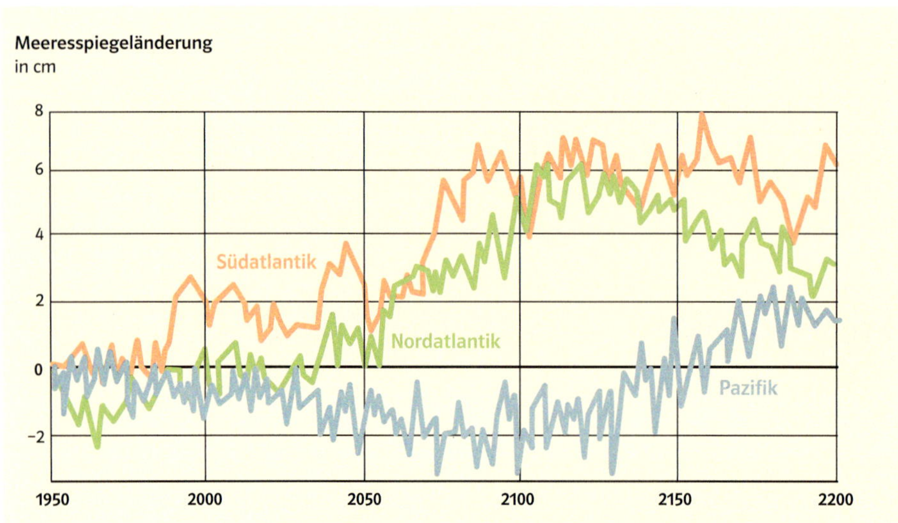

Daten: IPCC-A1B Szenario, Journal of Physical Oceanography 37, 296–312.

Arbeitsvorschläge

Vorwissen aktivierender Arbeitsvorschlag

1. Fassen Sie Ihre wesentlichen Erkenntnisse aus dem vorherigen Kapitel zum Thema Migration aus und nach Deutschland zusammen.

A Der „deutsche Weg" – vom Vernichtungsstaat zum Einwanderungsland?

2. Informieren Sie sich mittels eigener Recherchen über die Konferenz von Évian.

a) Nennen Sie Gründe, warum die meisten Staaten eine Aufnahme jüdischer Flüchtlinge ablehnten.

b) Erörtern Sie die Folgen der Konferenz.

○ **3.** Erläutern Sie, warum und inwieweit sich Deutschland von einem Auswanderungsland zu einem Einwanderungsland entwickelte (Darstellungstext, → D1). Beziehen Sie dabei auch die Erkenntnisse aus dem vorangegangenen Teilkapitel ein.

4. Bewerten Sie, inwieweit die verschiedenen Phasen der Einwanderung nach Deutschland aus humanitären und/oder wirtschaftlichen Gründen erfolgten.

5. Auf den Schweizer Schriftsteller Max Frisch (1911–1991) geht das folgende Zitat zurück: „Wir riefen Arbeitskräfte, und es kamen Menschen." Erläutern Sie das Zitat im Kontext der Einwanderung sogenannter „Gastarbeiter", die in den 1960er-Jahren nach Deutschland übersiedelten. Unterscheiden Sie dabei zwischen den ursprünglichen Annahmen der Anwerber und der Wirklichkeit der Angeworbenen.

6. Lesen Sie die Erinnerungen des türkischen „Gastarbeiters" Ali Başar (→ Q1).

a) Beschreiben Sie in eigenen Worten die ersten Eindrücke, die sich aus den Schilderungen ergeben.

b) Erläutern Sie, inwieweit Ali Başar als transnationaler Migrant angesehen werden kann. Gehen Sie dabei auch auf seine erlebten Konflikte zwischen seinem Herkunftsland und Deutschland ein.

c) Recherchieren Sie in Ihrem Umfeld nach Zeitzeugen, die selbst als „Gastarbeiter" nach Deutschland kamen und als Kinder von diesen in Deutschland groß geworden sind. Führen Sie eine Zeitzeugenbefragung durch. Inwieweit decken sich die Schilderungen des Zeitzeugen mit denen von Ali Başar und worin unterscheiden sie sich? Erklären Sie.

d) Die SPD-Politikerin Michelle Müntefering forderte 2019 ein Denkmal für „Gastarbeiter". Beurteilen Sie begründet diesen Vorschlag.

B Klimakatastrophen – Auslöser zukünftiger Migrationsbewegungen?

7. Betrachten Sie das Bild (→ Q3) und die statistische Prognose zum Anstieg des Meeresspiegels (→ D2).

a) Beschreiben Sie die Wirkung des Pressefotos.

b) Erläutern Sie anhand des Bildes, wie die Globalisierung mit dazu beiträgt, dass auch die Menschen in Deutschland sich Sorgen darüber machen, von Umweltkatastrophen betroffen sein zu können.

c) Erörtern Sie unter Zuhilfenahme des Schaubildes → D2, ob und inwieweit die Menschheit insgesamt hinsichtlich der Klimaveränderungen im gleichen „Boot" sitzt.

● **d)** Nehmen Sie zu der folgenden These Stellung: „In unserer modernen globalisierten Welt werden zukünftig mehr Menschen aufgrund von Klimaveränderungen und Wetterkatastrophen ihre Heimat verlassen müssen."
Sie können dabei zusätzlich das Internet einbeziehen, um Ihren Argumenten Ausdruck zu verleihen.

Differenzierung
5uh82j

- ○ Arbeitshilfen zur Aufgabe 3
- ● Erweiterungsangebot zur Aufgabe 7d

AFB I: 1, 2a, 6a, 7a AFB II: 3, 5, 6b, 6c, 7b AFB III: 2b, 4, 6d, 7c, 7d

8.3 Einwanderungsgesetz, Staatsbürgerschaft und die Rolle von Bildung und Sprache

Eine geregelte Zuwanderung setzt gesetzliche Grundlagen voraus. In Deutschland kam es hierbei bereits im 21. Jahrhundert zu etlichen Änderungen. Solche Reformvorschläge sorgen regelmäßig für politischen Zündstoff. Ebenso umstritten sind Themen rund um die Einbürgerung von Migranten oder wenn es um die Frage geht, ob Sprach- und Integrationskurse verpflichtend eingeführt werden sollten. Doch wie und wodurch wird die Zuwanderung nach Deutschland geregelt, welche Voraussetzungen gelten für eine Einbürgerung und welche Rolle nehmen dabei der Bildungs- und Spracherwerb ein?

Zur Orientierung

2005
1. dt. Zuwanderungsgesetz

2020
Fachkräftezuwanderungsgesetz

Annette Widmann-Mauz (geb. 1966)
CDU-Politikerin
Beauftragte der Bundesregierung für Migration, Flüchtlinge und Integration
(Amtsbeginn 2018)

Zwischen Zuwanderungsgesetz und Fachkräfteeinwanderungsgesetz

Das Zuwanderungsgesetz, auch Einwanderungsgesetz genannt, wurde am 30. Juli 2004 erlassen und trat am 1. Januar 2005 in Kraft. Bereits davor wurde kontrovers darüber diskutiert, inwieweit gesetzliche Änderungen zum davor geltenden Ausländergesetz notwendig erschienen und umgesetzt werden sollten. Obgleich ungefähr zwei Drittel der alten Regelungen unverändert blieben, stellte vor allem das neu eingeführte Aufenthaltsgesetz eine große Neuerung dar. Es kann als Hauptbestandteil des Zuwanderungsgesetzes angesehen werden und ersetzte das bisherige Ausländergesetz. In Form des ersten Artikels des Zuwanderungsgesetzes regelt es die Ein- und Ausreise sowie den Aufenthalt von Ausländern in Deutschland. Danach hat es mehrere Änderungen erlebt, wobei der Wesenskern gleich geblieben ist.

Im Zuge des Zuwanderungsgesetzes 2005 fanden weitreichende Umstrukturierungsprozesse statt. Unter anderem wurde das ehemalige Bundesamt für die Anerkennung ausländischer Flüchtlinge transformiert und heißt seitdem Bundesamt für Migration und Flüchtlinge (BAMF). Das neu eingerichtete Ministerium erhielt umfangreiche Zuständigkeitsbereiche. Neben dem Asylverfahren kamen Aufgaben im Bereich der Integration und Migration hinzu.

Befeuert durch die großen Migrationsbewegungen im Jahr 2015 entstand erneut eine hitzige Debatte um ein Zuwanderungsgesetz. Infolgedessen wurde die Überarbeitung des Gesetzes auch 2018 im Koalitionsvertrag zwischen der CDU, CSU und SPD vereinbart. Im Rahmen des so genannten „Migrationspakets" brachte das neue Bundeskabinett mehrere Neuregelungen auf den Weg. Die wohl bekannteste Reform, die überwiegend am 1. März 2020 in Kraft trat, nennt sich Fachkräfteeinwanderungsgesetz. Wie der Name schon vermuten lässt, soll diese Änderung Fachkräften aus dem Ausland den Zugang zum deutschen Arbeitsmarkt erleichtern, um dem Mangel an Arbeitskräften, beispielsweise in der Pflegebranche oder dem Handwerk, zu begegnen. Bisher stand diese Türe lediglich hochqualifizierten Arbeitskräften offen. Die neue Regelung gilt für Drittstaatangehörige, also Menschen, die keine Unionsbürgerschaft aufweisen, da sich Staatsangehörige der Europäischen Union ohnehin wesentlich einfacher innerhalb der EU-Grenzen bewegen und eine Arbeitsstelle suchen können.

Die deutsche Staatsbürgerschaft – mehr Rechte oder mehr Pflichten?

Als Deutscher kann man nicht nur geboren werden, es ist auch möglich, die deutsche Staatsbürgerschaft durch Einbürgerung zu erlangen. Durch die Einbürgerung besteht die Möglichkeit, als gleichberechtigte Bürgerin oder gleichberechtigter Bürger des Landes mit allen Rechten und Pflichten ausgestattet zu werden. Zu den neu erworbenen Rechten gehören beispielsweise die Berufsfreiheit, Freizügigkeit innerhalb der EU oder das allgemeine Wahlrecht.

Die erfolgreiche Einbürgerung ist an Voraussetzungen geknüpft. Unter anderem müssen Einbürgerungswillige in der Regel seit mindestens acht Jahren dauerhaft und rechtmäßig in der Bundesrepublik Deutschland leben, sich zur freiheitlichen demokratischen Grundordnung des Grundgesetzes bekennen, über ausreichende Sprachkenntnisse verfügen und eigenständig ihren Lebensunterhalt sichern können.

Eine Besonderheit stellt in Deutschland die mehrfache Staatsbürgerschaft dar, die in politischen Diskussionen oftmals auch als doppelte Staatsangehörigkeit bezeichnet wird. Als EU-Bürger und Angehöriger der Schweiz ist eine doppelte Staatsbürgerschaft erlaubt. Für andere Menschen aus Drittländern müssen hingegen besondere Voraussetzungen vorliegen und teils eine Genehmigung eingeholt werden.

Bildung und Sprache – Voraussetzungen für eine gelungene Integration?

Zweifelsohne stellt die Sprache eine, vielleicht sogar die größte Barriere dar, wenn man in ein Land einwandert. Die einheimische Bevölkerung empfindet Einwanderer genauso fremd wie die Einwanderer umgekehrt das „neue" Land. Niveauunterschiede hinsichtlich des Bildungsgrades sowie weitere kulturelle Unterschiede, wie beispielsweise die Religionszugehörigkeit oder Bräuche und Traditionen, erschweren ebenfalls den Integrationsprozess. Häufig wird in diesem Zusammenhang kritisiert, Einwanderer wären nicht dazu bereit, auch zuhause Deutsch zu sprechen. Bei aller Kritik muss die Frage erlaubt sein, ob man selbst die eigene Sprache zugunsten der neuen ablegen würde oder ob nicht gerade auch die Mehrsprachigkeit und andere kulturelle Einflüsse als Aufwertungen für die aufnehmende Mehrheitsgesellschaft zu sehen sind.

Nichtsdestotrotz erleichtert das Erlernen der neuen Sprache die Integration immens und wird daher gerne als Schlüssel zu einer gelungenen Integration umschrieben. Daneben gelten die schulische und außerschulische (Weiter-)Bildung als wichtige Integrationsfaktoren. Seit der Verabschiedung des Zuwanderungsgesetzes im Jahr 2005 bietet das Bundesamt für Migration und Flüchtlinge daher allgemeine Integrationskurse mit dem Ziel einer frühzeitigen Sprach- und Wertevermittlung an. Die Kurse schließen mit einem Abschlusstest ab. Der Integrationserfolg hängt zudem wesentlich von der Integrationsbereitschaft der Zugewanderten sowie der aufnehmenden Gesellschaft im Alltag, im Bildungswesen und in der Arbeitswelt ab.

„Integration durch Sport"
Große Sportverbände und verschiedene Ministerien unterstützen unter dem Motto „Respect" die Einbindung von Migranten in Sportvereine.

Q1 Gruppenfoto der französischen Nationalmannschaft zur Fußballweltmeisterschaft 2018 in Russland

A Globale Migration im 21. Jahrhundert – Chance oder Gefahr?

Q2 Wahlplakate, die das Thema Migration und Einwanderung aufgriffen

a) Wahlplakat der Grünen zur hessischen Landtagswahl 2018

c) Wahlplakat der Partei Die Linke zur Bundestagswahl 2017

b) Wahlplakat der AfD zur Bundestagswahl 2017

d) Wahlplakat der CDU zur Landtagswahl in Sachsen-Anhalt 2016

Arbeitsvorschläge

Vorwissen aktivierender Arbeitsvorschlag

1. Fassen Sie Ihre wesentlichen Erkenntnisse aus dem vorherigen Kapitel zum Thema Migration aus und nach Deutschland zusammen.

Arbeitsvorschläge zum darstellenden Teil

2. Am 1. März 2020 trat in Deutschland das Fachkräfteeinwanderungsgesetz in Kraft.
○ a) Informieren Sie sich im Internet über Einwanderungsbestimmungen bzw. Möglichkeiten, nach Deutschland einzuwandern, vor 2020. Nennen Sie diesbezüglich Rahmenbedingungen.
b) Recherchieren Sie unter Zuhilfenahme des Internets, welche Positionen die Parteien im Bundestag im Vorfeld zur Notwendigkeit eines neuen Einwanderungsgesetzes für Fachkräfte einnahmen, und verorten Sie hierbei Ihre eigene Meinung.
○ c) Recherchieren Sie die Hauptbestimmungen des Gesetzes. Halten Sie die Kriterien zur Einwanderung für gerecht? Begründen Sie Ihre Meinung.
d) Die Integrationsbeauftragte der Bundesregierung, Annette Widmann-Mauz (CDU), kommentierte das Inkrafttreten des Fachkräfteeinwanderungsgesetzes mit den folgenden Worten: „Damit bekennt sich Deutschland erstmals dazu, Einwanderungsland zu sein." Beurteilen Sie diese Aussage. Beziehen Sie bei Ihrer Bewertung auch die Informationen aus dem vorangegangenen Teilkapitel ein.

3. Betrachten Sie das Bild der französischen Startelf im Finale der Fußballweltmeisterschaft 2018 (→ Q1). Frankreich schlug in diesem Endspiel Kroatien mit 4:2 und wurde Weltmeister.
a) Recherchieren Sie mithilfe des Internets die Namen der abgebildeten Personen.
b) Recherchieren Sie unter Zuhilfenahme des Internets die Biografien einzelner Spieler. Die einzelnen Biografien können in der Klasse aufgeteilt werden und/oder in Kleingruppen erarbeitet werden.
c) Stellen Sie die Biografie Ihres Spielers in Form eines Kurzreferates vor. Gehen Sie dabei besonders auf die Herkunft des Spielers ein und erläutern Sie dabei, inwieweit der Spieler aus französischer Sicht ausländische Wurzeln aufweist und ob sein Herkunftsland einmal unter französischer Kolonialherrschaft stand.
● d) Recherchieren Sie, inwieweit aktuelle Spieler der deutschen Fußballnationalmannschaft ausländische Wurzeln aufweisen und wann und wie diese oder ihre Vorfahren nach Deutschland einwanderten.
e) Beurteilen Sie anhand des Beispiels der französischen Fußballnationalmannschaft, ob es gerechtfertigt erscheint, dass Migranten eine neue Staatsbürgerschaft annehmen dürfen.

4. Nehmen Sie zur folgenden Aussage Stellung: „Einwanderer, die nach Deutschland kommen, sollten auch zuhause ausschließlich Deutsch sprechen."

5. Beurteilen Sie die Bedeutung der Sprache und der (Weiter-)Bildung hinsichtlich der Integration von Einwanderern.

A Globale Migration im 21. Jahrhundert – Chance oder Gefahr?

6. Analysieren Sie die Wahlplakate → Q2.
a) Beschreiben Sie die Wahlplakate.
b) Für was werben bzw. gegen was oder wen richten sich die Wahlplakate? Gehen Sie dabei auch auf grafische Merkmale ein.
c) Erläutern Sie, inwieweit die Aussagen der Plakate im Widerspruch zu- oder im Einklang miteinander stehen.

Übergreifender Arbeitsvorschlag

MK 7. Welche Meinung vertreten Sie im Zusammenhang der Themenkomplexe Migration und Integration? Erstellen Sie dazu einen Podcast- oder Filmbeitrag, in dem Ihre Beurteilung zum Ausdruck kommt.

Differenzierung
9uf48a

○ Arbeitshilfen zu den Aufgaben 2a und 2c
● Erweiterungsangebot zur Aufgabe 3d

AFB I: 1, 2a, 2b, 3a, 3b, 3d, 6a AFB II: 2a, 2b, 3c, 6b, 6c AFB III: 2c, 2d, 3e, 4, 5, 7

9 Auswirkungen der digitalen Revolution

9.1 Digitalisierung – schnell, schneller, zu schnell?

Unter Digitalisierung wird viel Unterschiedliches verstanden, obwohl der Begriff überall verwendet wird. Die neue digitale Welt lockt zudem mit nahezu unbegrenzten Möglichkeiten, zum Beispiel mit weltweiter Datenvernetzung oder sogar der Nutzung von Künstlicher Intelligenz (KI). Daten, sowohl die eigenen als auch die anderer, gelten als der Hauptrohstoff des 21. Jahrhunderts – aber gehen wir auch verantwortungsvoll genug damit um? Viele Menschen warnen beim Thema „Digitalisierung" vor zahlreichen Gefahren für uns und unsere Gesellschaft.

Zur Orientierung

1980er-Jahre
Entwicklung des Internets

1990er-Jahre
Kommerzialisierung des Internets mittels des World Wide Web

Digitalisierung
ursprünglich das Umwandeln von analogen, also physisch vorhandenen Werten in elektronisch vorhandene, digitale Formate, also z. B. Ziffern. Diese Daten lassen sich informationstechnisch verarbeiten.

Infrastruktur
wirtschaftlicher und organisatorischer Unterbau als notwendige Vorbedingung für Versorgung bzw. Nutzung eines bestimmten Gebiets

Welche Folgen hat die Digitalisierung für uns?

Bedeutet diese Veränderung – die wachsende **Digitalisierung** – den immer verfügbaren Zugriff auf weltweite Informationen, den verstärkten Einsatz von schnelleren Computern oder Robotern? Oder folgt aus diesem Wandel eine grundlegende Kulturveränderung, die alle Bereiche unseres Denkens und Handelns erreichen wird? Und ist diese Veränderung eher positiv oder negativ?

Aus der Digitalisierung erwachsen auch Herausforderungen für den Sozialstaat, weil sie die Strukturen der Gesellschaft, auf die unser Sozialstaat zugeschnitten ist, grundlegend verändern kann. Sind digitale Veränderungen eine ‚Revolution' – so bedeutsam, weil sie einen ebenso großen Einfluss auf unsere Lebens- und Arbeitswelt haben wie einst die Industrielle Revolution? Tatsächlich erscheint es häufig so, als liefe in der digitalen Welt alles mit hoher Geschwindigkeit ab – und das Internet soll immer noch schneller und stabiler werden. Andererseits bleiben die benötigte technische Ausrüstung und die digitale **Infrastruktur** gerade im ländlichen Raum oft hinter dem gewünschten Standard zurück, sodass nicht alle von der fortschreitenden Digitalisierung gleichermaßen profitieren können. Oder geht auch im übertragenen Sinne bei der Digitalisierung manche Entwicklung viel zu schnell, ohne dass wir alle ihre Folgen genug bedacht haben?

Die Nutzung persönlicher Daten etwa wird durch den wachsenden technischen Fortschritt der modernen Informations- und Kommunikationstechnologien immer wichtiger. Dies birgt Chancen, aber auch enorme Risiken: häufiger und intensiver werdende Hacker-Angriffe, unerlaubte Veröffentlichungen privater Daten im Netz, Datenschutzskandale bei großen Plattformen der sozialen Medien usw. Unternehmen nutzen die von Kunden erhobenen persönlichen Daten für das Marketing oder die Entwicklung neuer Produkte oder die gezielte Kundenansprache über deren persönliche Vorlieben. Doch werden viele Daten auch weiterverkauft oder für noch drastischere Eingriffe in unser Leben genutzt. Die Gefahr des Datenmissbrauchs wächst. Zwar drängt der Staat per Gesetz darauf, dass Daten nach einer bestimmten Zeit wieder gelöscht werden müssen, aber wer soll vorher auf sie zugreifen und was damit tun dürfen?

Brauchen wir einen stärker digitalisierten Staat?

Ein digitalisierter Staat hat viele Vorteile. Manche Staaten bieten bereits eine Reihe von elektronischen Leistungen an, die vieles schneller und einfacher machen. Das betrifft besonders öffentliche Leistungen (e-government). Zentraler Punkt dabei ist, dass die Bürger dabei ihre Daten nur einmal elektronisch an eine staatliche Stelle geben müssen statt wiederholt in Papierform und für jede Behörde wieder von Neuem. In Deutschland ist dies noch nicht ausschließlich erlaubt, weil der Datenschutz besondere Auflagen stellt; ein Datenaustausch zwischen Behörden etwa ist hierzulande nicht ohne Weiteres möglich. Andere Staaten in Europa haben Online-Vertragsabschlüsse mit digitaler Unterschrift zur Regel gemacht. Die nordeuropäischen Staaten haben sich schon früh digitalisiert. Estland, ein Staat im Nordosten Europas, verfügt beispielsweise über eine digitale Datenstraße: Papierverkehr und Behördengänge sind größtenteils überflüssig. Die Steuererklärung für Privatpersonen erfolgt dort per Mausklick, man kann sogar online wählen, etwa über das Smartphone. Sind solche Staaten ein Vorbild? Sollte sich Deutschland viel stärker digitalisieren? Und wie stark darf der staatliche Einblick in bzw. Zugriff auf persönliche Daten sein? Heutzutage ist das System des digitalen Überwachungsstaats schon weit verbreitet: Dort kann der Staat bzw. die politische Partei, die an der Macht ist, die Einwohner mit technischen Mitteln genau überwachen und bei ‚Fehlverhalten' bestrafen. Konkrete Beispiele für diese digitale Überwachung sind die Bestimmung des Aufenthaltsorts von Mobiltelefonnutzern, Videoüberwachung öffentlicher Plätze, Gesichtserkennungssysteme oder das Eindringen staatlicher Stellen in private Computer. Dieses Modell kann eine Verbesserung sein – aber für wen? Ein positiver Effekt kann die Verhinderung von Straftaten sein. Andererseits leiden das Recht auf freie Meinungsäußerung, Datenschutz und Privatsphäre. Manche Staaten haben ihre Überwachung durch Digitalisierung sogar noch erweitert: Im sogenannten Sozialpunkte-System, das es in der Volksrepublik China gibt, bekommt derjenige, der sich korrekt benimmt, z.B. schneller einen Studienplatz – wer sich falsch verhält, wird bestraft, darf etwa keine Flüge buchen. Was ‚korrekt' ist, legt der Staat fest. Ermittelt wird das Verhalten des Einzelnen dann durch fast lückenlose digitale Datenüberwachung aller Lebensbereiche: Welche Websites besuche ich? Überziehe ich mein Bankkonto? Äußere ich mich im Chat negativ über die Regierung? Gehe ich bei Rot über die Straße? Es stellt sich hier die Frage, wo die Grenze zwischen digitalisiertem Staat und digitalem Überwachungsstaat verläuft – und wie viel digitale Überwachung wir akzeptieren.

Künstliche Intelligenz (KI) – Chance oder Gefahr?

Roboter als niedlich piepsende Helfer, aber auch als eiskalter Vernichter der Menschheit – die Filmwelt zeigt bereits abenteuerliche Vorstellungen von **Künstlicher Intelligenz.** Im wahren Leben begegnet uns die KI eher versteckt. Sie kann als leistungsfähiges Mittel genutzt werden, das vielschichtige Probleme löst: Konkret können Berge an Daten bewältigt oder Sprachen viel genauer übersetzt werden. Nicht nur beim Schach, sondern auch bei anderen Strategiespielen können Computer gegen Menschen gewinnen. Man überträgt der KI mehr und mehr Aufgaben, die zuvor nur Menschen übernommen haben, etwa die Diagnose von Krankheiten oder die Entlarvung eines Steuerbetrugs. Aber was sollen Maschinen wirklich tun dürfen – und was können sie trotz ihrer ständigen Verbesserung nicht, eben weil sie Maschinen sind? Staaten wie Deutschland stehen vor der Herausforderung, im Bereich der KI **ethische Fragen** zu beantworten. Denn anders als Menschen entscheidet eine Maschine bei einem Problem stets nach vorprogrammierten/automatischen Mustern, nicht danach, was sie begründet im Einzelfall für moralisch richtig hält. Das kann schlimme Folgen haben. Inwieweit dürfen Maschinen wichtige Entscheidungen treffen, die unser Leben beeinflussen, wenn sie möglicherweise von Menschen fehlerhaft programmiert sind? Verliert der Mensch eines Tages (teilweise) die Kontrolle über die Maschinen? Wer dient in der Zukunft wem? Wie gehen wir mit KI richtig um?

Künstliche Intelligenz (KI)
Teilgebiet der Informatik, welches sich mit der Automatisierung intelligenten Verhaltens und dem maschinellen Lernen befasst, simuliert menschliche Intelligenz mit Maschinen (Computersystemen)

Ethik
philosophische Disziplin, die das sittliche Verhalten des Menschen thematisiert; Sittenlehre, Moralphilosophie

A Künstliche Intelligenz – Gewinn oder Risiko?

D1 Sollen wir uns auf künstliche Intelligenz verlassen?

Karikatur von Klaus Stuttmann zum 5G-Mobilfunknetz, das u. a. mobile Daten in Echtzeit auf Smartphones überträgt, und dessen Nutzen im ländlichen Raum:

D2 Künstliche Intelligenz – ein zukünftiges Markenzeichen für Deutschland?

Die Bundesregierung veröffentlichte am 15. November 2018 auf ihrer Homepage einen Beitrag, der sich mit der Bedeutung von Künstlicher Intelligenz (KI) für Deutschland beschäftigt:

Die Strategie Künstliche Intelligenz wurde auf Grundlage von Eckpunkten erstellt, die das Kabinett[1] am 18. Juli 2018 beschlossen hatte. […] Bundeskanzlerin Merkel will Deutschland und Europa bei der Künstlichen Intelligenz weltweit zum Spitzenreiter in diesem Bereich machen. „Deutschland und Europa müssen in Zukunft führender Standort für Künstliche Intelligenz sein“, sagte sie am 13. November 2018 in ihrem Interview mit t-online.de.

„Davon hängt ganz wesentlich unser künftiger Wohlstand ab und die Frage, ob und wie wir unsere europäischen Werte von der Würde jedes einzelnen Menschen und dem Schutz der Privatsphäre auch im digitalen Zeitalter verteidigen können“, betonte die Kanzlerin.

Mit der Strategie Künstliche Intelligenz verfolgt die Bundesregierung drei zentrale Ziele:

- Deutschland und Europa sollen sich zu einem führenden Standort für die Entwicklung und Anwendung von KI-Technologien entwickeln. Die Wettbewerbsfähigkeit Deutschlands soll gesichert werden.
- Mit der Strategie soll eine verantwortungsvolle und gemeinwohlorientierte Entwicklung und Nutzung von KI sichergestellt werden.
- KI soll im Rahmen eines breiten gesellschaftlichen Dialoges und einer aktiven politischen Gestaltung ethisch, rechtlich, kulturell und institutionell in die Gesellschaft eingebettet werden. […]
- Dazu wird die Bundesregierung eine Reihe konkreter Maßnahmen ergreifen.

Insbesondere will die Regierung

- die Forschung stärken,
- den Transfer von Forschungsergebnissen in die Wirtschaft beschleunigen,
- Dateninfrastrukturen[2] als zentrale Grundlage für KI-Anwendungen schaffen,
- die Verfügbarkeit von Fachkräften und Expertinnen und Experten erhöhen,
- den Strukturwandel in Unternehmen und am Arbeitsmarkt und in den Verwaltungen aktiv gestalten,
- gute Rahmenbedingungen für die ethische Anwendung Künstlicher Intelligenz schaffen,
- die europäische und internationale Zusammenarbeit zu KI-Themen ausbauen und
- gesellschaftliche Dialoge zu den Chancen und Auswirkungen von KI führen und fördern.

Die Bundesregierung: Strategie Künstliche Intelligenz. KI als Markenzeichen für Deutschland, v. 15.11.2018, unter: www.bundesregierung.de/breg-de/themen/digitalisierung/ki-als-markenzeichen-fuer-deutschland-1549732 (Zugriff: 22.09.2020)

1 **Kabinett**: hier: die Bundesregierung

2 **Dateninfrastrukturen**: alle (im)materiellen Güter, die den Betrieb von Anwendungssoftware ermöglichen

D3 Industrie 4.0[1] als Fortschritt?

Karikatur von Christiane Pfohlmann zum Einsatz Künstlicher Intelligenz in Gestalt von Robotern in der Industrie

1 **Industrie 4.0**: Bezeichnung für ein Zukunftsprojekt zur umfassenden Digitalisierung der industriellen Produktion; Nummerierung („4.0") verweist auf die bisherigen drei einschneidenden Veränderungen in der Geschichte der Industrie.

B Der digitale Staat – Gewinn oder Gefahr?

D4 Digitales Vorbild Estland?

Der deutsche Politikwissenschaftler Dr. Florian Hartleb lebt seit 2014 in Tallinn, der Hauptstadt Estlands[1]. Im Interview mit der Redaktion des IM+io, eines Fachmagazins für High-Tech und IT, beschreibt er am 30. Mai 2017 den in Estland praktizierten digitalen Staat („e-Estonia"):

IM+io: Herr Dr. Hartleb, Sie leben und arbeiten [...] in Estland. Wie sind Sie dazu gekommen?

FH: Insider wissen schon länger, dass Estland als digitaler Vorreiter in Europa gilt. [...] Als Politikberater [...] kann ich selbst weitgehend ortsunabhängig arbeiten. Dadurch, dass ich in Estland überall schnelles Internet habe, kann ich effizient[2] arbeiten. Heute veranstalte ich regelmäßig Unternehmerreisen und arbeite weitestgehend virtuell für die estnische Regierung. [...] Dadurch, dass die digitale Unterschrift rein rechtlich der handschriftlichen gleichgesetzt ist, kann ich ohne Papier arbeiten, Verträge abschließen und Zeit gewinnen. Aber ich habe immer noch viel mit Kunden aus Deutschland zu tun [...], da bekomme ich für ein Statement 20-seitige Verträge, die ich gegenzeichnen muss und per Post nach Deutschland schicke. [...]

IM+io: Welche der Onlineservices von e-Estonia nutzen Sie in Ihrem Alltag?

FH: Natürlich das Onlinebanking, die digitale Unterschrift und vor allem die technische Infrastruktur. Daneben eignen sich die Cafés und Restaurants zum Arbeiten. Selbst auf den Dörfern oder auf den zahlreichen Inseln hat man schnelles Internet. Auch meine Steuererklärung erstelle ich via Mausklick. Das heißt, für meine Firma fällt die lästige Bürokratie ebenso weg wie unnötige Ausgaben für zum Beispiel Steuerberater oder Juristen. Vor allem fallen Behördengänge gänzlich weg. [...]

IM+io: Woran liegt es Ihrer Meinung nach, dass staatlich gesteuerte Portale für e-Government[3] oder e-Health[4] in Deutschland noch nicht zum Alltag gehören?

FH: Im Gegensatz zu vielen Deutschen halten die Esten[5] die digitale Speicherung und Weiterverarbeitung ihrer Daten sogar für sicherer als den Umgang mit Papier. Schon jetzt sparen sich die Bürgerinnen und Bürger dort die allermeisten Verwaltungsgänge – sieht man von Hochzeit, Scheidung oder Notartermin ab. [...] In Estland [muss man] keinen Mobilfunkvertrag mit ausreichendem Datenvolumen abschließen, denn W-LAN ist ein selbstverständlicher Service [...]. In Deutschland ist die Situation durch die unklare und komplizierte Rechtslage fundamental anders. [...] Politische Kultur und rechtliche Schranken erschweren eine einfache Übertragung des estnischen Modells.

[...]

IM+io: Würden Sie sagen, dass Ihr Lebensstil in Estland Ihr Vertrauen in die digitale Speicherung von Daten erhöht hat?

FH: [...] Digitalisierung basiert auf Grundlage von Vertrauen. In Estland ist das System sehr sicher. Jeder Verstoß in der digitalen Datenstraße wird sofort geahndet. Man hinterlässt hier deutliche Spuren, wenn man das sehr transparente System missbrauchen will. Auch ich vertraue dem Staat.

Florian Hartleb im Interview mit der Redaktion des IM+io: Was Deutschland vom estnischen Alltag 4.0 lernen kann, v. 30.05.2017, unter: www.im-io.de/digitalisierung/smart-government-in-der-praxis/ (Zugriff: 22.09.2020)

1 **Estland**: nordeuropäischer Staat, der an die Ostsee und den Finnischen Meerbusen grenzt
2 **effizient**: wirksam und wirtschaftlich
3 **e-Government**: Durchführung von Prozessen, die zwischen staatlichen Institutionen oder zwischen staatlicher Institution und Bürger ablaufen, mithilfe der Informationstechnologie
4 **e-Health**: Sammelbegriff für den Einsatz digitaler Technologien im Gesundheitswesen
5 **Esten**: Einwohner Estlands; Adjektiv: estnisch

D5 Wem gehören unsere Daten?

Durch intensive digitale Datensammlung baut China seit einigen Jahren das sogenannte „Sozialkreditsystem" auf, welches das Verhalten seiner Einwohner in sämtlichen Lebensbereichen stärker kontrolliert. Gutes Verhalten bringt Bonuspunkte, schlechtes Verhalten verschafft den Bürgern Nachteile. Die Bewertung des Verhaltens erfolgt durch die Regierung.
In der Frankfurter Allgemeinen Zeitung verdeutlichten das Redaktionsmitglied Bastian Benrath und der Wissenschaftler der Bertelsmann Stiftung Bernhard Bartsch am 30. November 2018 das chinesische Sozialkreditsystem:

Es geht um staatliche Kontrolle – und um die Nutzung digitaler Möglichkeiten zu diesem Zweck. [...] Es gilt als ambitioniertestes[1] Experiment in digitaler Sozialkontrolle aller Zeiten. [...] [D]as System [soll] das finanzielle, soziale, moralische und politische Verhalten aller 1,4 Milliarden Chinesen überwachen und bewerten [...]. Auch chinesische Unternehmen sollen einen Score erhalten. Diese Punktzahl bildet die Grundlage für ein System von Belohnungen und Strafen, die für den einzelnen Bürger durchaus greifbare Auswirkungen haben. Derzeit experimentiert die Regierung damit. So veröffentlichten chinesische Gerichte [...] eine Schwarze Liste von mehr als 10 Millionen Bürgern, die Kredite nicht bedient oder Geldbußen nicht bezahlt hatten. Fortan durften diese Bürger nicht mehr ohne weiteres Tickets für Flugreisen oder Fahrten mit Hochgeschwindigkeitszügen kaufen.

Die chinesische Regierung hält das System für ein wichtiges Werkzeug, um Chinas Wirtschaft zu lenken und die Gesellschaft zu regieren. Offiziell erklärtes Ziel ist es, „den Ehrlichen Vorteile zu geben und die Unehrlichen zu disziplinieren". [...] Zur Berechnung des Scores wird das System wohl riesige Datenmengen aus den zahlreichen Quellen nutzen, die der Regierung zur Verfügung stehen. Das sind einerseits traditionelle Quellen: Kreditbewertungen, Strafregister, Meldedaten, Schulzeugnisse. Ebenso fließen aber auch Daten aus digitalen Quellen ein – zum Beispiel die Suchbegriffe, welche die Person im Internet eingegeben hat, ihre Shopping-Vorlieben in Internetläden oder die Kommentare, die sie in Sozialen Medien hinterlassen hat. Außerdem wird ein großer Teil des öffentlichen Raums in China kameraüberwacht. Mithilfe von Gesichtserkennung können etwa Verkehrssünder auf diese Weise identifiziert – und ihre Sozialkredite abgewertet werden. Eine künstliche Intelligenz verarbeitet die immensen[2] Datenströme und berechnet für jede Chinesin und jeden Chinesen einen Punktestand. Viel Protest gegen das Sozialkreditsystem gibt es in Chinas Bevölkerung nicht. [...]

Bastian Benrath/Bernhard Bartsch: Punktabzug für zu seltene Besuche bei den Eltern, FAZ.net v. 30.11.2018, unter: www.faz.net/aktuell/wirtschaft/infografik-chinas-sozialkredit-system-15913709.html (Zugriff: 05.01.2021)

1 **ambitioniert**: ehrgeizig
2 **immens**: unermäßlich, unendlich

Arbeitsvorschläge

Arbeitsvorschläge zum darstellenden Teil

1. Beschreiben Sie, was Sie in Ihrer Freizeit täten, wenn durch einen Stromausfall weder Computer noch Smartphones funktionieren würden. Nennen Sie konkrete Gründe, ob und wenn ja warum Ihnen diese Vorstellung schwerfällt.

A Künstliche Intelligenz – Gewinn oder Risiko?

2. Erläutern Sie, was unter „Künstlicher Intelligenz (KI)“ zu verstehen ist.
3. ○ Analysieren Sie die Karikatur → D1 und arbeiten Sie dabei den zentralen Kritikpunkt heraus.
4. Nennen Sie die in → D2 aufgeführten Ziele der Bundesregierung in Bezug auf Künstliche Intelligenz (KI).
5. ○ Stellen Sie dar, welche Einstellung zur KI in → D2 vermittelt werden soll.
6. Beschreiben und analysieren Sie die Karikatur → D3. Erläutern Sie, welche Rollen der Mensch und der Roboter jeweils in der hier dargestellten digitalen Welt einnehmen.
7. ● Vergleichen Sie die Positionen zur KI, die in → D1, D2 und D3 ausgedrückt werden.
8. Erörtern Sie die folgende Aussage: „Künstliche Intelligenz ist eher Gefahr als Segen!“

B Der digitale Staat – Gewinn oder Gefahr?

9. Arbeiten Sie aus → D4 Florian Hartlebs Kernaussagen zu „e-Estonia“ heraus.
10. Erörtern Sie, ob dieses Modell auch in Deutschland sinnvoll wäre. Bedenken Sie dabei auch etwaige Gefahren eines solchen Systems.
11. Erläutern Sie mit eigenen Worten, wie das in → D5 dargestellte Modell des digitalen Überwachungsstaats in China funktioniert.
12. ○ Bewerten Sie dieses Modell. Beachten Sie dabei auch das offiziell erklärte Ziel dieses Sozialkreditsystems und die Folgen verschiedener Punktestände für die Betroffenen.
13. ● Stellen Sie sich vor, Ihre Eltern oder Lehrer wüssten, was Sie gerade auf Ihrem Handy/Smartphone tun/ansehen/schreiben. Erörtern Sie, wie der Zugriff auf persönliche Daten geregelt werden sollte.

Übergreifender Arbeitsvorschlag

14. Erörtern Sie vor dem Hintergrund Ihrer bisherigen Arbeitsergebnisse in diesem Kapitel die Chancen und Risiken der Veränderungen durch die Digitalisierung. Welche Auswirkungen sehen Sie in Ihrem eigenen Lebensumfeld?

Differenzierung pp795g

- ○ Arbeitshilfen zu den Aufgaben 3, 5 und 12
- ● Erweiterungsangebot zu den Aufgaben 7 und 13

AFB I: 1, 4, 6 AFB II: 2, 3, 5, 6, 7, 9, 10, 11 AFB III: 8, 12, 13, 14

Eine Umfrage planen und durchführen

Umfragen können Aufschluss darüber geben, wie eine bestimmte Gruppe über ein Thema denkt. Wie Sie selbst eine Umfrage machen können und wie Sie aussagekräftige Ergebnisse gewinnen, erfahren Sie hier. Das A und O jeder Umfrage ist auf jeden Fall eine gründliche Vor- und Nachbereitung.

Umfragen zu aktuellen politischen oder gesellschaftlichen Problemen

Umfragen sollen Menschen dazu veranlassen, sich zu bestimmten politischen oder gesellschaftlichen Fragen zu äußern. So lassen sich Einstellungen oder Meinungen der Gesamtgesellschaft oder einer spezifischen Gruppe (z. B. Schulgemeinschaft) abbilden. Professionelle Befragungen werden von Meinungsforschungsinstituten wissenschaftlich geplant und ausgewertet; sie sind repräsentativ. Weniger aufwendige Umfragen können Sie auch selbst durchführen. Die Ergebnisse sind dann zwar nicht repräsentativ, aber sie können ein Stimmungsbild aus Ihrer Schule/Ihrem Ort widerspiegeln.

Eine eigene Umfrage erstellen

Vorbereitung: Als **Thema** Ihrer Befragung eignet sich ein aktuelles, „virales" Thema oder ein Projektthema, z. B.: „Diskriminierung an unserer Schule – Unser Umgang mit Mobbing". Um das Ziel Ihrer Umfrage zu präzisieren, sammeln Sie Fragen, Vermutungen und Behauptungen (Hypothesenbildung). Nehmen Sie sich Zeit für die Erstellung der **Fragen**. Fragen Sie alles ab, was Sie später zur Bewertung Ihrer Hypothesen benötigen (z. B. auch Unterschiede zwischen Geschlechtern, Altersgruppen, …). Formulieren Sie Fragen und Antworten so, dass sie verschiedene Facetten des Themas abbilden (Multiperspektivität). Manipulieren Sie nicht die Befragten durch gelenkte Fragen oder Antworten.

D1 Fragetypen

Zusammenstellung von der Lehrerin und Autorin Sabine Appel

Fragetyp	Vorteile (+) und Nachteile (–)
Auswahlfragen: Sie geben mindestens zwei Antwortmöglichkeiten vor (Einfachwahl: Nur eine Antwort darf angekreuzt werden; Mehrfachwahl: mehrere Antworten möglich). Die Antworten müssen deutlich voneinander unterscheidbar sein. Ergänzen Sie ggf. eine offene Kategorie („andere", „Sonstiges", …).	(+) gut geeignet für die Abfrage bestimmter Fakten; einfache Auswertung (–) keine individuellen Angaben möglich, da aus den Vorgaben gewählt werden muss
Skalafragen: Die Befragten entscheiden sich für einen Wert in einer Reihe (z. B. einer Skala von „ungenügend" bis „sehr gut"). Die Skalenwerte müssen in sich logisch aufgebaut sein (Rangfolge). Die Anzahl der Werte kann ungerade („neutrale" Antwort in der Mitte) oder gerade sein (Befragte müssen sich für eine Tendenz entscheiden).	(+) gut geeignet, um Einschätzungen oder Bewertungen abzufragen; einfache Auswertung (–) Die Anzahl der vorgegebenen Werte (gerade/ungerade) kann das Ergebnis beeinflussen.
Maßzahlfragen: Die Antwort wird in einer Maßeinheit angegeben, z. B. Alter in Jahren, Stunden pro Woche, Strecke in km. Achten Sie auf einen gleichen Abstand zwischen den festgelegten Messwerten; geben Sie ggf. Maximal- und Minimalwerte vor.	(+) präzise Angaben; einfache Auswertung; gute Vergleichbarkeit (–) nur für Fragen/Inhalte geeignet, deren Ergebnis sich in Maßeinheiten angeben lässt
Offene/Freie Fragen: Die Befragten formulieren ihre Antworten (Form und Inhalt) selbst. Die Antworten können stark variieren: ganze Sätze, wenige Stichworte, unterschiedliche inhaltliche Aspekte. Planen Sie Platz zum Schreiben ein (Leerzeilen, Textfeld, …).	(+) individuelle Antworten möglich; offene Fragen können zusätzliche Informationen liefern. (–) Auswertung aufwendig; jede Antwort muss einzeln bearbeitet und kategorisiert werden.

Methodische Arbeitsschritte

1. Vorbereiten

- Legen Sie das Thema fest: Was möchten Sie durch die Umfrage erfahren (Umfrageziel)?
- Entscheiden Sie, wen Sie befragen und in welcher Form: Interview, Telefon, Post, Online.
- Erstellen Sie jetzt Ihre Fragen: Durch welche Einzelfragen erfahren Sie möglichst viel über das Thema? Welche Fragetypen (D1) eignen sich für welche Inhalte? Geben Sie multiperspektivische Antwortmöglichkeiten vor. Formulieren Sie Fragen und Antworten kurz und verständlich. Vermeiden Sie Wiederholungen und ähnliche Fragestellungen. Achten Sie darauf, dass der Fragebogen nicht zu lang wird.
- Erstellen Sie die Umfrage online oder als Fragebogen auf Papier. Drucken Sie ggf. ausreichend viele Exemplare aus.

→

2. Durchführen

- Denken Sie an die entsprechende Ausrüstung: ausgedruckte Fragebögen, Stift/e, Smartphone, …
- Ob persönlich, am Telefon, schriftlich oder online – stellen Sie Ihr Anliegen und das Thema kurz vor. So wissen die Befragten, worum es geht, und können entscheiden, ob sie an der Umfrage teilnehmen möchten.
- Achten Sie auf Freundlichkeit (auch schriftlich); schließlich möchten Sie möglichst viele Menschen für eine Teilnahme an der Umfrage gewinnen.
- Geben Sie an, wie lange die Befragung dauert und (bei schriftlichen oder Online-Umfragen) wann sie endet.
- Informieren Sie die Befragten, in welcher Form die Angaben verwendet und gespeichert werden (Datenschutz!) und fragen Sie, ob diese damit einverstanden sind.

→

3. Auswerten und Präsentieren

- Datenübertragung: Übertragen Sie die Antworten in Tabellen. Kontrollieren Sie, ob alles richtig erfasst wurde.
- Datenauswertung: Werten Sie alle Fragen einzeln aus: Wie viele Befragte haben sich für eine bestimmte Antwort entschieden? Bei offenen Fragen fassen Sie ähnliche Antworten zusammen. Zusätzlich können Sie Daten filtern oder gruppieren (z. B. nach Alter, Geschlecht, Beruf, …).
- Präsentation: Bereiten Sie die Umfrageergebnisse grafisch auf. Je nach Fragetyp eignen sich verschiedene Diagrammarten. Präsentieren Sie die Umfrage (digital, Plakat, Artikel, …), wenn möglich, mit einem kurzen Vortrag. Formulieren Sie ein Fazit: Hat die Umfrage zu einer Neubewertung des Themas geführt?

Befragung: Versetzen Sie sich in die Befragten hinein und stellen sich vor, Sie würden von einer fremden Person angesprochen/angeschrieben: Wie würden Sie reagieren? Was würden Sie im Vorfeld über die Umfrage, die benötigte Zeit, aufgenommene Daten wissen, … wollen? Verhalten Sie sich höflich und geben den Befragten diese Informationen. Fühlen Sie sich unsicher, proben Sie eine Befragung in einem Rollenspiel.
Auswertung und Präsentation: Sie können die Fragebögen durchnummerieren und die Bogennummer in die Statistiken – nach Fragenummern sortiert – eintragen. Filtern, kategorisieren, gruppieren Sie die Ergebnisse. Entscheiden Sie, ob Sie absolute oder relative Zahlen angeben. Anschaulich wird es, wenn Sie die Daten grafisch darstellen (vgl. S. 128/129) und Legenden und Kommentare benutzen. Präsentieren Sie die Umfrageergebnisse zusammenhängend und ziehen Sie ein Fazit: Nehmen Sie Stellung zu den Ergebnissen: Haben sich Ihre Hypothesen bestätigt? Wie lassen sich unterschiedliche Standpunkte erklären (männlich – weiblich, jung – alt, …)?
Und nun viel Erfolg!

Arbeitsvorschläge

1. Formulieren Sie zu jedem Fragetyp/Untertyp → **D1** eine Beispielfrage.
2. Erläutern Sie, welchen Einfluss verschiedene Fragetypen auf das Ergebnis einer Umfrage haben können.
3. Planen Sie in Kleingruppen eine eigene Umfrage und setzen Sie sie anhand der Methodischen Arbeitsschritte um. Lesen Sie auch die Tipps und Hinweise im Verfassertext.
4. Sammeln Sie Themen, die für eine weitere Umfrage geeignet wären.

AFB I: 3, 4 AFB II: 1–3 AFB III: 3

9.2 Sind wir Digital Natives oder Smombies?

Die Veränderung unserer Mediennutzung ist offensichtlich. Anders als früher verbreiten sich Neuigkeiten und Informationen heute nicht nur schneller, sondern in Echtzeit; sie sind überall und jederzeit abrufbar und präsentieren sich über zahllose Medien. Welche positiven und negativen Veränderungen bringt dies für die Gesellschaft und den Einzelnen?

Zur Orientierung

Ende 1990er-Jahre
Erfindung des Smartphones

Selbstverständlicher Umgang mit Technik und Medien?

Besonders in der privaten Kommunikation greift die Digitalisierung um sich. Früher wurden Urlaubsfotos herumgezeigt und Diaabende veranstaltet, heute werden die Fotos mit Digitalkamera und Smartphones aufgenommen und Sekunden später in soziale Netzwerke hochgeladen. Andere nehmen so fast unmittelbar am Urlaub teil. Zehn Jahre nach seiner Erfindung wird das Smartphone schon von der Hälfte der Menschheit genutzt. Fast ein Drittel der Menschheit nutzt die Plattformen bekannter sozialer Medien. Die Jugend im 21. Jahrhundert hat längst eigene Kommunikationskanäle, die sich deutlich von früheren unterscheiden. Der Schwerpunkt der Mediennutzung liegt bei kostenlosen Online-Videos und Online-TV. Die Smartphone-Verbreitung wächst. Man spricht von den *Digital Natives*, Personen, die mit digitalen Technologien vertraut sind, da sie im digitalen Zeitalter aufgewachsen ist. Ihnen bietet sich eine völlig andere Welt als zuvor. Welche Fähigkeiten brauchen wir, um dort zurechtzukommen? Ab welchem Alter sollten Jugendliche ein eigenes Smartphone besitzen? Wie lernen sie, dieses dann verantwortungsvoll zu nutzen? Auch der Arbeitsmarkt verändert sich: Neue Geschäftsmodelle und viele Berufe, die IT-Kompetenz voraussetzen, bieten in der heutigen Informationsgesellschaft neue Chancen. Die Digitalisierung schafft Arbeitsplätze, häufig in der boomenden Digitalisierungsindustrie selbst. Es gibt aber auch Schattenseiten der Nutzung digitaler Technologien.

Ungefilterter Medienkonsum?

2015 kürte der Langenscheidt-Verlag „*Smombie*“, zusammengesetzt aus „Smartphone“ und „Zombie“, als Jugendwort des Jahres: Personen, die ständig auf ihr Smartphone starren, ohne die Umgebung noch wirklich wahrzunehmen. Inzwischen sieht man dieses Verhalten überall. Können wir auch einmal offline sein, selbst wenn alle anderen ständig online sind und sofort Reaktionen erwarten? Zudem sind gute Kommunikationsfähigkeit und korrektes Benehmen nicht nur Voraussetzungen für viele Berufe, sondern auch notwendig, wenn man online unterwegs ist: Diskussionen in sozialen Netzwerken sind häufig sehr emotional, fast hysterisch; Täter bleiben bei Beleidigungen und Beschimpfungen online oft unerkannt. Wie sollen wir das digitale Miteinander gestalten? Auch Art und Anzahl der verfügbaren Medien waren früher überschaubar. Nachrichten wurden zu festen Zeiten abends mit der ganzen Familie angesehen, es gab wenige Fernsehsender. Morgens eine bestimmte Zeitung zu lesen war für viele ein festes Ritual. Mittlerweile können zahllose Medien zu jeder Zeit genutzt werden. Liveticker bieten ständige Aktualisierungen. Doch sind diese Informationen schnelllebig und oft nicht ausreichend belegt. Wie wollen wir uns informieren? Wo liegen die Vorteile bzw. Risiken, wenn uns eine solche Vielzahl an Medien zur Verfügung steht?

Smombie-Schild
In Reutlingen (Baden-Württemberg) hängten Unbekannte dieses „Smombie“-Warnschild auf. Foto, 2018

D1 Weniger Smartphone – mehr Kreativität?

Der Psychologe Christian Montag kommentiert in der „Frankfurter Allgemeine Zeitung" am 20. August 2019 Risiken der verstärkten Nutzung von Smartphones:

[...] Das Smartphone ist eine Art Schweizer Taschenmesser geworden, weil es über zahllose Funktionen verfügt und uns im Alltag enorm unterstützt. Letztlich handelt es sich um ein Werkzeug, mit dem wir erfolgreicher als zuvor in unserer Umgebung bestehen können. Überspitzt formuliert: eine Art ausgelagertes Gehirn. Deswegen reagieren viele auch [panisch] beim Verlust des Smartphones [...] Als offizielle Diagnose existiert die Smartphone-Sucht momentan noch nicht. Ich denke aber trotzdem, dass man den exzessiven Gebrauch des Smartphones ernst nehmen sollte. [...] Personen, die zwischen 15 und 35 Jahre alt sind, [nutzen] das Smartphone ungefähr zweieinhalb Stunden pro Tag. In der Woche verbringen sie also fast zwei Arbeitstage vor dem Telefonbildschirm. Da sind wir schnell Konditionierungsmechanismen[1] unterworfen. [...] Ein Beispiel: Schauplatz Bushaltestelle. In der Zeit vor dem Smartphone habe ich den Bus verpasst, mich geärgert und anschließend überlegt, was ich nun mache. Dann habe ich mich mit einem Kollegen unterhalten, der zufällig vorbeigekommen ist, oder ein Buch gelesen. Gleiche Situation nach der Einführung des Smartphones: Der Bus fährt weg, ich bin frustriert, weiß aber, dass ich ein neues Gerät in der Tasche habe, mit dem ich mich zerstreuen kann. So verhalte ich mich von nun an jeden Tag: Ich verpasse den Bus, ärgere mich, greife zum Smartphone. Irgendwann führt das dazu, dass ich mich gar nicht mehr darüber ärgere, den Bus verpasst zu haben. Ich habe das Gerät nämlich schon in der Hand, wenn ich Richtung Bushaltestelle ziehe. Dabei handelt es sich um eine reflexartige Bewegung – wie das Kuppeln beim Autofahren. Ich würde behaupten, dass wir in vielen Situationen, in denen wir mit uns alleine sind, dieses Verhalten abrufen, etwa beim Candlelight-Dinner. Der eine geht auf die Toilette, der andere guckt sofort aufs Smartphone. [...] Die Zeit, in der wir über unseren Alltag reflektieren, nimmt stetig ab. Das ist ein Problem, weil Studien gezeigt haben, dass es die Kreativität unterstützt, den Gedanken nachzuhängen. [...] [Eine Empfehlung lautet:] Kein eigenes Smartphone unter zwölf. Aus Kindern werden unter anderem dann mental gesunde Erwachsene, wenn sie viel Aufmerksamkeit durch die Eltern erhalten und vor allem ausreichend Spielmöglichkeiten draußen haben [...]. Dabei werden soziale Kompetenzen erlernt und die Grobmotorik[2] geschult. Wenn Kinder zu viel Zeit vor dem Bildschirm verbringen, fehlt ihnen die Möglichkeit, diesen Spieldrang auszuleben. Zu den Folgen könnten eine Zunahme von ADHS-Erkrankungen und die Tendenz zur Empathielosigkeit[3] zählen. [...]

Kai Spanke im Interview mit Christian Montag: Und was, wenn das Handy jetzt runterfällt?, FAZ.net v. 20.08.2019, unter: www.faz.net/aktuell/stil/leib-seele/warum-die-smartphone-nutzung-unsere-gesellschaft-veraendert-16338172.html (Zugriff: 05.01.2021)

1 **Konditionierungsmechanismen**: hier: Handlungsabläufe, an die man gewöhnt ist und deshalb fast automatisch ausführt
2 **Grobmotorik**: allgemeine Bewegung des menschlichen Körpers ohne Mimik und Fingerfertigkeit
3 **Empathie**: Bereitschaft und Fähigkeit, sich in die Einstellungen und Gefühle anderer Menschen einzufühlen

Arbeitsvorschläge

1. Beschreiben Sie, wie intensiv/häufig Sie selbst/Menschen in Ihrem Umfeld mobile Telefone/Smartphones nutzen.
2. Erörtern Sie, mit welcher Intention das „Smombie"-Schild wohl aufgestellt wurde.
3. Beurteilen Sie die Idee, ein solches Schild aufzustellen, und inwieweit diese Idee etwas über unsere heutige Gesellschaft aussagt.
4. Arbeiten Sie die Kernaussagen und die Position von Christian Montag aus → **D1** heraus.
5. ○ Bewerten Sie Christian Montags Position. Überprüfen Sie dabei auch, ob Sie der Meinung sind, dass Ihr Umfeld oder Sie selbst einen ‚digitalen Entzug' braucht.

Differenzierung ca624p

○ Arbeitshilfen zur Aufgabe 5

AFB I: 1 AFB II: 4 AFB III: 2, 3, 5

10 Gesellschaft im Wandel

10.1 Von sozialen Milieus, Schichten, Klassen und Kasten

Jede Gesellschaft auf allen Kontinenten erlebte und erlebt drastische Änderungen hinsichtlich ihres Aufbaus. Besonders auch an der deutschen Gesellschaftsgeschichte kann dies gut abgelesen werden. Stand beispielsweise zu Zeiten der nationalsozialistischen Diktatur das Wohl der „Volksgemeinschaft" klar im Vordergrund, wurden im anschließenden Demokratisierungsprozess immer stärker die individuelle Freiheit und Entfaltung gestärkt. Im Laufe der Zeit entstand eine Vielzahl an Gesellschaftsmodellen, in der Regel mit dem Ziel, sich von einem vorherigen abzugrenzen. Eine Sache eint die Modelle dabei: Es wird immer der Versuch unternommen, Gesellschaften in soziale Gruppen einzuteilen und zu hierarchisieren. Doch wer und was waren verantwortlich für solche gesellschaftlichen Veränderungsprozesse?

Zur Orientierung

19. Jh.
gesellschaftlicher Wandel durch Industrielle Revolution

ab 1950er-Jahre
Theorie der Mittelstandsgesellschaft

Kastenwesen
Religiöser, streng hierarchischer Gesellschaftsaufbau. Die Einteilung der Menschen in sich durch unterschiedliche Sitten und Lebensformen voneinander abgrenzenden Kasten hat das gesellschaftliche Leben in Indien, sehr begrenzt auch in Nepal, Sri Lanka oder Bali, jahrhundertelang geprägt. Auch wenn Diskriminierungen aufgrund von Kastenzugehörigkeit mittlerweile unter Strafe gestellt sind, wirkt das gesellschaftliche Erbe des Systems bis heute nach.

Das Ende der europäischen Ständegesellschaft – Fortschritt durch Fortschritt?

Lange Zeit war Europa von einer vorherrschenden Ständegesellschaft geprägt, die in Teilen dem gerade in Indien bekannten und in manchen Gebieten auch heute noch gesellschaftsprägenden **Kastenwesen** ähnelte. Die Menschen wurden in der Regel in einen Stand hineingeboren, der Wechsel in einen anderen Stand war nur sehr schwer oder gar nicht möglich. Die Französische Revolution, die 1789 ausbrach, gilt als Ausdruck und Umsetzung der Vorstellung einer grundlegend neuen Gesellschaft unter Abschaffung von Standeszugehörigkeiten. Ausgehend von Frankreich verbreitete sich das revolutionäre Gedankengut und setzte sich allmählich auch europaweit durch.
Einen zweiten einschneidenden Gesellschaftswandel rief die Industrielle Revolution hervor, die in Europa verstärkt im 19. Jahrhundert einsetzte. Von nun an verlagerte sich die landwirtschaftliche Produktion zugunsten der industriellen. Viele Menschen zogen in Städte, wo sie Arbeit fanden. Auch das Zusammenleben erfuhr einen großen Wandel. Kleinfamilien lösten allmählich den Hausverband mit Großfamilie und Landarbeitern ab. Der Lohn war häufig so gering wie der Platz in den Städten. Die einsetzende Verelendung der Arbeiterfamilien verlangte nach einer Lösung dieser sozialen Frage.

Klassen- und Schichtgesellschaft – Kampfbegriffe oder Ausdruck von Wandel?

Eine Antwort darauf schien die Theorie des Sozialismus mit ihrem bekanntesten Vertreter, Karl Marx, zu liefern. Marx entstammte aus der Arbeiterbewegung und kritisierte den Kapitalismus, der seiner Meinung nach die Menschen in Klassen einteile. Gemäß seinen Thesen ist der Besitz bzw. Nichtbesitz von Produktionsmitteln maßgeblich für die Klassenzugehörigkeit innerhalb einer Gesellschaft verantwortlich. Die Begriffe Arbeiterklasse und Kapitalistenklasse avancierten zunehmend zu politisch-ideologischen Kampfbegriffen. Marx selbst sah als Vollendung seiner Vision einer sozialen Revolution den Kommunismus, der den Kapitalismus ablösen sollte und den privaten vergesellschaften würde. Zwar kam es in Deutschland zu einer großen Arbeiterbewegung, was an den steigenden Mitgliederzahlen und Wählerstimmen der heute noch existierenden Sozialdemokratischen Partei Deutschlands (SPD) gut abgelesen werden kann, im Gegensatz zur Sowjet-

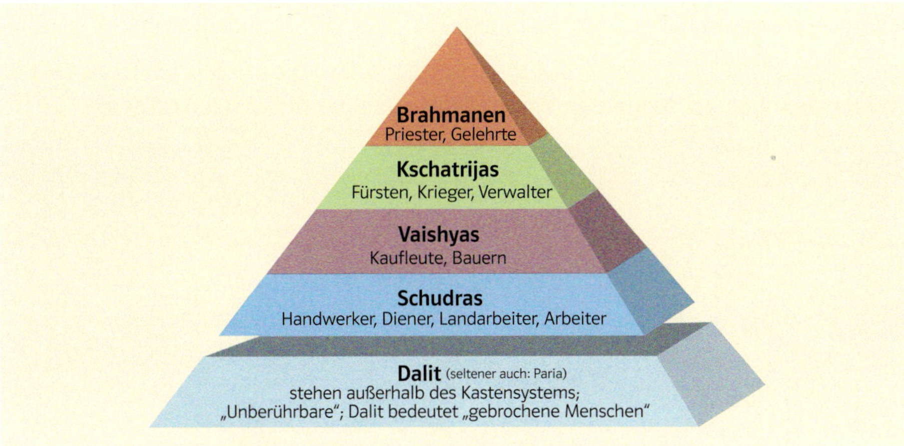

D1 Gesellschaftliches Modell des hinduistischen Kastenwesens in Indien

Ansätze von Kastenwesen haben mittlerweile auch teilweise muslimische und christliche Minderheiten in Indien entwickelt.

union und anderen Ländern fand jedoch nie ein Gesellschaftswandel nach kommunistischen Prinzipien statt.

Der Soziologe Theodor Geiger entwickelte Marx' Klassen-Ansatz in den 1930er-Jahren weiter und sprach fortan von sozialen Schichten. Neben den äußeren Merkmalen wie dem Besitz an Produktionsmitteln und Kapital bezog Geiger weitere ein, wie z. B. Bildung und soziales Ansehen. Seine hierarchische Gliederung des Gesellschaftsaufbaus reicht hierbei von den Eliten bis zur Unterschicht. Im Unterschied zum Klassenbegriff stehen laut Geiger die sozialen Schichten nicht in einem gegenseitigen Abhängigkeitsverhältnis.

Helmut Wilhelm Friedrich Schelsky (1912–1984)

deutscher Soziologe

Gesellschaftswandel im 20. Jahrhundert am Beispiel Deutschlands

Ausgelöst durch den Nachkriegsboom entwickelte sich die junge BRD im Laufe der 1950er- und 1960er-Jahre von einem zerstörten Land zu einer wohlhabenden Exportnation mit steigenden Löhnen und fallender Arbeitslosenquote. Bereits 1953 prägte der Soziologe Helmut Schelsky dafür den Begriff der „nivellierten Mittelstandsgesellschaft". Nivellieren bedeutet hier angleichen. Seiner These folgend wüchse in Westdeutschland die Mittelschicht stetig an, was zu einer vereinheitlichten Gesellschaft führe. Seine Annahmen begründete er mit den neuen Konsummöglichkeiten, die alle Gesellschaftsbereiche beträfen. Während immer mehr Menschen aus der Unterschicht in die Mittelschicht aufstiegen, wäre umgekehrt ein Abstieg von Menschen aus der Oberschicht in die Mittelschicht erkennbar. Letztlich prognostizierte er den allmählichen Übergang von einer Klassen- in eine Schichtgesellschaft, was ihm jedoch auch Kritik einbrachte, schließlich stiegen wenige Menschen aus der Oberschicht in die Mittelschicht ab und auch der Aufstieg von der Mittel- in die Oberschicht fand eher selten statt.

Im Westdeutschland der 1980er-Jahren brach erneut eine vielbeachtete Diskussion um eine „Zwei-Drittel-Gesellschaft" aus. Gemeint ist hiermit, dass in Industriegesellschaften der Anteil an Langzeitarbeitslosen und Geringverdienern zunehmen kann, obgleich auch der Gesamtwohlstand und das Wirtschaftswachstum einer Volkswirtschaft steigen. Dieses paradox erscheinende Phänomen teilt die Gesellschaft grob in zwei Kategorien auf: Während zwei Drittel der Bevölkerung von der Marktwirtschaft profitieren würden, bleibe ein Drittel auf der Strecke. Die Auswirkungen des **Keynesianismus** und der beiden Ölkrisen 1973 und 1979/80 befeuerten dabei diese gesellschaftspolitische Debatte.

Im Zuge der hitzigen Diskussionen der 1980er-Jahre setzte sich auch zunehmend der Begriff der sozialen Milieus durch, um die Struktur einer Gesellschaft zu beschreiben. Kriterien wie Werthaltungen oder Mentalitäten verdrängten die älteren Merkmale, wie beispielsweise Bildung, Einkommen oder Macht. In jüngerer Zeit wird auch das Modell der sozialen Milieus kritisiert, da Gesellschaftsgruppen (wohl) nicht frei vom Bildungsgrad oder ihrem Einkommen her eingeteilt werden können.

Keynesianismus
Wirtschaftswissenschaftliche Theorie von John Maynard Keynes. Darin wurde die Idee vertreten, dass der Staat bei wirtschaftlichen Krisen regulierend in Wirtschaftsabläufe eingreifen und durch erhöhte Staatsausgaben und einer expansiven Geldpolitik (Inflation), notfalls durch hohe Staatsverschuldung, ein Wirtschaftswachstum beleben sollte.

A Schichtmodelle als Darstellung von Gesellschaft

D2 Typische Häuser armer Arbeiterfamilien vor modernen Wohnvierteln in einer indischen Großstadt

B Klassengesellschaft, soziale Schichten und Milieus – Gesellschaftswandel am Beispiel Deutschlands

D3 Soziale Schichtung 1966

Der Soziologe Bolte über die westdeutsche Gesellschaft der 1960er-Jahre:

Unsere heutige Gesellschaft kennt keine formell gesetzten (durch Gesetze fixierten) Ränge, in die jemand bereits durch seine Geburt hineinwächst. […] Es gibt in unserer Gesellschaft kein Merkmal, das eindeutig die Einordnung eines Menschen in den Statusaufbau festlegt, wie dies in gewissen Perioden der vorindustriellen Zeit weitgehend die „Herkunft" tat und wie es Karl Marx[1] hinsichtlich der sich entwickelnden kapitalistischen Gesellschaft für das Eigentum oder Nichteigentum an Produktionsmitteln behauptete.

Fragt man nach den Verbindungen, die zwischen bestimmten Merkmalen bestehen, so deutet sich allerdings eine gewisse Dominanz der Berufspositionen an. Für einen Großteil der Gesellschaftsmitglieder prägt der Beruf heute noch in bestimmten Grenzen das Einkommen, den Lebensstil sowie den allgemeinen Umgang mit Dingen und Menschen […].

Im Hinblick auf die Prognosen von Karl Marx hat es keine Aufspaltung der Gesellschaft nach unten und oben, also ein Verschwinden der Mitte […] gegeben. Unsere Gesellschaft zeigt vor allem insoweit eine Tendenz zur Mitte, als sich im Hinblick auf die materielle Ausstattung und den gesellschaftlichen Status immer mehr Menschen (über 50 v. H.) in den Mittellagen zusammengeballt haben.

Karl Martin Bolte/Dieter Kappe/Friedhelm Neidhardt: Soziale Schichtung. Leske, Opladen 1966, S. 80–82.

1 Karl Marx (1818–1883): deutscher Philosoph und Gesellschaftskritiker

D4 Der Soziologe Stefan Hradil über den Begriff soziale Milieus:

In der neueren Forschung werden unter „sozialen Milieus" üblicherweise Gruppen Gleichgesinnter verstanden, die jeweils ähnliche Werthaltungen, Prinzipien der Lebensgestaltung, Beziehungen zu Mitmenschen und Mentalitäten aufweisen. […] Diejenigen, die dem gleichen sozialen Milieu angehören, interpretieren und gestalten ihre Umwelt folglich in ähnlicher Weise und unterscheiden sich dadurch von anderen sozialen Milieus. Kleinere Milieus, zum Beispiel Organisations-, Stadtviertel- oder Berufsmilieus (wie das Journalistenmilieu) weisen darüber hinaus häufig einen inneren Zusammenhang auf, der sich in einem gewissen Wir-Gefühl und in verstärkten Binnenkontakten äußert. Gelegentlich wird neben Mentalitäten auch das typische Umfeld (Beruf, Wohnen, Einkommen etc.) […und] das Alltagsverhalten der Menschen eingeschlossen, insoweit es Folge milieuspezifischer Mentalitäten ist. […]

Stefan Hradil: Soziale Milieus – eine praxisorientierte Forschungsperspektive. In: APuZ 44–45/2006, 23.10.2006. Unter: www.bpb.de/apuz/29429/soziale-milieus-eine-praxisorientierte-forschungsperspektive?p=all (Zugriff 08.09.2020)

Arbeitsvorschläge

Arbeitsvorschlag zum darstellenden Teil

1. Skizzieren Sie den Gesellschaftswandel der Bundesrepublik Deutschland mithilfe von Begriffen und Zeitangaben.

A Schichtmodelle als Darstellung von Gesellschaft

● 2. Analysieren Sie das Schaubild zum Kastenwesen (→ D1) sowie das Foto, das in Mumbai (Indien) aufgenommen wurde (→ D2).
   a) Auch wenn das Kastensystem in Indien nach dessen Unabhängigkeit durch die Verfassung von 1950 offiziell abgeschafft wurde, bestimmt es dort in Teilen immer noch das soziale Leben. Gerade bei Vermählungen oder der Berufswahl spielt die Kastenzugehörigkeit nach wie vor eine Rolle. Beschreiben und erläutern Sie das Kastenwesen Indiens.
   b) Inwieweit kann das Foto etwas über das gesellschaftliche Zusammenleben in Indien aussagen? Erläutern Sie.
   c) Ordnen Sie die beiden verschiedenen Haustypen zwei unterschiedlichen Kasten zu. Begründen Sie Ihre Zuordnung.

B Klassengesellschaft, soziale Schichten und Milieus – Gesellschaftswandel am Beispiel Deutschlands

● 3. Lesen Sie die Aussagen der Soziologen Bolte (→ D3) und Hradil (→ D4). Beziehen Sie zudem die Grafik zur Schichtgesellschaft von Deutschland im Onlinebereich ein.
   ○ a) Unterscheiden Sie zwischen dem Modell einer Klassengesellschaft und dem Modell sozialer Schichten im Onlinebereich. Gehen Sie dabei auch auf die Frage ein, warum Bolte seine Aussagen gerade im Jahr 1966 traf.
   b) Erläutern Sie, ob und inwieweit Bolte eine Verbindung zwischen den sozialen Schichten und dem Begriff einer nivellierten Mittelstandsgesellschaft herstellt.
   c) Erklären Sie Unterschiede zwischen den Modellen sozialer Schichten und Milieus. Inwieweit kann das zweitgenannte Modell als Erweiterung des erstgenannten gesehen werden? Begründen Sie.
   d) Welches Modell (Klassengesellschaft, soziale Schichten, soziale Milieus) erscheint Ihnen am treffendsten, um die heutige deutsche Gesellschaft zu beschreiben? Erörtern Sie diese Frage.

Differenzierung
5g7dh4

○ Arbeitshilfen zur Aufgabe 3a
● Erweiterungsangebot zu den Aufgaben 2 und 3

AFB I: 1 AFB II: 2a, 2b, 3a, 3c AFB III: 2c, 3b, 3c, 3d

10.2 Gesellschaften im 21. Jahrhundert

Der Begriff Pluralismus stellt nur einen von vielen Versuchen dar, um die heutige Gesellschaft in Deutschland zu beschreiben. Er steht jedoch im Widerspruch zu parallelgesellschaftlichen Tendenzen. Doch handelt es sich bei diesen Begriffen um Zustandsbeschreibungen oder um idealtypische Vorstellungen? Welche Aufstiegsmöglichkeiten bietet unsere Gesellschaft und inwieweit lassen sich Gesellschaftsformen erforschen und bewerten?

Zur Orientierung

seit 1990
Digitalisierung, Globalisierung und europäische Integration fördern pluralistische Gesellschaften.

Deutschland – typisches Beispiel einer pluralistischen Gesellschaft?

Der Begriff Pluralismus entstammt aus der politischen Theorie und meint das friedliche Zusammenleben unterschiedlicher Bevölkerungsteile und Kulturkreise. Viele junge Menschen vertreten beispielsweise andere Ansichten als ältere. Ebenso können gerade bei zugewanderten Menschen kulturelle Unterschiede im Vergleich zur einheimischen Bevölkerung festgestellt werden.

Um eine gegenseitige Akzeptanz und Toleranz gewährleisten zu können, müssen sich alle Gesellschaftsteile einer pluralistischen Gesellschaft zu einem Minimalkonsens von Werten bekennen. In Deutschland bedeutet dies, dass sich alle Personengruppen an das Grundgesetz zu halten haben. Auch wenn die unterschiedlichen Gesellschaftsteile und Kulturkreise in einem Wettbewerb zueinander stehen, sollen sie von der Gegenseite respektiert werden. Somit darf es in einer pluralistischen Gesellschaft auch kein Machtzentrum geben. Stattdessen sollen viele verschiedenartige Verbände, Vereine oder Parteien die Interessen ihrer Mitglieder bündeln und zum Ausdruck bringen.

Dagegen untergraben ethnische, soziale, geschlechtliche oder politische Diskriminierungen das friedliche Miteinander in pluralistischen Gesellschaften erheblich. Zur Konfliktbewältigung bedarf es daher eines politischen Systems, das in freiheitlichen Rechtsstaaten einen Ordnungsrahmen herzustellen hat, innerhalb dessen sich die verschiedenen Interessengruppen möglichst frei bewegen können.

Parallelgesellschaften – Ausdruck einer versagenden Integrationspolitik?

Im direkten Gegensatz zur pluralistischen Gesellschaft steht der Begriff einer Parallelgesellschaft. In Einwanderungsländern wie Deutschland oder den USA entstanden vorzugsweise in Großstädten soziale Milieus, die sich von der Mehrheitsgesellschaft abgrenzen. Ein bekanntes Beispiel hierfür liefert ein als „Chinatown" umschriebenes Viertel in San Francisco. Doch auch in Deutschland schotten sich einige Zugewanderte ab und befolgen ein alternatives Wertesystem. Die Gründe hierfür liegen in der Regel im kulturellen Bereich, wobei Herkunft, Sprache und Religion eine große Rolle spielen. Solche Tendenzen sind vor allem in Berlin-Neukölln, aber auch in Baden-Württemberg zu beobachten, beispielswese in Mannheim oder Stuttgart. Wiederum nehmen Mitglieder der Mehrheitsgesellschaft nicht selten eine ablehnende Haltung gegenüber denen einer Parallelgesellschaft ein.

Eng verbunden mit der Diskussion um eine Tolerierung oder Ablehnung von Parallelgesellschaften ist die Frage danach, wie eigentlich eine gelungene Integration auszusehen habe. Während Verfechter einer Assimilationspolitik Migranten auffordern, sich an die neu vorgefundene Umgebung kulturell anzupassen und dadurch auch ein Stück weit ihre ursprüngliche Identität aufzugeben, spricht man von Segregation, wenn sich Parallelgesellschaften bilden. Daneben gibt es noch weitere Leitvorstellungen für Migrationsgesellschaften.

Schülerdemonstration am 11. Dezember 2018 in Kassel
Aufgrund steigender Kosten für Bildungsmaterial und wegen des fortschreitenden Verfalls hessischer Schulen hat das Bündnis „Unsere Zukunft erkämpfen" zu Protesten aufgerufen.

Soziale Mobilität – gleiche Aufstiegschancen für alle?

„Gleiche Aufstiegschancen für alle" lautet ein bekannter Wahlspruch, der hierzulande gerne von Gewerkschaften oder politischen Parteien verwendet wird. Schaut man sich die Realität an, scheint es sich dabei aber eher um ein Wunschdenken zu handeln. Nicht nur im internationalen Vergleich, sondern auch in der Bundesrepublik selbst befinden sich Menschen in völlig unterschiedlichen sozialen Lagen. Gerade die familienbedingten Startchancen nehmen hierbei eine gewichtige Rolle ein. Nicht zuletzt für Deutschland gilt: Wer aus einem ärmeren oder bildungsfernen Elternhaus kommt, das ggf. von Sozialhilfe in einem Stadtviertel mit niedrigen Mieten (Sozialwohnungen) lebt, hat wesentlich schlechtere Aufstiegschancen als Kinder und Jugendliche, die aus einem wohlhabenden oder bildungsstarken Haushalt stammen. Darüber hinaus haben Zuwanderer per se schlechtere Chancen, da sie mit einer anderen Sprache großgeworden sind. Die Überwindung solcher Ungleichheiten ist häufig Thema politischer Diskussionen.

Auch wenn es junge Menschen aus unteren und mittleren Schichten schwerer haben, einen sozialen Aufstieg zu erleben, bleibt dies nicht aus. Sowohl der soziale Auf- als auch Abstieg sind Teil der vertikalen sozialen Mobilität. So können beispielsweise Menschen im Lauf ihres Lebens aufsteigen, indem sie entsprechende Vorbilder in ihrem Umfeld finden, sich schulisch und beruflich verbessern und so ggf. Zugang zu besser bezahlten Berufen bekommen. Sie können es sich dann leisten, in teurere Wohnviertel mit mehr akademischer Nachbarschaft zu ziehen und den Kindern mehr Bildungsangebote zu finanzieren. Diese Menschen gehören dann einer neuen, „höheren" Schicht an. Umgekehrt kann ein Arbeitsplatzverlust zum sozialen Abstieg führen. Der Begriff der horizontalen sozialen Mobilität meint dagegen, dass z. B. ein neuer Arbeitsplatz nicht mit einer veränderten Schichtzugehörigkeit einhergeht.

Lassen sich Gesellschaftsformen untersuchen und bewerten?

Ähnlich wie sich heutige Gesellschaften voneinander unterscheiden, fällt auch die Beurteilung einzelner Gesellschaftstypen unterschiedlich aus. Kulturelle Vorstellungen, der Bildungsgrad, das soziale Ansehen, die mediale Berichterstattung und nicht zuletzt eigene Erfahrungen spielen bei der Bewertung eine Rolle, um nur einige Kriterien zu nennen. Hinzu kommt, dass es unterschiedliche wissenschaftliche Ansätze und somit auch unterschiedliche (methodische) Blickwinkel gibt. So treten unter anderem die **Sozialgeschichte** oder die **Sozialwissenschaften** mit unterschiedlichen Fragestellungen an den Untersuchungsgegenstand „Gesellschaft und gesellschaftliches Zusammenleben" heran.

Da Gesellschaften einem ständigen Wandel unterliegen, wird es auch in Zukunft genügend Prozesse geben, welche man zu deuten versuchen wird. Welche Gesellschaftsform ein Individuum selbst bevorzugt, unterliegt aber trotz oder gerade wegen der wissenschaftlichen Erkenntnisse der eigenen Urteilskompetenz.

Sozialgeschichte
Teildisziplin der Geschichtswissenschaft, welche die Entwicklung von Gesellschaften in der Vergangenheit erforscht und beschreibt, um daraus Rückschlüsse auf heutige und zukünftige Gesellschaftsprozesse schließen zu können

Sozialwissenschaften
untersuchen vor allem Phänomene des gesellschaftlichen Zusammenlebens, wobei gerade aktuelle Gesellschaftsformen erforscht werden. Der teils auch als Gesellschaftswissenschaften bezeichnete Sammelbegriff umfasst somit verschiedene wissenschaftliche Disziplinen, wie beispielsweise die Soziologie oder die Psychologie.

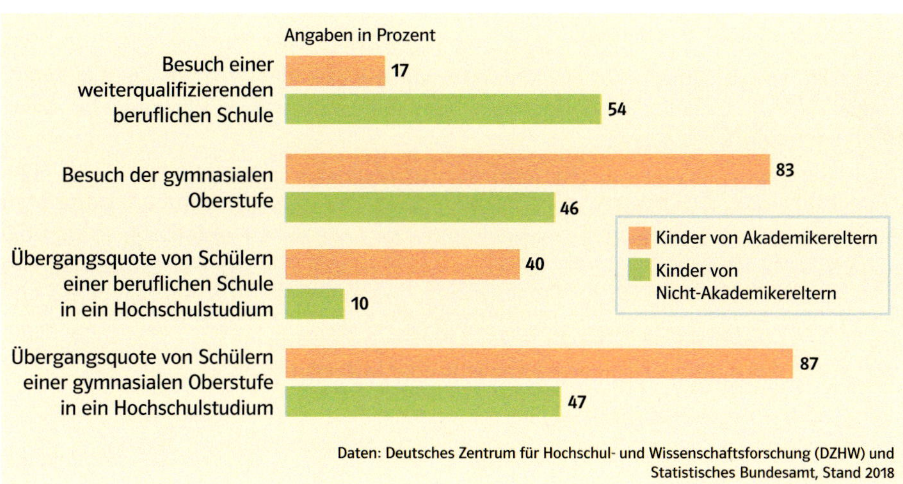

D1 Bildungsbeteiligung von Jugendlichen in Deutschland
(Stand 2018)

A Pluralismus und Integration

D2 Straßenszene in Chinatown in San Francisco 2011

D3 Leitvorstellungen für Migrationsgesellschaften

Assimilation	Migranten passen sich kulturell an die heimische Gesellschaft an; diese verändert sich nicht → Identität der Zuwanderer geht verloren.
Multikulturalismus („Multi-Kulti-Gesellschaft")	Verschiedene Kulturen und Sprachen in einer Gesellschaft sind gewollt, der Erhalt verschiedener Identitäten wird gefördert, ebenso das Zusammenleben dieser verschiedenen Kulturen, die voneinander profitieren sollen.
Parallelgesellschaft	Die verschiedenen Kulturen vermischen sich nicht; sie existieren bloß nebeneinander. Der Begriff wird oft einseitig als Vorwurf der Mehrheitsgesellschaft an eine Migrationsgruppe verwendet, die sich (angeblich) räumlich und kulturell abschottet und die Grundwerte der Mehrheitsgesellschaft nicht akzeptiert.
„Schmelztiegel"	Die Gesellschaft definiert sich selbst als Einwanderungsgesellschaft ohne eine vorangehende „heimische" Bevölkerung. Verschiedene kulturelle Einflüsse erzeugen eine Identität als Zuwanderungsland, die sich jedoch durch neue Zuwanderung immer wieder verändern kann. Beispiel: USA.
Segregation (Ausgrenzung)	Soziale und räumliche („Gettos") Ausgrenzung der Zuwanderer, die als Fremde wahrgenommen und diskriminiert werden. Oft werden die Fremden von der heimischen Gesellschaft als Bedrohung ihrer eigenen Identität verstanden.

B Gerechte Chancengleichheit in Deutschland?

D4 Vermögensverteilung in Deutschland Juli 2020

Deutschlands Nettogesamtvermögen

1 % der erwachsenen Gesamtbevölkerung	besitzen 35 % des Gesamtvermögens
9 % der erwachsenen Gesamtbevölkerung	besitzen 32 % des Gesamtvermögens
90 % der erwachsenen Gesamtbevölkerung	besitzen 33 % des Gesamtvermögens
die unteren 50 % der erwachsenen Bevölkerung	besitzen 2 % des Gesamtvermögens

Zusammengestellt von der Redaktion nach: Verdi, ergänzt durch DIW und SOEP

Arbeitsvorschläge

A Pluralismus und Integration

1. Erläutern Sie, was man unter einer pluralistischen Gesellschaft versteht.
2. Betrachten Sie das Foto → D2.
   a) Beschreiben Sie das Foto.
   b) Definieren Sie mithilfe des Bildes den Begriff Parallelgesellschaft.
   ● c) Nehmen Sie Stellung, ob und inwieweit Parallelgesellschaften eine pluralistische Gesellschaft gefährden können.
3. ○ Diskutieren Sie unter Zuhilfenahme von → D3, was Sie unter einer gelungenen Integration verstehen.
4. ○ Recherchieren Sie mithilfe des Internets, welche Integrationsmöglichkeiten das Bundesland Baden-Württemberg anbietet, und beurteilen Sie diese.

B Gerechte Chancengleichheit in Deutschland?

5. ● MK Erarbeiten Sie einen Film-, Blog-, oder Podcastbeitrag zu der folgenden Fragestellung: „Aufstiegschancen für alle? – Wie gerecht und sozial durchlässig ist unsere heutige Gesellschaft in Deutschland?" Beziehen Sie dabei auch den Aspekt der sozialen Mobilität sowie die Grafik → D1 ein. Präsentieren Sie Ihren Beitrag vor der Klasse.
6. Analysieren Sie das Schaubild zur Vermögensverteilung in Deutschland (→ D4).
   a) Beschreiben Sie die wichtigsten Zahlen und formulieren Sie am Ende Erkenntnisse, die Sie durch die Schaubildbeschreibung gewinnen konnten.
   b) Die Erhebung wurde von der Vereinten Dienstleistungsgewerkschaft (Verdi) in Auftrag gegeben. Welchen Zweck sollte die Studie erfüllen? Begründen Sie Ihre Annahmen.
   c) Recherchieren Sie unter Zuhilfenahme des Internets unter dem Schlagwort „Vermögensverteilung", ob und inwieweit bzw. zu welchen Gunsten sich die Vermögensverteilung in Deutschland nach Erscheinen der vorliegenden Statistik verändert hat.

Differenzierung fp3a89

○ Arbeitshilfen zu den Aufgaben 3 und 4
● Erweiterungsangebot zu den Aufgaben 2c und 5

AFB I: 2a, 6a AFB II: 1, 2b, 5, 6c AFB III: 2c, 3, 4, 6b

Veränderung von Wirtschaft und Gesellschaft in der „Moderne“ in der ersten und zweiten Industriellen Revolution

Die industrielle Revolution veränderte seit Anfang des 19. Jahrhunderts das gesellschaftliche und wirtschaftliche Leben in immer mehr Ländern der Erde. Große Industriestaaten erlangten dabei auch politisch ein immer größeres Gewicht.

Die Industrialisierung veränderte nach und nach alle Lebensbereiche. Dazu zählten die Ernährung und das Konsum- und Freizeitverhalten ebenso, wie das Arbeitsleben, die Kommunikationsmöglichkeiten und die individuelle Mobilität, aber auch die Art der Kriegsführung. Die Lebenserwartung stieg durchschnittlich kontinuierlich an und damit auch die Bevölkerungszahl. Immer mehr Menschen lebten in Städten. Der Takt der Uhr, die Standardisierung von Produkten und Arbeitsweisen und die zunehmende Globalisierung prägten das Leben der Menschen und ihrer Umwelt. Dies betraf den Güterverkehr, Informationen und Modetrends ebenso wie Umweltprobleme und Krankheitserreger.

Die Digitalisierung beschleunigte ab Ende des 20. Jahrhunderts das Leben der Menschen noch einmal gravierend. Die individuellen und gesellschaftlichen Möglichkeiten nahmen dadurch in rasantem Tempo ebenso zu, wie Ängste und neue Formen von Problemen. Global gesehen wurden bestehende gesellschaftliche und wirtschaftliche Strukturen dadurch auch anfälliger.

Migrationsprozesse und gesellschaftlicher Wandel heute am Beispiel Deutschlands

Seit Beginn der Menschheit gab und gibt es Migration über oft große, transkontinentale Entfernungen. Daran änderte auch die Sesshaftwerdung von immer mehr Menschen durch Landwirtschaft und dauerhafte Siedlungen nichts. Die neuen technischen Möglichkeiten in Form von Eisenbahn und Dampfschiffen oder Kommunikationsformen wie Telegrafie und später Internet erleichterten Migration allerdings in den zurückliegenden zwei Jahrhunderten immer mehr. Dazu trugen die Veränderungen durch die Industrialisierung (Abwanderung vom Land in Städte) und die damit verbundenen Folgen für Umwelt und Klima bei (Zerstörung von Lebenswelten). Auch die Suche nach besserer Arbeit ließ Menschen über Ländergrenzen und Kontinente hinweg in immer größerer Zahl wandern. Auch „moderne“ Konflikte trugen zu größer werdenden Migrations- und Fluchtbewegungen bei.

Mit Blick auf den deutschen Nationalstaat seit dem 19. Jahrhundert bedeutete dies zunächst die Binnen- und ausländische Zuwanderung in die wachsenden Industriezentren oder als Saisonarbeitskraft in die Landwirtschaft, z. B. aus Osteuropa oder dem südeuropäischen Raum. Phasenweise suchten Verfolgte und Vertriebene in Deutschland Zuflucht. Gleichzeitig wanderten aber auch sehr viele Menschen aus wirtschaftlichen und politischen Gründen aus Deutschland nach Osteuropa oder nach Übersee aus. Dazu zählten politische Flüchtlinge, wie z. B. nach der Revolution 1848/49, oder jüdische Deutsche während der NS-Diktatur ebenso wie Millionen wirtschaftlich motivierter deutscher Auswanderinnen und Auswanderer.

Größere Flucht- und Zuwanderungsbewegungen gab es nach dem Ersten, besonders aber nach dem Zweiten Weltkrieg. Ab den 1950er-Jahren wurden darüber hinaus gezielt ausländische Arbeitskräfte angeworben („Gastarbeiter“ in die BRD, „Vertragsarbeiter“ in die DDR). Weitere Migranten kamen nach dem Ende des Kalten Krieges (z. B. „Russlanddeutsche“) und aufgrund der zunehmenden europäischen Integration (Migration infolge des Schengen-Abkommens innerhalb der EU). Seit den 1990er-Jahren nahm Migration kontinental und global zu, auch mit Ziel Deutschland (Arbeitssuche, Flucht, Vertreibung). Gründe dafür waren eine globalisierte Arbeitswelt ebenso wie die Folgen des Klimawandels oder eine wachsende Zahl von gewalttätigen Konflikten. Erleichtert wurde dies durch die digitale Entwicklung in Bezug auf Kommunikation, Wissensrecherche, Geldtransfer und geografischer Orientierung.

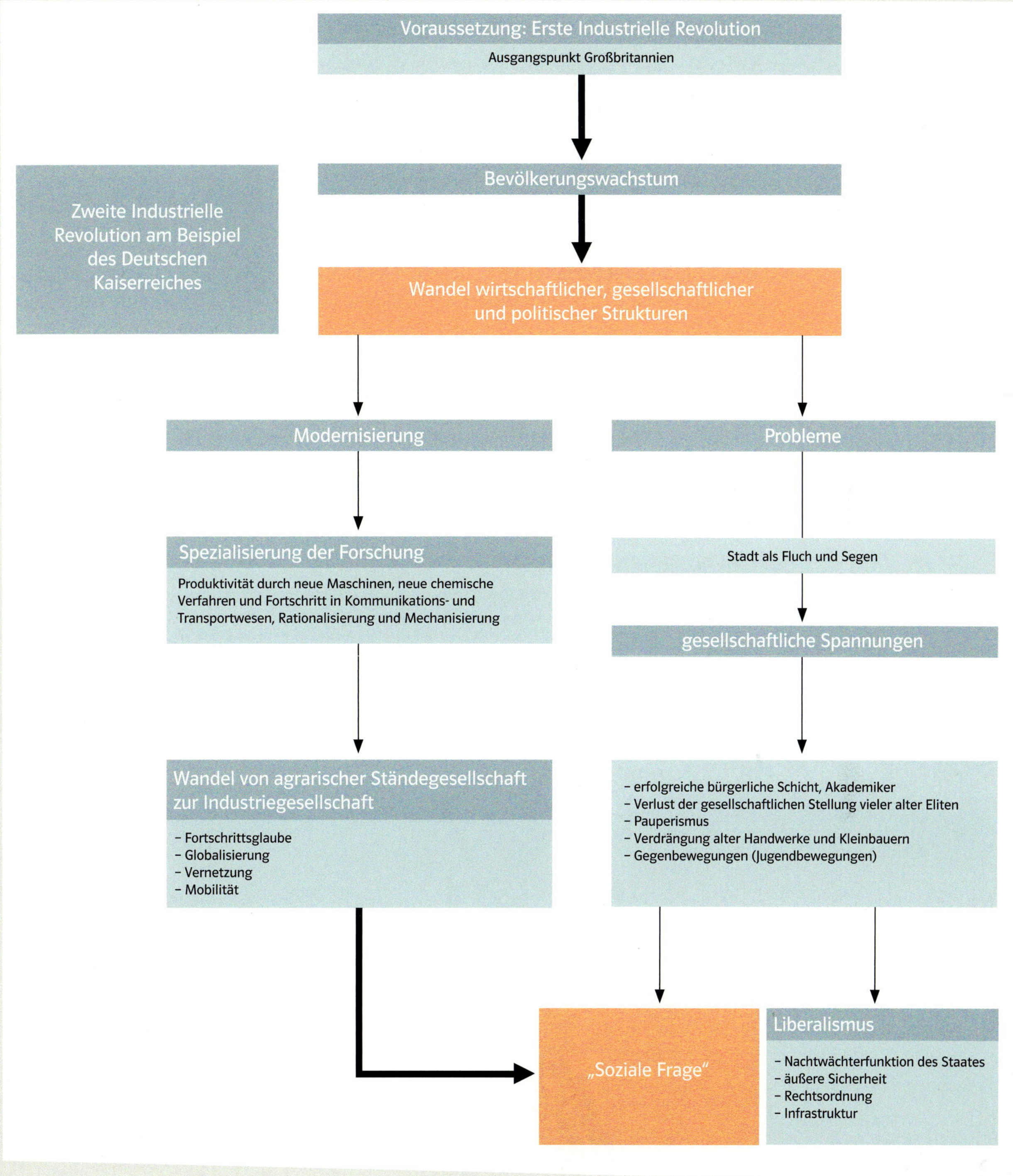
Voraussetzung: Erste Industrielle Revolution
Ausgangspunkt Großbritannien
Bevölkerungswachstum
Zweite Industrielle Revolution am Beispiel des Deutschen Kaiserreiches
Wandel wirtschaftlicher, gesellschaftlicher und politischer Strukturen
Modernisierung
Probleme
Spezialisierung der Forschung
Produktivität durch neue Maschinen, neue chemische Verfahren und Fortschritt in Kommunikations- und Transportwesen, Rationalisierung und Mechanisierung
Stadt als Fluch und Segen
gesellschaftliche Spannungen
Wandel von agrarischer Ständegesellschaft zur Industriegesellschaft
- Fortschrittsglaube
- Globalisierung
- Vernetzung
- Mobilität
- erfolgreiche bürgerliche Schicht, Akademiker
- Verlust der gesellschaftlichen Stellung vieler alter Eliten
- Pauperismus
- Verdrängung alter Handwerke und Kleinbauern
- Gegenbewegungen (Jugendbewegungen)
„Soziale Frage“
Liberalismus
- Nachtwächterfunktion des Staates
- äußere Sicherheit
- Rechtsordnung
- Infrastruktur

Personifizierung und Personalisierung in Karikaturen

Personifizierung

„Darstellung von Geschichte an „namenlosen“ handelnden und leidenden Personen und aus der Sicht dieser Personen, die immer gesellschaftliche Gruppierungen vertreten“

Klaus Bergmann: Personalisierung im Geschichtsunterricht – Erziehung zu Demokratie? 2. Aufl., Klett, Stuttgart 1977, S.299.

Eine **Nationalallegorie** ist eine allegorische Figur, die eine Nation und die ihr zugesprochenen Eigenarten verkörpert. So sie in menschlicher Gestalt erscheint, spricht man von einer **nationalen Personifikation**. Diese Allegorien können unterschiedliche Formen annehmen.

https://de.wikipedia.org/wiki/Nationalallegorie (Zugriff: 12.8.2019)

Die **Personifikation** ist ein **Stilmittel**, das aus abstrakten oder allgemeinen Dingen Menschen und Personen macht. Die Personifikation ist dabei eine Nebenform der Metapher und ist außerdem stark an die **Allegorie** angelehnt. Die Stilfigur stattet nichtlebende Wesen mit Eigenschaften oder Handlungsweisen aus, die ansonsten nur Lebewesen zugeschrieben werden. Dadurch erhöht die Personifikation die Lebendigkeit und Anschaulichkeit der Sprache.

Jonas Geldschläger: Personifikation. (o.J.). Unter: https://wortwuchs.net/stilmittel/personifikation/ (Zugriff: 12.8.2019).

Q1 Beispiele

Länderbeispiel	Nationale Personifikation	Erkennungsmerkmale
Deutscher Michel (Deutschland) *Ausschnitt aus einer deutschen Karikatur 1848*		wird immer mit einer Schlaf- bzw. Zipfelmütze dargestellt
Uncle Sam mit **Weißkopfseeadler** (USA) bzw. **Britannia** mit **Löwe** (Großbritannien) *Ausschnitt aus einem US-Propagandaplakat 1918* Eine andere Personifizierung Großbritanniens kann die Männerfigur **John Bull** sein, meist als untersetzter Mann mit Zylinderhut in Kniebundhosen und einem Frack dargestellt, regelmäßig auch mit einer Union-Jack-Weste bekleidet.		**Uncle Sam** wird als ein weißer hagerer, älterer Mann mit weißen Haaren und Ziegenbart dargestellt. Er trägt die Nationalfarben der USA: rot-weiß gestreifte lange Hosen und ein dunkelblaues Jackett. Der Zylinder ist häufig mit den „Stars and Stripes“ verziert. Die Mimik ist meist ernst. **Britannia** wird üblicherweise als kriegerische Gottheit mit einem tritonischen Dreizack, einem Streitschild mit Union Jack und einem antiken korinthischen Kampfhelm dargestellt.

Länderbeispiel	Nationale Personifikation	Erkennungsmerkmale
Marianne (Frankreich), weitere Personifizierung für Frankreich kann der gallische **Hahn** sein *französische Karikatur 1916*		Die Marianne wird gewöhnlich mit einer roten phrygischen Mütze (mit Kokarde) abgebildet. Meist bleiben eine oder beide Brüste unbedeckt oder sie ist mit der Trikolore bekleidet.
Mütterchen Russland, eine andere Personifizierung Russlands kann der russische **Bär** sein *Ausschnitt aus einem russischem Propagandaplakat von 1917*		Gestalt einer allmächtigen und herrschenden Frau; nach dem russischen Zarenreich im Sowjet-kommunismus zur Mutter Heimat umgedeutet
Europa symbolisiert von einer Frau mit einem Stier *Ausschnitt aus einem Titelblatt der Zeitschrift „Der Wahre Jakob" 1913*		Die Europa wird meist zusammen mit dem weißen Zeus-Stier gezeigt. Sie ist dabei entweder leicht bekleidet oder ganz nackt und sitzt rittlings, seitwärts oder halb liegend auf dem Rücken des Stieres.

Personalisierung

„Geschichte wurde so geschrieben, als bestände sie nur aus den Taten ‚großer Männer'. Deren Handlungen, Absichten und Eigenschaften wurden als ausschlaggebend für historische Ereignisse und Veränderungen dargestellt."

Michael Sauer: Geschichte unterrichten. Eine Einführung in die Didaktik und Methodik. 10. Aufl., Kallmeyer, Seelze-Velber 2012, S. 85.

„In der Geschichts- und Politikdidaktik beschreibt Personalisierung die Zuschreibung der Verantwortung für historische und politische Veränderungen oder der Kraft, solche Veränderungen zu bewirken, zu einzelnen, evtl. herausragenden Persönlichkeiten. [...] Problematisch wird dies bei „negativen Helden" wie Erich Ludendorff oder besonders Hitler. Dagegen entwickelte Klaus Bergmann das Konzept der „Personifizierung", die als Prinzip für den Geschichtsunterricht fordert, konkrete Menschen in ihrem Handeln im Geschichtsunterricht zu thematisieren, dabei aber den Blick auf die „kleinen Leute", auf möglichst alle relevanten sozialen Gruppen, zu richten."

https://de.wikipedia.org/wiki/Personengeschichte#Personalisierung (Zugriff: 19.04.2021)

Q2 Beispiele

a) Adolf Hitler und Josef Stalin

b) Otto von Bismarck

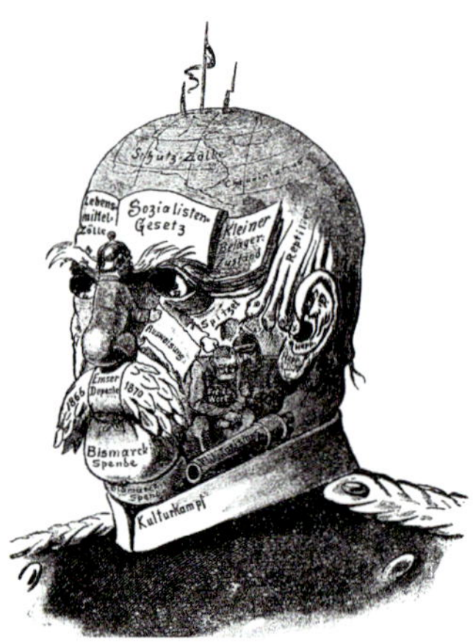

D1 Symbole in Karikaturen

(Tierbeispiele mit gegensätzlichen Symbolgehalten)

Esel	- Versinnbildlichung der Dummheit und Sturheit - Wissen um den Willen Gottes, die Nähe Gottes und die Demut - in der Antike auch Symbol der Fruchtbarkeit
Eule	- in der Antike Symboltier der Göttin Athene - im europäischen Mittelalter später Nachtvogel, der das Tageslicht scheut und unheimliche Schreie ausstößt - Unglücksbringer und Totenvogel, manchmal auch Unterweltsdämon - große Eulen (Uhus) heute meist als Personifizierung der Weisheit und Gelehrsamkeit
Falke	- im europäischen Mittelalter versinnbildlichte Darstellungen mit Jagdfalken: Inbegriff höfischer Lebensart - in der ägyptischen Mythologie: Personifikation von Horus - heute in der Politik: Vertreter eines harten Kurses
Fledermaus	Tier mit vielfältiger Symbolbedeutung: - in Asien: Glück - in Europa: Verkörperung böser Mächte
Hund	- Symbol für Treue und Wachsamkeit - schwarze Hunde versinnbildlichen das Böse und gelten als Begleiter von Hexen - im Islam gilt der Hund oft als unrein
Kröte	- in Europa sind Kröten, ebenso wie Unken, Frösche, Schlangen, Molche und Eidechsen, meist eine Verkörperung des Bösen und Hässlichen - außerhalb von Europa werden Kröten oder Frösche im Zusammenhang von Fruchtbarkeit und Lebenskraft verwendet
Rabe	zwischen Rabe und Krähe wird in der Mythologie und Symbolik nicht unterschieden: - Symbol für Weisheit, Prophezeiungen und Geschwätzigkeit - manchmal Symbol für Bosheit und das Böse an sich, Unglücksbringer („Unglücksrabe")
Schwan	- weißer Schwan gilt als positives Symbol und versinnbildlicht Mut sowie edle Reinheit und Herkunft - Schwanengesang als Ankündigung des nahenden Todes
Schwein	- in der christlichen Kunst Symbol für ungezügelte Wollust, Fruchtbarkeit und Wohlstand - in der jüdischen und muslimischen Kultur Sinnbild des Unreinen
Taube	- meist Leben, Frieden, Hoffnung, „Seelenvogel" - aber auch sehr vielfältige Symbolik , z. B. in antiken Mittelmeerkulturen (Sanftmütigkeit, Unschuld, Langlebigkeit, Erneuerung), im Christentum (Frieden, Frömmigkeit) oder in nahöstlich-arabischen Kulturen (u. a. Hoffnung, Rettung)

Sach- und Werturteile fällen und formulieren

Die Arbeit mit Quellen bildet einen wesentlichen Bestandteil des Geschichtsunterrichts. Bei der Analyse einer Quelle – ganz gleich, ob es sich dabei beispielsweise um einen Text, ein Bild, eine Karikatur oder ein Plakat handelt – muss diese zunächst in ihrer Entstehungssituation verstanden und im historischen Kontext verortet werden. Erst dann kann man die Bedeutung der Quelle für die damalige Zeit beurteilen und sie aus unserer heutigen, sich wandelnden Perspektive bewerten.

Ein zentrales Ziel des Geschichtsunterrichts ist also der Erwerb von **Reflexionskompetenz**. Darunter versteht man die **Fähigkeit, reflektierte Urteile**, z. B. über eine historische Person, ein historisches Ereignis oder eine historische Entwicklung, **fällen zu können.**

Definition: Was ist überhaupt ein Urteil?

Ein Urteil ist eine begründete, kritische Stellungnahme zu einer These oder zu einer vorgegebenen oder selbst erarbeiteten Leit- oder Problemfrage. Ein historisches Urteil kann entweder feststellenden oder wertenden Charakter haben (→ Schaubild).

Hypothese – Fragestellung – Problem

↓ ↓ ↓

Urteil

Feststellender Charakter	Urteil	Wertender Charakter
Urteil mit schlüssiger, sachgerechter und transparenter Begründung		Urteil mit Darlegung der eigenen Position (z. B. Zustimmung, Ablehnung)

Unterscheidung: Welche Arten von reflektierten Urteilen gibt es?

Man unterscheidet grundsätzlich zwei Arten von Urteilen:

historische Sachurteile

Ein **Sachurteil** ist eine Beurteilung bzw. Erklärung von geschichtlichen Handlungen, historischen Ereignissen und Prozessen im historischen Kontext.

Dies geschieht durch eine chronologische und kausale Verknüpfung der Sachinformationen sowie durch die Herstellung eines logischen Sinnzusammenhangs.

Beispiel:
Die Revolution von 1848/49 ist gescheitert, weil der preußische König Friedrich Wilhelm IV. die Krone, die ihm von der Frankfurter Nationalversammlung angetragen wurde, abgelehnt hat.

historische Werturteile

Ein **Werturteil** ist eine Beurteilung bzw. Bewertung von geschichtlichen Handlungen, historischen Ereignissen und Prozessen unter Bezug auf bestimmte Werte, Normen und Maßstäbe.

Ein Werturteil ist also immer auf die Gegenwart des Urteilenden bezogen und bedarf immer eines moralischen, allgemein anerkannten und aktuellen Wertmaßstabes.

Beispiel:
Die Revolution von 1848/49 ist nicht gescheitert, weil sie trotz aller Rückschläge den Beginn der deutschen Demokratiegeschichte darstellt.

Prozess: Wie entsteht ein reflektiertes Urteil?

Um eine Quelle im Spiegel ihrer Entstehungszeit beurteilen und sie aus heutiger Sicht bewerten zu können, kann man sich an folgendem **Dreischritt** orientieren:

1. Sachanalyse
Analyse der Quelle(n) mit Einordnung in den historischen Kontext

→

2. Sachurteil
Deutung und Interpretation der Quelle(n) in ihrer Entstehungszeit und -situation

→

3. Werturteil
Bewertung der Quelle als Beitrag zum Geschichtsbewusstsein

Die drei Schritte sind jedoch nicht immer klar zu trennen: Bei der Sachanalyse einer Textquelle fragen Sie zum Beispiel danach, wer in der Quelle was, wann, zu wem, mit welcher Absicht und unter welchen zeitlichen Rahmenbedingungen sagt. Allein dies verlangt jedoch oft schon eine chronologische und kausale Verknüpfung von Informationen. Ebenso kann ein Sachurteil nicht immer frei von Interessen und Wertungen sein. Ein Werturteil wiederum geht immer von einem fundierten Sachurteil aus und ist allein schon dadurch eng mit ihm verflochten bzw. von ihm durchdrungen.

Beispielhaft für die auch in der Fachwissenschaft nicht immer vorhandene Trennschärfe, insbesondere zwischen Sach- und Werturteil, kann folgendes Urteil des Historikers Götz Aly zum Widerstand im Nationalsozialismus dienen:
„Eben weil so viele Deutsche von den Raubzügen des nationalsozialistischen Deutschland profitierten, entwickelte sich nur marginaler Widerstand [gegen die NS-Regierung]."

Die Aussage enthält streng genommen **zwei Sachurteile**:
1. Der Widerstand im Nationalsozialismus war marginal.
2. Die Erklärung dafür ist, dass viele Deutsche vom Nationalsozialismus profitierten.

Die Aussage enthält aber gleichzeitig auch **ein Werturteil.** Dieses kommt vor allem durch die Wortwahl zum Ausdruck: Der Begriff „Raubzüge" ist im allgemeinen Sprachgebrauch negativ behaftet. Dies gilt hier auch im kontextualisierten Zusammenhang für „profitieren". Insofern kann man die Aussage so verstehen, dass der Historiker das Verhalten der überwiegenden Mehrheit der deutschen Bevölkerung, keinen Widerstand gegen die NS-Regierung zu leisten, verurteilt. Dadurch nimmt er zugleich eine Bewertung vor. Und um das Werturteil des Historikers vollständig verstehen und einordnen zu können, benötigen Sie noch weitere Informationen: In welchem Kontext und in welcher Absicht wurde das Urteil verfasst? Daher finden Sie bei den Quellen im Schulbuch immer auch Informationen zum Autor.
Obwohl die Grenzen oftmals fließend sind, gelten bei der Urteilsbildung immer zwei Grundregeln:

1. Ohne Sachanalyse kein Urteil!
→ Einer Urteilsbildung muss immer eine fundierte Sachanalyse von Quellen vorangehen.

2. Ohne Sachurteil kein Werturteil!
→ Einem Werturteil muss immer ein fundiertes Sachurteil vorangehen.

Prozess: Wie entsteht ein historisches Urteil?

Im Geschichtsunterricht sind Sie ständig damit konfrontiert, Urteile zu fällen. Oft werden Sie zum Beispiel am Ende einer Unterrichtsstunde aufgefordert, Ihre Meinung oder Haltung zu einem bestimmten historischen Sachverhalt kundzutun. Das kann **mündlich** (z.B. in einer Diskussion oder Debatte, in einem Partner- oder Gruppengespräch, in einem Rollenspiel oder Interview), aber auch **schriftlich** (z.B. in einer kreativen Aufgabe wie einem Tagebucheintrag, Zeitungsartikel, Brief, Flugblatt, Plakat oder einer Rede) erfolgen. Darüber hinaus wird auch in **Klassenarbeiten und Klausuren** in bestimmten (Teil-)Aufgaben Ihre Urteilskompetenz abgefragt. Sie ist wesentlicher Teil des dritten und anspruchsvollsten Anforderungsbereiches im Geschichtsunterricht. Typische **Operatoren** für Aufgaben, die ein Urteil von Ihnen verlangen, sind

Überprüfen | Erörtern | Beurteilen | Bewerten

Bei den verschiedenen **Aufgabenformaten** kann es z.B. sein, dass
a) Sie ein vorgegebenes Historikerurteil unter bestimmten Gesichtspunkten bewerten müssen.
b) Sie verschiedene vorgegebene Historikerurteile vergleichend analysieren und bewerten müssen.
c) Sie ein eigenständiges Sach- oder Werturteil verfassen müssen.

Bei allen Aufgabenformaten muss Ihnen bewusst sein, dass Urteile – seien es Historikerurteile oder Ihre eigenen – immer im Spiegel ihrer Entstehungszeit betrachtet und verstanden werden müssen. Denn Urteile sind wandelbar, weil sich auch die Wertmaßstäbe ändern können. Zum Beispiel wurde die Wiedervereinigung von vielen Menschen im Osten Deutschlands im Herbst 1990 ganz anders bewertet als fünf Jahre später oder heute. Entsprechend hat sich auch die Sicht auf die DDR gravierend gewandelt: Während manche sie verklären, wird sie von anderen verdammt – je nach persönlich-biografischen und allgemein-gesellschaftlichen Erfahrungen.

Qualitätsmerkmale: Woran erkennt man ein gelungenes historisches Urteil?

Ein kompetentes historisches Urteil sollte folgende fünf Kriterien erfüllen:

Transparenz | Sachliche Angemessenheit | Schlüssigkeit & Logik | Verständlichkeit & Überzeugung | Reflexivität

Zusammenfassung: Wie ist ein historisches Urteil beschaffen?

Grundlagen	- **Perspektive(n)** offengelegt - **Kriterien** der Beurteilung benannt - ggf. **Wertmaßstäbe** transparent gemacht
Argumentation/ Beweisführung	- Pro- und Kontra-**Argumente** - Erläuterung anhand von **Belegen** und **Beispielen** - **Schlussfolgerungen**
Fazit/Urteil	- **Ergebnis** (z.B. Leit-/Problemfrage beantwortet, These bestätigt oder verworfen, Aussage für gut oder schlecht, richtig oder falsch befunden)

Fallbeispiel: Beurteilung des Scheiterns der Revolution von 1848/49

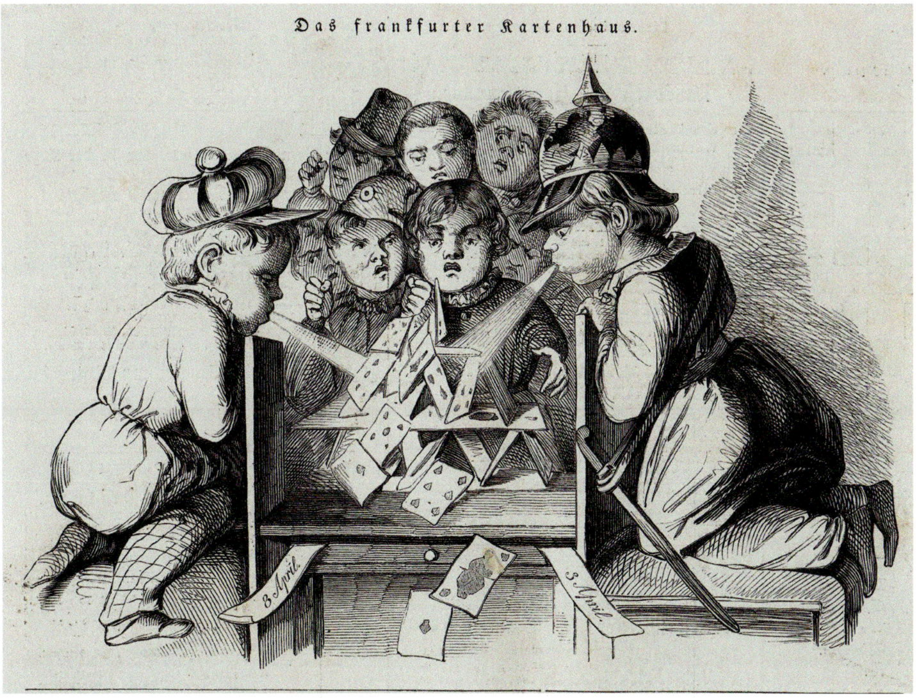

Q1 Das Frankfurter Kartenhaus
Karikatur aus der „Illustrirte Zeitung" (Leipzig, vom 21. April 1849)

Erklärungen zu Bilddetails: Das Kind links im Bild trägt eine Schirmmütze mit dem Aussehen einer Krone, das Kind rechts einen preußischen Militärhelm. Am 3. April 1849 trug die Delegation der Nationalversammlung dem preußischen König die deutsche Kaiserkrone an.

Arbeitsvorschläge

a) **Analysieren** Sie die Karikatur „Das Frankfurter Kartenhaus".
b) **Beurteilen** Sie die Gesamtaussage der Karikatur und die Aussageabsicht des Karikaturisten.
c) **Erörtern** Sie, ob die Revolution 1848/49 aus heutiger Sicht gescheitert ist.

Die Aufgabe besteht aus drei Teilen, die sich eng an den oben gezeigten **Dreischritt** anlehnen:
In Aufgabenteil a) sind Sie zunächst aufgefordert, die vorliegende Karikatur zu analysieren. Dazu gehört nach einem einleitenden Basissatz die Beschreibung der wesentlichen Bildelemente der Karikatur, die Erklärung der abgebildeten Personen und Symbole sowie die Einordnung der Karikatur in den historischen Kontext **(→ Methodentipps zur Analyse einer Karikatur am Ende des Buches) (= Sachanalyse).**

In Aufgabenteil b) sollen Sie im Anschluss die Gesamtaussage der Karikatur und die Aussageabsicht des Karikaturisten beurteilen. Dazu müssen Sie einen Perspektivwechsel durchführen und die „Botschaft" der Karikatur sowie die Position des Karikaturisten aus den Zeitumständen heraus verstehen, erklären und deuten **(= Sachurteil).**

In Aufgabenteil c) müssen Sie abschließend Stellung zu der Frage nehmen, ob die Revolution von 1848/49 gescheitert ist. Dazu sammeln Sie zunächst Argumente, die für und gegen die These des Scheiterns sprechen, und gelangen zu einer eigenen Schlussfolgerung **(= Sachurteil).** Ein gelungenes historisches Urteil bezieht aber auch den Gedanken mit ein, dass im Zuge der Revolution 1848/49 erstmals auf deutschem Boden demokratische Ideen geäußert wurden. Diesen Befund gilt es dann mit der Tatsache in Bezug zu setzen, dass wir heute in einer Demokratie leben **(= Werturteil).**

Arbeiten mit den Operatoren

Anforderungsbereich I (Reproduktion)

	Operator	Erläuterung	Arbeitsschritte
AFB I	**beschreiben**	historische Sachverhalte unter Beibehaltung des Sinns auf Wesentliches reduzieren	- Identifizieren Sie den historischen Sachverhalt. - Schreiben Sie den betreffenden Sachverhalt in eigenen Worten und logisch verknüpft auf. - Nennen Sie nur die unbedingt notwendigen Fakten. Beschränken Sie Ihre Beschreibung auf das Wesentliche. - Wiederholen Sie sich nicht.
AFB I	**bezeichnen**	historische Sachverhalte, Probleme oder Aussagen erkennen und zutreffend formulieren	- Identifizieren Sie den historischen Sachverhalt/das historische Problem/die historische Aussage. - Schreiben Sie den betreffenden Sachverhalt/das Problem/die Aussage in eigenen Worten und logisch verknüpft auf. - Nennen Sie alle zum Sachverhalt/zur Aussage gehörenden Fakten.
AFB I	**nennen**	zielgerichtet Informationen zusammentragen, ohne diese zu kommentieren	- Identifizieren Sie die in der Aufgabe genannten Informationen im Text anhand ihrer besonderen Merkmale. - Stellen Sie die Informationen zusammen und ordnen Sie sie.

Anforderungsbereich II (Reorganisation und Transfer)

	Operator	Erläuterung	Arbeitsschritte
AFB II	**analysieren**	Materialien oder historische Sachverhalte kriterienorientiert bzw. aspektgeleitet erschließen	- Stellen Sie zu dem Ihnen vorliegenden Material gezielt Fragen nach vorgegebenen oder eigenen Aspekten. - Suchen Sie nach wichtigen Merkmalen bzw. Antworten im Material. - Stellen Sie diese Merkmale bzw. Antworten strukturiert zusammen und legen Sie Ihre Ergebnisse dar. - Arbeiten Sie dadurch Strukturen in Bezug auf die Fragestellung heraus. - Begründen Sie die gewonnenen Ergebnisse gegebenenfalls.
	herausarbeiten	aus Materialien bestimmte historische Sachverhalte herausfinden, die nicht explizit genannt werden, und Zusammenhänge zwischen ihnen herstellen	- Geben Sie den herauszuarbeitenden Sachverhalt kurz wieder. - Suchen Sie die direkt genannten und indirekt angedeuteten im Material enthaltenen Informationen bzw. Aussagen hierzu. - Erläutern Sie die Zusammenhänge, zum Beispiel Intentionen oder politische Grundhaltungen mithilfe Ihres Hintergrundwissens.
	begründen	Aussagen (zum Beispiel Urteil, These, Wertung) durch Argumente stützen, die auf historischen Beispielen und anderen Belegen gründen	- Fassen Sie die zu stützende Aussage kurz zusammen. - Suchen Sie nach wichtigen Merkmalen bzw. Antworten im Material. - Stützen und erläutern Sie diese durch Ihr Hintergrundwissen.
	charakterisieren	historische Sachverhalte in ihren Eigenarten beschreiben und diese dann unter einem bestimmten Gesichtspunkt zusammenfassen	- Nennen Sie den zu charakterisierenden Sachverhalt. - Suchen Sie im Material nach Merkmalen, Eigenarten oder Informationen, die den Sachverhalt beschreiben. - Ordnen Sie diese Merkmale, Eigenarten oder Informationen und fassen Sie sie systematisch unter bestimmten Gesichtspunkten zusammen. - Arbeiten Sie abschließend individuelle typische Wesenszüge des Sachverhalts heraus.
	erklären	historische Sachverhalte durch Wissen und Einsichten in einen Zusammenhang (Theorie, Modell, Regel, Gesetz, Funktionszusammenhang) einordnen und begründen	- Geben Sie den zu erklärenden Sachverhalt und die zugehörigen, im Material enthaltenen Informationen kurz und strukturiert wieder. - Ordnen Sie diesen historischen Sachverhalt durch Ihr Hintergrundwissen in einen Zusammenhang ein. - Begründen Sie, warum Sie den historischen Sachverhalt in diesen Zusammenhang eingeordnet haben. - Erkennen Sie Unterschiede in der Darstellung des Sachverhalts in der Quelle im Verhältnis zu Ihrem Verständnis des Sachverhalts. - Ziehen Sie hieraus Schlüsse über den Aussagewert der Quelle und über ihren Verfasser/ihre Verfasserin.
	erläutern	wie erklären, aber durch zusätzliche Informationen und Beispiele verdeutlichen	- wie Operator „erklären", zusätzlich: Gestalten Sie Ihre Erläuterung ausführlicher, indem Sie sie mit Beispielen und detaillierter dargelegten Informationen weiter anreichern.

	Operator	Erläuterung	Arbeitsschritte
AFB II	**erstellen**	Sachverhalte visualisieren	– Sachverhalte inhaltlich und methodisch angemessen graphisch darstellen (z.B. Fließdiagramm, Diagramm, Mindmap)
	ein-/zuordnen	einen oder mehrere historische Sachverhalte in einen historischen Zusammenhang stellen	– Nennen Sie den einzuordnenden Sachverhalt und die zugehörigen, im Material enthaltenen Informationen. – Stellen Sie im engeren und weiteren historischen Zusammenhang Ihre Kenntnisse zum Sachverhalt dar. – Zeigen Sie, wie diese Kenntnisse sich zu den im Text gegebenen Informationen verhalten bezüglich Wortwahl, Vollständigkeit, Wertung der Darstellung etc. – Ziehen Sie aus diesem Verhältnis von Ihren Kenntnissen und den Informationen im Text Schlüsse auf den Aussagewert der Quelle und auf ihren Verfasser/ihre Verfasserin.
	darstellen	historische Sachverhalte wiedergeben und erläutern	– Identifizieren Sie den historischen Sachverhalt. – Schreiben Sie den betreffenden Sachverhalt in eigenen Worten und logisch verknüpft auf.
	vergleichen	auf der Grundlage von Kriterien historische Sachverhalte problembezogen gegenüberstellen, um Gemeinsamkeiten, Unterschiede, Teil-Identitäten, Ähnlichkeiten, Abweichungen oder Gegensätze zu beurteilen	– Geben Sie die zu vergleichenden historischen Sachverhalte wieder. – Nennen Sie die eigenen/vorgegebenen Vergleichsaspekte. – Trennen Sie wesentliche von unwesentlichen Vergleichsaspekten. – Stellen Sie gleiche, ähnliche und unterschiedliche Merkmale der zu vergleichenden Sachverhalte heraus. – Formulieren Sie eine abschließende Einschätzung zum Beispiel zur Vergleichbarkeit der Phänomene, zur Analyseleistung, zur Machbarkeit des Vergleichs.

Anforderungsbereich III (Reflexion und Problemlösung)

	Operator	Erläuterung	Arbeitsschritte
AFB III	**beurteilen**	den Stellenwert historischer Sachverhalte in einem Zusammenhang bestimmen, um ohne persönlichen Wertebezug zu einem begründeten Sachurteil zu gelangen	– Stellen Sie zu dem Ihnen vorliegenden Material gezielt Fragen nach vorgegebenen oder eigenen Kriterien oder Aspekten. – Suchen Sie nach wichtigen Merkmalen bzw. Antworten im Material. – Stellen Sie diese Merkmale bzw. Antworten strukturiert zusammen und legen Sie Ihre gewonnenen Ergebnisse dar. – Arbeiten Sie dadurch Strukturen in Bezug auf die Fragestellung heraus. – Begründen Sie die gewonnenen Ergebnisse gegebenenfalls.

AFB III

Operator	Erläuterung	Arbeitsschritte
bewerten	wie Operator „beurteilen", aber zusätzlich mit Offenlegen und Begründen eigener Wertmaßstäbe, die Pluralität einschließen und zu einem Werturteil führen, das auf den Wertvorstellungen des Grundgesetzes basiert	- wie Operator „beurteilen", zusätzlich: Ordnen Sie den Sachverhalt/die Hypothese etc. in ein ethisches Wertesystem begründend ein. - Treffen Sie eine Unterscheidung zwischen dem Wertesystem der Entstehungszeit des Textes und dem Wertesystem, dem Sie verhaftet sind. - Vertreten Sie eine eigene, nach vorgegebenen oder selbst gewählten, begründeten Normen formulierte Ansicht.
entwickeln	gewonnene Analyseergebnisse synthetisieren, um zu einer eigenen Deutung zu gelangen	- Geben Sie den zu diskutierenden Sachverhalt/die Hypothese/die Behauptung/die Meinung/das Urteil/die Wertung sehr kurz wieder. - Geben Sie Ihre zuvor gewonnenen Analyseergebnisse kurz wieder. - Entwickeln Sie eine eigene Bewertung/eigene Kategorien/eigene Begrifflichkeiten, die über das im Unterricht Erarbeitete hinausgehen. - Gründen Sie Ihre Bewertung auf Hintergrundwissen und Forschungsergebnisse zur Problemstellung, wobei eigene und fremde Lösungsansätze deutlich zu kennzeichnen sind.
erörtern	Argumente zu einer Frage oder einem Problem abwägen und auf dieser Grundlage eine eigene Stellungnahme entwickeln	- Geben Sie den zu diskutierenden Sachverhalt/die Hypothese/die Behauptung/die Meinung/das Urteil/die Wertung sehr kurz wieder. - Geben Sie Ihre zuvor gewonnenen Analyseergebnisse kurz wieder. - Entwickeln Sie eine eigene Bewertung/eigene Kategorien/eigene Begrifflichkeiten, die über das im Unterricht Erarbeitete hinausgehen. - Gründen Sie Ihre Bewertung auf Hintergrundwissen und Forschungsergebnisse zur Problemstellung, wobei eigene und fremde Lösungsansätze deutlich zu kennzeichnen sind.
gestalten	sich mit einem historischen Problem auseinandersetzen, indem (ggf. in einer historischen Rolle) eine Strategie, eine Beratungsskizze, ein Szenario oder ein Modell entworfen wird	- Identifizieren Sie den historischen Sachverhalt und die historische Problemstellung und verdeutlichen Sie diese anhand unterschiedlicher gestalterischer Mittel.
überprüfen	Aussagen (Hypothesen, Behauptungen, Urteile) an historischen Sachverhalten auf ihre Angemessenheit hin untersuchen	- Geben Sie die zu prüfenden Aussagen kurz wieder. - Prüfen Sie die Aussagen kritisch auf innere Logik und auf der Grundlage Ihrer historischen Kenntnisse. - Nennen Sie die von Ihnen herangezogenen Kriterien zur sachlichen Beurteilung. - Treffen Sie Aussagen über die Richtigkeit, Angemessenheit, Wahrscheinlichkeit, Zumutbarkeit, Anwendbarkeit der Aussagen. - Formulieren Sie abschließend eine in der Sache objektive und begründete Ansicht zu dem Sachverhalt/der Hypothese usw.

Personenregister

bayer. = bayerisch, **brit.** = britisch, **chin.** = chinesisch, **d.** = der, des oder die, **dän.** = dänisch, **dt.** = deutsch, **engl.** = englisch, **ev.** = evangelisch, **f.** = und folgende Seite, **frz.** = französisch, **iran.** = iranisch, **ital.** = italienisch, **jun.** = Junior, **kath.** = katholisch, **komm.** = kommunistisch, **österr.** = österreichisch, **preuß.** = preußisch, **rumän.** = rumänisch, **schott.** = schottisch, **sen.** = Senior, **sowjet.** = sowjetisch, **span.** = spanisch, **u.** = und, **ungar.** = ungarisch, **US-amerik.** = US-amerikanisch, **v.** = von, **z. B.** = zum Beispiel

N

O

P

R

S

T

U

V

W

X

Y

Z

Begriffsglossar

Absolutistisches System
Herrschaftsidee des 17./18. Jahrhunderts, demnach der Fürst absolut, ohne Mitsprache von anderen gesellschaftlichen Kräften herrscht → S. 20

Alliierter Kontrollrat
Mit seinem Sitz in Berlin fungierte er nach dem Zweiten Weltkrieg als oberste Besatzungsbehörde Deutschlands und wurde von den vier Besatzungsmächten eingesetzt.
Zugleich übte er die höchste Regierungsgewalt aus. Spätestens durch Inkrafttreten des westdeutschen Grundgesetzes sowie der DDR-Verfassung (jeweils 1949) verlor er an Bedeutung. Erst im Zuge der deutschen Wiedervereinigung trat der Alliierte Kontrollrat 1990 ein letztes Mal zusammen, um die volle Souveränität Deutschlands anzuerkennen. → S. 95

Ancien Régime
Bezeichnung für „früherer Staat", verwendet für den absolutistischen Staat des 18. Jahrhunderts → S. 15

Arbeitslosenhilfe
eine Leistung, die 1956–2004 in der BRD speziell Langzeitarbeitslosen zukommt → S. 148

Armuts- und Reichtumsbericht
Seit 2001 berichtet die Bundesregierung in jeder Legislaturperiode über die soziale Lage in Deutschland; darauf basierend werden die Wirksamkeit geltender Regelungen überprüft und neue Maßnahmen angeregt. → S. 149

Asyl
Jedes Land hat die Möglichkeit, ein eigenständiges Asylrecht auszuarbeiten. In der Bundesrepublik Deutschland gilt das Asylrecht für politisch Verfolgte und stellt ein im Grundgesetz verankertes Grundrecht dar (Artikel 16a GG). Nachdem in Deutschland ein Asylantrag gestellt wurde wird dieser geprüft. Sofern der Asylanspruch anerkannt wird, schützt Deutschland den Asylbewerber/die Asylbewerberin. Im umgekehrten Fall droht eine Abschiebung. → S. 152

Biedermeierzeit
Ausdruck für eine kulturgeschichtliche Epoche 1815–1848, in der sich viele Menschen auf das privat, unpolitische Leben konzentrierten (zum Beispiel Ausflüge in die Natur, Hausmusik, etc.).
Als entgegengesetzte Bewegung gilt der Vormärz mit liberalpolitischen Forderungen nach Veränderungen von Staat und Gesellschaft. → S. 21

Binnenmigration
Der Begriff umfasst die Form von Migration innerhalb einer festgelegten Region, in der Regel innerhalb eines Staates. Eine klare Trennschärfe ist jedoch nicht erkennbar. So kann beispielsweise auch von einer EU-Binnenmigration gesprochen werden, was bedeutet, dass EU-Bürger in ein anderes EU-Land auswandern beziehungsweise sich dabei nicht außerhalb der EU-Grenzen bewegen. → S. 153

Blockparteien
Blockparteien sind formal selbstständige politische Parteien, die neben einer herrschenden Partei koexistieren und mit dieser in einem Parteiblock zusammengeschlossen sind. Sie waren zwar in Parlamenten und Regierungen vertreten, übten jedoch keine Macht aus und standen nicht in ernsthafter Konkurrenz zur Sozialistischen Einheitspartei (SED). → S. 95

Checks and balances
(engl. „Überprüfung und Ausgleich"): System der wechselseitigen Kontrolle und des Ausgleichs zwischen den Staatsgewalten, das der langfristigen Sicherung der Gewaltenteilung dient. Entwickelt in den USA wird dieser Begriff heute auch für Gewaltenteilungssysteme in anderen Staaten oder auch in der Wirtschaft angewendet. → S. 41

Commonwealth of Nations
1931 gegründete bzw. 1949 erweiterte lose Verbindung souveräner Staaten (ehemalige britische Kolonien) mit Großbritannien → S. 161

Demagogen
Volksaufwiegler, Volksaufhetzer; jemand der durch politische Reden das Volk beeinflusst. → S. 21

Digitalisierung
Bezeichnete ursprünglich das Umwandeln von analogen, also physisch vorhandenen Werten in elektronisch vorhandene, digitale Formate, also zum Beispiel Ziffern. Diese Daten lassen sich informationstechnisch verarbeiten. → S. 170

Diktatur
Diktatur steht im Gegensatz zur Demokratie. Nicht die Mehrheit des Volks bestimmt, sondern eine Gruppe oder nur eine Person. → S. 138

Dreiklassenwahlrecht
Die Wähler werden gemessen an ihrer Steuerleistung in drei Klassen unterteilt. So konnten beispielsweise in Preußen 4 % der Wähler etwa gleich viel Gewicht erhalten wie die 80 % Geringverdienenden. → S. 31

Ethik
philosophische Disziplin, die das sittliche Verhalten des Menschen thematisiert; Sittenlehre, Moralphilosophie → S. 171

Existenzminimum
in Deutschland definiert als der materielle Bedarf, der unerlässlich ist, um bei sparsamem Wirtschaften am gesellschaftlichen Leben teilhaben zu können (gewährleistetes Mindestmaß an Nahrung, Kleidung, Wohnraum und medizinischer Versorgung) → S. 139

Gewaltenteilung
In der Aufklärungszeit wurde das Konzept entwickelt, dass im Staat die Macht („Gewalt") auf verschiedene Institutionen und damit Menschen aufgeteilt werden muss. Drei „Staatsgewalten" sollten sich wechselseitig kontrollieren: die Legislative macht die Gesetze, die Exekutive regiert mit ihrer Beamtenschaft und führt die Gesetze der Legislative aus. Die Judikative, die Rechtsprechung, überprüft die korrekte Ausführung. → S. 41

Grundrechte
Grundrechte bestimmen die Stellung des Bürgers gegenüber der gesellschaftlichen Organisationsform Staat. Sie stellen in erster Linie Abwehrrechte gegenüber staatlichem Handeln dar. Anders als die universellen Menschenrechte gelten diese Grundrechte nur innerhalb des Ordnungsbereichs des jeweiligen Staates und können auf die jeweiligen Staatsangehörigen begrenzt werden. → S. 61

Hartz IV
umgangssprachlicher Begriff für Arbeitslosengeld II; Reformen zur besseren Gestaltung der Arbeitsmarktpolitik in Deutschland und zur Reformierung der staatlichen Arbeitsvermittlung, benannt nach dem VW-Vorstandsmitglied Peter Hartz → S. 148

Identitäre Bewegung
Die Identitäre Bewegung (IB) ging ursprünglich von Frankreich aus und hat sich zu einer rechten Jugendbewegung in ganz Europa entwickelt. Die IB sieht die Identität der Völker Europas insbesondere durch Einwanderung bedroht. → S. 52

Infrastruktur
wirtschaftlicher und organisatorischer Unterbau als notwendige Vorbedingung für Versorgung bzw. Nutzung eines bestimmten Gebiets → S. 170

Integration
Die Integration von Zugewanderten soll Chancengleichheit und die tatsächliche Teilhabe in allen Bereichen ermöglichen, insbesondere am gesellschaftlichen, wirtschaftlichen und kulturellen Leben. Um dies zu gewährleisten, macht der Staat ein möglichst umfassendes Integrationsangebot.
Es herrschen aber sehr unterschiedliche Meinungen darüber, was man unter einer gelungenen Integration versteht bzw. welche Ansätze hierbei als erstrebenswert angesehen werden. Häufig wird darüber gestritten, inwieweit ein Zugewanderter seine kulturelle Identität aufgeben bzw. sich an die neue Umgebung anpassen soll. → S. 153

Kapitalismus
Wirtschafts- und Gesellschaftsordnung, die auf dem privaten Eigentum etwa an Produktionsmitteln beruht. Dabei geht es um Gewinnerzielung, von der in erster Linie die Kapitaleigentümer profitieren. → S. 138

karitativ
wohltätig → S. 149

Kastenwesen
Religiöser, streng hierarchischer Gesellschaftsaufbau. Die Einteilung der Menschen in sich durch unterschiedliche Sitten und Lebensformen voneinander abgrenzenden Kasten hat das gesellschaftliche Leben in Indien, sehr begrenzt auch in Nepal, Sri Lanka oder Bali, jahrhundertelang geprägt.
Auch wenn Diskriminierungen aufgrund von Kastenzugehörigkeit mittlerweile unter Strafe gestellt sind, wirkt das gesellschaftliche Erbe des Systems bis heute nach.
→ S. 180

Keynesianismus
Wirtschaftswissenschaftliche Theorie von John Maynard Keynes. Darin wurde die Idee vertreten, dass der Staat bei wirtschaftlichen Krisen regulierend in Wirtschaftsabläufe eingreifen und durch erhöhte Staatsausgaben und einer expansiven Geldpolitik (Inflation), notfalls durch hohe Staatsverschuldung, ein Wirtschaftswachstum beleben sollte. → S. 181

Kienspan
lange, dünne harzreiche Holzstücke, teils in Tierfett/-öl getaucht, die entzündet als Beleuchtungsmittel verwendet wurden (billiger Ersatz für teure Kerzen), in ärmeren Haushalten bis ins 19. Jahrhundert hinein verwendet → S. 122

Konstitutionelle Monarchie
Das Wort „Monarchie" kommt aus dem Griechischen, bedeutet „Alleinherrschaft" und stellt auch heute noch eine weit verbreitete Staatsform dar. Die konstitutionelle Monarchie ist dabei eine besondere Variante der Monarchie, da neben dem Monarchen (zum Beispiel Kaiser oder König) eine Verfassung garantiert wird, welche dessen Macht regelt und beschränkt. → S. 94

Kommune
hier verstanden als politisch-geografische Verwaltungseinheit Gemeinde → S. 138

Künstliche Intelligenz (KI)
Teilgebiet der Informatik, welches sich mit der Automatisierung intelligenten Verhaltens und dem maschinellen Lernen befasst, simuliert menschliche Intelligenz mit Maschinen (Computersystemen) → S. 171

Leibeigenschaft
Die Leibeigenschaft bedeutet, dass in der Regel der Grundeigentümer über die Bauern auf seinem Gut verfügen kann. Dies schließt nicht nur die Arbeitskraft ein, sondern auch das Recht zu heiraten oder das Gut zu verlassen. In vielen Fällen wurde Leibeigenschaft mit Sklaverei gleichgesetzt. → S. 62

Lützowsches Freikorps
Zusammenschluss von Menschen, die 1813/14 als Freiwilligeneinheit gegen die Besetzung der napoleonischen Truppen kämpften. Sie hatten als Uniformfarben Schwarz-Rot-Gold. → S. 20

Manufaktur
Produktionsstätten, in denen Handwerker verschiedener Berufe an einem Produkt zusammenarbeiten (Frühform der Fabrik) → S. 15

Märzminister
Märzminister sind liberale Politiker, die aufgrund der revolutionären Forderungen im März 1848 eingesetzt wurden.
→ S. 26

materiell
die lebensnotwendigen Dinge beziehungsweise Güter betreffend; wirtschaftlich, finanziell → S. 139

Menschenrechte
Menschenrechte liegen in der Natur des Menschen begründet und werden aus der unantastbaren Menschenwürde abgeleitet. Sie stellen individuelle Freiheits- und Autonomierechte dar. Diese gelten für alle Menschen (universell) ab der Geburt. Sie sind nicht verhandelbar (unveräußerlich) und nicht gegeneinander austauschbar (unteilbar). → S. 60

Merkantilismus
Wirtschaftsordnung, in welcher der König wichtige Bereiche reguliert (Schutzzölle auf Importwaren, Verteilung von Monopolen auf wichtige Wirtschaftsbereiche) → S. 14

Milieu
soziales Umfeld, in dem ein Mensch lebt und das ihn prägt
→ S. 149

Nationalstaat
Staatsidee auf idealtypischer Basis einer weitgehenden sprachlich-kulturellen Homogenität und für alle Bürger einheitlichen Rechtsordnung → S. 20

Neuengland-Staaten
Im Zuge der Erkundung und Kolonisierung Nordamerikas wurde der Nordosten als „New-England" bezeichnet.
Diese Region umfasst im Wesentlichen die heutigen US-Bundesstaaten Connecticut, New Hampshire, Maine, Massachusetts, Rhode Island und Vermont. → S. 61

Norddeutscher Bund
1866 unter preußischer Führung gebildetes Militärbündnis der nord- und mitteldeutschen Staaten, welches 1867 mit eigener Verfassung zu einem Bundesstaat vertieft wurde.
1871 bildete diese Verfassung die Grundlage für die deutsche Reichsverfassung. → S. 78

Nullmeridian
Der Nullmeridian bezeichnet den 1884 festgelegten Längenkreis um die Erdkugel vom Nordpol über den Südpol als Fixpunkt für die Zeitbemessung. Ausgehend vom Nullmeridian wurden 24 Zeitzonen auf dem Erdkreis definiert. → S. 122

Nürnberger Prozesse
Prozesse mit Todesurteilen gegen mehrere Hauptkriegsverbrecher vor dem von den Alliierten eingerichteten Internationalen Militärgerichtshof sowie zwölf weitere sogenannte Nürnberger Nachfolgeprozesse vor einem nationalen US-amerikanischen Militärtribunal. → S. 70, 98

Obrigkeitsstaat
Ausdruck für eine Gesellschaft in einem Staatswesen, in dem alle Macht dem Staat mit seinen Institutionen zugewiesen wird. Das Volk wird dabei auf unmündige, Gehorsam schuldige Menschen reduziert, die allein in ihrem Privatleben frei entscheiden und handeln können. → S. 88

Pauperismus
von lateinisch pauper = arm
Bezeichnung der Verelendung großer Bevölkerungsgruppen zu Beginn der Industrialisierung (Verarmung der Arbeiterschicht) → S. 132

Persönliche Freiheitsrechte
gemeint ist die Freiheit des Einzelnen, zum Beispiel in Form des Vereins- und Versammlungsrechts, der Gewerbe- und Niederlassungsfreiheit → S. 27

Schleswig-Holstein-Frage
Schleswig und Holstein unterstanden seit dem Mittelalter dem dänischen König. Holstein gehörte zugleich seit 1815 zum Deutschen Bund. Mit dem Aufkommen des deutschen und dänischen Nationalismus entstanden Spannungen. Viele Menschen waren mehrsprachig und definierten sich nicht als „Deutsche" oder „Dänen".
Es kam zu zwei Kriegen (1848–1851 und 1864), die am Ende zur preußischen Annexion führten. Nach dem Ersten Weltkrieg fiel der Nordteil von Schleswig wieder an Dänemark. → S. 77

selbständige Männer
In Abgrenzung zu abhängig Beschäftigten (Arbeiter, Tagelöhner) sind es selbständige Unternehmer, Handwerker mit eigenem Betrieb. → S. 26

Solidarität
Prinzip gegenseitiger Hilfe, also das Eintreten füreinander → S. 139

Sozialgeschichte
Teildisziplin der Geschichtswissenschaft, welche die Entwicklung von Gesellschaften in der Vergangenheit erforscht und beschreibt, um daraus Rückschlüsse auf heutige und zukünftige Gesellschaftsprozesse schließen zu können → S. 185

Sozialhilfe
eine Existenzsicherung, die sich auf einen Haushalt (Bedarfsgemeinschaft) bezieht → S. 148

Sozialwissenschaften
Sozialwissenschaften untersuchen vor allem Phänomene des gesellschaftlichen Zusammenlebens, wobei gerade aktuelle Gesellschaftsformen erforscht werden. Der teils auch als Gesellschaftswissenschaften bezeichnete Sammelbegriff umfasst somit verschiedene wissenschaftliche Disziplinen, wie beispielsweise die Soziologie oder die Psychologie. → S. 185

Ständegesellschaft
Gesellschaftsstruktur aufgrund der Vorstellung, die Menschen seien in drei Gruppen (Stände) zu gliedern: Geistlichkeit (Erster Stand), Adel (Zweiter Stand) und Bürger/selbstständige Bauern (Dritter Stand). Menschen ohne Besitz (Bettler, Soldaten, etc.) wurden nicht berücksichtigt. Vertreter der drei Stände wurden gelegentlich vom König in Entscheidungen über Steuerbewilligungen einbezogen (sogenannte Generalständeversammlung). → S. 14

Tranlampen
Bezeichnung für Lampen, die Öl aus Tierfett (von Walen, Robben, etc.) als Brennmittel verwendeten (17.–19. Jahrhundert), bevor Tran von Petroleum abgelöst wurde.
→ S. 122

Völkerschlacht
Der Begriff wurde erstmals kurz nach der Schlacht bei Leipzig 1813 von einem liberal-nationalen Schriftsteller verwendet und setzte sich in der späteren nationalen deutschen Erinnerungskultur durch. Andere Staaten verwenden in der Regel den Begriff „Schlacht bei Leipzig".
→ S. 20

Zweite Ölkrise 1979/80
Schon 1973 kam es zu einer ersten Ölpreiskrise, die weltweite Rezessionen (Wirtschaftskrise) zur Folge hatte. Vorausgegangen war ein Konflikt zwischen Israel einerseits und Ägypten sowie Syrien andererseits. In den Jahren 1979/80 folgte eine zweite Ölkrise, diesmal ausgelöst durch die Islamische Revolution im Iran beziehungsweise den Beginn des Ersten Golfkrieges. Während die Bundesrepublik bereits durch die erste Ölkrise starke Konjunktureinbrüche zu verzeichnen hatte, wurde die DDR-Wirtschaft vor allem durch die zweite Krise erheblich geschwächt.
→ S. 104

Materialien im Online-Bereich

Online-Code	Material	Inhalt	Seite
c2t8g5	1.1 Freiheitliche Nationalstaaten		
	Material	Grafik Ständegesellschaft	15
	Differenzierung	Arbeitshilfen zu den Aufgaben 4, 7 und 8	17
bh8zh9	1.2 Vormärz in Deutschland		
	Audio	Podcast Konservatismus	21
	Differenzierung	Arbeitshilfen zu den Aufgaben 2 und 3	23
9r2582	1.3 Die Revolution 1848/49		
	Audio	Podcast Revolution 1848	27
	Differenzierung	Arbeitshilfen zu den Aufgaben 5 und 6	29
	Differenzierung	Erweiterungsangebot zur Aufgabe 3	29
3b8p29	1.4 Die Revolution scheitert		
	Material	Schaubild preußische Verfassung vom 31. Januar 1850	31
	Differenzierung	Arbeitshilfen zur Aufgabe 4	35
vq86ks	2.1 Liberalismus		
	Audio	Podcast Liberalismus	41
	Differenzierung	Arbeitshilfen zu den Aufgaben 6, 7, 10, 11a und 13	45
q6z2pn	2.2 Nationalismus		
	Differenzierung	Arbeitshilfen zu den Aufgaben 2 und 11	51
4c8h67	2.3 Homogener Volksstaat oder gar kein Staat		
	Differenzierung	Arbeitshilfen zur Aufgabe 3	53
u5ac3k	Sozialstudie Neo-Nationalismus in der EU		
	Differenzierung	Recherchetipps und Fish-Bowl-Methode	55
77n6ue	3.1 Entstehung der Idee der Menschenrechte		
	Differenzierung	Arbeitshilfen zur Aufgabe 5a	67
657s3q	3.2 Umgang mit den Menschen- und Grundrechten		
	Differenzierung	Arbeitshilfen zu den Aufgaben 2, 3 und 10	75
hn86uf	4.1 Deutsche Nationalstaatsbildung		
	Audio	Podcast dt. Nationalstaatsgründung	79
	Audio	Q1 als Audiodatei	80
	Audio	Q3–Q5 als Audiodatei	81
	Differenzierung	Arbeitshilfen zu den Aufgaben 5e und 9	83
	Differenzierung	Erweiterungsangebot zur Aufgabe 7	83

Online-Code	Material	Inhalt	Seite
ha27xs	4.2 Politik und Gesellschaft im Deutschen Reich		
	Differenzierung	Arbeitshilfen zur Aufgabe 9	93
	Differenzierung	Erweiterungsangebot zur Aufgabe 9	93
sj56vr	5.1 Politisierungsschübe ab Mitte des 19. Jahrhunderts		
	Differenzierung	Arbeitshilfen zur Aufgabe 2b	97
	Differenzierung	Erweiterungsangebot zur Aufgabe 2c	97
w9z9c8	5.2 Westliche Politisierung der 1960er- und 1970er-Jahre		
	Differenzierung	Arbeitshilfen zur Aufgabe 8b	103
w5ad6f	5.3 Politisierung im sozialistischen „Ostblock“		
	Differenzierung	Arbeitshilfen zur Aufgabe 4	107
y9u8b5	Grundwissen		
	Arbeitsblatt	Selbsteinschätzungsbögen	111
e4zd8r	6.1 Das frühindustrielle England		
	Erklärfilm	Industrielle Revolution	115
	Audio	Q3 als Audiodatei	118
	Differenzierung	Arbeitshilfen zu den Aufgaben 6, 7 und 10	119
i453hw	6.2 Folgenreiche Entwicklung zur Industriegesellschaft		
	Differenzierung	Arbeitshilfen zu den Aufgaben 6, 7, 12 und 16	127
8w33j8	Projektarbeit Industrialisierung		
	Material	Arbeitsblätter zur Projektarbeit	130
uh6e26	6.3 Soziale Frage und nationalstaatliche Lösungsversuche		
	Erklärfilm	Strukturwandel einer Stadt	133
	Audio	Podcast Urbanisierung	133
	Audio	Podcast Soziale Frage	133
	Audio	Podcast Sozialismus	133
	Audio	Q2 als Audiodatei	135
	Differenzierung	Arbeitshilfen zu den Aufgaben 4b, 7 und 11	137
ge7gh6	7.1 Der Sozialstaat unter Druck?		
	Differenzierung	Arbeitshilfen zu den Aufgaben 2, 3 und 9	145
	Differenzierung	Erweiterungsangebot zur Aufgabe 12	145
6ij5ei	7.2 Der deutsche Sozialstaat – ein Auslaufmodell?		
	Differenzierung	Arbeitshilfen zu den Aufgaben 2a, 3a und 5b	151
	Differenzierung	Erweiterungsangebot zu den Aufgaben 2b und 6	151

Online-Code	Material	Inhalt	Seite
tv7x46	8.1 Deutsche Auswanderung, Binnenmigration und Landflucht		
	Differenzierung	Arbeitshilfen zu den Aufgaben 2, 4c und 5	157
	Differenzierung	Erweiterungsangebot zur Aufgabe 5	157
5uh82j	8.2 Transnationale und globale Migrationsbewegungen		
	Differenzierung	Arbeitshilfen zur Aufgabe 3	165
	Differenzierung	Erweiterungsangebot zur Aufgabe 7d	165
9uf48a	8.3 Einwanderungsgesetz, Staatsbürgerschaft		
	Differenzierung	Arbeitshilfen zu den Aufgaben 2a und 2c	169
	Differenzierung	Erweiterungsangebot zur Aufgabe 3d	169
pp795g	9.1 Digitalisierung		
	Differenzierung	Arbeitshilfen zu den Aufgaben 3, 5 und 12	175
	Differenzierung	Erweiterungsangebot zu den Aufgaben 7 und 13	175
ca624p	9.2 Sind wir Digital Natives oder Smombies?		
	Differenzierung	Arbeitshilfen zur Aufgabe 5	179
5g7dh4	10.1 Von sozialen Milieus, Schichten, Klassen und Kasten		
	Material	Grafik Schichtmodell	183
	Differenzierung	Arbeitshilfen zur Aufgabe 3a	183
	Differenzierung	Erweiterungsangebot zu den Aufgaben 2 und 3	183
fp3a89	10.2 Gesellschaften im 21. Jahrhundert		
	Differenzierung	Arbeitshilfen zu den Aufgaben 3 und 4	187
	Differenzierung	Erweiterungsangebot zu den Aufgaben 2c und 5	187
hi343h	Grundwissen		
	Arbeitsblatt	Selbsteinschätzungsbögen	189